Rechnungslegungsinformationen zu Verbriefungen im Umfeld der Finanzmarktkrise

Betriebswirtschaftliche Studien
Rechnungs- und Finanzwesen,
Organisation und Institution

Herausgegeben von
Prof. Dr. Dr. h.c. Wolfgang Ballwieser, München
Prof. Dr. Christoph Kuhner, Köln
Prof. Dr. Dr. h.c. Dieter Ordelheide †, Frankfurt

Band 94

PL ACADEMIC RESEARCH

Sebastian Erb

Rechnungslegungsinformationen zu Verbriefungen im Umfeld der Finanzmarktkrise

PL ACADEMIC RESEARCH

Bibliografische Information der Deutschen Nationalbibliothek
Die Deutsche Nationalbibliothek verzeichnet diese Publikation in der Deutschen Nationalbibliografie; detaillierte bibliografische Daten sind im Internet über http://dnb.d-nb.de abrufbar.

Zugl.: München, Univ., Diss., 2014

Gedruckt auf alterungsbeständigem, säurefreiem Papier.

D 19
ISSN 1176-716X
ISBN 978-3-631-65407-1 (Print)
E-ISBN 978-3-653-04453-9 (E-Book)
DOI 10.3726/978-3-653-04453-9

PL Academic Research ist ein Imprint der Peter Lang GmbH.

Peter Lang – Frankfurt am Main · Bern · Bruxelles · New York · Oxford · Warszawa · Wien

Dieses Buch erscheint in einer Herausgeberreihe bei PL Academic Research und wurde vor Erscheinen peer reviewed.

www.peterlang.com

Geleitwort

Verbriefungen von Forderungen und Wertpapieren und deren Handel waren ein kritisches Element bei Auslösung und Bewältigung der Finanzmarktkrise, die spätestens im September 2008 durch den Zusammenbruch von Lehman Brothers erkennbar wurde. Der in diesem Zusammenhang entstehenden Frage, was außenstehende Dritte eines in Verbriefungsaktivitäten befindlichen Unternehmens über Verbriefungsmaßnahmen in dessen Rechnungslegung haben erkennen können, ist das Problem des Verfassers der vorliegenden Arbeit. Herr Dr. Erb analysiert den Informationsausweis zu Verbriefungen aus regulatorischer, ökonomischer und empirischer Sicht und untersucht das tatsächliche Informationsverhalten der zehn größten Banken in der EU vor, während und nach der Finanzmarktkrise, d.h. in deren Geschäftsberichten der Jahre 2005 bis 2010. Sämtliche Banken bilanzieren nach IFRS. Aufgrund der Suche mithilfe von 67 Stichwortvarianten werden 2 399 Seiten zu Verbriefungsangaben identifiziert, die mit 14 967 Kodiereinheiten erfasst werden. Der Datenauswertung werden Hypothesen vorangestellt, die unter anderem auf Modellen zur freiwilligen Publizität beruhen.

Der Verfasser zeigt, dass sich Umfang und Qualität der Angaben zu Verbriefungen seit der Finanzmarktkrise erhöht haben. Dies gilt auf Branchen- wie auf Unternehmensebene. Da es jedoch nur wenige Gemeinsamkeiten im Informationsverhalten der Banken gibt, lässt sich kein Herdenverhalten feststellen. Der Anteil quantitativer Angaben zu negativen Sachverhalten war nicht geringer, sondern größer als der Anteil der Angaben zu positiven Sachverhalten. Der Ort der Angabe wechselt im Laufe der Jahre und zwischen den Banken. Uneinheitlich sind die Resultate zum Verhältnis von qualitativen zu quantitativen Angaben. Der zu erwartende Hinweis auf die Einmaligkeit von Angaben war nicht vorzufinden. Hingegen gibt es Anhaltspunkte auf gute Qualität der Angaben, auch vor der Finanzmarktkrise.

Die Arbeit ist hinsichtlich methodischer Grundlage, Umfang und Tiefgang ohne Konkurrenz. Sie erweitert unser Wissen über die Informationspolitik von Banken zu einem wichtigen Gebiet im Zusammenhang mit der Finanzmarktkrise. Ich wünsche ihr deshalb eine große Aufmerksamkeit!

München, im Mai 2014 Wolfgang Ballwieser

Vorwort

Die vorliegende Arbeit entstand während meiner Tätigkeit als wissenschaftlicher Mitarbeiter am Seminar für Rechnungswesen und Prüfung der Ludwig-Maximilians-Universität München und wurde im Mai des Jahres 2014 vom Promotionsausschuss der Fakultät für Betriebswirtschaft als Dissertation angenommen.

Mein außerordentlicher Dank gebührt meinem akademischen Lehrer und Doktorvater Herrn Prof. Dr. Dr. h.c. Wolfgang Ballwieser. Bereits im Studium hat er mein Interesse an den Themengebieten seines Lehrstuhls geweckt und durch meine Anstellung als studentische Hilfskraft und später als wissenschaftlicher Mitarbeiter konsequent gefördert. Seine konstruktiven Anmerkungen und wertvollen Ratschläge haben, ohne den Freiraum für eigene Ideen zu beschränken, entscheidend zum Gelingen dieser Arbeit beigetragen. Für das mir stets entgegengebrachte Vertrauen bin ich ihm zutiefst dankbar. Die Zeit am Lehrstuhl wird mir immer in bester Erinnerung bleiben. Herrn Prof. Dr. Andreas Richter danke ich ganz herzlich für die freundliche Übernahme des Korreferats.

Obwohl man die Promotion größtenteils als Einzelkämpfer beschreitet, fühlte ich mich dank vieler Weggefährten nie allein. Allen voran möchte ich mich deshalb bei meinen Kollegen für die schöne gemeinsame Zeit am Lehrstuhl bedanken. Anfangs wurde diese vor allem durch Dr. Jörg Wiese und Dr. Andreas Hofherr, auch aufgrund des ein oder anderen feuchtfröhlichen Abends, bereichert. Dank für die weitere Zeit am Lehrstuhl gebührt Dr. Annette Witzleben, Martin Puritscher, Sebastian Keßler und Tobias Friedrich. Besonders möchte ich mich bei Dr. Anne Kretzschmar bedanken: Als Büronachbarin standest Du mir immer für fachliche Gespräche zur Verfügung und warst mir durchweg eine verlässliche Kaffeelieferantin. Stellvertretend für alle studentischen Hilfskräfte möchte ich mich bei Dirk Stauder bedanken. Für die willkommene Abwechslung zum akademischen Alltag sorgten vor allem meine Allgäuer Freunde, die mich seit Jugendtagen begleiten. Insbesondere Jörg Riedle sei an dieser Stelle gedankt. Seit meiner Zeit in New York ist zudem Simon Regenauer ein treuer Wegbegleiter – auch Dir meinen herzlichen Dank.

Mein größter Dank gebührt jedoch meiner Familie: meinen Brüdern Julian, Jonathan und Johannes und meinen Eltern Cordula und Bruno Erb. Das Wissen um Euren permanenten Rückhalt gab mir nicht nur in der Endphase der Dissertation die notwendige Kraft, sondern ist seit je mein Antrieb. Mama und Papa, vier Jungs so großzuziehen, wie Ihr es gemacht habt, ist weit mehr, als diese Arbeit zu leisten vermag. Euch habe ich alles zu verdanken, Eure Unterstützung ist nicht in Worte zu fassen. Euch ist diese Arbeit gewidmet.

München, im Mai 2014 Sebastian Erb

Inhaltsverzeichnis

Abkürzungsverzeichnis

Abb.	Abbildung
ABCP	Asset Backed Commercial Paper(s)
ABS	Asset Backed Security/Securities
Abs.	Absatz
AG	Application Guidance
ASB	Accounting Standards Board
Aufl.	Auflage
BC	Basis for Conclusions
BilMoG	Bilanzrechtsmodernisierungsgesetz
BiRiLiG	Bilanzrichtlinien-Gesetz
BS	Backed Security/Securities
bspw.	beispielsweise
bzw.	beziehungsweise
ca.	circa
CAPM	Capital Asset Pricing Model
CBO	Collateralized Bond Obligation(s)
CDO	Collateralized Debt Obligation(s)
CDPC	Credit Derivative Product Company/Companies
CDS	Credit Default Swap(s)
CEBS	Committee of European Banking Supervisors
CLN	Credit Linked Note(s)
CLO	Collateralized Loan Obligation(s)
CMBS	Commercial Mortgage Backed Security/Securities
CMO	Collateralized Mortgage Obligation(s)
CP	Commercial Paper(s)
DAX	Deutscher Aktienindex
d.h.	das heißt
ED	Exposure Draft
EG	Europäische Gemeinschaft
ESF	European Securitisation Forum
et al.	et alii/et aliae
etc.	et cetera

EU	Europäische Union
FASB	Financial Accounting Standards Board
FIN	Financial Interpretation Number
Fn.	Fußnote
FSB	Financial Stability Board
FSF	Financial Stability Forum
GAAP	Generally Accepted Accounting Principles
ggf.	gegebenenfalls
GuV	Gewinn- und Verlustrechnung
HC	Holding Company
HDAX	Aktienindex, der alle Werte des DAX, MDAX und TecDAX umfasst
HFA	Hauptfachausschuss
HGB	Handelsgesetzbuch
Hrsg.	Herausgeber
hrsg. v.	herausgegeben von
IAS	International Accounting Standard(s)
IASB	International Accounting Standards Board
ICMA	International Capital Market Association
i.d.R.	in der Regel
IDW	Institut der Wirtschaftsprüfer
i.e.S.	im engeren Sinne
IFRS	International Financial Reporting Standard(s)
IG	Implementation Guidance
i.H.v.	in Höhe von
IN	Introduction
inkl.	inklusive
insb.	insbesondere
IR	Interkoder-Reliabilität
i.S.e.	im Sinne eines
i.S.v.	im Sinne von
i.w.S.	im weiteren Sinne
Jg.	Jahrgang
KfW	Kreditanstalt für Wiederaufbau
LMU	Ludwig-Maximilians-Universität
MBS	Mortgage Backed Security/Securities
MDAX	Mid-Cap-Dax
Mio.	Millionen

Mrd.	Milliarden
MTN	Medium-Term-Note(s)
m.w.N.	mit weiteren Nachweisen
Nr.	Nummer(n)
OBS	Off Balance Sheet
o. Jg.	ohne Jahrgang
R.	Rahmenkonzept
RBS	Royal Bank of Scotland
Repos	Rückkaufvereinbarungen
RMBS	Residential Mortgage Backed Security/Securities
RS	Stellungnahme zur Rechnungslegung
Rz.	Randziffer(n)
S.	Seite(n)
SDAX	Small-Cap-Dax
SFAC	Statement of Financial Accounting Concepts
SFAS	Statement of Financial Accounting Standards
SIC	Standing Interpretations Committee
SIV	Structured Investment Vehicle(s)
sog.	sogenannte(s)
SPE(s)	Special Purpose Entity/Entities
SPV(s)	Special Purpose Vehicle(s)
SSG	Senior Supervisors Group
TecDAX	Deutscher Aktienindex der größten Technologiewerte
u.a.	unter anderem
U.S./US	United States
USA	United States of America
v.a.	vor allem
vgl.	vergleiche
VIE(s)	Variable Interest Entity/Entities
VO	Verordnung/Verordnungen
Vol.	Volume
vs.	versus
z.B.	zum Beispiel

Abkürzungsverzeichnis der Zeitschriften

AAAJ	Accounting, Auditing & Accountability Journal
ABR	Accounting and Business Research
AF	Accounting Forum
AH	Accounting Horizons
AR	The Accounting Review
BB	Betriebs-Berater
BJE	The Bell Journal of Economics
CAR	Contemporary Accounting Research
DB	Der Betrieb
DK	Der Konzern
DStR	Deutsches Steuerrecht
DU	Die Unternehmung
EAR	European Accounting Review
Econ.	Econometrica
FB	Finanz-Betrieb
FN-IDW	IDW Fachnachrichten
GPRI	The Geneva Papers on Risk and Insurance
IJA	The International Journal of Accounting
IRZ	Zeitschrift für internationale Rechnungslegung
JACR	Journal of Applied Communication Research
JAE	Journal of Accounting and Economics
JAR	Journal of Accounting Research
JCR	Journal of Consumer Research
JEP	Journal of Economic Perspectives
JFSA	Journal of Financial Statement Analysis
JLE	Journal of Law & Economics
JoF	The Journal of Finance
KoR	Zeitschrift für internationale und kapitalmarktorientierte Rechnungslegung
KuK	Kredit und Kapital
PiR	Praxis der internationalen Rechnungslegung
PWP	Perspektiven der Wirtschaftspolitik

QJE	The Quarterly Journal of Economics
RA	Risk Analysis
RAS	Review of Accounting Studies
RJE	The RAND Journal of Economics
SJ	Schmollers Jahrbuch
StuB	Steuern und Bilanzen
UILR	University of Illinois Law Review
WPg	Die Wirtschaftsprüfung
WPKM	Wirtschaftsprüferkammer-Mitteilungen
ZBB	Zeitschrift für Bankrecht und Bankwirtschaft
zfbf	Schmalenbachs Zeitschrift für betriebswirtschaftliche Forschung
ZfCM	Zeitschrift für Controlling und Management
ZGR	Zeitschrift für Unternehmens- und Gesellschaftsrecht

Abbildungsverzeichnis

Anhangsverzeichnis

1. Problemstellung

Verbriefungen stellen seit dem Ausbruch der Finanzmarktkrise ein kontrovers diskutiertes Themenfeld dar.[1] Wurden zuvor insbesondere die Vorteile von Verbriefungen gesehen,[2] werden sie seit dem Ausbruch der Finanzmarktkrise vor allem mit Risiken in Verbindung gebracht. Zu einem großen Teil war es auf die Verbriefung US-amerikanischer Hypothekenforderungen zurückzuführen, dass sich die Krise, die als Immobilienkrise in den USA begann, zu einer weltweiten Finanzmarktkrise entwickelt hat.

Die Verbriefung von Hypothekenforderungen stellt seit den 80er Jahren in den USA ein übliches Instrument zur Refinanzierung der Darlehen dar. Gleichzeitig ermöglicht es den Kredit gebenden Banken, Hypothekenforderungen einschließlich der damit verbundenen Risiken aus ihrer Bilanz auszulagern und in Form von strukturierten Wertpapieren an die Kapitalmärkte weiterzureichen.[3] Problematisch war, dass insbesondere nach dem Zusammenbruch der New Economy im Jahr 2002 und der damit verbundenen Reduktion des Zinsniveaus Darlehen auch an bonitätsschwache Personen, die teilweise weder ein Einkommen noch eine Arbeit oder ein Vermögen aufwiesen, vergeben wurden. Derartige Hypothekenforderungen wurden als „Subprime Mortgages“ oder „Alt-A-Mortgages“[4] bezeichnet, wobei Erstgenannte das schlechteste Marktsegment bildeten.[5]

In Zeiten geringer Zinsen und steigender Immobilienpreise schien dieses System nur Gewinner zu kennen. Umso dramatischer waren die Auswirkungen, als die Zinsen wieder stiegen und die Immobilienpreise Anfang 2007 zu sinken begannen, wodurch es insbesondere bei „Subprime Mortgages“ zu Zahlungsausfällen kam.[6]

---

1 Im Folgenden werden die Begriffe Verbriefung und Verbriefungstransaktion synonym verwendet.

2 Vgl. insb. Rudolph (2007), S. 1-15.

3 Vgl. Rudolph (2010a), S. 4-5; Engel/McCoy (2011), S. 17-19.

4 Alt-A-Mortgages sind Hypotheken, bei denen die Kreditnehmer ihre Einkünfte und Vermögenswerte nur eingeschränkt oder gar nicht belegen müssen. Vgl. SSG (2008), S. 3, Fn. 9.

5 Vgl. Rudolph (2011), S. 159-160; Rudolph (2010a), S. 6-8.

6 Vgl. Rudolph (2010a), S. 17-20; Rudolph (2011), S. 160-162; Hellwig (2010), S. 9-10.

Da die Hypothekenforderungen üblicherweise verbrieft und an internationale Investoren, insbesondere Banken, weitergereicht wurden, kam es infolgedessen nicht nur zu massiven Wertberichtigungen bei US-amerikanischen Banken, sondern bei Banken weltweit. Als Art „Brandbeschleuniger“ erwies sich, dass Banken nicht nur in derartige Verbriefungstitel investiert haben, sondern aufgrund anderer Verflechtungen, wie beispielsweise Liquiditätszusagen, auch weiteren Risiken ausgesetzt waren. Verschärft wurde die Situation dadurch, dass zwischen den Marktteilnehmern eine Unsicherheit dahingehend bestand, in welchem Umfang Banken in Verbriefungsaktivitäten involviert waren und folglich, in welchem Umfang (Liquiditäts-)Risiken bestanden. Infolgedessen waren die Banken nur noch bedingt bereit, sich untereinander Geld zu leihen; der Kollaps des Interbankenmarktes erfolgte wenig später mit der Insolvenz von Lehman Brothers, die als Höhepunkt der Finanzmarktkrise betrachtet werden kann. Nur durch eine massive Intervention der Zentralbanken und Regierungen konnte noch Schlimmeres vermieden werden.[7]

Im Rahmen der Aufarbeitung der Finanzmarktkrise wurden im Zusammenhang mit Verbriefungen unterschiedliche Kritikpunkte genannt. Neben Schwächen in der aufsichtsrechtlichen Behandlung von Verbriefungspositionen[8] oder im Prozess der Verbriefung selbst[9] wurde regelmäßig die mangelnde Transparenz der von Banken in ihren Geschäftsberichten erbrachten Angaben zu Verbriefungen kritisiert.[10] Das Financial Stability Forum (FSF) kommt im Rahmen seiner Analyse zu den Ursachen für die Finanzmarktkrise hinsichtlich Angaben zu Verbriefungen zu folgendem Ergebnis: „Weaknesses in public disclosures by financial institutions have damaged market confidence during the turmoil. Public disclosures that were required of financial institutions did not always make clear the type and magnitude of risks associated with their on- and off-balance sheet exposures. There were also shortcomings in the other information firms provided about market and credit risk exposures, particularly as these related to structured products. Where information was disclosed, it was often not done in an easily accessible or usable way.“[11]

---

7 Vgl. auch Rudolph (2011), S. 163-218; Rudolph (2010a), S. 20-24; Löw (2010), S. 52-53.

8 Bspw. mussten Liquiditätszusagen bis Inkrafttreten von Basel II Anfang 2008 nicht mit regulatorischem Eigenkapital unterlegt werden. Vgl. Rudolph (2010a), S. 35.

9 Hier ist z.B. die mehrstufige Verbriefung bzw. Weiterverbriefung – die Verbriefung bereits verbriefter Vermögenswerte – zu nennen. Vgl. Rudolph (2010a), S. 42-43. Für weitere Schwächen vgl. Rudolph (2010a), S. 29-46; Hellwig (2010), S. 25-36.

10 Vgl. z.B. FSF (2008a), S. 8, 22; CEBS (2008a), S. 4; Rudolph (2008), S. 735; Hoffmann/Lüdenbach (2007), S. 2214-2215. Konträr hierzu Löw (2010), S. 66-67.

11 FSF (2008a), S. 8.

Aufgrund dieser deutlichen Kritik verwundert es, dass Rechnungslegungsinformationen zu Verbriefungen im Umfeld der Finanzmarktkrise bisher nicht oder nicht zufriedenstellend untersucht wurden. Für eine aussagekräftige diesbezügliche Analyse wäre es erforderlich, den Informationsausweis zu Verbriefungen vor dem Hintergrund bestehender Rechnungslegungsvorschriften sowie aus ökonomischer und empirischer Sicht zu betrachten. Um Veränderungen der Angaben im Umfeld der Finanzmarktkrise aufzeigen zu können, wäre es darüber hinaus nötig, den Zeitraum vor, während und nach der Krise zu berücksichtigen. In der bisherigen Literatur finden sich keine Untersuchungen, die diesen Erfordernissen entsprechen. Es fehlt eine Analyse, ob Angabepflichten zu Verbriefungen über den Zeitraum vor, während und nach der Finanzmarktkrise bestanden. Ebenso wurde bisher keine Untersuchung der Anreize von Unternehmen vorgenommen, (keine) Informationen zu Verbriefungen bereitzustellen. Eine solche Untersuchung wäre insbesondere für den Fall von Bedeutung, wenn keine Angabepflichten bestehen. Zwar liegen empirische Untersuchungen des Informationsausweises zu Verbriefungen vor dem Hintergrund der Finanzmarktkrise vor,[12] aufgrund von Mängeln können diese jedoch nur bedingt überzeugen und erlauben deshalb lediglich begrenzt Aussagen zu diesbezüglichen Angaben. Zusammenfassend kann festgehalten werden, dass sowohl bei der Analyse bestehender Rechnungslegungsvorschriften als auch auf ökonomischer und empirischer Ebene Forschungsbedarf zum Informationsausweis zu Verbriefungen besteht. Hier will die vorliegende Arbeit anknüpfen.

Um den Informationsausweis zu Verbriefungen erfassen und beurteilen zu können, müssen mögliche Strukturen von Verbriefungen bekannt sein. Die Struktur einer Verbriefungstransaktion ist abhängig von der Art der Verbriefung, der Rolle des bilanzierenden Unternehmens und der Art der Verflechtung. Hinsichtlich der Art einer Verbriefung sind traditionelle und Asset-Backed-Commercial-Paper (ABCP)-Verbriefungen von synthetischen Verbriefungen zu unterscheiden. Ein besonderes Augenmerk ist auf ABCP-Verbriefungen zu legen, weil diese im Rahmen der Finanzmarktkrise eine besondere Rolle gespielt haben und bisherige Ausführungen in der Literatur hierzu recht spärlich sind. Zentrale Rollen, die ein Unternehmen im Rahmen einer Verbriefung einnehmen kann, sind die des Originators, des Sponsors, des Administrators und des Investors. Zuletzt sind Verflechtungen zu berücksichtigen, die im Rahmen der Transaktion eingegangen wurden. Diese können beispielsweise dadurch entstehen, dass das Unternehmen in seiner Rolle

12 Vgl. SSG (2008); FSF (2008b); FSB (2011b); CEBS (2008a); CEBS (2008b); CEBS (2009a); CEBS (2009b); CEBS (2010).

als Originator Vermögenswerte oder Risiken an eine Zweckgesellschaft – im Rahmen von Verbriefungen üblicherweise als Verbriefungsgesellschaft bezeichnet – übertragen hat. Durch eine Kombination der einzelnen Verbriefungsarten, Rollen und Verflechtungen ist es möglich, nahezu sämtliche Strukturen einer Verbriefungstransaktion abzubilden und folglich auch diesbezügliche Angaben nachzuvollziehen.

Eine Untersuchung von Angaben zu Verbriefungen scheint nur dann sinnvoll und begründet, wenn derartige Angaben für Bilanzadressaten von Relevanz sind. Deshalb ist grundsätzlich zu klären, ob Bilanzadressaten Angaben zu Verbriefungen in ihrem Entscheidungskalkül berücksichtigen. Zur Beantwortung dieser Frage sollen neben in der Literatur angeführten Erklärungsansätzen auch empirische Studien analysiert werden. Es zeigt sich, dass von einer Relevanz von Angaben zu Verbriefungen auszugehen ist, weshalb die Sinnhaftigkeit einer tiefergehenden Analyse gegeben ist.

Entscheidend für den Informationsausweis zu Verbriefungen könnte sein, welchen Vorschriften Unternehmen im Zeitraum vor, während und nach der Finanzmarktkrise unterlagen. Deshalb ist es erforderlich, sich mit den für diesen Zeitraum für Verbriefungen bestehenden Angabepflichten auseinanderzusetzen. Im Rahmen der vorliegenden Arbeit erfolgt eine Fokussierung auf IFRS. Da IFRS ein dynamisches Regelwerk darstellen, sind etwaige Veränderungen der Angabepflichten zu berücksichtigen. Angabepflichten zu Verbriefungen können nicht ohne Weiteres den IFRS entnommen werden. Vielmehr ist es in einem ersten Schritt erforderlich, die für Angabepflichten relevanten Standards zu identifizieren. Hierfür muss wiederum die bilanzielle Behandlung von Verflechtungen nachvollzogen werden. Erst in einem zweiten Schritt können die im Zusammenhang mit Verbriefungen relevanten Angaben dargestellt und gewürdigt werden. Von entscheidender Bedeutung soll die Antwort auf die Frage sein, inwiefern es Angabepflichten vermocht haben, tatsächlich Angaben zu Verbriefungen zu bedingen. Alternativ sind Anreize für einen freiwilligen Informationsausweis zu untersuchen.

Mit den Studien der Senior Supervisors Group (SSG), des FSF und des Committee of European Banking Supervisors (CEBS) existieren mehrere Untersuchungen, die Angaben zu Verbriefungen erhoben haben.[13] Diese sowie weitere Untersuchungen zum Informationsausweis zu Verbriefungen sind darzustellen und kritisch zu würdigen. Ziel ist es, deren Stärken und Schwächen zu identifizieren und dadurch Anknüpfungspunkte für die eigene empirische Untersuchung zu finden.

---

13 Vgl. Fn.12.

Da erkennbar die bisherige Literatur hinsichtlich einer Analyse von Rechnungslegungsinformationen zu Verbriefungen Lücken aufweist, wurden vom Verfasser im Rahmen einer Inhaltsanalyse die Geschäftsberichte der zehn größten Banken der Europäischen Union (EU) untersucht. Ziel der Analyse war es, herauszufinden, wie diese vor, während und nach der Finanzmarktkrise über Verbriefungen informiert haben. Der Untersuchungszeitraum umfasste die Jahre 2005 bis 2010. Die Untersuchung ist somit nicht nur die erste, die mithilfe einer wissenschaftlichen Methode den Informationsausweis zu Verbriefungen analysiert hat, sondern auch die erste Untersuchung, die Angaben zu Verbriefungen über den Zeitraum vor, während und nach der Finanzmarktkrise betrachtet. Die Ergebnisse erlauben deshalb neben Aussagen zur Struktur von Verbriefungen erstmals auch Rückschlüsse auf den Umfang und die Qualität der im Zeitraum vor, während und nach der Finanzmarktkrise diesbezüglich zur Verfügung gestellten Informationen. Somit ermöglichen die Ergebnisse auch eine Einschätzung, ob die als Reaktion auf die Finanzmarktkrise geäußerte Kritik am Informationsausweis zu Verbriefungen angebracht war.

2. Struktur einer Verbriefung

2.1. Art der Verbriefung

2.1.1. Traditionelle Verbriefung

Traditionelle Verbriefungen sind die in praxi am häufigsten anzutreffende Verbriefungsart. Im Rahmen einer traditionellen Verbriefungstransaktion veräußert der Originator Vermögenswerte an eine Verbriefungsgesellschaft, die ihm im Gegenzug den Kaufpreis vergütet.[14] Bei den übertragenen Vermögenswerten handelt es sich üblicherweise um einfache Kreditpools, wie zum Beispiel Hypotheken- oder Kreditkartenforderungen. Vereinzelt ist jedoch auch bei traditionellen Verbriefungen zu beobachten, dass bereits verbriefte Vermögenswerte übertragen werden.[15] Die Verbriefungsgesellschaft wird allein für den Zweck gegründet und genutzt, den vom Originator geschaffenen Pool von Vermögenswerten anzukaufen und durch Ausgabe von Schuldinstrumenten zu refinanzieren.[16] Von Bedeutung ist, dass die Vermögenswerte vollständig in das Eigentum der Verbriefungsgesellschaft übergehen, damit diese im Falle einer Insolvenz des Originators nicht in dessen Insolvenzmasse fallen. Solche Verbriefungen werden als „True Sale" bezeichnet und sind von synthetischen Verbriefungen, bei denen das Eigentum an den Vermögenswerten beim Originator verbleibt und lediglich deren Risiken übertragen werden, zu unterscheiden.[17]

True-Sale-Verbriefungen können nach dem Pass-Through-Verfahren oder nach dem Pay-Through-Verfahren konstruiert werden. Beim Pass-Through-Verfahren werden die im Vermögenspool der Verbriefungsgesellschaft eingehenden Cashflows, üblicherweise Zins- und Tilgungszahlungen, unmittelbar an die Inhaber der Schuldinstrumente weitergeleitet.[18] Hingegen erlaubt ein Pay-Through-Verfahren

---

14 Vgl. Rudolph et al. (2012), S. 48-49.

15 Vgl. UniCredit (2007), S. 2/235; Deutsche Bank (2009), S. 2/36. Zu Besonderheiten bei der Zitierweise von Seiten beider Geschäftsberichte vgl. Anhang 10.

16 Vgl. Rudolph et al. (2012), S. 48-49.

17 Vgl. Rudolph et al. (2012), S. 51.

18 Vgl. Rudolph et al. (2012), S. 52. Investoren der ABS erwerben unmittelbar Miteigentumsanteile an den verbrieften Vermögenswerten. Die Verbriefungsgesellschaft

statt der direkten Durchleitung auch ein Management der Cashflows.[19] Die bei True-Sale-Verbriefungen von der Verbriefungsgesellschaft emittierten Schuldinstrumente werden als Asset Backed Securities (ABS) bezeichnet. Dies sind festverzinsliche Wertpapiere oder Schuldscheindarlehen, die Zahlungsansprüche der Investoren gegenüber der Verbriefungsgesellschaft begründen. Die Zahlungsansprüche aus den Wertpapieren (Securities) werden durch einen Bestand von auf die Verbriefungsgesellschaft übertragenen Vermögenswerten (Assets) besichert (Backed), die den Inhabern der ABS als Haftungsgrundlage dienen.[20] ABS haben in der Regel eine lange Laufzeit, wodurch sie sich von ABCP unterscheiden.[21] Häufig kommt es zu einer Tranchierung des Pools der zugrunde liegenden Vermögenswerte. Dabei werden mehrere Tranchen von ABS mit einem unterschiedlichen Risikogehalt emittiert. Entsprechend dem Wasserfall- oder Subordinationsprinzip werden die aus den Vermögenswerten eingehenden Zahlungen zuerst dazu verwendet, die Zins- und Tilgungszahlungen der Senior Tranche zu leisten. Erst dann werden die nachfolgenden, risikoreicheren Tranchen bedient. Die risikoreichste Tranche, die als letztes bedient wird, wird als Equity-Tranche oder First-Loss-Piece bezeichnet.[22]

Ein wesentliches Motiv für den Originator einer traditionellen Verbriefung besteht darin, durch die Übertragung (illiquider) Vermögenswerte an die Verbriefungsgesellschaft liquide Mittel zu erhalten.[23] Durch eine Gestaltung der Kaufpreisfestsetzung ist es dem Originator darüber hinaus möglich, seine Ertragssituation zu verbessern. Eng verbunden mit dem Motiv der Liquiditätstransformation ist, dass True-Sale-Verbriefungen für den Originator eine günstige

---

fungiert lediglich als Durchleitstelle der Cashflows (sog. Fondszertifikatskonzept). Vgl. Rudolph et al. (2012), S. 52; Arbeitskreis Finanzierung (1992), S. 503. Ein Pass-Through-Verfahren muss einer Ausbuchung der Vermögenswerte nicht entgegenstehen, vgl. Struffert (2006), S. 81.

19 Vgl. Rudolph et al. (2012), S. 52. Bspw. werden im Rahmen der Tranchierung unterschiedlich riskante Klassen von Wertpapieren gebildet und emittiert. Vgl. Rudolph et al. (2012), S. 52, 55-59. Investoren der ABS erwerben kein Miteigentum an den übertragenen Vermögenswerten, sondern Ansprüche gegenüber der Verbriefungsgesellschaft (sog. Anleihenkonzept). Vgl. Rudolph et al. (2012), S. 52; Arbeitskreis Finanzierung (1992), S. 503-504.

20 Vgl. Rudolph et al. (2012), S. 48.

21 Streng genommen handelt es sich auch bei ABCP um ABS. Im Rahmen der Arbeit wird jedoch zwischen ABS und ABCP unterschieden.

22 Vgl. Rudolph et al. (2012), S. 55-59.

23 Der Zufluss liquider Mittel erfolgt dabei unabhängig von der Ausbuchung der verbrieften Vermögenswerte.

Refinanzierungsquelle darstellen. Da Zins- und Tilgungszahlungen der Verbriefungstitel ausschließlich von der Qualität der zugrunde liegenden Vermögenswerte abhängen und somit unabhängig von der Bonität des Originators sind, kann dieser üblicherweise von günstigeren Konditionen als bei herkömmlichen Refinanzierungsformen profitieren.[24] Da die Refinanzierung der Vermögenswerte zudem außerhalb der Bilanz erfolgt, ist mit positiven Auswirkungen auf verschiedene Kennzahlen, wie beispielsweise den Verschuldungsgrad, zu rechnen. Traditionelle Verbriefungen ermöglichen es dem Originator zudem, Risiken aus seiner Bilanz auszulagern, was ebenfalls zu einer Verbesserung von Kennzahlen führen kann. Für Banken ist eine Auslagerung von Risiken darüber hinaus vor allem aus regulatorischer Sicht vorteilhaft, da sie derartige Risiken unter Umständen nicht mehr mit regulatorischem Eigenkapital unterlegen müssen.[25] Motive für Investoren für den Erwerb von ABS bestehen vor allem in den spezifischen Rendite-Risiko-Profilen derartiger Verbriefungstiteln und der damit einhergehenden (weiteren) Diversifikationsmöglichkeit ihrer Portfolios.[26]

2.1.2. ABCP-Verbriefung

ABCP-Verbriefungen lassen sich in unterschiedlichen Ausprägungen finden, wobei als Grundtypen Single-Seller-Conduits und Multi-Seller-Conduits von Securities-Backed-Conduits unterschieden werden können.[27] Der Ausdruck

---

24 Vgl. Rudolph et al. (2012), S. 62; Dechow/Shakespeare (2009), S. 99-100; Schaber (2009), S. 32; Emse (2005). S. 76-80; Paul (2001), S. 130-131.

25 Vgl. Rudolph et al. (2012), S. 61-62; Emse (2005), S. 73-76; Hoffmann/Lüdenbach (2007), S. 2218; Pellens/Jannett/Schmidt (2009), S. 424; Schaber (2009), S. 33-37. Voraussetzung für eine Realisierung der genannten Motive ist, dass es zu keiner Konsolidierung der Verbriefungsgesellschaft kommt.

26 Vgl. Rudolph et al. (2012), S. 61; Emse (2005), S. 80-83; Kustner (2004), S. 309. Die dargestellten Motive sind grundsätzlich geeignet, die im Rahmen der Literatur zur Bilanzpolitik genannten vertraglichen, kapitalmarktorientierten und regulatorischen Motive zu realisieren. Vgl. Dechow/Shakespeare (2009), S. 102, 130-131; Dechow/Myers/Shakespeare (2010), S. 3-4, 22-23; Karaoglu (2005), S. 1-4, 10-11, 25. Allgemein zu bilanzpolitischen Motiven vgl. Watts/Zimmerman (1986); Ronen/Yaari (2008); Healy/Wahlen (1999), 365-380; Fields/Lys/Vincent (2001), 255-301. Viele der genannten Motive lassen sich auch durch ABCP- oder synthetische Verbriefungen realisieren.

27 Eine weitere Art von ABCP-Verbriefung, die es aufgrund ihrer hohen Verbreitung in praxi hervorzuheben gilt, sind sog. Hybrid Conduits. Diese vereinen Elemente von

Conduit bezeichnet die Verbriefungsgesellschaft, über die die Transaktion abgewickelt wird. Alle Arten von ABCP-Verbriefungen haben gemein, dass sich die Conduits ganz oder zumindest größtenteils mit ABCP refinanzieren.[28] ABCP sind Schuldtitel mit einer kurzen Laufzeit von maximal 364 Tagen, wobei diese in praxi selten mehr als ein halbes Jahr beträgt.[29] In der kurzen Laufzeit der Refinanzierungstitel besteht auch der wesentliche Unterschied zu traditionellen Verbriefungen, da für die dort emittierten ABS längere Laufzeiten charakteristisch sind. Ob ABCP wie ABS in strukturierter Form vorliegen, ist von der spezifischen Ausgestaltung einer Transaktion abhängig.[30]

Single-Seller- und Multi-Seller-Conduits gleichen in ihrer Funktionsweise traditionellen Verbriefungen. Auch hier werden Vermögenswerte auf eine speziell für diesen Zweck geschaffene Verbriefungsgesellschaft – das Conduit – in Form eines True Sale übertragen.[31] Typischerweise haben die übertragenen Vermögenswerte kein öffentliches Rating.[32] Das Conduit finanziert den Ankauf durch die Emission von ABCP, denen die zugrunde liegenden Vermögenswerte als Sicherheiten dienen. Hält das Conduit Vermögenswerte nur eines Originators, wird es als Single-Seller-Conduit bezeichnet. Stammen die Vermögenswerte des Conduit hingegen von mehreren Originatoren, was üblicherweise der Fall ist, wird es als Multi-Seller-Conduit bezeichnet. Nur selten werden derartige Transaktionen zur Verbriefung von eigenen Vermögenswerten – wobei der Sponsor, der das Conduit aufsetzt, gleichzeitig auch Originator ist und seine Vermögenswerte verbrieft – verwendet. Vielmehr sollen sie dritten Parteien die Möglichkeit bieten, unterschiedlichste Arten von Vermögenswerten zu verbriefen. Häufig wird in diesem Zusammenhang deshalb auch von Verbriefungsplattformen gesprochen. Solche

---

Multi-Seller- und Securities-Backed-Conduits. Vgl. ESF/ICMA (2008), S. 2-3; FitchRatings (2008a), S. 4. Für weitere Arten von ABCP-Verbriefungen vgl. ESF/ICMA (2008), S. 3-4. In praxi zeigt sich jedoch, dass sich die Struktur und die Risikoprofile einzelner ABCP-Verbriefungen stets unterscheiden, was das Aufstellen allgemein gültiger Aussagen erschwert. Vgl. FitchRatings (2008a), S. 2.

28 Vgl. FitchRatings (2008b), S. 2.

29 Vgl. FitchRatings (2008b), S. 3. Häufig beträgt die Laufzeit nur wenige Monate. Bspw. ist dem Geschäftsbericht der RBS zu entnehmen, dass die durchschnittliche Fälligkeit der von Conduits bis zum 31.12.2008 emittierten ABCP 72,1 Tage betrug. Vgl. RBS (2008), S. 140.

30 Vgl. FitchRatings (2008a), S. 7.

31 Bei der Übertragung der Vermögenswerte vom Originator auf das Conduit kann eine Ankaufsgesellschaft zwischengeschaltet werden. Vgl. FitchRatings (2012), S. 4; Boulkab/Marxfeld/Wagner (2008), S. 498-499.

32 Vgl. FitchRatings (2008b), S. 2.

Plattformen werden vor allem von Unternehmen genutzt, deren eigenes Rating zu gering ist, um selbst zu vernünftigen Konditionen am Markt für Commercial Papers (CP) aktiv zu werden. Durch Single-Seller- oder Multi-Seller-Conduits können diese ihr Working Capital kostengünstig finanzieren. Ist der Sponsor eine Bank, was üblicherweise der Fall ist, besteht für diesen der Vorteil darin, dass er kein regulatorisches Kapital für diese Finanzierungsform vorhalten muss. Dies liegt darin begründet, dass derartige Programme im Vergleich zu einem Bankkredit nicht in der Bilanz des Sponsors auftauchen.[33]

Bei den verbrieften Vermögenswerten handelt es sich üblicherweise um einfache Kreditpools, wie Forderungen aus Lieferung und Leistung, Leasingforderungen oder Hypothekenkredite, teilweise aber auch um Verbriefungen derartiger Vermögenswerte.[34] Diese weisen längere Laufzeiten als die emittierten ABCP auf, weshalb – im Vergleich zu traditionellen Verbriefungen – neben einer Liquiditätstransformation auch eine Fristentransformation erfolgt. Die unterschiedlichen Laufzeiten führen allerdings auch dazu, dass zur Tilgung alter ABCP neben der Verwendung der Zins- und Tilgungszahlungen der zugrunde liegenden Vermögenswerte neue ABCP zu emittieren sind.[35] Folglich sind Single-Seller- wie auch Multi-Seller-Conduits auf eine revolvierende Refinanzierung angewiesen. Um Zahlungen an die Investoren von ABCP auch im Falle des Ausbleibens einer Anschlussfinanzierung zu gewährleisten, sind derartige Programme mit Credit Enhancements abgesichert. Diese werden üblicherweise vom Sponsor der Conduits oder von dritten Parteien gewährt. Von besonderer Bedeutung sind dabei Liquiditätszusagen, die regelmäßig alle ausstehenden ABCP umfassen. Credit Enhancements sind somit fundamentaler Bestandteil eines Single-Seller- oder Multi-Seller-Conduit und tragen entscheidend zum Rating der ABCP bei.[36]

Securities-Backed-Conduits investieren nicht in einfache Kreditpools, sondern in Wertpapiere, typischerweise ABS. Derartige Conduits haben im Vorfeld der Finanzmarktkrise bei mehrstufigen Verbriefungen eine zentrale Rolle gespielt.[37] Voraussetzung für eine Investition ist, dass die Wertpapiere ein erstklassiges öffentliches Rating aufweisen.[38] Wie bei Single-Seller- oder Multi-Seller-Conduits erfolgt

---

33 Vgl. Bate/Bushweller/Rutan (2003), S. 15.

34 Vgl. FitchRatings (2008a), S. 2-3; FitchRatings (2008b), S. 2.

35 Vgl. FitchRatings (2008b), S. 2.

36 Vgl. FitchRatings (2008a), S. 3; Bate/Bushweller/Rutan (2003), S. 15.

37 Vgl. FitchRatings (2008b), S. 4. Seit dem Ausbruch der Finanzmarktkrise scheint das Geschäftsmodell von Securities-Backed-Conduits als überholt. Vgl. FitchRatings (2008b), S. 4.

38 Vgl. ESF/ICMA (2008), S. 1; FitchRatings (2008b), S. 2.

der Erwerb der Vermögenswerte durch die Ausgabe von ABCP. Da die erworbenen Wertpapiere üblicherweise eine höhere Verzinsung als die der emittierten ABCP aufweisen, können „Arbitrage"-Gewinne realisiert werden.[39] Deshalb wird diese Art von Conduits auch als Securities-Arbitrage-Conduit bezeichnet.[40] Der Fristentransformation kommt eine wesentliche Bedeutung zu, da die Zinsdifferenz vor allem auf die unterschiedlichen Laufzeiten der zugrunde liegenden Wertpapiere und der ABCP zurückzuführen ist. Zwar ermöglichen derartige Conduits auch die Finanzierung von Verbriefungstiteln oder anderen Wertpapieren,[41] dennoch spielt eine Liquiditätstransformation keine besondere Rolle. Die Ursache hierfür liegt darin, dass es sich bei den zugrunde liegenden Vermögenswerten bereits um marktfähige Wertpapiere handelt.[42] Securities-Backed-Conduits stellen zudem eine Möglichkeit dar, maßgeschneiderte Investitionsmöglichkeiten zu schaffen.[43] Als besonders vorteilhaft erwies sich die Investition in Wertpapiere über solche Conduits unter aufsichtsrechtlichen Gesichtspunkten. Da Securities-Backed-Conduits typischerweise so gestaltet wurden, dass ihre Konsolidierung im Konzernabschluss nicht erforderlich war, mussten die von ihnen gehaltenen Vermögenswerte vom bilanzierenden Unternehmen nicht mit regulatorischem Kapital unterlegt werden.[44]

Eine spezielle Form von Securities-Backed-Conduits stellen Structured Investment Vehicles (SIV) dar. Im Gegensatz zu anderen ABCP-Verbriefungen refinanzieren sich diese nicht ausschließlich über ABCP, sondern auch über Medium-Term-Notes (MTN), Rückkaufvereinbarungen (Repos) und Capital Notes[45]. Da die Refinanzierung nicht ausschließlich durch ABCP erfolgt, ist die Laufzeit der Refinanzierungstitel von SIV höher als bei anderen ABCP-Verbriefungen.[46] Die von SIV gehaltenen Portfolios weisen wie bei anderen Securities-Backed-Conduits

---

39 Vgl. FitchRatings (2008a), S. 3. Ob es sich dabei tatsächlich um Arbitrage-Gewinne handelt, darf jedoch bezweifelt werden. Der Grund liegt darin, dass es sich bei solchen Gewinnen (der Zinsdifferenz) nicht um risikolose Gewinne handelt. Von daher ist der Name Arbitrage-Conduits bei enger Auslegung irreführend.

40 Vgl. FitchRatings (2008b), S. 2.

41 Vgl. ESF/ICMA (2008), S. 3.

42 Denkbar wäre lediglich, dass der Originator Wertpapiere an das Conduit veräußert, die keine anderen Abnehmer am Markt finden.

43 Vgl. HSBC (2008), S. 174.

44 Vgl. FitchRatings (2008a), S. 3; Rudolph (2010a), S. 15-16.

45 Durch Capital Notes wird die First-Loss-Tranche an Investoren weitergereicht.

46 Vgl. FitchRatings (2008a), S. 4; FitchRatings (2008b), S. 1-3. Die durchschnittliche Laufzeit der Refinanzierungstitel von SIV beträgt zwölf Monate. Vgl. FitchRatings (2008b), S. 1.

hohe Ratings auf und setzen sich vor allem aus nachrangigen Bankverbindlichkeiten, Unternehmensanleihen oder Verbriefungstiteln, einschließlich Credit Linked Notes (CLN), zusammen.[47] Die von SIV gehaltenen Portfolios werden aktiv gehandelt und täglich zu aktuellen Marktpreisen bewertet. Wie bei allen ABCP-Verbriefungen sind auch SIV mit Credit Enhancements ausgestattet. Allerdings sind Liquiditätszusagen bei SIV in einem deutlich geringeren Umfang als bei anderen Conduits vorhanden: Anstatt einer Unterstützung von 100% beläuft sich diese bei SIV auf maximal 15%. Als weiterer Liquiditätspuffer soll der Marktwert der zugrunde liegenden Wertpapiere dienen. Neben Kreditrisiken sind Investoren deshalb auch Marktwertrisiken ausgesetzt.[48]

2.1.3. Synthetische Verbriefung

Synthetische Verbriefungen unterscheiden sich von traditionellen und ABCP-Verbriefungen primär dadurch, dass lediglich die Risiken – losgelöst von den zugrunde liegenden Vermögenswerten – übertragen werden.[49] Die verbrieften Vermögenswerte bleiben im Eigentum des Originators und gehen nicht, wie bei True-Sale-Verbriefungen, auf die Verbriefungsgesellschaft über.[50] Folglich verbleiben die Vermögenswerte stets auch in der Bilanz des Originators.[51] Synthetische Verbriefungen können mit oder ohne Zwischenschaltung einer Zweckgesellschaft erfolgen.

Üblicherweise wird bei synthetischen Verbriefungen eine Zweckgesellschaft zwischengeschaltet. Auf diese transferiert der Originator die Risiken der zugrunde liegenden Vermögenswerte mithilfe eines Kreditderivats.[52] Bei dem Kreditderivat handelt es sich typischerweise um einen Credit Default Swap (CDS). Je nach vertraglicher Spezifikation deckt das Kreditderivat die Ausfallrisiken der zugrunde liegenden Vermögenswerte ganz oder teilweise ab. Im Gegenzug für

---

47 Vgl. FitchRatings (2008a), S. 4; FitchRatings (2008b), S. 1-3; Rudolph (2008), S. 721.

48 Vgl. FitchRatings (2008a), S. 4; FitchRatings (2008b), S. 1-3.

49 Die im Folgenden dargestellten Grundstrukturen synthetischer Verbriefungen sind variierbar. Für Beispiele unterschiedlicher Strukturen vgl. Rudolph et al. (2012), S. 100-103. Für weitere Unterschiede zwischen True Sale und synthetischen Verbriefungen vgl. Rudolph et al. (2012), S. 97-99.

50 Bei synthetischen Verbriefungen wird folglich nur das Kreditausfallrisiko übertragen, während Zins- und Währungsrisiken beim Originator verbleiben.

51 Vgl. Rudolph et al. (2012), S. 92; Deutsche Bundesbank (2004), S. 29.

52 Vgl. Rudolph et al. (2012), S. 92-93; IDW (2007b), S. 4.

die Risikoübernahme hat der Originator der Verbriefungsgesellschaft in der Regel Prämien zu entrichten. Die Verbriefungsgesellschaft wiederum leitet die übernommenen Risiken an den Kapitalmarkt weiter. Üblicherweise geschieht dies mithilfe von CLN.[53] Den Emissionserlös der CLN legt die Zweckgesellschaft in erstklassigen Wertpapieren – in der Regel Staatsanleihen – an, die zum einen dem Originator als Sicherheiten im Falle des Eintretens eines zuvor definierten Kreditereignisses, zum anderen den Investoren als Sicherheiten für die Rückzahlung der CLN dienen. Die Verzinsung der Wertpapiere sowie die Prämienzahlungen des Originators für den erworbenen CDS fließen an die Investoren der CLN. Die Rückzahlung der CLN erfolgt in Abhängigkeit des Eintretens des Kreditereignisses: Tritt ein solches nicht ein, erhält der Investor den vollen Nominalbetrag zurück. Kommt es hingegen zu dem Kreditereignis, wird der Nominalbetrag um Ausgleichszahlungen – im Extremfall um 100% – gekürzt.[54]

Anders verhält es sich, wenn keine Verbriefungsgesellschaft zwischengeschaltet wird. Zwar überträgt der Originator auch in diesem Fall die Risiken mithilfe eines Kreditderivats, allerdings tritt er selbst und nicht die Zweckgesellschaft als Emittent der CLN auf. Anders als bei der Zwischenschaltung einer Zweckgesellschaft kann die synthetische Verbriefungstransaktion – in Abhängigkeit von der Verwendung des Emissionserlöses – somit eine Finanzierungswirkung haben.[55]

2.2. Beteiligte Parteien und deren Rollen

An einer Verbriefungstransaktion ist üblicherweise eine Vielzahl von Parteien beteiligt, die unterschiedliche Rollen einnehmen. Von besonderer Bedeutung

---

53 CLN können auch als Katastrophen-Anleihen im Rahmen der Verbriefung von Versicherungsrisiken Anwendung finden. Vgl. hierzu Richter (2004), S. 99-108; Croson/Richter (2003), S. 612-614; Nell/Richter (2004), S. 183-186; Klimaszewski-Blettner/Richter (2008), S. 566-568.

54 Vgl. Rudolph et al. (2012), S. 79-80, 93-94. Auch Burghof/Henke/Rudolph (1998), S. 280; Burkhardt/Weis (2007), S. 39 m.w.N.

55 Vgl. Rudolph et al. (2012), S. 79, 95. Häufig werden, auch wenn eine Verbriefungsgesellschaft zwischengeschaltet ist, nicht sämtliche Ausfallrisiken über diese abgesichert. Insb. das Erstverlustrisiko und sehr geringe Verlustrisiken werden durch sog. Junior-CDS bzw. Senior-CDS unmittelbar, und somit ohne Zwischenschaltung einer Zweckgesellschaft, an Investoren weitergereicht. Vgl. Rudolph et al. (2012), S. 93-94. Für zwei Praxisbeispiele solcher synthetischen Verbriefungen vgl. Rudolph et al. (2012), S. 95-97.

ist, dass eine Partei gleichzeitig mehrere Rollen einnehmen kann genauso wie eine Rolle von mehreren Parteien ausgeübt werden kann. Typische am Verbriefungsprozess beteiligte Parteien sind das bilanzierende Unternehmen, die Verbriefungsgesellschaft, Geschäfts- und Investmentbanken, Wirtschaftsprüfer und Ratingagenturen. Zentrale Rollen, die das bilanzierende Unternehmen einnehmen kann, sind die des Originators, des Sponsors, des Administrators und des Investors. Wie im Folgenden zu sehen sein wird, ist eine strikte und eindeutige Abgrenzung der Aufgabengebiete der einzelnen Rollen teilweise nicht möglich. Dies ist darauf zurückzuführen, dass (1) die Grenzen zwischen den Aufgabengebieten der Rollen oft fließend verlaufen, (2) es keine übergreifende und verbindliche Auffassung gibt, was unter den einzelnen Rollen zu verstehen ist, und (3) ein Unternehmen in einer bestimmten Rolle gleichzeitig auch eine andere Rolle ausüben kann.[56]

Als **Originator** wird das Unternehmen bezeichnet, das Vermögenswerte oder deren Risiken aus seiner Bilanz an die Verbriefungsgesellschaft überträgt.[57] Als ursprünglicher Inhaber der Vermögenswerte ist der Originator am besten über die Kreditnehmer und über die den Vermögenswerten zugrunde liegenden Risiken informiert. Dieser Informationsvorsprung ist einer der Gründe, warum der Originator häufig weiterhin die Forderungsverwaltung ausübt.[58]

Obwohl die Rolle des **Sponsors** grundsätzlich bei allen Verbriefungstransaktionen von Bedeutung ist, wird sie größtenteils in Zusammenhang mit ABCP-Verbriefungen erwähnt. Das zentrale Merkmal eines Sponsors ist, dass er die Verbriefungstransaktion veranlasst und verwaltet. In der Regel gründet und betreibt er auch die Zweckgesellschaft bzw. die Plattform, über die die Verbriefung abgewickelt wird. Er hat Anspruch auf die dort entstehenden Erträge, beispielsweise für Beratungsleistungen. Zudem ist er verantwortlich für die Strukturierung der Verbriefung: Hierfür hat er detaillierte Kriterien vorzugeben, welche Eigenschaften Vermögenswerte aufweisen müssen, um für eine Verbriefung infrage zu kommen. Darüber hinaus tritt der Sponsor üblicherweise auch als Sicherungsgeber

---

56 Vgl. auch Bär (1997), S. 87-88 und S. 96, Fn. 33; Bate/Bushweller/Rutan (2003), S. 31.

57 Vgl. auch Schwarcz (1997), S. 1289; Rudolph et al. (2012), S. 48-49.

58 Vgl. Streckenbach (2006), S. 66; Arbeitskreis Finanzierung (1992), S. 501; Struffert (2006), S. 12-13; Bresser et al. (2012), S. 13. Weitere Gründe sind z.B. die bereits vorhandene Infrastruktur zur Forderungsüberwachung oder dass der Originator dadurch nicht seinen Anreiz verliert, die Kreditnehmer weiterhin zu überwachen. Vgl. Streckenbach (2006), S. 66; Rudolph et al. (2012), S. 49.

im Rahmen der Verbriefungstransaktion auf.[59] Bei ABCP-Verbriefungen ist charakteristisch, dass der Sponsor auch die Rolle des Administrators ausübt.[60]

Unter der Rolle des **Administrators** können mehrere unterschiedliche Rollen subsumiert werden. So kann der Begriff des Administrators i.w.S. als Oberbegriff für Arranger, Underwriter, Sevice Agent und Treuhänder stehen. Der Arranger übernimmt als zentraler Ansprechpartner die Kommunikation und Koordination zwischen den an einer Verbriefungstransaktion beteiligten Parteien. Ebenso beteiligt er sich am Auswahlprozess anderer administrativer Parteien, beispielsweise des Underwriter.[61] Auch hat er die Quantität und Qualität der verbrieften Vermögenswerte zu kontrollieren, Investorenprospekte zu erstellen und sich um Probleme rechtlicher sowie rechnungslegungstechnischer Art zu kümmern.[62] Das Aufgabengebiet des Underwriter umfasst die Platzierung der von der Verbriefungsgesellschaft emittierten Finanzierungstitel am Markt. Üblicherweise garantiert er das Emissionsvolumen. Darüber hinaus kümmert sich der Underwriter um Belange der Investoren. Nicht selten ist er gleichzeitig auch der Arranger.[63] Der Service Agent oder Servicer übernimmt die Verwaltung der verbrieften Vermögenswerte. Er verantwortet die termingerechte Weiterleitung der Zins- und Tilgungszahlungen aus den verbrieften Vermögenswerten an die Verbriefungsgesellschaft bzw. an den Treuhänder. Die Debitorenbuchhaltung, das Mahnwesen und das Erkennen und Melden von Kreditereignissen liegen ebenfalls in seinem Aufgabenbereich. Aufgrund des bereits erwähnten Informationsvorsprungs des Originators hinsichtlich der Qualität der Vermögenswerte übernimmt dieser häufig die Rolle des Servicer.[64] Zentrale Aufgabe des Treuhänders ist die Überwachung der Transaktion mit dem primären Ziel, die Interessen der Investoren zu wahren. Er hält und verwertet die der Transaktion zugrunde liegenden Sicherheiten (beispielsweise das Forderungsportfolio), die ihm üblicherweise in Form einer Sicherungsabtretung oder Verpfändung von

---

59 Vgl. Rudolph et al. (2012), S. 49; Boulkab/Marxfeld/Wagner (2008), S. 499 m.w.N.; Kustner (2004), S. 309. Im Glossary des Geschäftsberichts der UniCredit findet sich bspw. folgende Definition von Sponsor: „An entity other than the Originator [...] which sets up and manages an ABCP conduit or other securitization scheme where assets are acquired from a third entity for securitization.“ UniCredit (2008), S. 624. Die Rolle des Sponsors ist bei der UniCredit folglich nur bei der Verbriefung von Vermögenswerten Dritter von Relevanz.

60 Vgl. Bate/Bushweller/Rutan (2003), S. 6; Boulkab/Marxfeld/Wagner (2008), S. 499.

61 Vgl. Association for Real Estate Securitization (2009), S. 18.

62 Vgl. UniCredit (2007), S. 498.

63 Vgl. Association for Real Estate Securitization (2009), S. 18.

64 Vgl. Rudolph et al. (2012), S. 49; Bresser et al. (2012), S. 13.

der Verbriefungsgesellschaft übertragen werden. Er kontrolliert, ob sämtliche der Transaktion zugrunde liegenden Verträge eingehalten werden und ob die Verteilung der Zins- und Tilgungszahlungen an die Investoren sachgerecht erfolgt. Darüber hinaus unternimmt er bestimmte Prüfungshandlungen, wie die Analyse der vom Servicer erstellten Performance- und Tätigkeitsberichte.[65]

Eine besondere Rolle – und auch ein besonderes Verständnis – kommt dem Administrator bei ABCP-Verbriefungen zu. Bei ABCP-Verbriefungen ist der Administrator verantwortlich für die Identifizierung geeigneter Transaktionen sowie für deren Strukturierung und Überwachung. Er sorgt sich um das Vorliegen ausreichender Credit Enhancements, die Tilgung und Emission von Verbriefungstiteln sowie um die Qualität der zugrunde liegenden Vermögenswerte. Auch verhandelt er die vertraglichen Rahmenbedingungen mit den Originatoren und steht darüber hinaus im Dialog mit Investoren, Garantiegebern und Ratingagenturen.[66] Typisch für ABCP-Verbriefungen ist, dass der Sponsor gleichzeitig der Administrator ist.[67]

Investoren erwerben die von der Verbriefungsgesellschaft emittierten Wertpapiere. Die größte Investorengruppe bilden üblicherweise institutionelle Anleger wie Geschäfts- und Investmentbanken, Versicherungen, Pensions-, Staats- und Investmentfonds. Darüber hinaus investieren aber auch Spezialfonds in ABS oder bilden hierfür gesonderte ABS-Fonds.[68] Beispielsweise investieren ABCP-Conduits üblicherweise in bereits verbriefte Vermögenswerte. Investoren in ABCP sind wiederum, aufgrund der kurzen Laufzeiten dieser Papiere, überwiegend Geldmarktfonds.[69]

Von besonderer Bedeutung bei einer Verbriefungstransaktion ist die **Verbriefungsgesellschaft**. Diese ist bei traditionellen oder ABCP-Verbriefungen so zu konstruieren, dass eine insolvenzfeste Isolierung und Übertragung der Vermögenswerte erfolgen kann. Hierzu ist es erforderlich, dass ein vollständiger Eigentumsübergang der übertragenen Vermögenswerte vom Originator auf die Verbriefungsgesellschaft stattfindet.[70] Üblicherweise wird im Gesellschaftsvertrag oder in vergleichbaren rechtlichen Rahmenwerken der Geschäftszweck ausschließlich auf den Erwerb

65 Vgl. Rudolph et al. (2012), S. 49; Bär (1997), S. 96-97; Bresser et al. (2012), S. 13-14.
66 Vgl. Boulkab/Marxfeld/Wagner (2008), S. 499; Bate/Bushweller/Rutan (2003), S. 30-31.
67 Vgl. Bate/Bushweller/Rutan (2003), S. 6; Boulkab/Marxfeld/Wagner (2008), S. 499.
68 Vgl. Rudolph et al. (2012), S. 50; Steckenbach (2006), S. 69 m.w.N.; Bär (1997), S. 95.
69 Vgl. Bär (1997), S. 95.
70 Vgl. Rudolph et al. (2012), S. 51. Auch bei synthetischen Verbriefungen kann sich die Frage einer insolvenzfesten Isolierung der Vermögenswerte – die durch den Emissionserlös der CLN von der Zweckgesellschaft erworbenen Wertpapiere – stellen, da diese als Sicherheiten dienen.

vertraglich definierter Vermögenswerte und deren Refinanzierung durch Ausgabe von Verbriefungstiteln beschränkt.[71] Andere Tätigkeiten sind der Verbriefungsgesellschaft in der Regel vertraglich untersagt.[72] Da die Verbriefungsgesellschaft außer der Übernahme und der Refinanzierung der Vermögenswerte keine weiteren Geschäftsrisiken eingehen kann, ist eine Insolvenz nahezu ausgeschlossen. Der Wert der emittierten Schuldtitel spiegelt – wie bei einem Investmentfond – allein den Wert der übertragenen Vermögenswerte wider.[73]

2.3. Verflechtungen

Die am Verbriefungsprozess beteiligten Parteien gehen unterschiedliche Verflechtungen ein. Die bedeutendsten Verflechtungen sind die Übertragung von Vermögenswerten oder Risiken, die Investition in Verbriefungstitel, das Gewähren oder Erhalten von Credit Enhancements, das Eingehen einer Unternehmensverbindung mit der Verbriefungsgesellschaft sowie das Anbieten von Servicetätigkeiten.

Die **Übertragung** von Vermögenswerten oder Risiken ist das zentrale Element einer Verbriefungstransaktion. Bei traditionellen oder ABCP-Verbriefungen ist von Bedeutung, dass das Eigentum der übertragenen Vermögenswerte vollständig auf die Verbriefungsgesellschaft übergeht. Bilanziell ist entscheidend, ob die Vermögenswerte aus der Bilanz des Originators ausgebucht werden dürfen. Eine vollständige Ausbuchung kann an einem anhaltenden Engagement (Continuing Involvement) scheitern. Ein solches Engagement kann darin begründet liegen, dass das bilanzierende Unternehmen im Rahmen der Verbriefungstransaktion bestimmte Rechte zurückbehalten hat (Residual oder Retained Interests). Beispiele für derartige Rechte sind Credit Enhancements, Servicing Rights sowie einbehaltene nachrangige Tranchen der von der Verbriefungsgesellschaft emittierten Verbriefungstitel. Bei synthetischen Verbriefungstransaktionen findet die Übertragung von Risiken mithilfe

---

71 Vgl. Streckenbach (2006), S. 67 m.w.N.; Arbeitskreis Finanzierung (1992), S. 497.

72 Vgl. Streckenbach (2006), S. 67. Zur rechtlichen Ausgestaltung einer Verbriefungsgesellschaft vgl. Arbeitskreis Finanzierung (1992), S. 503-504.

73 Vgl. Rudolph et al. (2012), S. 51. Voraussetzung hierfür ist jedoch, dass im Falle einer Insolvenz des Originators die Verbriefungsgesellschaft die übertragenen Vermögenswerte ohne großen zusätzlichen administrativen und zeitlichen Aufwand verwerten kann. Auch darf die Verbriefungsgesellschaft keiner Unternehmensbesteuerung unterliegen, da dies ebenfalls zu einer Wertminderung der übertragenen Vermögenswerte führen würde. Vgl. Rudolph et al. (2012), S. 51.

von Kreditderivaten statt. Dabei erwirbt der Originator (Sicherungsnehmer) von der Verbriefungsgesellschaft (Sicherungsgeber) üblicherweise einen CDS.

Eine **Investition** liegt immer dann vor, wenn das bilanzierende Unternehmen von der Verbriefungsgesellschaft emittierte Verbriefungstitel erwirbt oder einbehält. Der Einbehalt von Verbriefungstranchen betrifft häufig risikoreiche Tranchen, wie die Equity-Tranche, und ist über alle Rollen und Verbriefungsarten hinweg zu beobachten. Die Verbriefungstitel unterscheiden sich je nach Art der Verbriefung und der verbrieften Vermögenswerte. Investitionen bei traditionellen Verbriefungen erfolgen in ABS i.w.S., bei ABCP-Verbriefungen in ABCP und bei synthetischen Verbriefungstransaktionen in CLN. Je nach Art der verbrieften Vermögenswerte lassen sich ABS i.w.S. in ABS i.e.S., Mortgage Backed Securities (MBS) und Collateralized Debt Obligations (CDO) unterscheiden. Als ABS i.e.S. zählen unter anderem die Verbriefung von Forderungen aus Automobilverkäufen (Auto-ABS), die Verbriefung von Kreditkartenforderungen (Credit-Card-BS) oder die Verbriefung von Forderungen aus Leasingverträgen (Lease-BS). MBS bezeichnen die Verbriefung von Krediten, die mit Hypotheken besichert sind. Diese können in Commercial Mortgage Backed Securities (CMBS) und Residential Mortgage Backed Securities (RMBS) unterschieden werden. CMBS liegen gewerbliche Hypothekendarlehen zugrunde, RMBS Wohnungsbaudarlehen. CDO umfassen die Verbriefung von Unternehmenskrediten, sog. Collateralized Loan Obligations (CLO), sowie die Verbriefung von Unternehmensanleihen, sog. Collateralized Bond Obligations (CBO).[74]

Eine weitere bedeutende Verflechtung ist das Gewähren oder Erhalten von **Credit Enhancements**. Der Begriff Credit Enhancement steht für eine Vielzahl von Sicherheiten, deren primäres Ziel darin besteht, das Risiko der Verbriefungstitel zu reduzieren und mit einem möglichst hohen Rating zu versehen. Dies ist notwendig, da Investoren regelmäßig nicht über die Qualität der zugrunde liegenden Vermögenswerte Bescheid wissen und ohne zusätzliche Absicherungsmechanismen nicht in derartige Wertpapiere investieren würden.[75] Als besonders vorteilhaft erweist sich die Einbindung des Originators: Partizipiert dieser durch Credit Enhancements weiterhin an den Risiken der verbrieften Vermögenswerte, hat er einen Anreiz, Kreditausfälle gering zu halten; die Moral-Hazard-Problematik zwischen Originator und Investoren der Verbriefungstitel kann dadurch reduziert werden.[76] Es können

74 Vgl. Bresser et al. (2012), S. 8-9; Rudolph et al. (2012), S. 43-44. Für weitere Möglichkeiten der Verbriefung vgl. Rudolph et al. (2012), S. 44 m.w.N.

75 Vgl. Rudolph et al. (2012), S. 59-60.

76 Vgl. Rudolph et al. (2012), S. 61.

zahlreiche Arten von Credit Enhancements unterschieden werden. Eine abschließende Aufzählung aller Arten ist nicht möglich, da der Kreativität der Unternehmen in der spezifischen Ausgestaltung von Credit Enhancements keine Grenzen gesetzt sind.[77] Die im Folgenden aufgeführten Beispiele zeigen deshalb nicht alle möglichen Arten, sondern lediglich die in praxi am häufigsten anzutreffenden.

Eine unmittelbare Einbindung des Originators kann dadurch erreicht werden, dass der Originator im Vorfeld der Transaktion einen Reservefond (Reserve Account) bildet, der zur Deckung von Zahlungsausfällen herangezogen werden kann. Alternativ kann er die ausgefallenen Forderungen ganz oder teilweise von der Verbriefungsgesellschaft zurückerwerben.[78] Ähnlich verhält es sich mit (Excess) Spread Accounts. Dabei handelt es sich um Überlaufkonten, die Zins- und Tilgungszahlungen aus den zugrunde liegenden Vermögenswerten ansammeln, die nicht zur Bedienung der emittierten Verbriefungstitel gebraucht werden. Im Falle von künftigen Schwächephasen können diese Zahlungen zum Ausgleich herangezogen werden. Übriggebliebene Mittel fließen am Ende der Transaktion in der Regel an den Originator zurück.[79] Bei einer Übersicherung (Overcollateralization) rührt der Schutz hingegen daher, dass das Volumen und/oder die Verzinsung der auf die Verbriefungsgesellschaft übertragenen Vermögenswerte das Volumen und/oder die Verzinsung der von der Verbriefungsgesellschaft emittierten Schuldtitel übersteigt. Dadurch wird ein Polster geschaffen, um Verzögerungen oder Ausfälle der Zins- und Tilgungszahlungen bei den zugrunde liegenden Vermögenswerten auszugleichen und eine durchgängige Bedienung der emittierten Verbriefungstitel zu gewährleisten.[80]

Typisches Merkmal einer traditionellen oder synthetischen Verbriefungstransaktion ist die Tranchierung. Deren Ergebnis besteht im unterschiedlichen Risikogehalt der von der Verbriefungsgesellschaft emittierten Tranchen. Da vorrangige Tranchen immer zuerst bedient werden, sind diese weniger riskant als nachrangige Tranchen.[81] Eine Möglichkeit der Sicherheitenverstärkung liegt für den Originator deshalb darin, mit der Equity-Tranche die risikoreichste Tranche selbst zu halten. Dies geschieht, indem er diese direkt einbehält oder unmittelbar im Rahmen der

77 Bspw. können verschiedene Credit Enhancements, auch unter Einsatz von Derivaten, miteinander kombiniert werden.

78 Vgl. Rudolph et al. (2012), S. 60; Paul (2001), S. 129.

79 Vgl. Rudolph et al. (2012), S. 60; Paul (2001), S. 129; Bär (1997), S. 213-215.

80 Vgl. Rudolph et al. (2012), S. 60; Paul (2001), S. 129. Kritisch zur Overcollateralization vgl. Bär (1997), S. 211-212.

81 Vgl. Rudolph et al. (2012), S. 55; Bär (1997), S. 212-213.

Emission zurückkauft.[82] Das Volumen der Equity-Tranche entspricht in der Regel mindestens dem erwarteten Verlust. Wird diese vom Originator einbehalten, müssen alle anderen Investoren erst dann mit Zahlungsausfällen rechnen, wenn der tatsächliche Verlust den erwarteten überschreitet.[83]

Als wohl stärkste Form der Credit Enhancements können Garantie- und Kreditzusagen gesehen werden. Die am Verbriefungsprozess unmittelbar beteiligten Parteien können dabei sowohl als Sicherungsgeber als auch als Sicherungsnehmer agieren. Ein typisches Beispiel hierfür ist das Einräumen von Liquiditätsfazilitäten durch den Sponsor im Rahmen einer ABCP-Verbriefung. Daneben können auch nicht unmittelbar an der Verbriefungstransaktion beteiligte Dritte als Sicherungsgeber auftreten. Beispiele hierfür sind Monoliner oder amerikanische Hypothekenagenturen, die von Investoren gehaltene Verbriefungstitel absichern.[84]

Neben den bisher genannten Verflechtungen kann das bilanzierende Unternehmen durch das Anbieten von administrativen Tätigkeiten (**Servicing**) in Beziehung mit der Verbriefungsgesellschaft stehen. Damit werden primär diejenigen Tätigkeiten beschrieben, die das Unternehmen in seiner Rolle als Administrator erbringt. Beispiele hierfür sind das Strukturieren von Verbriefungsprogrammen, das Durchführen der Emission von Verbriefungstiteln, treuhänderische Tätigkeiten oder Verhandlungen mit an der Transaktion beteiligten Parteien. Allerdings können administrative Tätigkeiten auch im Zusammenhang mit anderen Rollen als der des Administrators erbracht werden. Beispielsweise sind auch das Verwalten der Verbriefungstransaktion durch den Sponsor oder Beratungsleistungen, die er dabei erbringt, als administrative Tätigkeiten anzusehen.

Alle bisher beschriebenen Verflechtungen können – neben gesellschaftsrechtlichen Vereinbarungen – dazu führen, dass ein Unternehmen mit der Verbriefungsgesellschaft im bilanzrechtlichen Sinne verbunden ist. Unerheblich ist, welche Rolle das Unternehmen dabei einnimmt. In Abhängigkeit von der Intensität der **Unternehmensverbindung** kann die Verbriefungsgesellschaft ein Tochterunternehmen, ein assoziiertes Unternehmen, ein Joint Venture oder eine einfache Eigenkapitalbeteiligung, die als Finanzinstrument zu behandeln ist, darstellen. Typischerweise zeigt sich eine Unternehmensverbindung darin, dass die Verbriefungsgesellschaft zu konsolidieren ist.

---

82 Denkbar ist auch, dass nicht der Originator, sondern der Sponsor die Equity-Tranche (oder andere riskante Tranchen) erwirbt.

83 Vgl. Rudolph et al. (2012), S. 60.

84 Vgl. auch Rudolph et al. (2012), S. 60-61; Paul (2001), S. 129-130; Bär (1997), S. 216-220.

2.4. Fazit

Im Rahmen dieses Kapitels wurden durch die Darstellung der Arten von Verbriefungen sowie der wichtigsten Rollen und Verflechtungen die entscheidenden Elemente einer Verbriefungstransaktion verdeutlicht. Wenn auch eine vollständige Beschreibung von Verbriefungsstrukturen nicht möglich ist,[85] können durch eine Kombination dieser drei Elemente spezifische Ausgestaltungen nachempfunden werden.

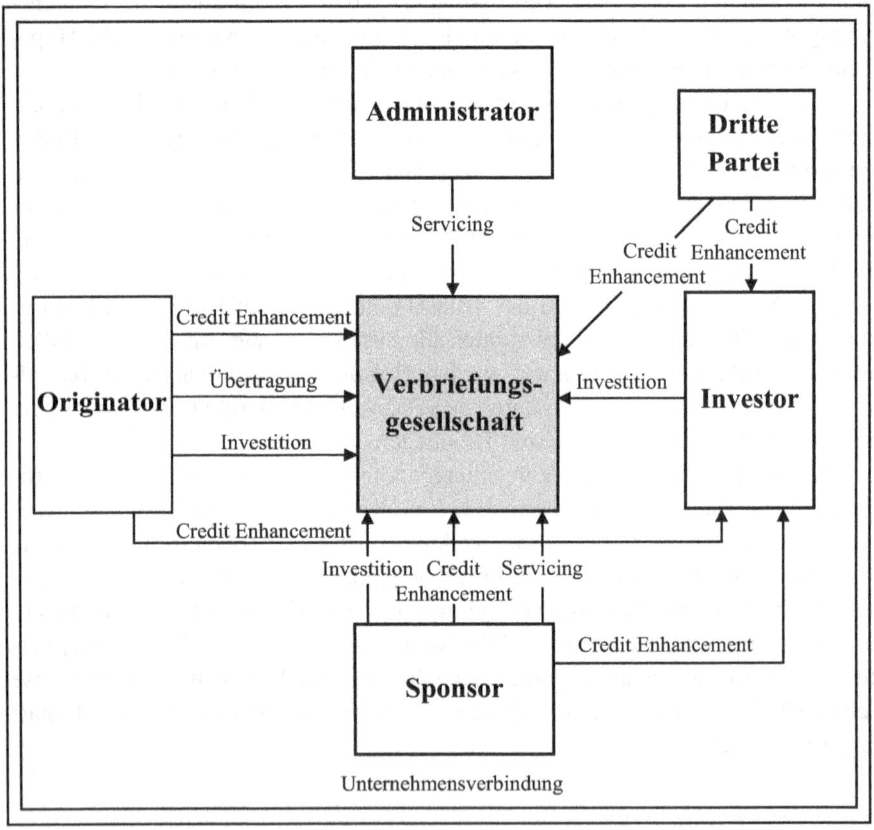

Abb. 1: Mögliche Strukturen einer Verbriefungstransaktion

85 Vgl. Rudolph et al. (2012), S. 41.

Abbildung 1 stellt für fast alle Verbriefungsarten[86] denkbare Kombinationsmöglichkeiten und somit potenziell mögliche Strukturen einer Verbriefungstransaktion dar.[87] Je nach Art der Verbriefungstransaktion ist eine stärkere Beteiligung bestimmter Rollen sowie eine stärkere Bedeutung bestimmter Verflechtungen zu erwarten. Beispielsweise nehmen bei ABCP-Verbriefungen vor allem die Rolle des Sponsors und die Verflechtung Credit Enhancement einen hohen Stellenwert ein.[88]

Im Folgenden interessiert, welche Angaben Unternehmen zu den einzelnen Verbriefungsarten, Rollen und Verflechtungen – und somit auch generell zu Verbriefungen – bereitstellen mussten. Zuvor soll jedoch die Frage beantwortet werden, ob Angaben zu Verbriefungen für Bilanzadressaten überhaupt von Relevanz sind.

---

86 Nicht anwendbar ist die Darstellung auf Securties-Backed-Conduits. Vgl. hierzu Anhang 1.

87 Ergänzt wurde im Rahmen der Darstellung die Rolle einer dritten Partei. Eine solche Rolle nimmt das Unternehmen bspw. dann ein, wenn es lediglich Garantiegeber im Rahmen einer Verbriefungstransaktion ist. Häufig zu beobachten ist zudem, dass sich Investoren von dritten Parteien, üblicherweise Monoliner, ihre Verbriefungstitel absichern lassen.

88 Da neben den genannten Verflechtungen grundsätzlich weitere Verflechtungen existieren können, ist es im Rahmen der eigenen empirischen Untersuchung notwendig, auch diese entsprechend zu berücksichtigen, um den Informationsausweis zu Verbriefungen vollständig zu erfassen.

3. Zur Relevanz von Angaben zu Verbriefungen

3.1. Erklärungsansätze

Eine Untersuchung des Informationsausweises zu Verbriefungen erscheint nur dann als sinnvoll und begründet, wenn Bilanzadressaten Angaben zu Verbriefungen auch eine Bedeutung beimessen. Davon ist auszugehen, wenn sie diese bei ihrer Entscheidungsfindung berücksichtigen. Wäre dem nicht so, wäre eine Auseinandersetzung mit Angaben zu Verbriefungen ohne Gehalt. Deshalb soll im Folgenden untersucht werden, ob Angaben zu Verbriefungen in das Entscheidungskalkül von Bilanzadressaten einfließen. Hierfür sollen in einem ersten Schritt die in der Literatur angeführten Erklärungsansätze zur „Recognition vs. Disclosure"-Thematik untersucht werden, da sich hieraus auch Aussagen zur generellen Relevanz von Angaben ableiten lassen. In einem zweiten Schritt sollen die Ergebnisse empirischer Studien analysiert werden, aus denen Rückschlüsse auf die Relevanz von Angaben zu Verbriefungen gezogen werden können.

Ausgangspunkt der meisten Erklärungsansätze stellen Informationsasymmetrien zwischen dem Management und den Kapitalgebern eines Unternehmens dar. Nur dem Management ist der „wahre" Wert des Unternehmens bekannt.[89] Zur Lösung des Problems werden in der Literatur verschiedene Möglichkeiten diskutiert, die alle darauf abzielen, dass Manager möglichst viele private Informationen über den „wahren" Wert des Unternehmens öffentlich zur Verfügung stellen sollen.[90] Beispielsweise können Manager durch Rechnungslegungsvorschriften veranlasst werden, entsprechende Informationen in ihren Geschäftsberichten zu publizieren. Fraglich ist jedoch, auf welche Art und Weise die Informationen bereitgestellt werden sollen: in Form von Informationen in Bilanz und Gewinn- und Verlustrechnung (GuV) oder in Form von Angaben, beispielsweise im Anhang oder im Lagebericht.

Die Literatur ist sich uneins, ob sich Informationen, die in der Bilanz und GuV oder in Form von Angaben bereitgestellt werden, in ihrer Außenwirkung

89 Vgl. Healy/Palepu (2001), S. 407-409. Grundsätzlich hierzu vgl. Akerlof (1970), S. 629-650.

90 Zur Abgrenzung privater und öffentlicher Informationen vgl. Gassen (2000), S. 12-19.

unterscheiden.[91] Gemäß der Hypothese (informations-)effizienter Kapitalmärkte macht es keinen Unterschied, ob Informationen in der Bilanz und GuV oder in Form von Angaben bereitgestellt werden, da alle öffentlich verfügbaren Informationen im Aktienkurs berücksichtigt werden.[92] Folglich sollte es auch für die Entscheidungen der Investoren irrelevant sein, ob Informationen in Form von bilanzierten Größen oder in Form von Angaben veröffentlicht werden. Insbesondere vor dem Hintergrund von Verbriefungstransaktionen scheint die Gültigkeit der Kapitalmarkteffizienzhypothese jedoch fraglich.[93] Beispielsweise kann die Gewinnung von Informationen zu Verbriefungen, obwohl öffentlich verfügbar, mit Kosten verbunden sein.[94] Auch darf aufgrund der im Rahmen der Finanzmarktkrise geäußerten Kritik an der Intransparenz der mit Verbriefungstransaktionen verbundenen Angaben bezweifelt werden, dass Investoren stets in der Lage waren, die entsprechenden Informationen in den Geschäftsberichten zu identifizieren und richtig zu interpretieren.[95] Beide Umstände können Ursachen für eine Informationsineffizienz des Kapitalmarkts sein.[96] Folglich würde es eine Rolle spielen, ob Informationen in der Bilanz und GuV oder lediglich in Form von Angaben ausgewiesen werden.

Unterschiede zwischen bilanzierten Informationen und Angaben könnten auch darin begründet sein, dass es sich bei erstgenannten um relevantere und verlässlichere, folglich entscheidungsnützlichere Informationen handelt.[97] Die Ergebnisse einer experimentellen Studie von Libby/Nelson/Hunton zeigen, dass Abschlussprüfer stärkere Korrekturen bei Fehlern im Zusammenhang mit bilanzierten Informationen

---

91 Dies ist v.a. darauf zurückzuführen, dass es keine klare Theorie zur „Disclosure“-Thematik gibt. Vgl. Al Jifri/Citron (2009), S. 124; Verrecchia (2001), S. 98. Für einen Überblick über verschiedene Studien zur „Recognition vs. Dislosure“-Thematik vgl. Bernard/Schipper (1994), S. 12-29; Schipper (2007), S. 301-326; Healy/Palepu (2001), S. 405-440; Verrecchia (2001), S. 97-180. Sickmann kommt im Zusammenhang mit Angaben zu Variable Interest Entities zum Ergebnis, dass nicht beurteilt werden kann, ob diese in gleicher Weise entscheidungsrelevant sind wie eine Konsolidierung der Variable Interest Entity. Vgl. Sickmann (2005), S. 241.

92 Vgl. Dyckman/Morse (1986), S. 86. Grundlegend zur Kapitalmarkteffizienz vgl. Fama (1970), S. 383-417; Dyckman/Morse (1986).

93 Vgl. Imhoff/Lipe/Wright (1995), S. 71.

94 Vgl. auch Dyckman/Morse (1986), S. 20-21 m.w.N.; Ahmed/Kilic/Lobo (2006), S. 568.

95 Vgl. Schwarcz (2004), S. 4-19; Dyckman/Morse (1986), S. 8; Ahmed/Kilic/Lobo (2006), S. 568.

96 Vgl. Fama (1970), S. 388; Al Jifri/Citron (2009), S. 124.

97 Vgl. Al Jifri/Citron (2009), S. 124.

fordern als wenn die Informationen in Form von Angaben bereitgestellt werden.[98] Dieses Ergebnis wiegt umso schwerer, da Abschlussprüfer mit einem stärkeren Widerstand der Bilanzersteller zu rechnen haben, wenn sie Änderungen von bilanzierten Informationen – im Vergleich zu Änderungen von Angaben – verlangen.[99] Da dadurch die Verlässlichkeit von Angaben im Vergleich zu bilanzierten Informationen eingeschränkt wird, könnte dies dazu führen, dass Adressaten Informationen, die „nur“ in Form von Angaben bereitgestellt werden, grundsätzlich eine geringere Bedeutung beimessen.[100]

Auch aus Sicht der Standardsetter macht es einen Unterschied, ob Informationen bilanziell erfasst oder angegeben werden.[101] So heißt es im Rahmenkonzept des britischen Accounting Standards Boards (ASB): „Nevertheless, disclosure of information in the notes is not a substitute for recognition [...].“[102] Auch das FASB vertritt die Meinung, dass ein Unterschied zwischen einem Ausweis von Informationen durch einen bilanziellen Ansatz oder durch Angaben besteht: „Although financial statements have essentially the same objectives as financial reporting, some useful information is better provided by financial statements and some is better provided, or can only be provided, by notes to financial statements or by supplementary information or other means of financial reporting.“[103] Dabei sieht das FASB die in der Bilanz enthaltenen Informationen jenen im Anhang als überlegen an: „Generally, the most useful information about assets, liabilities, revenues, expenses, and other items of financial statements and their measures (that with the best combination of relevance and reliability) should be recognized in the financial statements.“[104]

Die dargestellten Erklärungsansätze lassen zwei zentrale Punkte erkennen: Zum einen scheint es, dass dem bilanziellen Ansatz gegenüber Angaben eine größere Bedeutung beigemessen wird. Zum anderen scheinen jedoch auch Angaben grundsätzlich von Bilanzadressaten berücksichtigt zu werden. Auch wenn deshalb zu vermuten ist, dass Angaben – wenn auch weniger stark als Informationen in Bilanz und GuV – generell berücksichtigt werden, ist unklar, ob dies auch für Angaben

98 Vgl. Libby/Nelson/Hunton (2006), S. 550, 555-556.

99 Vgl. Libby/Nelson/Hunton (2006), S. 533, 535, 548, 555. Gegenstand der Untersuchung war die bilanzielle Behandlung von aktienbasierten Vergütungen und Leasingverhältnissen.

100 Vgl. Libby/Nelson/Hunton (2006), S. 535, 556-557; Al Jifri/Citron (2009), S. 124.

101 Vgl. Ahmed/Kilic/Lobo (2006), S. 568; Al Jifri/Citron (2009), S. 124.

102 ASB (1999), § 7.5.

103 SFAC 5.7.

104 SFAC 5.9.

zu Verbriefungen gilt. Deshalb sollen im Folgenden Studien betrachtet werden, anhand derer Rückschlüsse auf die Relevanz derartiger Angaben möglich sind.

3.2. Empirische Studien

In der Literatur finden sich fünf Studien, deren Ergebnisse dazu beitragen können, die Frage zu beantworten, ob Angaben zu Verbriefungen im Rahmen der Entscheidungsfindung von Bilanzadressaten berücksichtigt werden. Alle Studien betrachten Angaben, die nach US-GAAP im Zusammenhang mit einer Übertragung von Vermögenswerten auf eine Verbriefungsgesellschaft vorzunehmen waren.[105] Auch wenn die zentrale Frage der jeweiligen Studien nicht darin bestand, die Wertrelevanz derartiger Angaben zu untersuchen, erlauben die Studien aufgrund ihrer Vorgehensweise Rückschlüsse, ob Angaben zu Verbriefungstransaktionen im Entscheidungskalkül von Bilanzadressaten, insbesondere Investoren, berücksichtigt werden.[106]

Niu/Richardson untersuchen, ob Verbindlichkeiten von Verbriefungsgesellschaften von Eigenkapitalgebern weiterhin als Verbindlichkeiten des Originators betrachtet werden, selbst wenn es zu einer vollständigen Ausbuchung der übertragenen Vermögenswerte beim Originator kommt.[107] Der Vorgehensweise liegt die Annahme zugrunde, dass Investoren der ABS neben vertraglich zugesicherten Credit Enhancements auch implizite Rückgriffsrechte[108] auf den Originator haben, dieser folglich auch ohne explizite Garantiezusagen

105 Dass die Studien Angabepflichten nach US-GAAP betrachten, ist unproblematisch. Dies liegt vor allem daran, dass es aus Sicht von Investoren grundsätzlich keinen Unterschied macht, nach welchem Rechnungslegungssystem Angaben zu Verbriefungen erstellt werden.

106 Vgl. auch Barth/Landsman (2010), S. 409.

107 Vgl. Niu/Richardson (2006), S. 1108, 1010, 1113.

108 Implizite Rückgriffsrechte können als informelle, nicht vertraglich geregelte Übereinkunft zwischen Kapitalgebern und dem Originator gesehen werden, dass der Originator für alle Verpflichtungen der Zweckgesellschaft einstehen wird. Durch ein solches „Versprechen“ kann der Originator seine Reputation wahren und somit auch in Zukunft Investoren für ABS finden. Vgl. Cheng/Dhaliwal/Neamtiu (2011), S. 545; Chen/Liu/Ryan (2008), S. 1182, 1187. Zur theoretischen Fundierung von impliziten Rückgriffsrechten vgl. Gorton/Souleles (2006), S. 565-579. Implizite Rückgriffsrechte werden im Rahmen von SFAS 125 und SFAS 140 bei der Beurteilung, ob die Kontrolle über die Vermögenswerte vom Originator auf die Verbriefungsgesellschaft übertragen wurde, nicht berücksichtigt, vgl. Niu/Richardson (2006), S. 1112.

für Verbindlichkeiten der Verbriefungsgesellschaft aufkommt.[109] Die Höhe der impliziten Rückgriffsrechte entspricht der Höhe der von Investoren gehaltenen außerbilanziellen Verbindlichkeiten und lässt sich aus der Differenz der übertragenen Vermögenswerte und der vom Originator gewährten Credit Enhancements berechnen.[110] Da für Informationen zum genauen Umfang der übertragenen Vermögenswerte und der Credit Enhancements auf Angaben im Anhang oder in sonstigen Passagen der Geschäftsberichte zurückgegriffen werden muss,[111] erlauben die Ergebnisse von Niu/Richardson auch Rückschlüsse auf die Relevanz von Angaben zu Verbriefungen: Eine Berücksichtigung außerbilanzieller Verbindlichkeiten durch die Eigenkapitalgeber wäre ein starkes Indiz für eine Berücksichtigung der Angaben zu übertragenen Vermögenswerten und Credit Enhancements.

Das von den Autoren verwendete Modell versucht eine Berücksichtigung der außerbilanziellen Verbindlichkeiten dadurch zu erfassen, dass es einen Zusammenhang dieser mit dem Eigenkapitalrisiko des Originators unterstellt. Die außerbilanziellen Verbindlichkeiten gehen als unabhängige Variable in das Regressionsmodell ein, der Beta-Faktor des CAPM stellt die abhängige Variable dar.[112] Ihre Stichprobe besteht aus 535 Firmenjahr-Beobachtungen von Unternehmen, die in den Jahren 1997 bis 2003 Verbriefungstransaktionen unter Anwendung von SFAS 125 und SFAS 140[113] getätigt haben.[114] Im Ergebnis zeigt sich, dass außerbilanzielle Verbindlichkeiten einen signifikant positiven Einfluss auf das systematische Risiko haben.[115] Außerbilanzielle Verbindlichkeiten werden folglich von Eigenkapitalgebern bei der Bestimmung des Risikos des Originators berücksichtigt. Darüber hinaus zeigt sich, dass es keinen signifikanten Unterschied hinsichtlich der Risikorelevanz von außerbilanziellen und bilanziellen Verbindlichkeiten gibt.[116] Daraus schließen Niu/Richardson, dass selbst bei einer Ausbuchung der Vermögenswerte aus der Bilanz des Originators diesem die damit verbundenen Risiken weiterhin zugerechnet werden. Aus ökonomischer Sicht handelt es sich

109 Vgl. Niu/Richardson (2006), S. 1108.
110 Vgl. Niu/Richardson (2006), S. 1113, 1116.
111 Vgl. Niu/Richardson (2006), S. 1116.
112 Vgl. Niu/Richardson (2006), S. 1114-1115.
113 SFAS 125 trat für Geschäftsjahre in Kraft, die nach Ende 1996 begonnen haben. Der Standard wurde 2001 durch SFAS 140 ersetzt. Vgl. hierzu Ryan (2002), S. 178-184.
114 Vgl. Niu/Richardson (2006), S. 1117.
115 Vgl. Niu/Richardson (2006), S. 1119.
116 Vgl. Niu/Richardson (2006), S. 1119.

bei Verbriefungen deshalb um besicherte Ausleihungen.[117] Letztgenannte Ergebnisse werden durch eine weitere Analyse bestärkt, in der die Wertrelevanz von Gewinnen, die im Zusammenhang mit Verbriefungen stehen, untersucht wird.[118] Vor dem Hintergrund der Frage, ob Angaben zu Verbriefungen von Kapitalgebern berücksichtigt werden, ist der festgestellte Einfluss der außerbilanziellen Verbindlichkeiten auf die Marktvariablen von zentraler Bedeutung, da ein solcher auch eine Relevanz der Angaben vermuten lässt.

Landsman/Peasnell/Shakespeare erweitern die Studie von Niu/Richardson, indem sie untersuchen, ob Eigenkapitalgeber neben Verbindlichkeiten auch Vermögenswerte der Verbriefungsgesellschaft als weiterhin zum Originator gehörend betrachten.[119] Wie Niu/Richardson analysieren Landsman/Peasnell/Shakespeare letztendlich auch, ob die Übertragung von Vermögenswerten auf die Verbriefungsgesellschaft von Eigenkapitalgebern als ein echter Risikotransfer oder lediglich als besicherte Ausleihung betrachtet wird.[120] Die Autoren betrachten 297 Firmenjahr-Beobachtungen von 112 Unternehmen, die in ihren Geschäftsberichten (10-K-Berichten) der Jahre 2000 bis 2004 gemäß SFAS 140 Angaben zu Verbriefungen vorgenommen haben.[121] Ihr Regressionsmodell verwendet als abhängige Variable die Börsenkapitalisierung, als unabhängige Variablen dienen die Summe der Vermögenswerte, die Summe der Verbindlichkeiten und der Nettogewinn eines Jahres. In einem ersten Schritt wird die abhängige Variable ohne Einbezug der an die Verbriefungsgesellschaft übertragenen Vermögenswerte und korrespondierenden Verbindlichkeiten bestimmt.[122] In einem zweiten Schritt werden diese als weitere Variablen in das Regressionsmodell einbezogen; die bisherigen Größen werden so angepasst, als hätte keine Übertragung der Vermögenswerte stattgefunden.[123] Zur Bestimmung der Vermögenswerte und Verbindlichkeiten der Verbriefungsgesellschaft wird wie bei Niu/Richardson auf Angaben zurückgegriffen, die Unternehmen in ihren Geschäftsberichten vorgenommen haben.[124] Dies ist der Grund, weshalb auch

117 Vgl. Niu/Richardson (2006), S. 1113, 1128-1129; auch Ryan (2002), S. 168, 187-188.

118 Vgl. Niu/Richardson (2006), S. 1116, 1119-1124.

119 Vgl. Landsman/Peasnell/Shakespeare (2008), S. 1253, 1256-1257.

120 Vgl. Landsman/Peasnell/Shakespeare (2008), S. 1257.

121 Vgl. Landsman/Peasnell/Shakespeare (2008), S. 1260.

122 Vgl. Landsman/Peasnell/Shakespeare (2008), S. 1257.

123 Vgl. Landsman/Peasnell/Shakespeare (2008), S. 1252, 1258-1259. Der erste Schritt bildet somit die Situation vor Konsolidierung der Verbriefungsgesellschaft ab, der zweite Schritt die Situation nach Konsolidierung.

124 Vgl. Landsman/Peasnell/Shakespeare (2008), S. 1258.

Rückschlüsse auf die Relevanz von Angaben zu Verbriefungen getroffen werden können.

Die Ergebnisse zeigen signifikant von Null abweichende Regressionskoeffizienten bei den Variablen, welche die Vermögenswerte und Verbindlichkeiten der Verbriefungsgesellschaft messen, und somit einen Einfluss dieser Variablen auf die Börsenkapitalisierung.[125] Damit wird deutlich, dass Investoren Vermögenswerte und Verbindlichkeiten der Verbriefungsgesellschaft weiterhin dem Originator zurechnen.[126] Unabhängig vom Ausmaß der einbehaltenen Risiken durch den Originator werden Verbriefungen als besicherte Ausleihungen gesehen.[127] Wie bei Niu/Richardson kann das Ergebnis dahingehend interpretiert werden, dass Investoren Angaben zu Verbriefungstransaktionen berücksichtigen.

Chen/Liu/Ryan betrachten ebenfalls Verbriefungen, bei denen es zu einer vollständigen Ausbuchung der übertragenen Vermögenswerte beim Originator kommt. Allerdings untersuchen sie in erster Linie nicht, ob die auf die Verbriefungsgesellschaft übertragenen Vermögenswerte weiterhin Auswirkungen auf Marktvariablen des Originators haben. Vielmehr analysieren sie, welche Charakteristika einer Verbriefungstransaktion im Detail für einen solchen Einfluss verantwortlich sind.[128] Als Charakteristika betrachten sie die Art der verbrieften Vermögenswerte,[129] die Art der First-Loss Credit-Enhancements[130] und ob es sich um revolvierende Verbriefungen handelt.[131] Diese gehen als unabhängige Variablen in das Regressionsmodell ein; die abhängige Variable ist das Eigenkapitalrisiko[132] des Originators.[133] Ihre Stichprobe ist auf US-amerikanische Banken (bank holding companies)[134] beschränkt; für den von ihnen betrachteten Untersuchungszeitraum

---

125 Vgl. Landsman/Peasnell/Shakespeare (2008), S. 1263-1265.

126 Vgl. Landsman/Peasnell/Shakespeare (2008), S. 1265.

127 Vgl. Landsman/Peasnell/Shakespeare (2008), S. 1265-1269.

128 Vgl. Chen/Liu/Ryan (2008), S. 1190-1192, 1203.

129 Dabei unterscheiden sie die Verbriefung von Wohnungsbaudarlehen, Konsumentenkrediten und gewerblichen Krediten. Vgl. Chen/Liu/Ryan (2008), S. 1183, 1185-1186.

130 Die Autoren differenzieren zwischen sog. Credit-Enhancing-Interest-Only-Strips und einbehaltenen, nachrangingen ABS-Tranchen. Erstgenannte sind riskanter als Letztgenannte, da diese nur Zins- und keine Tilgungszahlungen erhalten sowie nachrangig bedient werden. Vgl. Chen/Liu/Ryan (2008), S. 1183, 1186-1187.

131 Vgl. Chen/Liu/Ryan (2008), S. 1183.

132 Das Eigenkapitalrisiko wird auf Basis der Standardabweichung täglicher Aktienrenditen bestimmt. Vgl. Chen/Liu/Ryan (2008), S. 1193.

133 Vgl. Chen/Liu/Ryan (2008), S. 1201, 1203.

134 Auch in den folgenden Studien handelt es sich, wenn von Banken gesprochen wird, um bank holding companies.

2001 bis 2006 erhalten sie 1.110 Bankquartals-Beobachtungen.[135] Im Vergleich zu anderen Unternehmen müssen Banken nach amerikanischem Aufsichtsrecht quartalsweise detailliert über Verbriefungstransaktionen berichten, wodurch die differenzierte Analyse hinsichtlich der Charakteristika erst ermöglicht wird.[136] Da sich die Variablen, welche die Charakteristika messen, nur unter Verwendung der dort enthaltenen Informationen berechnen lassen, erlauben die Ergebnisse der Regressionsanalyse auch Rückschlüsse auf die Relevanz von Angaben zu Verbriefungen.

Wie bereits bei den Vorgängerstudien zeigt sich, dass auf die Verbriefungsgesellschaft übertragene Vermögenswerte im Rahmen der Bestimmung der Eigenkapitalrisiken des Originators berücksichtigt werden.[137] Darüber hinaus scheinen die von Chen/Liu/Ryan betrachteten Charakteristika einen unterschiedlich starken Einfluss auf das Eigenkapitalrisiko zu haben.[138] Beispielsweise haben Credit-Enhancing-Interest-Only-Strips im Zusammenhang mit der Verbriefung von Wohnungsbaudarlehen einen signifikant größeren Einfluss als nachrangige ABS.[139] Die Ergebnisse zeigen somit nicht nur, dass Angaben zu Verbriefungen für Investoren von Relevanz sind, sondern verdeutlichen auch die Notwendigkeit detaillierter statt aggregierter Informationen – beispielsweise zur Art der verbrieften Vermögenswerte oder zur Art der Credit Enhancements.[140]

Barth/Ormazabal/Taylor untersuchen den Einfluss der Verbriefung von Vermögenswerten auf das Fremdkapitalrisiko, geschätzt durch Kreditratings[141] und Anleihen-Spreads[142]. Im Vergleich zu den Vorgängerstudien stellen sie nicht

135 Vgl. Chen/Liu/Ryan (2008), S. 1195-1196, 1199.

136 Vgl. Chen/Liu/Ryan (2008), S. 1191, 1195-1196. Die Angaben erfolgen in sog. Y-9C-Berichten. Diese sind öffentlich zugänglich, stehen folglich auch Investoren als Informationsgrundlage zur Verfügung. Dem Verzeichnis HC-S „Servicing, Securitization and Asset Sale Activities“ als Bestandteil der Y-9C Berichte sind u.a. Angaben zu Credit Enhancements sowie zu Art und Ausmaß der verbrieften Kredite zu entnehmen. Vgl. Chen/Liu/Ryan (2008), S. 1195-1196.

137 Vgl. Chen/Liu/Ryan (2008), S. 1203-1204. Die Ergebnisse deuten sogar darauf hin, dass die übertragenen Vermögenswerte einen stärkeren Einfluss auf das Eigenkapitalrisiko haben als Vermögenswerte, die sich weiterhin in der Bilanz des Originators befinden. Vgl. Chen/Liu/Ryan (2008), S. 1204-1205, 1207-1209.

138 Vgl. Chen/Liu/Ryan (2008), S. 1204-1211.

139 Vgl. Chen/Liu/Ryan (2008), S. 1204, 1207-1209.

140 Vgl. Chen/Liu/Ryan (2008), S. 1211-1212.

141 Als Kreditratings dienen die Ratings von Standard & Poor's, vgl. Barth/Ormazabal/Taylor (2012), S. 432.

142 Anleihe-Spreads stellen den Renditeaufschlag dar, den Investoren von risikobehafteten Anleihen gegenüber der Verzinsung risikofreier Staatsanleihen fordern.

Eigenkapitalgeber, sondern Ratingagenturen und Fremdkapitalgeber in den Mittelpunkt. Da Anleiheninvestoren im Vergleich zu Ratingagenturen ausschließlich öffentlich zugängliche Informationen über Verbriefungen zur Verfügung stehen,[143] interessiert insbesondere deren Risikoeinschätzung, um Aussagen zur Relevanz von Angaben im Zusammenhang mit Verbriefungen ableiten zu können. Wie bei Chen/Liu/Ryan umfasst der Untersuchungszeitraum die Jahre 2001 bis 2006, auch ist die Stichprobe auf US-amerikanische Banken beschränkt.[144] Folglich können die Autoren zur Berechnung der Verbriefungsvariablen auf die in Y-9C-Berichten enthaltenen detaillierten Angaben zu Verbriefungen zurückgreifen.[145]

Während Kreditratings und Anleihen-Spreads jeweils die abhängige Variable der Regressionsmodelle darstellen, stellen die verbrieften Vermögenswerte und die vom Originator einbehaltenen Risiken unabhängige Variablen dar.[146] Die Ergebnisse zeigen, dass sich Ratingagenturen und Anleiheninvestoren in ihrer Einschätzung des Umfangs der im Rahmen von Verbriefungstransaktionen übertragenen Risiken unterscheiden. Kreditratings spiegeln nur die vom Originator einbehaltenen Risiken wider, nicht jedoch den Anteil der verbrieften Vermögenswerte, für den keine Risiken einbehalten wurden. Dieser Anteil wird von Ratingagenturen als vollständig auf die Verbriefungsgesellschaft übergegangen betrachtet.[147] Anleiheninvestoren unterscheiden hingegen nicht zwischen dem Anteil der verbrieften Vermögenswerte, für den Risiken einbehalten wurden, und dem Anteil, für den keine Risiken einbehalten wurden: Beide Anteile werden gleichermaßen bei der Ermittlung der Kreditrisiken des Originators berücksichtigt.[148] Wie die Vorgängerstudien bereits für Eigenkapitalgeber zeigen konnten, lassen die Ergebnisse von Barth/Ormazabal/Taylor somit auch für Fremdkapitalgeber erkennen, dass Vermögenswerte – obwohl verbrieft – weiterhin dem Originator zugerechnet werden, die Verbriefung von Vermögenswerten folglich nicht als Verkauf, sondern

---

143 Vgl. Barth/Ormazabal/Taylor (2012), S. 429. Ratingagenturen stehen auch private Informationen zur Verfügung. Darüber hinaus können sie Anreize haben, das Rating zu beeinflussen. Vgl. Barth/Ormazabal/Taylor (2012), S. 428-429.

144 Vgl. Barth/Ormazabal/Taylor (2012), S. 432. Für ihre Analyse des Kreditratings erhalten sie 1.500 Bankquartals-Beobachtungen, für die Analyse der Anleihen-Spreads 854. Vgl. Barth/Ormazabal/Taylor (2012), S. 432.

145 Vgl. Barth/Ormazabal/Taylor (2012), S. 429.

146 Vgl. Barth/Ormazabal/Taylor (2012), S. 429-432.

147 Vgl. Barth/Ormazabal/Taylor (2012), S. 436-437, 445.

148 Vgl. Barth/Ormazabal/Taylor (2012), S. 438-440, 445. Als Erklärung, warum übertragene Risiken weiterhin dem Originator zugerechnet werden, nennen die Autoren implizite Rückgriffsrechte. Vgl. Barth/Ormazabal/Taylor (2012), S. 439-440.

als besicherte Ausleihung verstanden wird.[149] Da für Informationen zu verbrieften Risiken auf Angaben in Y-9C-Berichten zurückgegriffen werden muss, lässt sich dieses Ergebnis auch dahingehend interpretieren, dass Angaben zu Verbriefungen für Fremdkapitalgeber relevant sind.

Cheng/Dhaliwal/Neamtiu untersuchen, wie sich die Unsicherheit hinsichtlich des Ausmaßes der im Rahmen einer Verbriefungstransaktion übertragenen Risiken auf die Unsicherheit hinsichtlich aller vom Originator zur Verfügung gestellten Informationen[150] auswirkt.[151] Die Unsicherheit bei der Ermittlung des Ausmaßes an übertragenen Risiken ist vor allem der Komplexität und Heterogenität von Verbriefungstransaktionen, in Verbindung mit diesbezüglich unzureichenden Angaben, geschuldet.[152] So sind explizite und implizite Rückgriffsrechte, die Investoren der ABS gegenüber dem Originator haben, häufig nicht oder nicht vollständig bekannt, weshalb sie zu schätzen sind.[153] Da es kein direktes Maß für eine solche Unsicherheit gibt, greifen Cheng/Dhaliwal/Neamtiu auf Variablen zurück, die mit der Unsicherheit korreliert zu sein scheinen.[154] Mithilfe einer Faktorenanalyse

---

149 In einem weiteren Schritt differenzieren die Autoren nach der Art der verbrieften Vermögenswerte. Wie Chen/Liu/Ryan unterscheiden sie die Verbriefung von Wohnungsbaudarlehen, Konsumentenkrediten und gewerblichen Krediten. Barth/Ormazabal/Taylor können zeigen, dass die Art der verbrieften Vermögenswerte keinen Einfluss auf das zuvor festgestellte Ergebnis hat, dass Anleiheninvestoren einbehaltene als auch übertragene Risiken bei der Ermittlung der Kreditrisiken des Originators gleichermaßen berücksichtigen. Vgl. Barth/Ormazabal/Taylor (2012), S. 440. Wie Chen/Liu/Ryan können jedoch auch Barth/Ormazabal/Taylor feststellen, dass die Art der verbrieften Vermögenswerte einen unterschiedlich starken Einfluss auf die abhängige Variable hat. Vgl. Barth/Ormazabal/Taylor (2012), S. 441.

150 Unter der Unsicherheit hinsichtlich aller vom Originator zur Verfügung gestellten Informationen verstehen die Autoren das Ausmaß der Präzision der Finanzinformationen und/oder das Ausmaß an Informationsasymmetrien zwischen den Adressaten derartiger Informationen. Bspw. steht eine höhere Unsicherheit für eine geringere Präzision der Finanzinformationen sowie für größere Informationsasymmetrien. Vgl. Cheng/Dhaliwal/Neamtiu (2011), S. 542, Fn. 1.

151 Vgl. Cheng/Dhaliwal/Neamtiu (2011), S. 542.

152 Vgl. Cheng/Dhaliwal/Neamtiu (2011), S. 546.

153 Vgl. Cheng/Dhaliwal/Neamtiu (2011), S. 542, 546. Dies erfordert auch Schätzungen, inwiefern ein Originator letztendlich überhaupt gewillt ist, für derartige Verpflichtungen einzustehen – vor allem, wenn diese impliziter Art sind. Vgl. Cheng/Dhaliwal/Neamtiu (2011), S. 546.

154 Vgl. Cheng/Dhaliwal/Neamtiu (2011), S. 550-551. Bspw. vermuten sie eine Korrelation zwischen der Unsicherheit und der Höhe des Verbriefungsvolumens, da es Marktteilnehmern bei Banken mit großen Verbriefungsvolumina schwerer fällt, damit

verdichten sie die Variablen, der erste Faktor[155] geht als unabhängige Variable in das Regressionsmodell ein.[156] Als Maß für die Unsicherheit hinsichtlich aller vom Originator zur Verfügung gestellten Informationen verwenden sie zum einen die Geld-Brief-Spanne von Aktien des Originators, zum anderen die Streuung von Analystenprognosen.[157] Diese stellen die abhängige Variable des Regressionsmodells dar.[158]

Ihre Untersuchung ist auf US-amerikanische Banken beschränkt und betrachtet den Untersuchungszeitraum 2001 bis 2007. Zur Bestimmung der Variablen, die im Rahmen der Faktorenanalyse berücksichtigt werden, greifen sie auf in Y-9C-Berichten enthaltene Informationen zu Verbriefungen zurück.[159] Die Ergebnisse lassen erkennen, dass zwischen der Geld-Brief-Spanne oder der Streuung von Analystenprognosen und der Unsicherheit des Ausmaßes der übertragenen Risiken ein signifikant positiver Zusammenhang besteht.[160] Weiterhin zeigt sich, dass dieser Effekt umso schwächer ist, je höher die Qualität des Informationsumfeldes ist,[161] in dem sich der Originator bewegt.[162] Die Ergebnisse von Cheng/Dhaliwal/Neamtiu erlauben somit in zweifacher Weise Aussagen zu Angaben zu Verbriefungen. Wie bereits bei den vorherigen Studien wird zur Berechnung von unabhängigen Variablen auf Angaben zu Verbriefungen zurückgegriffen. Da diese Variablen unter anderem einen signifikanten Einfluss auf die Geld-Brief-Spanne[163] haben, kann vermutet werden, dass Kapitalmarktteilnehmer im Rahmen

---

einhergehende Rückgriffsrechte einzuschätzen, als bei Banken mit kleinen Verbriefungsvolumina. Vgl. Cheng/Dhaliwal/Neamtiu (2011), S. 550.

155 Der erste Faktor erklärt den größten Teil der Varianz, hier ca. 70%. Vgl. Cheng/Dhaliwal/Neamtiu (2011), S. 554.

156 Vgl. Cheng /Dhaliwal/Neamtiu (2011), S. 551.

157 Vgl. Cheng/Dhaliwal/Neamtiu (2011), S. 548-550.

158 Vgl. Cheng/Dhaliwal/Neamtiu (2011), S. 551, 554, 556.

159 Vgl. Cheng/Dhaliwal/Neamtiu (2011), S. 547-548. Der für den Untersuchungszeitraum relevante Standard für die Übertragung von Vermögenswerten war SFAS 140, vgl. Cheng/Dhaliwal/Neamtiu (2011), S. 544, Fn. 4.

160 Vgl. Cheng/Dhaliwal/Neamtiu (2011), S. 554-555.

161 Die Qualität eines Informationsumfeldes ist umso höher, je größer die Analystenabdeckung, das Ausmaß von Beteiligungen institutioneller Investoren und die Bilanzsumme einer Bank ist. Vgl. Cheng/Dhaliwal/Neamtiu (2011), S. 555.

162 Vgl. Cheng/Dhaliwal/Neamtiu (2011), S. 556-557. Zur Endogenitätsproblematik der Ergebnisse vgl. Cheng/Dhaliwal/Neamtiu (2011), S. 560, 564.

163 Die Geld-Brief-Spanne kann hier als die Marktvariable verstanden werden, da sich diese aus den Preisvorstellungen aktueller und potenziell künftiger Eigenkapitalgeber bildet.

ihrer Preisfindung auf derartige Angaben zurückgreifen. Darüber hinaus erlauben die Ergebnisse auch unmittelbar Rückschlüsse auf die Qualität der Angaben zu Verbriefungen: Je deutlicher das Ausmaß der im Rahmen einer Verbriefungstransaktion übertragenen Risiken aus den Angaben hervorgeht, desto geringer ist die diesbezügliche Unsicherheit. Eine geringere Unsicherheit hinsichtlich des Ausmaßes an übertragenen Risiken führt wiederum zu einer geringeren Unsicherheit hinsichtlich aller vom Originator bereitgestellten Informationen, was geringere Informationsasymmetrien zwischen den Kapitalmarktteilnehmern und/oder präzisere Finanzinformationen impliziert.[164]

3.3. Fazit

Die Ergebnisse empirischer Studien deuten darauf hin, dass Angaben zu Verflechtungen im Zusammenhang mit Verbriefungstransaktionen von Bilanzadressaten berücksichtigt werden.[165] Da auch die zuvor dargestellten Erklärungsansätze eine Relevanz von Angaben erkennen lassen, scheint die Schlussfolgerung legitim, dass Bilanzadressaten generell Angaben zu Verbriefungen in ihrem Entscheidungskalkül berücksichtigen. Eine Auseinandersetzung mit Angaben zu Verbriefungen ist deshalb sachgerecht, vor dem Hintergrund der Finanzmarktkrise sogar notwendig.

Es stellt sich die Frage, welche diesbezüglichen Angaben Unternehmen gemäß IFRS vorzunehmen hatten.[166] Da die IFRS keinen gesonderten Standard zu Verbriefungstransaktionen enthalten, ist auf die einzelnen Verflechtungen und deren Abbildung in der Rechnungslegung in den Jahren 2005 bis 2010 zurückzugreifen. Dabei ist es nicht möglich, Angabepflichten zu den einzelnen Verflechtungen unmittelbar abzuleiten. Vielmehr sind vorab Überlegungen dahingehend anzustellen, wie diese Verflechtungen zu bilanzieren sind. Problematisch ist, dass sich die Rechnungslegungsvorschriften über die Zeit hinweg geändert haben. Deshalb ist es erforderlich, für die einzelnen Verflechtungen alle relevanten Änderungen

164 Vgl. Cheng/Dhaliwal/Neamtiu (2011), S. 565.

165 Vgl. auch Barth/Landsman (2010), S. 409.

166 Im Folgenden werden ausschließlich Angabepflichten gemäß IFRS analysiert. Weitere Angabepflichten, z.B. gemäß lokalen Rechnungslegungsvorschriften, werden nicht betrachtet.

nachzuvollziehen. Erst wenn die bilanzielle Behandlung der Verflechtungen bekannt ist, können entsprechende Angabepflichten dargestellt werden.[167]

Ausgangspunkt für die Analyse, wie sich die Rechnungslegungsvorschriften über den Zeitraum 2005 bis 2010 entwickelt haben, bilden die amtlichen EU-Texte der IFRS, die alle bis zum Februar 2005 von der EU übernommenen Standards und Interpretationen enthalten. Änderungen der IFRS können den Verordnungen (VO) der Europäischen Kommission zur Übernahme bestimmter IFRS-Regelungen in europäisches Recht entnommen werden. Deshalb werden alle seit Februar 2005 bis Ende 2010 erlassenen entsprechenden EU-Verordnungen dahingehend untersucht, ob Vorschriften im Zusammenhang mit Verbriefungen von Änderungen betroffen waren. Waren Paragraphen der IFRS über die Zeit hinweg Änderungen ausgesetzt, wird hierauf im Folgenden explizit eingegangen.[168]

167 Die Ausführungen zur Identifikation der Angabepflichten nach IFRS in Kapitel 4 folgen teils wörtlich der nicht veröffentlichten Projektstudie des Verfassers vom 19.12.2011.

168 Um frühere Regelungen besser darstellen und interpretieren zu können, war es teilweise erforderlich, auf veraltete Auflagen – insb. bei Kommentierungen – zurückzugreifen. Dies ist der Grund, warum nicht alle der im Literaturverzeichnis aufgeführten Quellen aktuelle Auflagen sind.

4. Identifikation von Angabepflichten nach IFRS

4.1. Übertragung

Aus bilanzieller Sicht ist bei einem Verkauf von Vermögenswerten an eine Verbriefungsgesellschaft entscheidend, ob und in welchem Umfang diese vom bilanzierenden Unternehmen als übertragen und ausgebucht anzusehen sind.[169] Dabei ist für den Originator von Bedeutung, Art und Umfang der Credit Enhancements so zu wählen, dass zum einen Risiken reduziert werden, zum anderen aber dennoch die Vermögenswerte vollständig in das Eigentum der Verbriefungsgesellschaft übergehen und aus der Bilanz des Originators ausgebucht werden können. Dies zu erreichen, kann sich jedoch als problematisch erweisen.[170] Unter Umständen scheitert eine vollständige Ausbuchung der Vermögenswerte.[171]

Vorschriften zur Übertragung und Ausbuchung von Vermögenswerten finden sich in IAS 39.15-37.[172] Angabepflichten zur Ausbuchung von finanziellen

---

169 Die Übertragung von Vermögenswerten und die Ausbuchung von Vermögenswerten stellen nicht zwingend identische Sachverhalte dar.

170 Zum einen können derartige Sicherheitenverstärkungen einer Übertragung der Vermögenswerte im Rahmen eines Pass-Through-Verfahrens entgegenstehen. Zum anderen können Sicherheitenverstärkungen Konsequenzen für die Beurteilung der wirtschaftlichen Betrachtungsweise einer Übertragung haben, insb. im Rahmen der Einschätzung des Übergangs der mit den Vermögenswerten verbundenen Chancen und Risiken sowie der Verfügungsmacht über die Vermögenswerte. Vgl. IAS 39.19; Struffert (2006), S. 103-111; Kuhn/Scharpf (2006), S. 243-247, Rz. 1140-1151; IDW (2007a), S. 358, Rz. 179-187. Letztendlich wird es auf die spezifische Ausgestaltung einer Sicherheitenverstärkung ankommen, ob es zu einer Ausbuchung der Vermögenswerte kommt. Vgl. auch Struffert (2006), S. 110.

171 Vgl. IDW (2007a), S. 359-360, Rz. 194-197; Struffert (2006), S. 124. Die Vermögenswerte müssen jedoch auch in solchen Fällen vollständig in das Eigentum der Zweckgesellschaft übergehen.

172 Vgl. auch Anhang 2. Gemäß IAS 39.15 sind die Vorschriften zur Ausbuchung auf konsolidierter Basis anzuwenden. Daher ist es erforderlich, zuerst alle Tochterunternehmen einschließlich Verbriefungsgesellschaften zu konsolidieren. Die Regelungen kommen deshalb nur im Zusammenhang mit nicht-konsolidierten Verbriefungsgesellschaften zur Anwendung. Eine Ausnahme bilden konsolidierte Verbriefungsgesellschaften, die

Vermögenswerten enthält IAS 32.94 (a) bzw. IFRS 7.13.[173] Gemäß IAS 32.94 (a) sind Angaben vorzunehmen, wenn das bilanzierende Unternehmen den übertragenen Vermögenswert vollständig oder in einem Umfang weiterhin erfasst, der dem anhaltenden Engagement des Unternehmens entspricht.[174] Inhaltlich deckungsgleich heißt es in IFRS 7.13, dass Angaben im Falle einer Übertragung finanzieller Vermögenswerte, die nicht oder nicht vollständig zu einer Ausbuchung führt, vorzunehmen sind.[175] Voraussetzung für Angaben ist somit nach IAS 32.94 (a) und nach IFRS 7.13, dass ein Vermögenswert übertragen, aber nicht (vollständig) ausgebucht wurde.[176]

IAS 39 sind zwei Sachverhalte zu entnehmen, wann diese Voraussetzungen erfüllt sind.[177] Zum einen ist dies der Fall, wenn ein finanzieller Vermögenswert gemäß IAS 39.20 (b) übertragen, aber nicht ausgebucht wurde, da im Wesentlichen alle Risiken und Chancen am Eigentum des übertragenen Vermögenswerts weiterhin beim bilanzierenden Unternehmen verbleiben.[178] Zum anderen ist dies der Fall, wenn das bilanzierende Unternehmen gemäß IAS 39.20 (c) ii) im Wesentlichen alle Chancen und Risiken, die mit dem Eigentum eines übertragenen finanziellen Vermögenswerts verbunden sind, weder überträgt noch behält, allerdings die Verfügungsmacht an dem übertragenen Vermögenswert beim Unternehmen verbleibt.[179] Obwohl auch hier kein vollständiger bilanzieller Abgang des Vermögenswerts

---

im Rahmen einer Pass-Through-Vereinbarung Cashflows an konzernunabhängige Dritte weiterleiten. Vgl. Kuhn/Scharpf (2006), S. 198, Rz. 955 und S. 243, Rz. 1140; IDW (2007a), S. 357, Rz. 173.

173 IFRS 7 wurde durch die VO (EG) Nr. 108/2006 eingeführt und ist erstmals in der Berichtsperiode eines am 01.01.2007 oder danach beginnenden Geschäftsjahrs anzuwenden. IFRS 7 hat die Angabepflichten des IAS 32 und die bankenspezifischen Angabepflichten des IAS 30 ersetzt.

174 IAS 32.94 (a) verweist dabei explizit auf IAS 39.29 und IAS 39.30.

175 Vgl. auch Kuhn/Scharpf (2006), S. 249, Rz. 1170.

176 Insofern ist die Überschrift „Ausbuchung" des IAS 94 (a) bzw. IFRS 7.13 unglücklich gewählt, da diese suggeriert, dass Angaben im Zusammenhang mit der Ausbuchung von finanziellen Vermögenswerten erforderlich sind.

177 Vgl. auch Anhang 2.

178 In solchen Fällen ist der übertragene Vermögenswert in seiner Gesamtheit weiterhin zu erfassen. Für die erhaltene Gegenleistung ist gleichzeitig eine finanzielle Verbindlichkeit zu passivieren. Vgl. IAS 39.29.

179 Der übertragene Vermögenswert ist vom bilanzierenden Unternehmen im Umfang dessen anhaltenden Engagements weiter zu erfassen. Dieser entspricht dem Umfang, in dem das Unternehmen von Wertänderungen des Vermögenswerts betroffen ist. Vgl. IAS 39.30.

erfolgt, ist dieser zumindest teilweise auszubuchen. Dem Ziel einer vollständigen Ausbuchung wird somit zumindest partiell Rechnung getragen.

Bei synthetischen Verbriefungstransaktionen werden lediglich die Risiken der zugrunde liegenden Vermögenswerte übertragen. Dies geschieht, indem das Unternehmen von der Verbriefungsgesellschaft ein Kreditderivat, üblicherweise ein CDS, erwirbt. Bei einem CDS handelt es sich aus bilanzieller Sicht um eine Garantie. Deshalb erfolgt die Darstellung der bilanziellen Behandlung einer Übertragung von Risiken bei synthetischen Verbriefungen im Zusammenhang mit Garantien.[180]

4.2. Investition

ABS und ABCP stellen Finanzinstrumente dar. Deren bilanzielle Behandlung richtet sich deshalb nach IAS 39, die Angabepflichten des IAS 32 bzw. IFRS 7 sind einschlägig.[181] Im Zusammenhang mit ABS und ABCP sind insbesondere die Angabepflichten zum beizulegenden Zeitwert und zu Wertminderungen zu beachten. Erstgenannte sind von besonderer Relevanz, da die Zugangsbewertung von ABS und ABCP – unabhängig von deren Kategorisierung[182] – zum beizulegenden Zeitwert zu erfolgen hat.[183] Dessen Bestimmung gestaltet sich bei Verbriefungstiteln, vor allem beim Fehlen eines aktiven Marktes, häufig als schwierig.[184] Angaben zu Wertminderungen kommt aufgrund des Zusammenbruchs der Verbriefungsmärkte ebenfalls eine besondere Bedeutung zu.[185] Für Banken und ähnliche Finanzinstitutionen[186] waren für vor dem 01.01.2007 beginnende Geschäftsjahre zudem die Angabepflichten des IAS 30 zu beachten.

Bei CLN handelt es sich um strukturierte Produkte, weshalb die Vorschriften zur bilanziellen Behandlung von eingebetteten Derivaten gemäß IAS 39.10-13

---

180 Vgl. Kapitel 4.3.3.2.

181 Vgl. IDW (2007b), S. 3; Rudolph (2008), S. 732.

182 Grundsätzlich können ABS als Kredite und Forderungen, bis zur Endfälligkeit zu haltende Finanzinvestitionen, finanzielle Vermögenswerte, die erfolgswirksam zum beizulegenden Zeitwert bewertet werden oder zur Veräußerung verfügbare finanzielle Vermögenswerte eingestuft werden. Vgl. IDW (2007b), S. 3-4. Allgemein hierzu vgl. Ballwieser (2013), S. 69-74.

183 Vgl. IDW (2007b), S. 4.

184 Vgl. IDW (2007b), S. 5-7. Zu Gestaltungsspielräumen bei der Ermittlung des beizulegenden Zeitwerts mit Bewertungsmethoden vgl. Ballwieser (2009), S. 11-12.

185 Vgl. Ballwieser (2009), S. 6-7; Schruff (2009b) S. 27; IDW (2007b), S. 8-9.

186 Im Folgenden als Banken bezeichnet.

einschlägig sind. Für die Bilanzierung einer CLN sind zwei Möglichkeiten denkbar:[187] Zum einen kann es erforderlich sein, das strukturierte Produkt in seine Bestandteile aufzuspalten und das eingebettete Kreditderivat getrennt von seinem Basisvertrag zu bilanzieren.[188] Zum anderen kann es geboten sein, das strukturierte Produkt als Einheit zu bilanzieren. Im Falle einer getrennten Bilanzierung hätte das bilanzierende Unternehmen das eingebettete Kreditderivat entweder als Finanzgarantie oder als Finanzderivat – jeweils aus Sicht eines Garantiegebers – zu behandeln.[189] Die Bilanzierung des Basisvertrags erfolgt als Finanzinstrument gemäß IAS 39. Im Fall, dass das strukturierte Produkt als Einheit bilanziert wird, wäre es – wie zuvor der Basisvertrag – als Finanzinstrument gemäß IAS 39 zu behandeln. Spezifische Angabepflichten zu eingebetteten Derivaten finden sich in IAS 32.94 (d) bzw. IFRS 7.17. Da diese jedoch nur auf Finanzinstrumente anzuwenden sind, die mehrere eingebettete Derivate und sowohl Fremd- als auch Eigenkapitalkomponenten enthalten, sind die Angabepflichten des IAS 32.94 (d) bzw. IFRS 7.17 im Zusammenhang mit CLN nicht relevant. Vielmehr sind die allgemeinen, für alle Finanzinstrumente geltenden Angabepflichten des IAS 32 bzw. IFRS 7 zu berücksichtigen.

4.3. Credit Enhancement

4.3.1. Einschränkung des Untersuchungsgegenstands

Wie bereits dargestellt wurde, existiert eine Vielzahl unterschiedlicher Arten von Credit Enhancements. In Anbetracht des Themas der Arbeit wäre es weder vom Inhalt noch vom Umfang her angebracht, detailliert auf die bilanzielle Behandlung sämtlicher Arten von Credit Enhancements einzugehen.[190] Stattdessen soll im Folgenden eine Fokussierung auf Kreditzusagen und Garantien erfolgen.[191] Eine solche

187 Vgl. hierzu Struffert (2006), S. 265-266; Forche (2001), S. 168-170. Besondere Bedeutung kommt dabei IAS 39.11 zu, insb. in Verbindung mit IAS 39.AG30 (h). IAS 39.AG30 (h) nennt explizit Kreditderivate, die in ein Basisschuldinstrument eingebettet sind.

188 Ob die Bedingungen des IAS 39.11 für eine Aufspaltung der CLN erfüllt sind, ist jedoch fraglich. Vgl. hierzu Struffert (2006), S. 265-266; Forche (2001), S. 168-170. Für eine getrennte Bilanzierung der CLN sprechen sich Auerbach/Klotzbach aus, vgl. Auerbach/Klotzbach (2005), S. 271.

189 Zur Bilanzierung von Kreditderivaten aus Sicht des Garantiegebers vgl. Kapitel 4.3.3.1.

190 Für die bilanzielle Behandlung weiterer als die im Folgenden dargestellten Credit Enhancements vgl. Struffert (2006), S. 114-128.

191 Andere Bezeichnungen für Kreditzusagen sind bspw. Liquiditätsfazilitäten (vgl. z.B. Boulkab/Marxfeld/Wagner (2008), S. 500), Liquiditätszusagen (vgl. z.B. Rudolph

Einschränkung ist sachgerecht, da (1) Kreditzusagen oder Garantien im Vergleich zu den meisten anderen Credit Enhancements im Rahmen sämtlicher von einem Unternehmen auszuübenden Rollen eine Bedeutung zukommen kann. (2) Darüber hinaus waren es vor allem Kreditzusagen und Garantien, die im Rahmen der Finanzmarktkrise – insbesondere bei ABCP-Verbriefungen – zu hohen Mittelabflüssen und Verlusten bei Unternehmen in ihrer Funktion als Garantiegeber geführt haben.[192] (3) Zuletzt weist die bilanzielle Behandlung von Kreditzusagen und Garantien im Vergleich zu anderen typischen Credit Enhancements die höchste Komplexität auf.

4.3.2. Kreditzusage

Das bilanzierende Unternehmen kann in seiner Funktion als Originator gegenüber der Verbriefungsgesellschaft eine Kreditzusage gewährt haben. Als Kreditzusage wird eine feste Verpflichtung[193] eines Kreditgebers bezeichnet, zu einem späteren Zeitpunkt einen Kredit zu bereits festgelegten Konditionen zu gewähren.[194] Aus bilanzrechtlicher Sicht können zwei Grundformen unterschieden werden: konditionsfixierende Kreditzusagen und Kreditzusagen mit Gewährleistungscharakter. Kreditzusagen an Verbriefungsgesellschaften dienen vor allem der Sicherung kreditgebender Dritter, beispielsweise Investoren, die in ABS investiert haben. Eine Fixierung von Konditionen ist dabei üblicherweise nicht beabsichtigt, weshalb es sich um Kreditzusagen mit Gewährleistungscharakter handelt.[195]

(2010b), S. 127), Liquiditätslinien (vgl. z.B. Heininger (2010), S. 59) oder Kreditlinien (vgl. z.B. Dobler/Kuhner (2009), S. 27). Im Zusammenhang mit Garantien wird bspw. von Liquiditätsgarantien (vgl. z.B. Pellens/Jannett/Schmidt (2009), S. 427), Ausfallbürgschaften (vgl. z.B. Küting/Gattung (2007), S. 404) oder Werthaltigkeitsgarantien (vgl. z.B. Gelhausen/Deubert/Klöcker (2010), S. 2008) gesprochen.

192 Zu diesem Umstand hat die zuvor genannte Involvierung unterschiedlichster Rollen entscheidend beigetragen.

193 Bei einer festen Verpflichtung handelt es sich um eine rechtlich bindende Vereinbarung, eine bestimmte Menge an Ressourcen zu einem festgesetzten Preis und einem festgesetzten Zeitpunkt oder Zeitpunkten auszutauschen, vgl. IAS 39.9.

194 Vgl. IAS 39.BC15; auch IDW (2007b), S. 9; Scharpf/Weigel/Löw (2006), S. 1501; Kuhn/Scharpf (2006), S. 588, Rz. 4019. Da sich die Definition von Kreditzusagen in IAS 39.BC15 explizit auch auf IAS 39.2 (h) bezieht, kann gefolgert werden, dass auch die darin erwähnten, gemäß IAS 37 zu behandelnden Kreditzusagen unter diese Definition fallen.

195 Vgl. Hoffmann/Lüdenbach (2007), S. 2217.

Vorschriften zur bilanziellen Behandlung von Kreditzusagen finden sich in IAS 39 und IAS 37. In den Anwendungsbereich von IAS 39 fallen Kreditzusagen, die das bilanzierende Unternehmen als finanzielle Verbindlichkeit einstuft und erfolgswirksam zum beizulegenden Zeitwert bewertet, Kreditzusagen, die durch einen Ausgleich in bar oder anderen Finanzinstrumenten erfüllt werden können, sowie Zusagen, einen Kredit unter dem Marktzinssatz zur Verfügung zu stellen.[196] Alle anderen Kreditzusagen sind gemäß IAS 39.2 (h) nach IAS 37 zu behandeln. Da es sich bei den in den Anwendungsbereich von IAS 39 fallenden Kreditzusagen nicht um Kreditzusagen mit Gewährleistungscharakter handelt, sind im Zusammenhang mit Verbriefungstransaktionen gewährte Kreditzusagen üblicherweise gemäß IAS 37 zu behandeln.[197]

Gemäß IAS 37 sind Kreditzusagen als Rückstellungen zu bilanzieren, wenn die Voraussetzungen des IAS 37.14 erfüllt sind. Dies ist der Fall, wenn eine gegenwärtige Verpflichtung besteht, ein Abfluss von Ressourcen zur Erfüllung der Verpflichtung wahrscheinlich ist und eine verlässliche Schätzung deren Höhe möglich ist.[198] Die Existenz einer gegenwärtigen Verpflichtung sowie deren verlässliche Schätzung können bei Kreditzusagen bejaht werden.[199] Fraglich ist jedoch, ob ein wahrscheinlicher Nutzenabfluss besteht. Dies ist gemäß IAS 37.23 der Fall, wenn mehr dafür als dagegen spricht.

Zumindest im Zeitraum vor der Finanzmarktkrise wurde in den meisten Fällen die Inanspruchnahme einer im Rahmen einer Verbriefungstransaktion gewährten Kreditzusage allerdings so eingeschätzt, dass mehr gegen als für einen Ressourcenabfluss sprach. Eine Rückstellung war folglich nicht zu passivieren. Gegebenenfalls war jedoch die Angabe einer Eventualverbindlichkeit im Anhang gemäß IAS 37.86 erforderlich. Eine Pflicht zur Angabe besteht, wenn die Wahrscheinlichkeit eines Nutzenabflusses zwar als unwahrscheinlich, aber nicht als sehr unwahrscheinlich (remote) beurteilt wird. Wird die Wahrscheinlichkeit eines

---

196 Vgl. IAS 39.2 (h) und IAS 39.4. Seit der VO (EG) Nr. 108/2006 finden sich die entsprechenden Regelungen ausschließlich in IAS 39.4. Vgl. auch Scharpf/Weigel/Löw (2006), S. 1502.

197 Vgl. Kirsch/Ewelt (2009), S. 1575; Hoffmann/Lüdenbach (2007), S. 2217. Finanzinstrumente, die in den Anwendungsbereich von IAS 39 fallen, sind gemäß IAS 37.2 explizit vom Anwendungsbereich des IAS 37 ausgenommen.

198 Vgl. auch Ballwieser (2013), S. 82-85.

199 Das Kriterium einer gegenwärtigen Verpflichtung ist bei Kreditzusagen üblicherweise erfüllt. Vgl. auch Hoffmann (2011b), S. 976-977, Rz. 20-23. Schätzungen sind bei festen Verpflichtungen aufgrund des festgesetzten Preises unproblematisch bzw. nicht erforderlich.

Ressourcenabflusses hingegen als sehr unwahrscheinlich eingestuft, ist keine Angabe einer Eventualverbindlichkeit im Anhang erforderlich.[200]

Weitere Angabepflichten zu Kreditzusagen können sich aus IAS 32 bzw. IFRS 7 ergeben. IAS 32 bzw. IFRS 7 findet gemäß IAS 32.5 bzw. IFRS 7.4 Anwendung auf bilanzwirksame und bilanzunwirksame Finanzinstrumente. IAS 32.5 bzw. IFRS 7.4 nennt als bilanzunwirksame Finanzinstrumente explizit Kreditzusagen, die nicht in den Anwendungsbereich von IAS 39 fallen. Folglich gelten die Angabepflichten des IAS 32 bzw. IFRS 7 auch für Kreditzusagen, die gemäß IAS 37 zu behandeln sind.[201] Für Banken galt für vor dem 01.01.2007 beginnende Geschäftsjahre zudem IAS 30, der ebenfalls Angaben im Zusammenhang mit Kreditzusagen gefordert hat.

4.3.3. Garantie

4.3.3.1 Garantiegeber

Für die bilanzielle Behandlung einer Garantie ist deren Ausgestaltung entscheidend.[202] Zu unterscheiden sind Garantien, die den Sicherungsnehmer ausschließlich für einen tatsächlich eingetretenen Verlust entschädigen,[203] von Garantien, die Entschädigungszahlungen an die Veränderung beispielsweise eines Kreditratings oder eines Kreditindizes gekoppelt haben, und nicht daran, dass der Schuldner bei Fälligkeit tatsächlich nicht leistet.[204] Erstgenannte Garantien stellen finanzielle Garantien oder Finanzgarantien dar,[205] letztgenannte sind Garantien, die als Finanzderivate zu behandeln sind.[206]

---

200 Vgl. IAS 37.IG.B; auch Pellens et al. (2011), S. 431; Hoffmann (2011b), S. 975, Rz. 19. Die Passivierung einer Eventualverbindlichkeit ist gemäß IAS 37.27 stets ausgeschlossen.

201 Vgl. auch Scharpf/Weigel/Löw (2006), S. 1503; Kuhn/Scharpf (2006), S. 293, Rz. 1500.

202 Irrelevant für die bilanzielle Behandlung ist hingegen die rechtliche Form einer Garantie. Vgl. IAS 39.AG4A (vor VO (EG) Nr. 108/2006) bzw. IAS 39.AG4 (nach VO (EG) Nr. 108/2006).

203 Dies erfordert üblicherweise, dass der Sicherungsnehmer den Vermögenswert, auf den sich die Garantie bezieht, auch in seinem Bestand hält. Vgl. Auerbach/Klotzbach (2005), S. 264; Lüdenbach (2011a), S. 1635-1636, Rz. 207.

204 Vgl. für letztgenannte Garantien IAS 39.AG4 (b) (nach VO (EG) Nr. 108/2006).

205 IAS 39 bezeichnet derartige Garantien über die Zeit hinweg als finanzielle Garantien oder als Finanzgarantien. Beide Begriffe stehen jedoch für ein und dasselbe Konstrukt, weshalb sie als Synonyme verwendet werden können.

206 Vgl. Lüdenbach (2011a), S. 1635-1636, Rz. 207; Auerbach/Klotzbach (2005), S. 264. Zur Unterscheidung von Finanzgarantien und Finanzderivaten vgl. auch Struffert (2006), S. 217-219.

Von besonderer Bedeutung im Zusammenhang mit Garantien ist die bilanzielle Behandlung von Kreditderivaten. Diese sind entweder als finanzielle Garantien zu behandeln oder stellen Garantien dar, die als Finanzderivate zu behandeln sind.[207] Grundsätzlich lassen sich drei Grundtypen von Kreditderivaten unterscheiden: CDS, Credit-Spread-Produkte und Total-Return-Produkte. Während CDS lediglich das Ausfallrisiko eines Finanzinstruments transferieren, decken Credit-Spread-Produkte das gesamte Bonitätsrisiko[208] und Total-Return-Produkte neben dem Bonitätsrisiko auch Marktpreisrisiken eines Finanzinstruments ab.[209] Wegen ihrer Begrenzung auf das Ausfallrisiko kommt somit grundsätzlich nur für CDS eine Behandlung als Finanzgarantie infrage.[210] Kreditderivate, die nicht nur das reine Ausfallrisiko transferieren, stellen hingegen Garantien dar, die als Finanzderivate zu behandeln sind.[211]

Bei einer Verbriefungstransaktion kann das bilanzierende Unternehmen in unterschiedlichen Rollen als Garantiegeber auftreten: Es kann als Originator, Sponsor, Administrator oder externer Garantiegeber eine Garantie gewährt haben, ggf. auch mithilfe von Kreditderivaten. Als Investor tritt das bilanzierende Unternehmen als Garantiegeber auf, wenn es im Rahmen einer synthetischen Verbriefung eine von der Zweckgesellschaft emittierte CLN erworben hat und das darin eingebettete Kreditderivat getrennt vom Basisvertrag – entweder als finanzielle Garantie oder als Garantie, die als Finanzderivat zu behandeln ist – bilanziert.

Für vor dem 01.01.2006 beginnende Geschäftsjahre waren finanzielle Garantien vom Anwendungsbereich des IAS 39 ausgenommen.[212] Vielmehr waren finanzielle Garantien grundsätzlich als Versicherungsverträge gemäß IFRS 4 zu

---

207 Explizite Vorschriften zur Bilanzierung von Kreditderivaten finden sich in den IFRS nicht. Vielmehr ergeben sich die relevanten Regelungen aus mehreren Standards, wobei IAS 39 eine besondere Bedeutung zukommt. Vgl. Struffert (2006), S. 216; Burkhardt/Weis (2007), S. 37.

208 Das Bonitätsrisiko enthält neben dem Ausfallrisiko auch das Bonitätsänderungsrisiko.

209 Vgl. Lüdenbach (2011a), S. 1635-1636, Rz. 207; Burghof/Henke/Rudolph (1998), S. 278-281; Burkhardt/Weis (2007), S. 38-39.

210 Vgl. Lüdenbach (2011a), S. 1635-1636, Rz. 207. Denkbar sind aber auch CDS, die als Finanzderivate gemäß IAS 39 zu behandeln sind. Vgl. Auerbach/Klotzbach (2005), S. 266-267; Forche (2001), S. 163-164.

211 Vgl. IAS 39.AG4 (b) (nach VO (EG) Nr. 108/2006); Lüdenbach (2011a), S. 1635-1636, Rz. 207; Auerbach/Klotzbach (2005), S. 264. Hierunter fallen die zuvor genannten Garantien, die Zahlungen bei einer Änderung von einem Bonitätsrating oder Kreditindex vorsehen. Credit-Spread- und Total-Return-Produkte können derartige Garantien darstellen.

212 Vgl. IAS 39.3 (vor VO (EG) Nr. 108/2006); auch Kuhn/Scharpf (2005), S. 49.

behandeln, vorausgesetzt, es wurde durch die Garantie ein signifikantes Risiko auf den Garantiegeber übertragen.[213] Mangels expliziter Regeln zur bilanziellen Behandlung von Finanzgarantien in IFRS 4 musste für deren Bilanzierung jedoch unter Umständen auf IAS 37 zurückgegriffen werden.[214] Nicht in den Anwendungsbereich von IFRS 4 fielen Garantien, die Entschädigungszahlungen nicht daran geknüpft haben, dass der Schuldner bei Fälligkeit tatsächlich nicht leistet. Derartige Garantien waren als Finanzderivate gemäß IAS 39 zu behandeln.[215] Garantien, die als Finanzderivate zu behandeln sind, stellen für den Garantiegeber finanzielle Verbindlichkeiten dar und sind von diesem bei Zugang zu ihrem beizulegenden Zeitwert zu erfassen. Auch deren Folgebewertung erfolgt grundsätzlich zum (negativen) beizulegenden Zeitwert.[216] Eine weitere Ausnahmeregelung bestand für finanzielle Garantien, die in Verbindung mit der Übertragung von finanziellen Vermögenswerten und Verbindlichkeiten gegeben wurden. Solche, im Zusammenhang mit Verbriefungstransaktionen besonders relevanten Garantien, waren ebenfalls nicht nach IFRS 4, sondern nach IAS 39 zu behandeln.[217] Auch hier war vom Garantiegeber die Zugangsbewertung gemäß IAS 39.43 zum beizulegenden Zeitwert vorzunehmen. Die Folgebewertung richtete sich nach IAS 39.47 und erfolgte grundsätzlich zum beizulegenden Zeitwert, wenn die Fair Value Option gemäß IAS 39.47 (a) ausgeübt wurde, oder zu den fortgeführten Anschaffungskosten.[218]

Mit der VO (EG) 108/2006 hat sich für Geschäftsjahre, die am oder nach dem 01.01.2006 begonnen haben, die bilanzielle Behandlung von Finanzgarantien geändert.[219] Finanzgarantien sind gemäß IAS 39.2 (e) grundsätzlich nicht mehr

---

213 Vgl. IAS 39.3, IAS 39.2 (e), IAS 39.AG4A (c) (alle vor VO (EG) Nr. 108/2006).

214 Vgl. Scharpf/Weigel/Löw (2006), S. 1493, Fn. 3. Neben IAS 37 war auch ein Rückgriff auf bisher angewandte (nationale) Vorschriften denkbar. Vgl. Scharpf/Weigel/Löw (2006), S. 1493, Fn. 3.

215 Vgl. IAS 39.3, IAS 39.AG4A (a) (beide vor VO (EG) Nr. 108/2006). Vgl. auch Kehm/Lüdenbach (2005), S. 1286, Rz. 15.

216 Vgl. IAS 39.43-47; auch Burkhardt/Weis (2007), S. 40; Lüdenbach (2011a), S. 1636, Rz. 207; Auerbach/Klotzbach (2005), S. 269.

217 Vgl. IAS 39.2 (e), IAS 39.AG4A (b) (beide vor VO (EG) Nr. 108/2006); auch Kuhn/Scharpf (2005), S. 49.

218 Vgl. Grünberger (2006), S. 87.

219 Erstmalig wurde dabei in IAS 39.9 eine Definition von Finanzgarantien aufgenommen. Das wesentliche Merkmal einer finanziellen Garantie ist, dass es sich um eine vertragliche Vereinbarung handelt und dass nur, wenn der Schuldner bei Fälligkeit tatsächlich nicht leistet, Entschädigungszahlungen zu entrichten sind. Vgl. auch Scharpf/Weigel/Löw (2006), S. 1492.

nach IFRS 4 als Versicherungsverträge, sondern entsprechend den Vorschriften des IAS 39 zu bilanzieren. Die Finanzgarantie wird bei erstmaliger Erfassung gemäß IAS 39.43 vom Garantiegeber zum beizulegenden Zeitwert bewertet. Die Folgebewertung erfolgt im Falle einer Ausübung der Fair Value Option gemäß IAS 39.47 (a) ebenfalls zum beizulegenden Zeitwert. In allen anderen Fällen ist die aus der Finanzgarantie resultierende Verpflichtung gemäß IAS 39.47 (c)[220] zu fortgeführten Anschaffungskosten zu bewerten.[221] Hat der Garantiegeber jedoch ausdrücklich erklärt, dass er die Garantie als Versicherungsvertrag betrachtet, und hat er diese bislang nach den für Versicherungsverträgen geltenden Vorschriften bilanziert, kann er diese auch weiterhin nach IFRS 4 behandeln. Faktisch besteht für den Garantiegeber somit ein Wahlrecht, eine Finanzgarantie nach IAS 39 oder IFRS 4 zu behandeln.[222] Garantien, die Entschädigungszahlungen nicht daran geknüpft haben, dass der Schuldner bei Fälligkeit tatsächlich nicht leistet, werden nach wie vor als Finanzderivate gemäß IAS 39 behandelt.[223]

IAS 37 kommt die Funktion eines Auffangpostens zu:[224] Alle Verpflichtungen, die nicht als Garantien im Sinne des IAS 39 oder IFRS 4 zu behandeln sind, fallen in den Anwendungsbereich von IAS 37.[225] Die bilanzielle Behandlung von Garantien nach IAS 37 ist von der Wahrscheinlichkeit eines Nutzenabflusses abhängig.[226] Danach richten sich auch eventuelle Angabepflichten.

---

220 IAS 39.47 (c) wurde im Zuge der VO (EG) Nr. 108/2006 eingeführt.

221 Dabei ist im Detail der höhere Betrag aus (1) dem nach IAS 37 bestimmten Betrag oder (2) dem ursprünglich erfassten Betrag abzüglich der gemäß IAS 18 bereits erfolgswirksam erfassten kumulierten Amortisation zugrunde zu legen. Vgl. IAS 39.47 (c) i), ii). Vgl. auch Grünberger (2006), S. 87-90; Scharpf/Weigel/Löw (2006), S. 1499-1500.

222 Vgl. IAS 39.2 (e), IAS 39.AG4 (a) (beide nach VO (EG) Nr. 108/2006). Vgl. auch Kuhn/Scharpf (2006), S. 68-69, Rz. 226; Scharpf/Weigel/Löw (2006), S. 1495-1496.

223 Vgl. IAS 39.AG4 (b); auch Kuhn/Scharpf (2006), S. 67, Rz. 220. Erfüllt eine Vereinbarung allerdings sowohl die Definition eines Finanzderivats als auch die einer Finanzgarantie, sind die für Finanzgarantien geltenden Vorschriften anzuwenden. Vgl. Kuhn/Scharpf (2006), S. 67-68, Rz. 221.

224 Dies gilt sowohl für Geschäftsjahre, die vor dem 01.01.2006 begonnen haben, als auch für Geschäftsjahre, die am bzw. nach dem 01.01.2006 begonnen haben.

225 Vgl. Kuhn/Scharpf (2005), S. 49; auch IAS 37.5 (e). Dies ist bspw. der Fall, wenn bei einer Garantie keine ausdrückliche (vertragliche) Vereinbarung getroffen wurde und deren Erfüllung deshalb vom guten Willen des Garantiegebers abhängt (z.B. bei einem soft stand-by letter of credit). Vgl. Kuhn/Scharpf (2006), S. 64, Rz. 201.

226 Wie bei Kreditzusagen kann auch bei Garantien davon ausgegangen werden, dass die Existenz der (Garantie-)Verpflichtung gegeben und deren zuverlässige Schätzung möglich ist.

Für vor dem 01.01.2006 beginnende Geschäftsjahre waren im Zusammenhang mit gegebenen finanziellen Garantien somit üblicherweise die Angabepflichten zu Versicherungsverträgen nach IFRS 4 einschlägig. Für danach beginnende Geschäftsjahre waren die Angabepflichten des IFRS 4 nur noch dann zu berücksichtigen, wenn Unternehmen vom Wahlrecht, finanzielle Garantien nach IFRS 4 zu behandeln, Gebrauch gemacht haben. Für Garantien, die vor wie auch nach dem 01.01.2006 beginnende Geschäftsjahre gemäß IAS 39 zu behandeln waren, waren die Angabepflichten des IAS 32 bzw. IFRS 7 zu beachten. Für sonstige Garantien, deren Bilanzierung gemäß IAS 37 erfolgte, galten – ebenfalls für vor wie auch nach dem 01.01.2006 beginnende Geschäftsjahre – die Angabepflichten des IAS 37. Für nach IFRS 4 oder IAS 37 zu behandelnde (finanzielle) Garantien konnten darüber hinaus gemäß IAS 32.5 bzw. IFRS 7.4 die Angabepflichten des IAS 32 bzw. IFRS 7 zusätzlich Anwendung finden. Banken hatten zudem für vor dem 01.01.2007 beginnende Geschäftsjahre die Angabepflichten des IAS 30 zu beachten.

4.3.3.2 Garantienehmer

Erhaltene Garantien können für das bilanzierende Unternehmen sowohl in seiner Rolle als Originator als auch in seiner Rolle als Investor relevant sein. Als Originator kann das bilanzierende Unternehmen Garantienehmer sein, wenn es im Rahmen einer synthetischen Verbriefung einen CDS erworben hat. Die Zweckgesellschaft übernimmt als Garantiegeber die synthetische Risikoposition, wofür ihr das bilanzierende Unternehmen als Garantienehmer eine Prämie zu entrichten hat.[227] In seiner Rolle als Investor ist das bilanzierende Unternehmen Garantienehmer, wenn es eine Garantiezusage aufgrund eines Erwerbs von Verbriefungstiteln erhalten hat.

Für die Behandlung von Garantien aus Sicht des Sicherungsnehmers ist ebenfalls zwischen finanziellen Garantien, Garantien, die als Finanzderivate zu behandeln sind, und sonstigen Garantieverpflichtungen zu unterscheiden. Im Gegensatz zur Bilanzierung von Garantien aus Sicht des Sicherungsgebers waren die Vorschriften zur Bilanzierung von Garantien aus Sicht des Garantienehmers keinen Änderungen über die Zeit hinweg ausgesetzt.

Keine großen Unterschiede zwischen Garantienehmer und -geber bestehen bei der bilanziellen Behandlung von Garantien, die als Finanzderivate zu behandeln sind. Auch erhaltene Garantien, die als Finanzderivate zu behandeln sind, fallen in den Anwendungsbereich von IAS 39. Sowohl deren Erst- als auch Folgebewertung erfolgt grundsätzlich zum beizulegenden Zeitwert. Die Bilanzierung

227 Vgl. Rudolph et al. (2012), S. 93-94; IDW (2007b), S. 4.

beim Sicherungsnehmer erfolgt spiegelbildlich zum Sicherungsgeber, das heißt die Wertansätze werden jeweils mit entgegengesetztem Vorzeichen erfasst: Während eine solche Garantie für den Garantiegeber eine finanzielle Verbindlichkeit darstellt, ist diese für den Garantienehmer ein finanzieller Vermögenswert.[228] Da Finanzderivate Finanzinstrumente darstellen, sind die Angabepflichten des IAS 32 bzw. IFRS 7 einschlägig. Im Gegensatz zur Bilanzierung von derartigen Garantien beim Garantiegeber können diese vom Garantienehmer jedoch auch im Zusammenhang mit Sicherungsgeschäften verwendet werden.[229] Unter Umständen sind somit zusätzlich die spezifischen Angabepflichten zur Bilanzierung von Sicherungsgeschäften gemäß IAS 32.58-59 bzw. IFRS 7.22-24 zu beachten. Für Banken waren zudem für vor dem 01.01.2007 beginnende Geschäftsjahre die Angabepflichten des IAS 30 zu berücksichtigen.

Anders sieht dies bei erhaltenen finanziellen Garantien aus: Die bilanzielle Behandlung von finanziellen Garantien beim Sicherungsnehmer unterscheidet sich grundsätzlich von der beim Sicherungsgeber. Das Recht auf Garantieleistung, das sich der Garantienehmer beispielsweise durch Zahlung der Prämie für einen als Finanzgarantie zu behandelnden CDS erwirbt, stellt gemäß IAS 32.AG8 einen finanziellen Vermögenswert dar.[230] IAS 39 ist jedoch nicht einschlägig, da erhaltene Garantiezusagen nicht in seinen Anwendungsbereich fallen. Folglich können diese auch keine Finanzgarantien im Sinne des IAS 39 darstellen.[231] Erhaltene

---

228 Vgl. IAS 39.43-47; Burkhardt/Weis (2007), S. 40; Auerbach/Klotzbach (2005), S. 269; Struffert (2006), S. 289.

229 Ob die Bilanzierung von Sicherungsgeschäften mit Kreditderivaten möglich ist, ist diskussionswürdig. Vgl. hierzu Struffert (2006), S. 229-246. Grundsätzlich wäre dies jedoch nur mit Kreditderivaten möglich, die als Finanzderivate zu behandeln sind. Kreditderivate, die als finanzielle Garantien zu behandeln sind, können nicht als Sicherungsinstrumente verwendet werden. Vgl. Burkhardt/Weis (2007), S. 42; Kuhn/Scharpf (2006), S. 284, Rz. 1421. Finanzderivate, die als Sicherungsinstrumente designiert wurden, sind, wie alle anderen Finanzderivate, vom Sicherungsnehmer zum beizulegenden Zeitwert zu erfassen und mit diesem in der Folge zu bewerten. Vgl. Grünberger (2011), S. 207.

230 Vgl. auch Grünberger (2011), S. 177.

231 Vgl. auch Burkhardt/Weis (2007), S. 40, 42; Grünberger (2011), S. 177; Grünberger (2006), S. 85. Dies ergibt sich erstmals aus dem Einführungsteil von IAS 39 (in der vom IASB veröffentlichten Version, Stand 31.12.2005) in IAS 39.IN6 und aus IAS 39. BC23E. Für Finanzgarantien, die in den Anwendungsbereich des IFRS 4 fielen, gilt gleiches. IFRS 4 behandelt nicht die Bilanzierung von Erstversicherungsverträgen aus Sicht des Versicherungsnehmers. Vgl. Grünberger (2006), S. 85; Kanngiesser (2005), S. 1944-1945, Rz. 5.

Finanzgarantien sind vielmehr als Eventualforderung gemäß IAS 37 zu behandeln.[232] Weitere Angabepflichten zu erhaltenen Finanzgarantien können sich zudem aus IAS 32 bzw. IFRS 7 ergeben. Diese finden gemäß IAS 32.5 bzw. IFRS 7.4 auch Anwendung auf bilanzunwirksame Finanzinstrumente, wozu ausdrücklich Finanzinstrumente gehören, die nicht in den Anwendungsbereich von IAS 39 fallen. Das Recht auf Garantieleistung, das gemäß IAS 37 als Eventualforderung zu behandeln ist, kann ein solches bilanzunwirksames Finanzinstrument darstellen. Darüber hinaus waren für Banken für vor dem 01.01.2007 beginnende Geschäftsjahre die Angabepflichten des IAS 30 zu beachten.

Sonstige erhaltene Garantien, die weder finanzielle Garantien noch als Finanzderivate zu behandelnde Garantien darstellen, sind ebenfalls als Eventualforderungen gemäß IAS 37 zu behandeln. Auch hier sind gemäß IAS 32.5 bzw. IFRS 7.4 darüber hinaus die Angabepflichten des IAS 32 bzw. IFRS 7 zu berücksichtigen sowie für Banken die Angabepflichten des IAS 30.

4.4. Servicing

Die im Rahmen des Servicing vorgenommenen Aktivitäten führen üblicherweise zu keinem gesonderten Ausweis in Bilanz und GuV. Beispielsweise gehen Beratungsleistungen für die Strukturierung einer Verbriefungstransaktion oder für die Koordination des Verbriefungsprozesses als Teil der Umsatzerlöse in das Ergebnis ein. Werden derartige Leistungen vom bilanzierenden Unternehmen selbst erbracht, bestehen – zumindest auf Konzernebene – keine bilanziellen Auswirkungen. Entsprechend lassen sich auch keine spezifischen Angabepflichten identifizieren.

Etwas anders verhält es sich mit treuhänderischen Tätigkeiten oder mit diesen vergleichbaren Dienstleistungen. Hier kann es zu einem gesonderten Ausweis kommen, wenn gemäß IFRS 7.20 (c) ii) die Aufwands- und Ertragsposten in Form von Entgelt aus treuhänderischen Tätigkeiten in der Gesamtergebnisrechnung dargestellt oder alternativ im Anhang ausgewiesen werden. Banken hatten für vor dem 01.01.2007 beginnende Geschäftsjahre die Angabepflichten zu Treuhandverhältnissen des IAS 30.55 zu beachten. In die Bilanz der Bank durften derartige Verhältnisse jedoch nicht eingehen, da die Vermögenswerte nicht der bilanzierenden Bank gehören – vorausgesetzt, das Treuhandverhältnis basiert auf einer rechtlichen Grundlage.[233]

---

232 Vgl. IAS 37.2; Grünberger (2011), S. 177; Lüdenbach (2011a), S. 1636, Rz. 207; Struffert (2006), S. 223; Auerbach/Klotzbach (2005), S. 273.

233 Vgl. IAS 30.55; Löw (2005), S. 126.

4.5. Unternehmensverbindung

Die Verflechtungen, die das bilanzierende Unternehmen eingehen kann, können neben gesellschaftsrechtlichen Vereinbarungen dazu führen, dass das bilanzierende Unternehmen mit der Verbriefungsgesellschaft verbunden ist. In Abhängigkeit von der Intensität der Verbindung kann die Verbriefungsgesellschaft grundsätzlich ein Tochterunternehmen gemäß IAS 27, ein assoziiertes Unternehmen gemäß IAS 28, ein Joint Venture gemäß IAS 31 oder eine einfache Beteiligung, die als Finanzinstrument gemäß IAS 39 zu behandeln ist, darstellen.[234] Allerdings werden Verbriefungstransaktionen üblicherweise so konstruiert, dass eine Verbindung zur Zweckgesellschaft vermieden wird und eine bilanzielle Abbildung in den Zahlenwerken des Konzernabschlusses gemäß IAS 27, IAS 28, IAS 31 oder IAS 39 folglich nicht erforderlich ist.[235] Dadurch kann – eine vollständige Ausbuchung der übertragenen Vermögenswerte vorausgesetzt – gewährleistet werden, dass die an die Verbriefungsgesellschaft veräußerten Vermögenswerte nicht im Konzernabschluss ausgewiesen werden müssen.

Eine Konsolidierung der Verbriefungsgesellschaft aus gesellschaftsrechtlichen Gründen scheitert häufig bereits im Ansatz, da das bilanzierende Unternehmen üblicherweise keine Stimmrechte an der Verbriefungsgesellschaft hält. Ein wesentliches Merkmal von Zweckgesellschaften ist, dass diese kein oder nur ein geringes Eigenkapital aufweisen – im letztgenannten Fall ist das bilanzierende Unternehmen in der Regel nicht oder lediglich in einem geringen Umfang daran beteiligt. Nur im (seltenen) Fall einer geringen Eigenkapitalbeteiligung ist deshalb eine (gesellschaftsrechtliche) Verbindung zwischen der Zweckgesellschaft und dem bilanzierenden Unternehmen überhaupt gegeben. Ob die Verbriefungsgesellschaft zu konsolidieren ist, ist dennoch fraglich, da es sich bei solchen Beteiligungen in der Regel um Stimmrechtsbeteiligungen von unter 20% handelt. Dabei gilt gemäß IAS 28.6 die widerlegbare Vermutung einer einfachen Beteiligung, die gemäß IAS 39 zu behandeln wäre.[236] Neben einer fehlenden Stimmrechtsbeteiligung werden Verbriefungsgesellschaften zudem in der Regel so konstruiert, dass auch weitere gesellschaftsrechtliche Kriterien, die zu einer Konsolidierungspflicht nach IAS 27

234 Vgl. auch Pellens et al. (2011), S. 798-799; Lüdenbach (2011b), S. 1993, Rz. 58-59.
235 Vgl. Schruff (2009b), S. 33-34.
236 Vgl. auch Köhler/Strauch (2008), S. 192.

oder zur Klassifikation als Joint Venture oder assoziiertes Unternehmen führen können, nicht erfüllt sind.[237]

Dieses Problem hat auch das IASB erkannt und im Jahr 1998 die Interpretation SIC-12 „Konsolidierung – Zweckgesellschaften" verabschiedet. Eine Zweckgesellschaft ist demnach zu konsolidieren, wenn die wirtschaftliche Betrachtungsweise des Verhältnisses zwischen einem Unternehmen und der Zweckgesellschaft ergibt, dass Letztgenannte durch das Unternehmen beherrscht wird.[238] SIC-12.10 nennt exemplarisch vier Umstände, die auf eine Beherrschung der Zweckgesellschaft hinweisen. Der Stimmrechtsanteil als Indiz für das Vorliegen einer Beherrschung durch das Mutterunternehmen spielt keine Rolle. Explizit wird in SIC-12.9 darauf hingewiesen, dass eine Beherrschung der Zweckgesellschaft auch dann vorliegen kann, wenn ein Unternehmen wenig oder kein Eigenkapital der Zweckgesellschaft hält. Allein gesellschaftsrechtliche Gründe sind somit für die Konsolidierung nicht ausschlaggebend. Vielmehr können im Sinne einer wirtschaftlichen Betrachtungsweise auch Verflechtungen, die zwischen dem bilanzierenden Unternehmen und der Verbriefungsgesellschaft bestehen, eine Verbindung beider Parteien begründen. Jedoch hat auch SIC-12 es nicht vermocht, dass Unternehmen Zweckgesellschaften grundsätzlich in den Konsolidierungskreis einbeziehen – wie die Finanzmarktkrise gezeigt hat. Vielmehr waren Unternehmen bestrebt, Verflechtungen so zu gestalten, dass eine Konsolidierung der Verbriefungsgesellschaft zu vermeiden war.[239]

Auch wenn eine Zweckgesellschaft nicht zu konsolidieren ist, kann es unter Umständen dennoch für das bilanzierende Unternehmen erforderlich sein, über die Verbindung zu berichten. Die Vorschriften des IAS 27, IAS 28, IAS 31, IAS 39 und SIC-12 sollen deshalb daraufhin untersucht werden, ob und welche Angabepflichten zu Zweckgesellschaften, insbesondere zu nicht konsolidierten, bestehen. Dabei werden die Regelungen des IAS 27, IAS 28, IAS 31 und SIC-12 getrennt von den Regelungen zu einfachen Beteiligungen behandelt. Der Grund hierfür ist, dass letztgenannte gemäß IAS 39 als Finanzinstrumente zu behandeln sind und deshalb den Angabepflichten des IAS 32 bzw. IFRS 7 unterliegen.[240]

237 Vgl. auch Pellens et al. (2011), S. 156.
238 Vgl. SIC-12.8.
239 Vgl. Schruff (2009b), S. 33-34.
240 Spezifische Angabepflichten zu einfachen Beteiligungen finden sich dabei nicht.

4.6. Fazit

Eine Analyse der bilanziellen Behandlung der einzelnen Verflechtungen war erforderlich, um Standards auszumachen, die für die Ableitung von Angabepflichten grundsätzlich von Relevanz sind. Insgesamt konnten durch dieses Vorgehen mit IAS 32, IFRS 7, IAS 37, IFRS 4, IAS 27, IAS 28, IAS 31 und SIC-12 sieben Standards und eine Interpretation identifiziert werden. Art und Umfang dieser Standards bleiben auch dann unverändert, wenn man die im Zusammenhang mit Credit Enhancements getätigte Einschränkung des Untersuchungsgegenstands auf Kreditzusagen und Garantien aufhebt und weitere Arten von Credit Enhancements betrachtet.[241]

Darüber hinaus hat sich im Rahmen der Analyse gezeigt, dass bei vielen Verflechtungen die gleichen Standards – und folglich auch deren Angabepflichten – einschlägig sind. Insbesondere die Angaben des IAS 32 bzw. IFRS 7 können bei allen Verflechtungen von Bedeutung sein. Dies ist vor allem darauf zurückzuführen, dass viele der im Rahmen der einzelnen Verflechtungen relevanten Sachverhalte – seien es ABS, Finanzderivate, bestimmte finanzielle Garantien oder einfache Beteiligungen – als Finanzinstrumente gemäß IAS 39 zu behandeln sind. Darüber hinaus finden die Vorschriften des IAS 32 und IFRS 7 auch Anwendung auf bilanzunwirksame Finanzinstrumente, die nicht in den Anwendungsbereich des IAS 39 fallen: Dies betrifft vor allem begebene Kreditzusagen und begebene Garantien, die gemäß IAS 37 oder IFRS 4 zu behandeln sind, sowie erhaltene Garantien, die als Eventualforderungen in den Anwendungsbereich des IAS 37 fallen.

Neben diesen, im Rahmen der bilanziellen Behandlung von Verflechtungen identifizierten Standards können Angabepflichten weiterer Standards relevant sein. So mussten Banken für vor dem 01.01.2007 beginnende Geschäftsjahre IAS 30 berücksichtigen, weshalb auch diese Regelung auf spezifische Angabepflichten zu Verbriefungen zu untersuchen ist. Von Relevanz könnten zuletzt auch die Standards IAS 1, der Vorschriften für die Darstellung des Abschlusses enthält, und IAS 8, der Vorschriften zu Bilanzierungs- und Bewertungsmethoden sowie zu Änderungen von Schätzungen und Fehler beinhaltet, sein.[242]

---

241 Die Bilanzierung weiterer typischer Arten von Credit Enhancements erfolgt gemäß IAS 39 und IAS 37, weshalb die Angabepflichten gemäß IAS 32 bzw. IFRS 7 und IAS 37 einschlägig sind. Vgl. Struffert (2006), S. 114-128.

242 Für eine kompakte Darstellung sämtlicher identifizierten Angabepflichten in Abhängigkeit der für die Bilanzierung einschlägigen Standards vgl. Anhang 3.

Im Folgenden sind die identifizierten Standards auf Angaben zu untersuchen, die Informationen zu Verbriefungstransaktionen bedingen können. Wie bereits bei der Identifikation der Standards ist dabei die Veränderung der Angabepflichten über die Jahre 2005 bis 2010 zu berücksichtigen.[243] Alle Angaben, die Informationen zu Verbriefungen bewirken können, sind im Detail darzustellen.[244]

---

243 Nach bestem Wissen des Verfassers ist dies das erste Mal, dass eine solche Analyse erfolgt. Eine Ausnahme stellt die Analyse der Angabepflichten zu ABS-Transaktionen und Kreditderivaten von Struffert dar. Vgl. hierzu Kapitel 7.1. Allerdings ist seine Analyse auf IFRS 7, IAS 37, IAS 27 und SIC-12 beschränkt, weitere Angabepflichten werden kaum oder gar nicht thematisiert. Vgl. Struffert (2006), S. 189-192, 288-292. Darüber hinaus betrachtet seine Analyse lediglich die Entwicklung von Rechnungslegungsstandards bis einschließlich Juli 2006. Vgl. Stuffert (2006), Vorwort.

244 Die Ausführungen zu Risiken in Kapitel 5.1.7 sowie die Ausführungen im Rahmen der kritischen Würdigung in Kapitel 5.3 folgen teils wörtlich der nicht veröffentlichten Projektstudie des Verfassers vom 19.12.2011.

5. Darstellung der Angabepflichten nach IFRS

5.1. IAS 32 und IFRS 7

5.1.1. Art und Umfang

Angaben zur Art und zum Umfang von Finanzinstrumenten finden sich in **IAS 32** in IAS 32.60-65. Angaben, die auch Informationen im Zusammenhang mit Verbriefungen enthalten können, sind vor allem IAS 32.60 und IAS 32.62 zu entnehmen. Gemäß IAS 32.60 (a) hat ein Unternehmen für jede Klasse von finanziellen Vermögenswerten und finanziellen Verbindlichkeiten Informationen über Art und Umfang der Finanzinstrumente einschließlich wesentlicher Vertragsbedingungen bereitzustellen.[245] Werden beispielsweise Finanzgarantien oder Kreditzusagen als eigene Klasse von Finanzinstrumenten designiert, sind entsprechende Angaben vorzunehmen.[246] IAS 32.60 (b) verlangt darüber hinaus, dass für jede Klasse von Finanzinstrumenten Angaben zu den angewendeten Ansatz- und Bewertungsmethoden einschließlich der Ansatz- und Bewertungskriterien vorzunehmen sind. Während IAS 32.60 Angaben auf Ebene einer Klasse von Finanzinstrumenten fordert, verlangt IAS 32.62 auch Angaben für einzelne Finanzinstrumente – vorausgesetzt, diese sind für die Vermögens-, Finanz- und Ertragslage von wesentlicher Bedeutung. Ist dies der Fall, sind ebenfalls Informationen zu Vertragsbedingungen bereitzustellen. Haben die einzelnen Finanzinstrumente für sich betrachtet hingegen keine wesentliche Bedeutung für die künftigen Cashflows, sind Informationen über bedeutende Merkmale von zu Gruppen zusammengefassten gleichartigen oder ähnlichen Finanzinstrumenten bereitzustellen.

---

245 Vorausgesetzt die Vertragsbedingungen können Auswirkungen auf die Höhe, die Zeitpunkte und die Eintrittswahrscheinlichkeiten künftiger Cashflows haben. Vgl. IAS 30.60 (a).

246 Wichtig ist hierbei die Unterscheidung von Kategorien und Klassen. Finanzinstrumente sind entsprechend ihrer Bewertung gemäß IAS 39.45 in vier Kategorien einzuordnen, die Einordnung in Klassen ist hingegen vom Unternehmen selbst nach bestimmten Eigenschaften der Finanzinstrumente vorzunehmen. Vgl. IAS 32.55; auch von Oertzen (2009), S. 155-156, Rz. 207-209.

Im Gegensatz zu IAS 32 enthält **IFRS 7** keine Angabepflichten, die für jede Klasse von Finanzinstrumenten Angaben zu Art und Umfang, zu wesentlichen Vertragsbedingungen oder zu angewendeten Ansatz- und Bewertungsmethoden bzw. -kriterien fordern. Lediglich für zum beizulegenden Zeitwert bewertete Finanzinstrumente sind Angabepflichten zu entnehmen, die Informationen zur Art sowie zu Ansatz- und Bewertungskriterien fordern.[247]

5.1.2. Bilanzierungs- und Bewertungsmethode

IAS 32 enthält Vorschriften, wie die gemäß IAS 1 vorzunehmenden Angaben zu wesentlichen Bilanzierungs- und Bewertungsmethoden auf Finanzinstrumente anzuwenden sind. Gemäß IAS 32.66 (a) sind die Kriterien anzugeben, nach denen Ansatz und Ausbuchung eines Finanzinstruments erfolgen. Weiterhin sind die Grundsätze anzugeben, nach denen sich die Zugangs- und Folgebewertung von Finanzinstrumenten richtet (IAS 32.66 (b)), sowie die für die Erfassung und Bewertung von aus Finanzinstrumenten resultierenden Erträgen und Aufwendungen zuständigen Grundsätze (IAS 32.66 (c)). Informationen zu Verbriefungen können dabei vor allem im Zusammenhang mit der Ausbuchung von Finanzinstrumenten angebracht sein. Im Zuge der VO (EG) Nr. 1864/2005 wurde für am oder nach dem 01.01.2006 beginnende Geschäftsjahre IAS 32.66 (d) eingeführt. IAS 32.66 (d) verlangt Angaben für den Fall, dass ein Finanzinstrument als erfolgswirksam zum beizulegenden Zeitwert bewertet eingestuft wurde (Fair Value Option). Gemäß IAS 32.66 (d) i) sind die Kriterien für eine solche Einstufung beim erstmaligen Ansatz anzugeben. IAS 32.66 (d) ii) verlangt Informationen, wie das bilanzierende Unternehmen die Kriterien für eine solche Einstufung erfüllt hat. Zuletzt ist nach IAS 32.66 (d) iii) die Art der finanziellen Vermögenswerte und Verbindlichkeiten anzugeben, die als „erfolgswirksam zum beizulegenden Zeitwert bewertet" eingestuft wurden. Da die Fair Value Option auch auf Finanzinstrumente angewendet werden kann, die einen Bezug zu Verbriefungen aufweisen, können Angaben zu Verbriefungen resultieren.

Auch **IFRS 7** enthält in IFRS 7.21 Angabepflichten zu Bilanzierungs- und Bewertungsmethoden. Wie zuvor IAS 32.66 verweist auch IFRS 7.21 diesbezüglich auf IAS 1, allerdings ohne Implikationen für die Berichterstattung über Finanzinstrumente zu nennen. Derartige Implikationen finden sich jedoch im Anhang des IFRS 7 in IFRS 7.B5 (a)-(g). Die zuvor in IAS 32.66 (d) geforderten Angaben

247 Vgl. IFRS 7.B5.

für den Fall, dass ein Finanzinstrument als „erfolgswirksam zum beizulegenden Zeitwert bewertet“ eingestuft wird, finden sich nun in IFRS 7.B5 (a). Weitere Angabepflichten, die Informationen im Zusammenhang mit Verbriefungen enthalten können, sind in IFRS 7.B5 (f) enthalten. So sind die Kriterien anzugeben, anhand derer ein Wertminderungsaufwand eines Finanzinstruments durch das bilanzierende Unternehmen objektiv nachweisbar festzustellen ist. Zuletzt lässt IFRS 7.B5 durch den Verweis auf IAS 1.113 (vor VO (EG) Nr. 1274/2008) bzw. IAS 1.122 (nach VO (EG) Nr. 1274/2008) erkennen, dass das bilanzierende Unternehmen Angaben zu Ermessensausübungen im Zusammenhang mit Bilanzierungs- und Bewertungsmethoden bei Finanzinstrumenten vorzunehmen hat.[248] Allerdings ist ausdrücklich nur über solche Ermessensausübungen zu berichten, deren Einfluss auf die Beträge im Abschluss „am wesentlichsten“ ist.

5.1.3. Beizulegender Zeitwert

Unabhängig von der Art eines Finanzinstruments ist dieses vom bilanzierenden Unternehmen gemäß IAS 39.43 beim Zugang zum beizulegenden Zeitwert zu bewerten.[249] Angabepflichten zum beizulegenden Zeitwert von Finanzinstrumenten finden sich in **IAS 32**, gesondert in IAS 32.86-93.[250] Allerdings enthält nur IAS 32.92 Angabepflichten, die ggf. Rückschlüsse auf einen Zusammenhang mit Verbriefungstransaktionen erlauben. Gemäß IAS 32.92 (a) sind die zur Bestimmung des beizulegenden Zeitwerts verwendeten Methoden und wesentlichen Annahmen getrennt für jede maßgebliche Klasse von finanziellen Vermögenswerten und Verbindlichkeiten anzugeben. Darüber hinaus ist gemäß IAS 32.92 (b) anzugeben, ob die beizulegenden Zeitwerte unmittelbar durch

---

248 Davon ausgenommen sind Ermessensausübungen des Managements, bei denen Schätzungen verwendet werden.

249 Auch im Rahmen der Folgebewertung von Finanzinstrumenten kann der beizulegende Zeitwert eine Rolle spielen. Vgl. hierzu Ballwieser (2013), S. 126-129.

250 Darüber hinaus fanden sich Angabepflichten zum beizulegenden Zeitwert für Geschäftsjahre, die vor dem 01.01.2006 begonnen haben in IAS 32.94 (e)-(f) und IAS 32.AG40. Die dort geforderten Angaben waren jedoch nicht geeignet, Informationen im Zusammenhang mit Verbriefungen zu liefern. IAS 32.94 (e)-(f) und IAS 32.AG40 wurden durch die VO (EG) Nr. 1864/2005 geändert. Für nach dem 01.01.2006 beginnende Geschäftsjahre mussten Unternehmen nun ausführlichere Informationen zu erfolgswirksam zum beizulegenden Zeitwert bewerteten finanziellen Vermögenswerten und Verbindlichkeiten angeben. Die dabei im Zusammenhang mit Ausfallrisiken geforderten Informationen konnten auch Informationen zu Verbriefungen bedingen.

Abstellen auf öffentlich notierte Marktpreise auf einem aktiven Markt bestimmt oder mithilfe von Bewertungsmethoden geschätzt wurden. Die weiteren Angabepflichten des IAS 32.92 beschränken sich auf Fälle, in denen der beizulegende Zeitwert von Finanzinstrumenten mithilfe einer Bewertungsmethode ermittelt wurde. Basiert die verwendete Bewertungsmethode auf Annahmen, die nicht durch notierte Marktpreise oder Zinssätze gestützt werden, ist gemäß IAS 32.92 (c) darüber zu informieren. Falls eine solche Annahme mehrere denkbare Ausprägungen einnehmen kann und dieser Umstand zu einem wesentlich anderen beizulegenden Zeitwert des Finanzinstruments führt, ist dies vom bilanzierenden Unternehmen anzugeben. Insbesondere sind die Auswirkungen möglicher alternativer Annahmen auf den beizulegenden Zeitwert zu nennen. Gemäß IAS 32.92 (d) ist zudem anzugeben, in welchem Ausmaß Erfolge aus der Ermittlung eines beizulegenden Zeitwerts mithilfe von Bewertungsmethoden in der GuV berücksichtigt worden sind.[251]

IFRS 7 enthält explizite Angabepflichten zum beizulegenden Zeitwert in IFRS 7.25-30. Diese entsprechen überwiegend den bereits in IAS 32.86-93 enthaltenen Vorschriften. Wie zuvor IAS 32.92, scheint nun für vor dem 01.01.2009 beginnende Geschäftsjahre lediglich IFRS 7.27 geeignet, Angaben im Zusammenhang mit Verbriefungen zu bedingen. Die in IFRS 7.27 geforderten Informationen entsprechen inhaltlich den Angabepflichten des IAS 32.92. So fordert IFRS 7.27 (a) Angaben zu Methoden und Annahmen zur Bestimmung des beizulegenden Zeitwerts.[252] IFRS 7.27 (b) verlangt die Tatsache anzugeben, ob der beizulegende Zeitwert auf Basis öffentlicher Kursgebote auf einem aktiven Markt bestimmt oder mithilfe eines Bewertungsverfahrens geschätzt wurde. Zuletzt erfordern IFRS 7.27 (c) und (d), wie zuvor IAS 32.92 (c) und (d), Angaben im Falle einer Änderung der Annahmen und daraus resultierender Auswirkungen auf die GuV. IFRS 7.27 wurde durch die VO (EG) Nr. 1165/2009 geändert.[253] IFRS 7.27 enthält seither nur noch die zuvor in IFRS 7.27 (a) beschriebenen Angabepflichten.[254]

---

251 Vgl. auch Kehm/Lüdenbach (2005), S. 1400, Rz. 301.

252 Die Annahmen sind anzugeben, falls eine Bewertungstechnik angewendet wurde. Dies ist insb. für Kreditderivate und Verbriefungstitel von Bedeutung, u.a., weil sich für diese noch kein allgemein etabliertes Bewertungsmodell durchgesetzt hat. Vgl. Struffert (2006), S. 289; IDW (2007b), S. 7.

253 Die Änderungen sind erstmals für am oder nach dem 01.01.2009 beginnende Geschäftsjahre anzuwenden.

254 Darüber hinaus ist vom bilanzierenden Unternehmen eine Änderung des Bewertungsverfahrens anzugeben und zu begründen.

Gleichzeitig wurden mit der VO (EG) Nr. 1165/2009 jedoch IFRS 7.27A[255] und IFRS 7.27B eingeführt. Die in IFRS 7.27B geforderten Angaben scheinen geeignet, Informationen zu Verbriefungstransaktionen bedingen zu können. IFRS 7.27B (b) verlangt die Angabe von erheblichen Umgliederungen von zum beizulegenden Zeitwert bewerteten Finanzinstrumenten zwischen Stufe eins und Stufe zwei, wobei Umgliederungen in die Stufen von Umgliederungen aus den Stufen getrennt anzugeben und zu erläutern sind.[256] Darüber hinaus sind die Gründe für eine solche Umgliederung anzugeben. IFRS 7.27B (c) iv) erfordert, Umgliederungen in oder aus Stufe drei einschließlich ihrer Gründe anzugeben. Falls derartige Umgliederungen einen erheblichen Umfang erreichen, sind auch hier Umgliederungen in und aus Stufe drei getrennt anzugeben und zu erläutern.[257] Als mögliche Ursache für eine solche Umgliederung nennt IFRS 7.27B (c) iv), dass sich die Beobachtbarkeit von Marktdaten verändert hat. Da es im Rahmen der Finanzmarktkrise zu einem Zusammenbruch der Verbriefungsmärkte kam, folglich für Verbriefungstitel häufig keine Preise mehr gemäß Stufe eins oder Stufe zwei zu beobachten waren, mussten diese regelmäßig umgegliedert werden. Da eine solche Umgliederung zu begründen, ggf. auch zu erläutern ist, sind Angaben denkbar, die Informationen zu Verbriefungen enthalten.

5.1.4. Sicherungsgeschäft

Unter Umständen kann im Zusammenhang mit Verbriefungstransaktionen die Bilanzierung von Sicherungsgeschäften mit Kreditderivaten eine Rolle spielen, weshalb auch Angaben zu Sicherungsbeziehungen relevant sein können. **IAS 32** enthält entsprechende Angabepflichten in IAS 32.58, IAS 32.59 und IAS 32.72.

---

255 Nach IFRS 7.27A erfolgt die Bewertung zum beizulegenden Zeitwert einer hierarchischen Einstufung. Die erste Stufe stellt auf unverändert übernommene Preise ab, die auf aktiven Märkten für identische Vermögenswerte oder Verbindlichkeiten notiert sind. Die zweite Stufe stellt auf Inputfaktoren ab, die sich entweder direkt oder indirekt beobachten lassen, wobei Preise der ersten Stufe ausgenommen sind. Die dritte Stufe stellt für die Bewertung auf Faktoren ab, die nicht auf beobachtbaren Marktdaten basieren (Bewertungsverfahren).

256 Ob eine Umgliederung erheblich ist, wird anhand der Summe der Vermögenswerte oder Verbindlichkeiten sowie anhand der Auswirkungen auf die GuV beurteilt. Vgl. IFRS 7.27B (b).

257 Die zuvor in IAS 32.92 (c) und IFRS 7.27 (c) enthaltenen Angaben im Falle einer (theoretischen) Änderung der den Bewertungsverfahren zugrunde liegenden Annahmen finden sich seit der VO (EG) Nr. 1165/2009 in IFRS 7.27 (e).

Angabepflichten, die Rückschlüsse auf Verbriefungen erlauben, finden sich jedoch nur in IAS 32.58. Handelt es sich bei einem Finanzderivat um eine Absicherung des beizulegenden Zeitwerts oder um eine Absicherung von Zahlungsströmen,[258] sind gemäß IAS 32.58 die folgenden Angaben gesondert vorzunehmen:[259]

- Die Sicherungsbeziehung ist zu beschreiben (IAS 32.58 (a)).
- Finanzinstrumente, die zum Bilanzstichtag als Sicherungsinstrument verwendet werden, sind ebenfalls zu beschreiben. Darüber hinaus sind deren beizulegende Zeitwerte anzugeben (IAS 32.58 (b)).
- Informationen über die Art der abgesicherten Risiken sind bereitzustellen (IAS 32.58 (c)).
- Handelt es sich bei der Sicherungsbeziehung um eine Absicherung von Zahlungsströmen, sind Angaben zu den Perioden, in denen die Cashflows erwartungsgemäß eintreten werden, sowie Angaben, wann diese im Rahmen des Periodenergebnisses berücksichtigt werden, vorzunehmen. Weiterhin sind alle erwarteten Transaktionen zu beschreiben, für die vormals eine Sicherungsbilanzierung erfolgte, mit deren Eintritt allerdings nicht länger gerechnet wird (IAS 32.58 (d)).

IFRS 7 enthält Angabepflichten zu Sicherungsgeschäften in IFRS 7.22-24. Die geforderten Angaben stimmen in Art und Umfang größtenteils mit den zuvor geltenden Angabepflichten des IAS 32.58-59 überein. IFRS 7.22 entspricht inhaltlich IAS 32.58.[260] Nur die in IAS 32.58 (d) geforderten Informationen im Falle einer Absicherung von Zahlungsströmen sind nicht in IFRS 7.22 enthalten. Vielmehr finden sich diese in IFRS 7.23, der ausschließlich Angaben im Fall einer Absicherung von Zahlungsströmen fordert. Die zuvor in IAS 32.59 enthaltenen Angabepflichten finden sich folglich ebenfalls in IFRS 7.23, sind jedoch vor dem Hintergrund, Informationen zu Verbriefungen zu liefern, nach wie vor nicht von Relevanz. Ebenfalls nicht relevant sind die neu hinzugekommenen Angabepflichten des IFRS 7.24.[261]

---

258 Für eine Absicherung einer Nettoinvestition in einen ausländischen Geschäftsbetrieb wären die Angabepflichten des IAS 32.58 ebenfalls zu beachten. Dieser Fall spielt bei Kreditderivaten jedoch keine Rolle, weshalb Angaben hierzu im Folgenden nicht weiter betrachtet werden.

259 Informationen zu Verbriefungen können sich insbesondere aus der Beschreibung der Sicherungsbeziehung sowie aus Angaben zur Art der abgesicherten Risiken ergeben.

260 Unterschiede bestehen lediglich redaktioneller Natur.

261 IFRS 7.24 verlangt Angaben zu Gewinnen oder Verlusten im Zusammenhang mit einer Absicherung des beizulegenden Zeitwerts sowie im Falle einer Absicherung von

5.1.5. Wertminderung

Wertminderungen spielen im Zusammenhang mit Verbriefungstransaktionen vor allem bei ABS, ABCP, CLN oder einfachen Beteiligungen an Verbriefungsgesellschaften eine Rolle, da diese aufgrund der Finanzmarktkrise erheblich an Wert verloren haben. **IAS 32** enthält Angaben zu Wertminderungen in IAS 32.94 (i).[262] Demnach hat ein Unternehmen getrennt für jede maßgebliche Klasse von finanziellen Vermögenswerten Informationen über Art und Höhe aller Wertminderungsaufwendungen eines finanziellen Vermögenswerts bereitzustellen, die im Periodenergebnis erfasst sind.[263]

In **IFRS 7** finden sich Angabepflichten zu Wertminderungen im Rahmen der Angaben zu Ausfallrisiken. Gemäß IFRS 7.37 (b) hat ein Unternehmen für jede Klasse von finanziellen Vermögenswerten eine Analyse derjenigen finanziellen Vermögenswerte vorzunehmen, für die zum Abschlussstichtag einzeln eine Wertminderung festgestellt wurde. Dabei sind auch die Faktoren anzugeben, die vom bilanzierenden Unternehmen bei der Festlegung der Wertminderung berücksichtigt werden.[264] Der Betrag jedes Wertminderungsaufwands für jede Klasse von finanziellen Vermögenswerten ist gemäß IFRS 7.20 (e) entweder in der GuV bzw. Gesamtergebnisrechnung oder im Anhang anzugeben. Gemäß IFRS 7.B5 (f) sind auch die Kriterien zu nennen, nach denen das bilanzierende Unternehmen

---

Zahlungsströmen Angaben zu dem im Periodenergebnis erfassten unwirksamen Teil der Absicherung.

262 Aufgrund der VO (EG) Nr. 1864/2005 wurde IAS 32.94 (i) in IAS 32.94 (l) umnummeriert, inhaltlich blieb die Vorschrift unverändert. Die Änderung war erstmals für Geschäftsjahre anzuwenden, die am oder nach dem 01.01.2006 begonnen haben.

263 Keine Anwendung finden die Vorschriften zu „Forderungsausfällen und Vertragsverletzungen" des IAS 32.94 (j) (vor VO (EG) Nr. 1864/2005) bzw. IAS 32.94 (m) (nach VO (EG) Nr. 1864/2005) sowie IAS 32.95, da sich diese auf Ausfälle von Verbindlichkeiten beziehen (loans payable). Gleiches gilt für IFRS 7.18 und IFRS 7.19. Generell vom Anwendungsbereich ausgenommen ist IAS 36. Gemäß IAS 36.2 (e) und IAS 36.5 ist dieser nicht auf finanzielle Vermögenswerte anzuwenden, die in den Anwendungsbereich von IAS 39 fallen. Folglich sind auch die in IAS 36 enthaltenen Angabepflichten nicht zu berücksichtigen.

264 IFRS 7.16 und IFRS 7.B5 (d) fordern darüber hinaus Angaben, wenn finanzielle Vermögenswerte durch Kreditausfälle wertgemindert werden und das bilanzierende Unternehmen diese Wertminderungen auf einem getrennten Konto verbucht, anstatt direkt die Buchwerte der entsprechenden Vermögenswerte zu mindern.

beurteilt, dass objektive Hinweise auf einen entstandenen Wertminderungsaufwand vorliegen.[265]

5.1.6. Übertragung

Weitere Angabepflichten ergeben sich bei einem Verkauf von Vermögenswerten an die Verbriefungsgesellschaft. IAS 32.94 (a) bzw. IFRS 7.13 fordern Angaben jedoch nur für den Fall, dass ein Vermögenswert übertragen, aber nicht (IAS 39.20 (b)) bzw. nicht vollständig (IAS 39.20 (c) ii)) ausgebucht wird. Da das Ziel einer Verbriefungstransaktion häufig in einer vollständigen Ausbuchung der Vermögenswerte liegt, ist fraglich, inwiefern hieraus Angaben resultieren. Wird ein Vermögenswert hingegen vom bilanzierenden Unternehmen im Umfang dessen anhaltenden Engagements weiterhin erfasst, sind folgende Informationen anzugeben:[266]

- Die Art der übertragenen Vermögenswerte (IAS 32.94 (a) i) bzw. IFRS 7.13 (a)),
- die Art der mit dem Eigentum der übertragenen Vermögenswerte verbundenen Chancen und Risiken, die weiterhin für das Unternehmen existieren (IAS 32.94 (a) ii) bzw. IFRS 7.13 (b)),
- die Buchwerte der übertragenen Vermögenswerte und korrespondierenden Verbindlichkeiten, vorausgesetzt, das Unternehmen erfasst den Vermögenswert weiterhin vollständig (IAS 32.94 (a) iii) bzw. IFRS 7.13 (c)), und
- der Gesamtbetrag der übertragenen Vermögenswerte, der Betrag der weiterhin angesetzten übertragenen Vermögenswerte und die Buchwerte der korrespondierenden Verbindlichkeiten, wenn das bilanzierende Unternehmen die übertragenen Vermögenswerte nicht vollständig, sondern in dem Umfang weiterhin erfasst, der dem anhaltenden Engagement des Unternehmens entspricht (IAS 32.94 (a) iv)) bzw. IFRS 7.13 (d)).

---

265 Hierzu sind unternehmensindividuelle Konkretisierungen erforderlich. Eine Wiedergabe der Indikatoren aus IAS 39.59 ist nicht ausreichend. Vgl. Lüdenbach (2011a), S. 1698, Rz. 296.

266 IAS 32.94 (a) und IFRS 7.13 unterscheiden sich inhaltlich nicht. Die Angabepflichten zur Übertragung von Vermögenswerten sind somit über die Zeit hinweg konstant geblieben. Vgl. auch Kuhn/Scharpf (2006), S. 249, Rz. 1170. Voraussetzung für derartige Angabepflichten ist, dass die Vermögenswerte eine eigene Klasse von finanziellen Vermögenswerten begründen. Vgl. IAS 32.94 (a) bzw. IFRS 7.13.

5.1.7. Risiken

5.1.7.1 Grundlagen

Laut IAS 32.52 sollen die in **IAS 32** geforderten Angaben Abschlussadressaten helfen, Risiken im Zusammenhang mit Finanzinstrumenten besser bewerten zu können. IAS 32.52 (a)-(d) unterscheiden das Marktrisiko, das Ausfallrisiko, das Liquiditätsrisiko und das zinsbedingte Cashflow-Risiko. Angabepflichten zu Risiken finden sich in IAS 32 jedoch nur zum Ausfallrisiko und zum Zinsänderungsrisiko. Ob über diese explizit geforderten Angabepflichten Angaben zu den restlichen in IAS 32.52 (a)-(d) erwähnten Risiken – oder gar darüber hinausgehende Risiken – vorzunehmen sind und welche Informationen solche Angaben zu enthalten hätten, bleibt unklar. Lediglich die in IAS 32.56 und IAS 32.57 geforderten Angaben zum Risikomanagement sind nicht nur auf die Handhabung von Ausfall- und Zinsänderungsrisiken beschränkt, sondern beziehen sich auf alle in IAS 32.52 genannten Risiken. So hat das bilanzierende Unternehmen gemäß IAS 32.56 Methoden und Ziele des Finanzrisikomanagements zu beschreiben.[267] Zur Erläuterung der Methoden gehören gemäß IAS 32.57 auch Informationen über unternehmensinterne Richtlinien zur Vermeidung übermäßiger Risikokonzentrationen, zur Sicherung von Risikopositionen sowie zu Anforderungen an zusätzliche Sicherheitsleistungen zur Minderung von Ausfallrisiken.

Wie IAS 32 nennt **IFRS 7** verschiedene Arten von Risiken, die im Zusammenhang mit Finanzinstrumenten eine Rolle spielen. IFRS 7 unterscheidet Ausfall-, Liquiditäts- und Marktrisiken, auf die sich auch die Angabepflichten konzentrieren. Im Gegensatz zu IAS 32 enthält IFRS 7 jedoch explizite Angabepflichten für jede genannte Risikoart und betont darüber hinaus, nicht auf diese beschränkt zu sein.[268] Vielmehr fordert IFRS 7.31, dass ein Unternehmen Angaben zu Art und Ausmaß aller aus Finanzinstrumenten resultierenden Risiken vorzunehmen hat, denen es zum Abschlussstichtag ausgesetzt ist. Darüber hinaus sind für jede Art von Risiko bestimmte qualitative und quantitative Informationen anzugeben. Im Detail erfordert IFRS 7.33 qualitative Angaben

- zur Ursache und zum Umfang der Risiken (IFRS 7.33 (a)),
- zum Risikomanagement, wobei ausdrücklich auf Ziele, Methoden und Prozesse zur Steuerung der Risiken sowie auf die Methoden zur Bewertung der Risiken eingegangen werden muss (IFRS 7.33 (b)), und
- zu dabei auftretenden Änderungen im Vergleich zur Vorperiode (IFRS 7.33 (c)).

267 Der Gebrauch von Kreditderivativen kann eine solche Methode darstellen. Vgl. auch Struffert (2006), S. 290.

268 Vgl. IFRS 7.32.

Quantitative Angabepflichten für jede Art von Risiko finden sich in IFRS 7.34 und IFRS 7.35. Folgende Angaben sind nach IFRS 7.34 vorzunehmen:

- Zusammengefasste quantitative Daten über das Ausmaß an Risiken, denen das Unternehmen zum Abschlussstichtag ausgesetzt ist (IFRS 7.34 (a)).[269]
- Die in IFRS 7.36-42 geforderten Angaben zum Ausfall-, Liquiditäts- und Marktrisiko, sofern diese nicht bereits unter IFRS 7.34 (a) vorgenommen wurden. Derartige Angaben sind jedoch nur dann vorzunehmen, wenn das Risiko nicht unwesentlich ist (IFRS 7.34 (b)).[270]
- Angaben, aus denen eine Konzentration von Risiken ersichtlich ist, es sei denn, dies geht bereits aus IFRS 7.34 (a) und IFRS 7.34 (b) hervor.[271]

IFRS 7.35 verlangt darüber hinaus weitere Angaben, falls die zum Abschlussstichtag angegebenen quantitativen Daten die Risiken, denen das Unternehmen während der Berichtsperiode ausgesetzt war, nicht angemessen wiedergeben.

5.1.7.2 Ausfallrisiko

Dem Ausfallrisiko kommt im Zusammenhang mit Verbriefungen für das bilanzierende Unternehmen eine bedeutende Rolle zu.[272] Die Ursachen hierfür sind vielseitig: Beispielsweise kann das bilanzierende Unternehmen in ABS investiert haben, wobei insbesondere das Halten der Equity-Tranche mit einem hohen Ausfallrisiko behaftet ist.[273] Zudem können Ausfallrisiken aus Kreditzusagen oder Garantien resultieren,

---

269 Derartige Angaben sollen auf Informationen beruhen, die intern Personen in Schlüsselpositionen zur Verfügung gestellt werden.

270 Zur Beurteilung, ob ein Risiko als wesentlich einzuschätzen ist, verweist IFRS 7.34 (b) auf IAS 1.29-31.

271 IFRS 7.B8 konkretisiert die im Zusammenhang mit einer Risikokonzentration geforderten Angabepflichten. So ist gemäß IFRS 7.B8 (a) die Art und Weise zu beschreiben, wie das Management eine Risikokonzentration ermittelt. IFRS 7.B8 (b) verlangt eine Beschreibung des gemeinsamen Merkmals, das charakteristisch für eine jede Risikokonzentration ist und IFRS 7.B8 (c) erfordert den Gesamtbetrag der Risikoposition aller Finanzinstrumente anzugeben, die dieses gemeinsame Merkmal haben. IFRS 7.B8 betont darüber hinaus, dass die Identifizierung von Risikokonzentrationen eine Ermessensausübung erfordert.

272 Vgl. auch Eick/Ehrcke (2009), S. 239; Boulkab/Marxfeld/Wagner (2008), S. 497, 500, 503; Schön/Cortez (2009), S. 13; Thelen-Pischke (2010), S. 195.

273 Vgl. auch Kübler (2009), S. 502-503 m.w.N.; Hoffmann (2011a), S. 1403 m.w.N.; Schruff (2009a), S. 516; Mujkanovic (2008), S. 138; IDW (2007a), S. 356, Rz. 168. In

die das bilanzierende Unternehmen gegenüber der Verbriefungsgesellschaft oder anderen an der Verbriefungstransaktion beteiligten Parteien gewährt hat.[274]

IAS 32 enthält Angabepflichten zum Ausfallrisiko in IAS 32.76-85 sowie seit der VO (EG) Nr. 1864/2005 in IAS 32.94 (g) und (h).[275] Die zentrale Vorschrift stellt IAS 32.76 dar.[276] Gemäß ihr muss ein bilanzierendes Unternehmen für jede Klasse von finanziellen Vermögenswerten und anderen Ausfallrisikopositionen Informationen bereitstellen, wie weit es durch diese einem Ausfallrisiko ausgesetzt ist. Die Bezeichnung „anderen Ausfallrisikopositionen" zeigt, dass die Existenz eines Ausfallrisikos nicht an den Ansatz eines finanziellen Vermögenswerts in der Bilanz geknüpft ist.[277] Als Beispiele nennen IAS 32.77 und IAS 32.82 Kreditderivate oder begebene Garantien für Verpflichtungen Dritter – Sachverhalte, die auch im Zusammenhang mit Verbriefungen eine Rolle spielen können.

Gemäß IAS 32.76 (a) ist der Betrag anzugeben, der das maximale Ausfallrisiko, dem das bilanzierende Unternehmen zum Bilanzstichtag ausgesetzt ist, am besten wiedergibt, für den Fall, dass Dritte ihren Verpflichtungen aus entsprechenden Finanzinstrumenten nicht nachkommen.[278] Wird dieser Betrag zutreffend durch den in der Bilanz erfassten (fortgeführten) Buchwert wiedergegeben – was bei finanziellen Vermögenswerten üblicherweise der Fall ist – sind keine weiteren als die in der Bilanz enthaltenen Informationen anzugeben. In Fällen, in denen das aus Finanzinstrumenten resultierende maximale Ausfallrisiko jedoch wesentlich

---

den seltenen Fällen, in denen das bilanzierende Unternehmen einen Anteil am Eigenkapital der Verbriefungsgesellschaft hält (einfache Beteiligung), können auch daraus Ausfallrisiken resultieren.

274 Vgl. auch Gelhausen/Deubert/Klöcker (2010), S. 2008. Bspw. kann sich der Originator im Rahmen einer Garantie vertraglich verpflichtet haben, unter gewissen Umständen die von der Verbriefungsgesellschaft als Aktiva gehaltenen Vermögenswerte (zurück-)zukaufen. Dadurch würde der Originator die Ausfallrisiken (wieder) in seine eigene Bilanz nehmen.

275 Die durch die VO (EG) Nr. 1864/2005 eingeführten Änderungen waren erstmals für am oder nach dem 01.01.2006 beginnende Geschäftsjahre zu beachten.

276 Die Paragraphen IAS 32.77-85 konkretisieren die Angabepflichten des IAS 32.76. Auf sie wird im Folgenden nur eingegangen, wenn sich daraus potenzielle Angaben im Zusammenhang mit Verbriefungen ableiten lassen.

277 Dieser Umstand ist ebenfalls IAS 32.82 zu entnehmen, der betont, dass ein Unternehmen auch einem Ausfallrisiko aufgrund einer Transaktion ausgesetzt sein kann, bei der kein finanzieller Vermögenswert in der Bilanz erfasst wird.

278 Der beizulegende Zeitwert von Sicherheiten bleibt dabei unberücksichtigt, vgl. IAS 32.76 (a).

von den entsprechenden Buchwerten oder anderen angegebenen Werten abweicht, sind zusätzliche Angaben vorzunehmen.[279]

Gemäß IAS 32.76 (b) sind die wesentlichen Ausfallrisikokonzentrationen anzugeben.[280] Derartige Angaben können jedoch unterbleiben, wenn eine solche Ausfallrisikokonzentration bereits aus anderen Darstellungen ersichtlich ist.[281] Zur Feststellung einer Ausfallrisikokonzentration ist gemäß IAS 32.83 eine vernünftige kaufmännische Beurteilung des Managements erforderlich. Ihren Ursprung kann eine solche Konzentration unter anderem gemäß IAS 32.84 in Geschäftsbeziehungen zu einzelnen Schuldnern oder Gruppen von Schuldnern haben, deren gemeinsame Eigenschaften erwarten lassen, dass diese bei Veränderungen des makroökonomischen Umfelds oder anderer Bedingungen gleichermaßen in ihrer Fähigkeit beschränkt sind, ihre Schulden zu bedienen. Hat das bilanzierende Unternehmen beispielsweise in großem Umfang in mit Hypotheken besicherte Wertpapiere wie MBS investiert, kann dies aufgrund der Abhängigkeit vom Immobilienmarkt eine Konzentration von Ausfallrisiken begründen. Konkrete Angaben im Falle einer Konzentration von Ausfallrisiken enthält IAS 32.85. Neben einer Beschreibung der gemeinsamen Merkmale, die charakteristisch für jede Risikokonzentration sind und diese identifizieren lassen, sind betragsmäßige Angaben zum maximalen Ausfallrisiko all jener finanzieller Vermögenswerte vorzunehmen, die derartige Merkmale erfüllen.

Ergänzende Angabepflichten zu Ausfallrisiken wurden durch die VO (EG) Nr. 1864/2005 für am oder nach dem 01.01.2006 beginnende Geschäftsjahre mit IAS 32.94 (g) und IAS 32.94 (h) eingeführt. Diese betreffen ausschließlich Kredite oder Forderungen sowie finanzielle Verbindlichkeiten, die erfolgswirksam zum beizulegenden Zeitwert bewertet werden.[282] Für derartige Kredite und Forderungen ist das maximale Ausfallrisiko, mit dem diese zum Abschlussstichtag

279 Vgl. IAS 32.79.

280 IAS 32.83 ist zu entnehmen, dass eine Konzentration von Ausfallrisiken dann als wesentlich einzuschätzen ist, wenn es infolge eines Verstoßes der Vertragsparteien gegen ihre Verpflichtungen zu einem wesentlichen Verlustpotenzial kommt.

281 Vgl. IAS 32.83.

282 IFRS 7 hat die Vorschriften des IAS 32.94 (g) und IAS 32.94 (h) (nach VO (EG) Nr. 1864/2005) inhaltlich unverändert in IFRS 7.9 und IFRS 7.10 übernommen. Auf eine separate Darstellung der entsprechenden Vorschriften des IFRS 7 wird deshalb im Folgenden verzichtet. Allerdings werden die entsprechenden Unterparagraphen des IFRS 7 ebenfalls zitiert.

behaftet sind, anzugeben.[283] Auch ist die Höhe der Änderungen der beizulegenden Zeitwerte der Kredite oder der Forderungen anzugeben, die auf Änderungen des Ausfallrisikos beruhen.[284] Weiterhin ist der Betrag anzugeben, um den ein zugehöriges Kreditderivat oder ähnliches Instrument deren maximales Ausfallrisiko reduziert, sowie die eingetretenen Änderungen der beizulegenden Zeitwerte dieser Instrumente.[285] Im Zusammenhang mit finanziellen Verbindlichkeiten, die erfolgswirksam zum beizulegenden Zeitwert bewertet werden, ist hingegen lediglich die Höhe der Änderung des beizulegenden Zeitwerts anzugeben, die auf Änderungen des Ausfallrisikos zurückzuführen ist, sowie die Differenz zwischen deren Buchwert und dem Betrag, der bei Fälligkeit der Verpflichtung vertragsgemäß hätte gezahlt werden müssen.[286]

IFRS 7 enthält Angaben zum Ausfallrisiko in IFRS 7.36-38. IFRS 7.36 (a) fordert für jede Klasse von Finanzinstrumenten die Angabe des Betrags, der das maximale Ausfallrisiko, dem das bilanzierende Unternehmen am Abschlussstichtag ausgesetzt ist, am besten darstellt.[287] In diesem Zusammenhang gehaltene Sicherheiten oder andere Kreditbesicherungen bleiben bei der Bestimmung des Betrags zwar unberücksichtigt, sind aber gemäß IFRS 7.36 (b) zu beschreiben. IFRS 7.B10 nennt als Tätigkeiten, die zu einem Ausfallrisiko führen können, unter anderem die Gewährung finanzieller Garantien oder Kreditderivate – Sachverhalte, denen im Zusammenhang

---

283 IAS 32.94 (g) i) (nach VO (EG) Nr. 1864/2005) verweist dabei auf IAS 32.76 (a), IFRS 7.9 (a) verweist auf IFRS 7.36 (a).

284 Vgl. IAS 32.94 (g) iii) (nach VO (EG) Nr. 1864/2005) bzw. IFRS 7.9 (a), IFRS 7.9 (c). Vgl. auch IAS 32.AG40 (nach VO (EG) Nr. 1864/2005). Ferner waren die hierfür verwendeten Methoden anzugeben. Vgl. IAS 32.94 (i) i) (nach VO (EG) Nr. 1864/2005) bzw. IFRS 7.11 (a).

285 Vgl. IAS 32.94 (g) ii) und IAS 32.94 (g) iv) (beide nach VO (EG) Nr. 1864/2005) bzw. IFRS 7.9 (b), IFRS 7.9 (d).

286 Vgl. IAS 32.94 (h) i), ii) (nach VO (EG) Nr. 1864/2005) bzw. IFRS 7.10. Vgl. auch IAS 32.AG40 (nach VO (EG) Nr. 1864/2005) bzw. IFRS 7.B4. Ferner waren die hierfür verwendeten Methoden anzugeben. Vgl. IAS 32.94 (i) i) (nach VO (EG) Nr. 1864/2005) bzw. IFRS 7.11 (a). Ähnliche Angabepflichten zu finanziellen Vermögenswerten, die erfolgswirksam zum beizulegenden Zeitwert bewertet wurden, fanden sich vor der VO (EG) Nr. 1864/2005 in IAS 32.94 (f) und IAS 32.AG 40 (beide vor VO (EG) Nr. 1864/2005). Ausfallrisiken wurden dabei jedoch nicht genannt.

287 Vgl. auch IFRS 7.B9. Anders als IAS 32.76 (a) spricht IFRS 7.36 (a) dabei nicht explizit von finanziellen Vermögenswerten und anderen Ausfallrisikopositionen, sondern lediglich von Finanzinstrumenten. Eine Änderung des Anwendungsbereichs ist durch die neue Formulierung jedoch nicht zu erwarten, da bereits gemäß IAS 32 alle Finanzinstrumente, die Ausfallrisiken ausgesetzt waren, angegeben werden mussten.

mit Verbriefungen eine wesentliche Bedeutung zukommen kann. Um künftige Ausfallrisiken abschätzen zu können, sind gemäß IFRS 7.36 (c) zudem für jede Klasse von Finanzinstrumenten Informationen über die Werthaltigkeit von finanziellen Vermögenswerten bereitzustellen, die weder überfällig noch wertgemindert sind. Für jede Klasse von Finanzinstrumenten ist darüber hinaus gemäß IFRS 7.36 (d) der Buchwert der finanziellen Vermögenswerte anzugeben, deren Bedingungen neu verhandelt wurden, da sie ansonsten überfällig oder wertgemindert gewesen wären.

IFRS 7.37 enthält weitere Angabepflichten für finanzielle Vermögenswerte, die entweder überfällig oder wertgemindert sind. Für jede Klasse von finanziellen Vermögenswerten hat ein Unternehmen gemäß IFRS 7.37 (a) eine Analyse des Alters der finanziellen Vermögenswerte vorzunehmen, die zum Abschlussstichtag überfällig, aber nicht wertgemindert sind. Weiterhin ist gemäß IFRS 7.37 (b) eine Analyse der finanziellen Vermögenswerte vorzunehmen, für die zum Abschlussstichtag einzeln eine Wertberichtigung festgestellt wurde. Unter anderem sind die Faktoren anzugeben, die vom Unternehmen bei der Bestimmung der Wertminderung berücksichtigt wurden. IFRS 7.37 (c) verlangt eine Beschreibung für im Rahmen beider Analysen vom Unternehmen gehaltenen Sicherheiten und anderen Kreditbesicherungen sowie, falls möglich, eine Schätzung deren beizulegender Zeitwerte.

Nimmt das bilanzierende Unternehmen als Sicherungsnehmer Sicherheiten oder andere Kreditbesicherungen, wie Garantien oder Kreditderivate, in Anspruch und erhält dadurch in der Berichtsperiode finanzielle oder nicht-finanzielle Vermögenswerte, hat es IFRS 7.38 zu beachten. IAS 7.38 (a) verlangt, Art und Buchwert der erhaltenen Vermögenswerte anzugeben, während IAS 7.38 (b) Angaben für den Fall fordert, dass die erhaltenen Vermögenswerte nicht leicht zu liquidieren sind. Letztgenanntes dürfte bei Verbriefungen kaum von Relevanz sein, weil dabei in Anspruch genommene Kreditbesicherungen in der Regel die Zahlung liquider Mittel erfordern.

5.1.7.3 Marktrisiko

Auch Marktrisiken können bei Verbriefungen eine Rolle spielen. Dies ist insbesondere bei den zugrunde liegenden Vermögenswerten sowie bei den von der Verbriefungsgesellschaft emittierten Schuldtiteln, aber auch bei Garantien und Kreditzusagen der Fall.[288] Marktrisiken umfassen Zinsänderungs-,[289] Währungs- und

288 Vgl. auch IDW (2007a), S. 356, Rz. 164; Mujkanovic (2009), S. 377.

289 Das Zinsänderungsrisiko setzt sich aus dem zinsbedingten Cashflow-Risiko und dem zinsbedingten Risiko einer Änderung des beizulegenden Zeitwerts zusammen. Vgl. IAS 32.68.

andere Preisrisiken.[290] **IAS 32** fordert im Zusammenhang mit Marktrisiken lediglich Angaben zum Zinsänderungsrisiko. Angabepflichten zu Währungs- und anderen Preisrisiken finden sich in IAS 32 nicht. Angabepflichten zum Zinsänderungsrisiko sind in IAS 32.67-75 enthalten. Gemäß IAS 32.67 – die zentrale Vorschrift im Zusammenhang mit Zinsänderungsrisiken – hat das bilanzierende Unternehmen für jede Klasse von Finanzinstrumenten anzugeben, wie weit es einem Zinsänderungsrisiko ausgesetzt ist. Dabei ist gemäß IAS 32.67 (a) auf Zinsanpassungstermine oder vertraglich festgelegte Fälligkeitstermine sowie, falls geeignet, auf Effektivzinssätze einzugehen. Unterliegen beispielsweise ABS Zinsänderungsrisiken, ist dieser Umstand anzugeben – vorausgesetzt, diese werden als eigene Klasse von Finanzinstrumenten geführt. Weitere Angabepflichten zu Zinsänderungsrisiken finden sich in IAS 32.68-75, die IAS 32.67 konkretisieren. Bei Verbriefungen könnte insbesondere IAS 32.73 von Interesse sein. Dieser verlangt Angaben zum Zinsänderungsrisiko auch für Finanzinstrumente, die nicht in der Bilanz erfasst sind. Die in solchen Fällen vom bilanzierenden Unternehmen vorzunehmenden Angaben sollen den Bilanzadressaten Art und Ausmaß bestehender Zinsänderungsrisiken aus derartigen Finanzinstrumenten verdeutlichen. Als Beispiel für im Falle von Kreditzusagen üblicherweise vorzunehmende Angaben nennt IAS 32.73 Informationen zur Laufzeit des auszuleihenden Betrags, zum ausgewiesenen Kapitalbetrag und zu wesentlichen vertraglichen Bedingungen der Transaktion, welche ursächlich für die Zinsänderungsrisiken sind.[291]

Im Vergleich zu IAS 32 beschränkt sich **IFRS 7** nicht auf Angaben zu Zinsänderungsrisiken, sondern verlangt Angaben zu allen Marktrisiken. Angabepflichten zum Marktrisiko finden sich in IFRS 7.40-42. Die geforderten Angaben konzentrieren sich auf Informationen zu Sensitivitätsanalysen, aus denen die Auswirkungen der einzelnen Marktrisiken hervorgehen. In Abhängigkeit von der Art der Sensitivitätsanalyse sind die Angabepflichten des IFRS 7.40 oder des IFRS 7.41 zu befolgen. Erstellt ein Unternehmen eine Sensitivitätsanalyse, die es zur Steuerung der finanziellen Risiken verwendet, und gehen aus dieser die Interdependenzen

---

290 Vgl. IAS 32.52 (a), wobei nur das zinsbedingte Risiko einer Änderung des beizulegenden Zeitwerts als Bestandteil des Marktrisikos verstanden wird; IFRS 7.A, der beide Arten des Zinsänderungsrisikos als Bestandteil des Marktrisikos nennt.

291 Folglich sind ggf. auch in Fällen, in denen der Nutzenabfluss im Zusammenhang mit einer Kreditzusage als sehr unwahrscheinlich eingeschätzt wird und demnach weder eine Rückstellung noch Angaben im Anhang vorzunehmen sind, Informationen zu Kreditzusagen bereitzustellen. Diese Angaben können wiederum Informationen enthalten, die auf Verbriefungen schließen lassen.

zwischen den einzelnen Risikoparametern hervor, ist IFRS 7.41 einschlägig.[292] Gemäß IFRS 7.41 (a) hat das bilanzierende Unternehmen die für die Sensitivitätsanalyse verwendeten Methoden und die zugrunde liegenden Hauptparameter und Annahmen zu erklären. Weiterhin sind gemäß IFRS 7.41 (b) die Ziele der verwendeten Methoden zu erläutern und etwaige Limitationen anzugeben. Alle anderen Sensitivitätsanalysen, die nicht in den Anwendungsbereich des IFRS 7.41 fallen, sind gemäß IFRS 7.40 zu behandeln. Gemäß IFRS 7.40 (a) hat das bilanzierende Unternehmen für jede Art von Marktrisiko, dem es am Abschlussstichtag ausgesetzt ist, eine Sensitivitätsanalyse vorzunehmen.[293] Aus ihr muss hervorgehen, wie sich nach vernünftigem Ermessen mögliche Änderungen der relevanten Risikoparameter auf das Periodenergebnis und das Eigenkapital zu diesem Zeitpunkt auswirken würden.[294] Gemäß IFRS 7.40 (b) sind die bei der Erstellung der Sensitivitätsanalyse verwendeten Annahmen und Methoden sowie gemäß IFRS 7.40 (c) die Änderungen dieser im Vergleich zur vorangegangenen Berichtsperiode, einschließlich der Gründe für eine solche Änderung, darzustellen. Sind die nach IFRS 7.40 oder IFRS 7.41 gemachten Sensitivitätsanalysen nicht repräsentativ für den Risikogehalt eines Finanzinstruments, hat dies das bilanzierende Unternehmen gemäß IFRS 7.42 anzugeben und die Gründe hierfür zu nennen.

5.1.7.4 Liquiditätsrisiko

Liquiditätsrisiken im Zusammenhang mit Verbriefungstransaktionen ergeben sich für das bilanzierende Unternehmen vor allem dadurch, dass dieses gegenüber der Verbriefungsgesellschaft oder anderen Parteien Kreditzusagen oder Garantien gewährt hat. Zwar reduzieren oder eliminieren derartige Credit Enhancements das Liquiditätsrisiko der Verbriefungsgesellschaft und der anderen Parteien, gleichzeitig entsteht durch eine mögliche Inanspruchnahme jedoch ein Liquiditätsrisiko beim bilanzierenden Unternehmen.[295] Dieses besteht darin, dass sich durch die Bereitstellung von liquiden Mitteln dessen eigene Liquidität reduziert.[296]

---

292 Vgl. hierzu auch IFRS 7.B20. Als Beispiel für eine Sensitivitätsanalyse, die die wechselseitigen Beziehungen zwischen den einzelnen Risikoparametern wiedergibt, wird die Value-at-Risk-Methode genannt.

293 Vgl. hierzu auch IFRS 7.B17.

294 Vgl. hierzu auch IFRS 7.B18, IFRS 7.B19.

295 Vgl. auch Boulkab/Marxfeld/Wagner (2008), S. 497-498, 500, 503; Dobler/Kuhner (2009), S. 29; Rudolph (2008), S. 723-724, 735; Schruff (2009a), S. 516.

296 Vgl. auch Brinkmann/Leibfried/Zimmermann (2008), S. 334; Schruff (2009a), S. 519. Dies ist insb. dann der Fall, wenn mehrere Verbriefungsgesellschaften gleichzeitig

IAS 32 waren keine spezifischen Angabepflichten zu Liquiditätsrisiken zu entnehmen. Dies hat sich durch Einführung des **IFRS 7** jedoch geändert. IFRS 7.39 fordert Angaben zu Liquiditätsrisiken von finanziellen Verbindlichkeiten, wie beispielsweise begebene Kreditzusagen oder Garantien. Gemäß IFRS 7.39 (a) musste ein Unternehmen eine Analyse der vereinbarten Fälligkeitstermine für finanzielle Verbindlichkeiten vornehmen, mit dem Ziel, die verbleibenden vertraglich vereinbarten Fälligkeitstermine aufzuzeigen. Weiterhin musste ein Unternehmen nach IFRS 7.39 (b) die Art und Weise beschreiben, wie es mit solchen Liquiditätsrisiken umging. IFRS 7.39 erfuhr durch die VO (EG) Nr. 1165/2009, die erstmals für am oder nach dem 01.01.2009 beginnende Geschäftsjahre anzuwenden war, eine Änderung. Seitdem ist bei der Fälligkeitsanalyse ausdrücklich zwischen derivativen und nicht derivativen finanziellen Verbindlichkeiten zu unterscheiden.[297] IFRS 7.39 (a) fordert, eine Fälligkeitsanalyse für nicht derivative finanzielle Verbindlichkeiten vorzunehmen, der die verbleibenden vertraglichen Restlaufzeiten entnommen werden können. IFRS 7.39 (b) verlangt eine Fälligkeitsanalyse für derivative finanzielle Verbindlichkeiten, die jedoch nur unter Umständen auch die verbleibenden vertraglichen Restlaufzeiten darzustellen hat. Wie bereits vor der VO (EG) Nr. 1165/2009 hat das bilanzierende Unternehmen zu beschreiben, wie es solche Liquiditätsrisiken handhabt.[298]

5.2. Weitere Angabepflichten

5.2.1. IAS 37

Angabepflichten nach IAS 37 spielen bei Verbriefungen insbesondere im Zusammenhang mit Kreditzusagen oder Garantien eine Rolle. Für eine detaillierte Analyse der Angabepflichten ist jedoch eine Unterscheidung erforderlich, ob das bilanzierende Unternehmen im Rahmen der Verbriefungstransaktion als Sicherungsgeber oder als Sicherungsnehmer tätig ist.

Als **Sicherungsgeber** tritt das Unternehmen vor allem dann auf, wenn es eine Kreditzusage oder eine nach IAS 37 zu behandelnde Garantie gewährt hat. Ob Angaben

---

ihre Kreditzusagen gegenüber dem bilanzierenden Unternehmen in Anspruch nehmen, wie dies im Rahmen der Finanzmarktkrise vor allem bei Conduits beobachtet werden konnte.

297 Eine solche Unterscheidung wurde den Unternehmen bereits in IFRS 7.B15 (vor VO (EG) Nr. 1165/2009) eingeräumt. Dabei handelte es sich jedoch um ein Wahlrecht.

298 Vgl. IFRS 7.39 (c).

vorzunehmen sind, ist davon abhängig, wie wahrscheinlich das bilanzierende Unternehmen einen aus derartigen Verpflichtungen resultierenden Ressourcenabfluss einschätzt. Der Einschätzung der Wahrscheinlichkeit eines Ressourcenabflusses kommt im Zusammenhang mit Verbriefungstransaktionen eine besondere Bedeutung zu, da sich diese im Zuge der Finanzmarktkrise in vielen Fällen verändert hat: Galt die Inanspruchnahme einer Kreditzusage oder Garantie vor der Krise als (sehr) unwahrscheinlich, war ein daraus resultierender Ressourcenabfluss seit Ausbruch der Finanzmarktkrise unter Umständen als wahrscheinlich einzustufen.[299]

Beurteilt das Unternehmen die Wahrscheinlichkeit eines Ressourcenabflusses als sehr unwahrscheinlich (remote), sind keine Angaben vorzunehmen.[300] In diesen Fällen besteht folglich keine Möglichkeit, Informationen zu Verbriefungstransaktionen im Zusammenhang mit Kreditzusagen oder entsprechenden Garantien zu erhalten.

Wird ein Ressourcenabfluss nicht als wahrscheinlich, aber auch nicht als sehr unwahrscheinlich eingestuft, sind Angaben zu Eventualverbindlichkeiten gemäß IAS 37.86 vorzunehmen.[301] IAS 37.86 verlangt eine kurze Beschreibung der Art der Eventualverbindlichkeit für jede Gruppe von Eventualverbindlichkeiten zum Bilanzstichtag. Darüber hinaus sind gemäß IAS 37.86 (a) bis (c) Angaben zu einer Schätzung möglicher finanzieller Auswirkungen, zu Unsicherheiten hinsichtlich des Betrags oder der Fälligkeit von Abflüssen sowie zur Möglichkeit einer Erstattung vorzunehmen. Allerdings stehen die Angaben des IAS 37.86 (a) bis (c) unter der Einschränkung, dass diese nur dann vorzunehmen sind, falls sie vom Unternehmen als praktikabel eingeschätzt werden. Beruft sich ein Unternehmen auf diese Einschränkung, ist dieser Umstand immerhin gemäß IAS 37.91 anzugeben.

Schätzt das Unternehmen den Ressourcenabfluss als wahrscheinlich ein, ist eine Rückstellung – in Verbindung mit entsprechenden Angaben – zu passivieren. Angabepflichten zu Rückstellungen finden sich in IAS 37.84 und IAS 37.85. Gemäß IAS 37.84 hat das bilanzierende Unternehmen für jede Klasse von Rückstellungen folgende Sachverhalte anzugeben:

- Den Buchwert zu Beginn als auch zum Ende einer Berichtsperiode (IAS 37.84 (a)),
- weitere Rückstellungen, die in der Berichtsperiode gebildet wurden, sowie die Erhöhung bereits bestehender Rückstellungen (IAS 37.84 (b)),

299 Vgl. IDW (2009), S. 18.
300 Vgl. IAS 37.IG.B; Kirsch/Ewelt (2009), S. 1575.
301 Vgl. Hoffmann (2011b), S. 1054, Rz. 172; Hermann/Potthast (2011), S. 685 m.w.N.; Köhler/Strauch (2008), S. 192.

- während der Berichtsperiode entstandene Beträge, die gegen die Rückstellung verrechnet wurden (IAS 37.84 (c)),
- Beträge, die nicht verwendet und während der Berichtsperiode aufgelöst wurden (IAS 37.84 (d)), sowie
- die Erhöhung des während der Berichtsperiode diskontierten Betrags sowie die Auswirkungen von Veränderungen des Diskontierungssatzes (IAS 37.84 (e)).

Im Vergleich zu diesen quantitativen Angabepflichten scheinen die in IAS 37.85 geforderten qualitativen Angaben geeigneter, Informationen über Verbriefungen zu bedingen. IAS 37.85 (a) verlangt eine kurze Beschreibung der Art der Verpflichtung sowie der erwarteten Fälligkeiten der Ressourcenabflüsse. Ferner sind gemäß IAS 37.85 (b) Unsicherheiten hinsichtlich des Betrags und der Fälligkeiten solcher Ressourcenabflüsse anzugeben. Falls die Angabe von entsprechenden Informationen erforderlich ist, hat das bilanzierende Unternehmen über die wesentlichen Annahmen künftiger Ereignisse zu berichten.[302] Zuletzt verlangt IAS 37.85 (c) Angaben im Zusammenhang mit Erstattungen.

Als **Sicherungsnehmer** tritt das Unternehmen beispielsweise auf, wenn es in seiner Rolle als Originator im Rahmen einer synthetischen Verbriefung ein als Finanzgarantie zu behandelndes Kreditderivat von der Zweckgesellschaft erwirbt oder wenn es eine finanzielle Garantie oder eine Garantie erhält, die weder eine finanzielle noch eine als Finanzderivat zu behandelnde Garantie darstellt.

Derartige erhaltene Garantien sind als Eventualforderungen zu behandeln. Zwar besteht für Eventualforderungen gemäß IAS 37.31 ein explizites Aktivierungsverbot, allerdings verlangt IAS 37.34 Angaben zu Eventualforderungen gemäß IAS 37.89, wenn der Zufluss wirtschaftlichen Nutzens als wahrscheinlich eingestuft wird. Gemäß IAS 37.89 ist die Art der Eventualforderung kurz zu beschreiben und, falls praktikabel, eine Schätzung der finanziellen Auswirkungen vorzunehmen.[303] Wird der Nutzenzufluss als nicht wahrscheinlich eingestuft, ergeben sich hingegen keine unmittelbaren Angabepflichten.[304]

---

302 Konkret ist über künftige Ereignisse gemäß IAS 37.48 zu berichten, die einen Einfluss auf den zur Erfüllung der Verpflichtung erforderlichen Betrag haben können.

303 Grundlage für die Schätzung stellen die Vorschriften des IAS 37.36-52 dar, vgl. IAS 37.89. Werden derartige Angaben aus Gründen der Praktikabilität unterlassen, hat das bilanzierende Unternehmen gemäß IAS 37.91 über diesen Umstand zu informieren.

304 Allerdings wird eine finanzielle Garantie im Rahmen der Wertminderung eines durch diese besicherten Vermögenswerts berücksichtigt, da dieser nicht unter den garantierten Betrag abgeschrieben wird. Vgl. Grünberger (2006), S. 85; Struffert (2006), S. 223-224; Auerbach/Klotzbach (2005), S. 273. Die vom Sicherungsnehmer für die

5.2.2. IFRS 4

Finanzielle Garantien können vom Garantiegeber als Versicherungsverträge gemäß IFRS 4 zu behandeln sein.[305] In solchen Fällen sind die Angabepflichten des IFRS 4 zu berücksichtigen. Gemäß IFRS 4.36 hat das bilanzierende Unternehmen Angaben vorzunehmen, die helfen, die aus Versicherungsverträgen stammenden Beträge in dessen Abschluss zu identifizieren und zu erläutern. Hierzu sind gemäß IFRS 4.37 Angaben

- zu den Bilanzierungs- und Bewertungsmethoden (IFRS 4.37 (a)),
- zu den sich aus einem Versicherungsvertrag ergebenden angesetzten Vermögenswerten, Schulden, Aufwendungen und Erträgen sowie ggf. Cashflows[306] (IFRS 4.37 (b)),
- zum Verfahren, das zur Bestimmung der Annahmen verwendet wurde, die die größte Auswirkung auf die Bewertung der angesetzten Beträge haben – falls möglich unter Vornahme quantitativer Angaben (IFRS 4.37 (c)),
- zum Effekt, der aus einer Änderung der zur Bewertung von Versicherungsvermögenswerten und -verbindlichkeiten verwendeten Annahmen resultiert, wobei die Auswirkungen jeder einzelnen wesentlichen Änderung gesondert aufzuzeigen sind (IFRS 4.37 (d)), und
- zur Bestandsentwicklung der Versicherungsverbindlichkeiten, der Rückversicherungsvermögenswerte und, falls vorhanden, der aktivierten Abschlusskosten (IFRS 4.37 (e)) vorzunehmen.[307]

Darüber hinaus ist über Risiken zu berichten, die sich aus Versicherungsverträgen ergeben. Angaben hierzu sind von besonderer Relevanz, da finanzielle Garantien im Zusammenhang mit Verbriefungen häufig mit Risiken behaftet sind. Derartige Angabepflichten finden sich vor der VO (EG) Nr. 108/2006 in IFRS 4.38 und

---

Finanzgarantie ggf. zu entrichtenden Prämien sind zudem periodengerecht abzugrenzen, was zu einem Ausweis von aktiven Rechnungsabgrenzungsposten in der Bilanz führen kann. Vgl. Grünberger (2006), S. 85.

305 Dies gilt für alle Unternehmen und somit unabhängig davon, ob ein Unternehmen vom Aufsichtsrecht als Versicherer eingestuft wird. Vgl. IFRS 4.5; auch Kanngiesser (2005), S. 1945, Rz. 5. Allerdings gilt der Standard nicht für Unternehmen, die als Versicherungsnehmer einen Erstversicherungsvertrag mit einem Versicherungsunternehmen (Versicherungsgeber) eingegangen sind. Vgl. IFRS 4.4 (f); Kanngiesser (2005), S. 1944-1945, Rz. 5.

306 Angaben zu Cashflows sind vorzunehmen, wenn zur Darstellung der Kapitalflussrechnung die direkte Methode angewendet wird, vgl. IFRS 4.37 (b).

307 Vgl. auch Kanngiesser (2005), S. 1960, Rz. 81.

IFRS 4.39. Gemäß IFRS 4.38 sind Angaben zu erbringen, die es den Abschlussadressaten ermöglichen, den Betrag, den Zeitpunkt und die Ungewissheit künftiger Cashflows aufgrund von Versicherungsverträgen einzuschätzen.[308] Hierzu zählen gemäß IFRS 4.39

- eine Beschreibung des Risikomanagements (IFRS 4.39 (a)),
- Angaben zu Bestimmungen und Bedingungen von Versicherungsverträgen, die wesentliche Auswirkungen auf den Betrag, den Zeitpunkt und die Ungewissheit künftiger Cashflows des Versicherers haben (IFRS 4.39 (b)),
- Angaben zum Versicherungsrisiko, insbesondere Informationen zu Sensitivitäten, Risikokonzentrationen und Schadensentwicklungen (IFRS 4.39 (c)),
- Informationen über Ausfall- und Zinsänderungsrisiken, die vorzunehmen wären, wenn die Versicherungsverträge in den Anwendungsbereich von IAS 32 fallen würden (IFRS 4.39 (d)), und
- Angaben zu Zins- und Marktrisiken im Zusammenhang mit bestimmten eingebetteten Derivaten (IFRS 4.39 (e)).[309]

Nach der VO (EG) Nr. 108/2006 finden sich Angabepflichten zu Risiken bei Versicherungsverträgen weiterhin in IFRS 4.38 und IFRS 4.39. IFRS 4.39A wurde neu eingeführt. Die in IFRS 4.38 und IFRS 4.39 geforderten Angaben blieben größtenteils unverändert. Gemäß IFRS 4.38 hat ein Versicherer Angaben vorzunehmen, mithilfe derer sich Art und Ausmaß der Risiken aus Versicherungsverträgen bewerten lassen. Hierzu müssen gemäß IFRS 4.39 nach wie vor Informationen

- zum Risikomanagement (IFRS 4.39 (a)),
- über das Versicherungsrisiko, insbesondere zu Sensitivitäten, Risikokonzentrationen und Schadensentwicklungen (IFRS 4.39 (c)),
- über Risiken, die sich ergeben würden, wenn die Versicherungsverträge in den Anwendungsbereich von IFRS 7 fallen würden (IFRS 4.39 (d))[310], und
- über Marktrisiken im Zusammenhang mit bestimmten eingebetteten Derivaten (IFRS 7.39 (e)) bereitgestellt werden.

---

308 Auch wenn dabei nicht explizit von Risiken gesprochen wird, ist IFRS 4.B2 zu entnehmen, dass der Begriff Ungewissheit als Synonym für Risiko verwendet wird.

309 Vgl. auch Kanngiesser (2005), S. 1961, Rz. 81a.

310 Im Detail werden die Angabepflichten des IFRS 7.31-42 genannt. Neben Ausfall- und Zinsänderungsrisiken sind nun auch Angaben zu Liquiditäts- sowie weiteren Marktrisiken erforderlich.

IFRS 4.39A konkretisiert die in IFRS 4.39 (c) i) geforderten Angabepflichten zur Sensitivität des Versicherungsrisikos. IFRS 4.39A lässt dem Versicherer die Wahl, eine Sensitivitätsanalyse durchzuführen (IFRS 4.39A (a)) oder qualitative Informationen bereitzustellen (IFRS 4.39A (b)). Auch die Angabepflichten zur Konzentration von Versicherungsrisiken sind nach der VO (EG) Nr. 108/2006 umfassender: Ausdrücklich sollen die Art der Bestimmung einer Konzentration durch das Management sowie die gemeinsamen Merkmale, durch die jede Konzentration bestimmt wird, beschrieben werden.[311]

5.2.3. IAS 27, IAS 28, IAS 31 und SIC-12

Die Vorschriften des IAS 27, IAS 28 und IAS 31 finden zur bilanziellen Abbildung von Verbriefungsgesellschaften im Konzernabschluss nur in seltenen Fällen Anwendung. Auch SIC-12 gelingt es häufig nicht, Zweckgesellschaften in den Konsolidierungskreis einzubeziehen. Obwohl eine Konsolidierung von Verbriefungsgesellschaften somit regelmäßig scheitert, können dennoch Angaben vorzunehmen sein. Von besonderem Interesse ist, ob neben Angaben zu konsolidierten Verbriefungsgesellschaften Angabepflichten zu nicht-konsolidierten Verbriefungsgesellschaften bestehen.

IAS 27 enthält keine expliziten Angabepflichten zu Verbriefungsgesellschaften.[312] Auch lassen sich aus den in IAS 27.40-42 bzw. nach der VO (EG) Nr. 494/2009 in IAS 27.41-43 geforderten generellen Angabepflichten für den Konzernabschluss zumindest für nicht-konsolidierte Verbriefungsgesellschaften keine Angabepflichten ableiten.[313] Allerdings können für Verbriefungsgesellschaften, die als Tochterunternehmen gemäß IAS 27 in den Konzernabschluss einzubeziehen sind, Angaben vorzunehmen sein. Dabei erlauben einzig die in IAS 27.40 (c) (vor VO (EG) Nr. 494/2009) bzw. IAS 27.41 (a) (nach VO (EG) Nr. 494/2009) geforderten Angaben Rückschlüsse auf eine Verbindung des bilanzierenden Unternehmens mit einer

311 Vgl. IFRS 4.39 (c) ii).

312 Vgl. auch Köhler/Strauch (2008), S. 191.

313 Die Änderungen aufgrund der VO (EG) Nr. 494/2009 sind erstmals für am 01.07.2009 oder danach beginnende Geschäftsjahre anzuwenden. Inhaltlich entsprechen die Paragraphen IAS 27.40-42 (vor VO (EG) Nr. 494/2009) den Paragraphen IAS 27.41-43 (nach VO (EG) Nr. 494/2009). Lediglich IAS 27.40 (vor VO (EG) Nr. 494/2009) hat mit IAS 27.41 (nach VO (EG) Nr. 494/2009) eine inhaltliche Erweiterung erfahren, indem die Unterparagraphen (e) und (f) ergänzt wurden (auch hat sich die Nummerierung der Unterparagraphen geändert).

zu konsolidierenden Verbriefungsgesellschaft. IAS 27.40 (c) bzw. IAS 27.41 (a) erfordert Angaben zur „Art der Beziehung zwischen Mutterunternehmen und einem Tochterunternehmen, wenn dem Mutterunternehmen, direkt oder indirekt über Tochterunternehmen, nicht mehr als die Hälfte der Stimmrechte gehört." Somit wäre die Art der Beziehung zu einer Verbriefungsgesellschaft anzugeben, wenn deren Konsolidierung aus anderen Gründen als der Mehrheit der Stimmrechte vorzunehmen ist.[314] Da das bilanzierende Unternehmen in der Regel kaum oder gar nicht am Eigenkapital einer Verbriefungsgesellschaft beteiligt ist, folglich auch keine Stimmrechtsmehrheit vorliegt, sind derartige Angaben bei als Tochterunternehmen geführten Verbriefungsgesellschaften üblicherweise vorzunehmen.

Wie IAS 27 enthält auch **IAS 28** keine expliziten Angabepflichten zu Verbriefungsgesellschaften. Handelt es sich bei einer Verbriefungsgesellschaft jedoch um ein assoziiertes Unternehmen, muss das bilanzierende Unternehmen die Angabepflichten des IAS 28.37-40 erfüllen. Aufgrund der dadurch bereitgestellten Informationen können gegebenenfalls Rückschlüsse gezogen werden, ob es sich bei einem assoziierten Unternehmen um eine Verbriefungsgesellschaft handelt. Ähnlich IAS 27.40 (c) (vor VO (EG) Nr. 494/2009) bzw. IAS 27.41 (a) (nach VO (EG) Nr. 494/2009) verlangt IAS 28.37 (c) die Angabe der Gründe, weshalb trotz fehlender (potenzieller) Stimmrechte – hier unter 20% – ein maßgeblicher Einfluss und folglich ein assoziiertes Unternehmen vorliegt. Da eine Beteiligung von weniger als 20% an einer Verbriefungsgesellschaft regelmäßig der Fall ist, können sich hieraus Angaben ergeben. Weitere Angabepflichten zu assoziierten Unternehmen, die Informationen zu Verbriefungsgesellschaften enthalten können, finden sich in IAS 28.37 (b) und (i), die zusammenfassende Finanzinformationen über assoziierte Unternehmen verlangen, und in IAS 28.40 (b), der Angaben zu Eventualverbindlichkeiten im Zusammenhang mit assoziierten Unternehmen enthält. Die bisher behandelten Angabepflichten setzen die Existenz eines assoziierten Unternehmens voraus. Hingegen verlangt IAS 28.37 (d) die Angabe der Gründe, warum trotz einer (potenziellen) Stimmrechtsbeteiligung von mindestens 20% ein maßgeblicher Einfluss verneint wird – ein assoziiertes Unternehmen folglich nicht besteht.[315] Da sowohl ein Stimmrechtsanteil von (knapp über) 20% an der Verbriefungsgesellschaft als auch die Verneinung eines maßgeblichen Einflusses – um die Verbriefungsgesellschaft nicht als assoziiertes Unternehmen im Konzernabschluss ausweisen zu müssen – denkbar sind, können aufgrund IAS 28.37 (d) Informationen zu Verbriefungsgesellschaften

314 Vgl. auch Watrin/Struffert (2007), S. 31.

315 Die Anteile sind in solchen Fällen nicht unter Anwendung der Equity-Methode sondern gemäß IAS 39 zu bilanzieren. Vgl. IAS 28.18.

resultieren. Von praktischer Relevanz dürfte jedoch keine der genannten Angabepflichten sein. Verbriefungsgesellschaften sind in der Regel so konstruiert, dass diese nicht als assoziiertes Unternehmen klassifiziert werden: Weder liegt ein maßgeblicher Einfluss, noch eine Beteiligung von mindestens 20% an einer solchen vor.

Aus **IAS 31** lassen sich für Verbriefungsgesellschaften nur dann Anhangangaben ableiten, wenn es sich bei diesen um Joint Ventures handelt. Gemäß IAS 31.56 hat ein Unternehmen alle Anteile an maßgeblichen Joint Ventures aufzulisten und zu beschreiben sowie die Höhe der Beteiligung an gemeinschaftlich geführten Unternehmen zu nennen. Darüber hinaus[316] ist die Summe aller kurz- und langfristigen Vermögenswerte, Schulden, Erträge und Aufwendungen in Bezug auf die Anteile an Joint Ventures anzugeben. Weitere Angabepflichten betreffen Angaben zu Eventualverbindlichkeiten und Kapitalverpflichtungen im Zusammenhang mit Joint Ventures, die unter Umständen getrennt von anderen Verpflichtungen vorzunehmen sind.[317] Nur wenn die in IAS 31.56 geforderte Beschreibung es Adressaten ermöglicht, ein Joint Venture als Verbriefungsgesellschaft zu identifizieren, können die daraus resultierenden Chancen und Risiken für das bilanzierende Unternehmen beurteilt werden. Da eine solche Beschreibung jedoch lediglich bei maßgeblichen Joint Ventures vorzunehmen ist, ist insbesondere bei Verbriefungsgesellschaften nicht davon auszugehen, entsprechende Informationen zu erhalten. Darüber hinaus werden in praxi Verbriefungsgesellschaften nur selten die Kriterien eines Gemeinschaftsunternehmens erfüllen.

Die Interpretation **SIC-12** behandelt die Konsolidierung von Zweckgesellschaften. Diese enthält jedoch weder Angabepflichten für den Fall, dass eine Zweckgesellschaft zu konsolidieren ist, noch für den Fall, dass eine Zweckgesellschaft nicht in den Konzernabschluss einzubeziehen ist.[318] Folglich sind keine Informationen zu Verbriefungsgesellschaften zu erwarten.

5.2.4. IAS 1 und IAS 8

Den in den vorherigen Abschnitten dargestellten Sachverhalten ist gemein, dass im Rahmen ihrer bilanziellen Behandlung Ermessensentscheidungen erforderlich

---

316 Vorausgesetzt, das Unternehmen bilanziert seine Anteile an gemeinschaftlich geführten Unternehmen mithilfe der Equity-Methode oder der Quotenkonsolidierung. Vgl. IAS 31.56.

317 Vgl. IAS 31.54, IAS 31.55.

318 Vgl. auch Watrin/Struffert (2007), S. 31; Köhler/Strauch (2008), S. 191.

sind. Angabepflichten hierzu finden sich in **IAS 1**. Ermessensausübungen sind in zweifacher Weise offenzulegen: zum einen im Zusammenhang mit Bilanzierungs- und Bewertungsmethoden, zum anderen im Zusammenhang mit Schätzungen.[319]

Angabepflichten zu Ermessensausübungen im Zusammenhang mit Bilanzierungs- und Bewertungsmethoden finden sich in IAS 1.113-115 bzw. nach der VO (EG) Nr. 1274/2008 in IAS 1.222-124.[320] Gemäß IAS 1.113 bzw. IAS 1.122 hat das Unternehmen die Ermessensentscheidungen anzugeben, die das Management bei der Anwendung der Bilanzierungs- und Bewertungsmethoden getroffen hat und welche Ermessensentscheidungen den wesentlichsten Einfluss auf die Beträge im Abschluss haben.[321] Der Regelungsinhalt umfasst die Auslegung unbestimmter Rechtsbegriffe einschließlich der rechtlichen Gesamtwürdigung von Geschäftsvorfällen nach allgemeinen Kriterien wie beispielsweise dem des „wirtschaftlichen Gehalts" einer Transaktion.[322]

IAS 1.114 bzw. IAS 1.123 nennt verschiedene Beispiele für Ermessensentscheidungen, die bei der Anwendung von Bilanzierungs- und Bewertungsmethoden getroffen werden. Zwei der Beispiele weisen einen deutlichen Bezug zu Verbriefungen auf. Gemäß IAS 1.114 (b) bzw. IAS 1.123 (b) handelt es sich bei der Festlegung, wann alle wesentlichen mit dem rechtlichen Eigentum eines finanziellen Vermögenswerts verbundenen Chancen und Risiken auf ein anderes Unternehmen übertragen werden, um eine Ermessensentscheidung. Folglich handelt es sich auch bei der Übertragung von Vermögenswerten im Rahmen einer Verbriefungstransaktion um eine Ermessensentscheidung. IAS 1.114 (d) bzw. IAS 1.123 (d) nennt als Beispiel die Einschätzung, ob die Art des Verhältnisses zwischen einem

---

319 Vgl. auch Lüdenbach (2011c), S. 230, Rz. 41-42. Die Auswahl von Schätzverfahren ist aufgrund ihrer Zwischenstellung entweder im Kontext von Ermessensentscheidungen im Zusammenhang mit Bilanzierungs- und Bewertungsmethoden oder im Zusammenhang mit Schätzungen zu behandeln. Während beim erstgenannten Kontext eine allgemeine Beschreibung des Ermessens ausreichend ist, verlangt eine Einteilung zum letztgenannten eher eine quantifizierte Form des Ausweises. Vgl. Lüdenbach (2011c), S. 231, Rz. 43.

320 Die Änderungen aufgrund der VO (EG) Nr. 1274/2008 sind für am oder nach dem 01.01.2009 beginnende Geschäftsjahre anzuwenden. Änderungen, die die im Rahmen von Ermessensentscheidungen relevanten Paragraphen betreffen, sind ausschließlich redaktioneller Natur.

321 Die Angaben können in der Zusammenfassung der wesentlichen Bilanzierungs- und Bewertungsmethoden oder in den sonstigen Erläuterungen erfolgen. Vgl. IAS 1.113 bzw. IAS 1.122. Ermessensentscheidungen, bei denen Schätzungen einfließen, sind explizit vom Anwendungsbereich des IAS 1.113 bzw. IAS 1.122 ausgenommen.

322 Vgl. Lüdenbach (2011c), S. 231, Rz. 44.

Unternehmen und einer Zweckgesellschaft darauf hinweist, dass das Unternehmen die Zweckgesellschaft beherrscht.[323] Somit wäre auch die Beurteilung der Beherrschung einer Verbriefungsgesellschaft ermessensbehaftet.

Angaben zu Ermessensentscheidungen im Zusammenhang mit Schätzungen finden sich in IAS 1.116-124 bzw. nach der VO (EG) Nr. 1274/2008 in IAS 1.125-133. Im Zusammenhang mit Verbriefungstransaktionen können Schätzungen beispielsweise bei der Bestimmung des beizulegenden Zeitwerts von ABS oder bei der Einstufung der Wahrscheinlichkeit eines Ressourcenabflusses in Verbindung mit einer begebenen Kreditzusage eine Rolle spielen. IAS 1.116 bzw. IAS 1.125 verlangt Informationen über die wichtigsten zukunftsbezogenen Annahmen sowie Angaben über sonstige, am Abschlussstichtag vorliegende wesentliche Quellen von Schätzunsicherheiten, durch die ein beträchtliches Risiko einer wesentlichen Anpassung der ausgewiesenen Vermögenswerte und Schulden innerhalb des nächsten Geschäftsjahrs entstehen kann.[324] Im Unterschied zu IAS 1.113 bzw. IAS 1.122 sind die Angabepflichten somit nicht auf die Ermessensentscheidungen beschränkt, die die Beträge im Abschluss am wesentlichsten beeinflussen. Vielmehr sind für alle geschätzten Vermögenswerte und Schulden Angaben vorzunehmen, die ein wesentliches Anpassungsrisiko haben.[325] Unternehmen haben gemäß IAS 1.116 (a) und (b) bzw. IAS 1.125 (a) und (b) die Art dieser Vermögenswerte und Schulden sowie deren Buchwerte am Abschlussstichtag anzugeben. Die Angaben sind in einer Art und Weise vorzunehmen, dass die Abschlussadressaten aufgrund der erbrachten Angaben die Ermessensausübungen des Managements hinsichtlich der Zukunft und anderer wesentlichen Quellen der Schätzungsunsicherheit verstehen können.[326] Beispielhaft nennt IAS 1.120 bzw. IAS 1.129 folgende Angabepflichten:

---

323 Vgl. auch Küting/Seel (2010), S. 1462-1463; Küting/Gattung (2007), S. 398 m.w.N.; Zoeger/Möller (2009), S. 314.

324 Dabei sind nur die Schätzungen zu berücksichtigen, die eine besonders schwierige oder subjektive Ermessensentscheidung des Managements erfordern. Vgl. IAS 1.118 bzw. IAS 1.127.

325 Vgl. Lüdenbach (2011c), S. 233, Rz. 52.

326 Vgl. IAS 1.120 bzw. IAS 1.129. Budgetplanungen und Prognosen müssen gemäß IAS 1.121 bzw. 1.130 nicht angegeben werden. Kritisch hierzu Lüdenbach (2011c), S. 235, Rz. 58. Ist es nicht möglich, den Umfang möglicher Auswirkungen einer Annahme oder einer anderen Quelle von Schätzungsunsicherheiten am Abschlussstichtag anzugeben, hat das Unternehmen darauf hinzuweisen, dass innerhalb des nächsten Geschäftsjahrs ggf. von den Annahmen abgewichen werden kann, einschließlich der

- Die Art der Annahmen und anderer Schätzunsicherheiten (IAS 1.120 (a) bzw. IAS 1.129 (a)),
- die Sensitivität der Buchwerte hinsichtlich der Annahmen, der Methoden und der Schätzungen, die der Ermittlung der Buchwerte zugrunde liegen, sowie die Gründe einer solchen Sensitivität (IAS 1.120 (b) bzw. IAS 1.129 (b)),
- die erwartete Auflösung einer Unsicherheit und die Bandbreite der vernünftigerweise für möglich gehaltenen Ergebnisse hinsichtlich der Buchwerte der betroffenen Vermögenswerte und Schulden innerhalb des nächsten Geschäftsjahrs (IAS 1.120 (c) bzw. IAS 1.129 (c)), sowie
- eine Erklärung für Anpassungen früherer Annahmen hinsichtlich derartiger Vermögenswerte und Schulden, vorausgesetzt, die Unsicherheit bleibt weiter bestehen (IAS 1.120 (d) bzw. IAS 1.129 (d)).

Allerdings ist sowohl in IAS 1.113 bzw. IAS 1.122 als auch in IAS 1.116 bzw. IAS 1.125 die Offenlegung des Ermessens selbst ermessensbehaftet. Während es bei IAS 1.113 bzw. IAS 1.122 im Ermessen des Managements liegt, welche Ermessensentscheidungen die Beträge im Abschluss am wesentlichsten beeinflussen, ist in IAS 1.116 bzw. IAS 1.125 die Einschätzung, wann ein Risiko als beträchtlich oder eine Anpassung als wesentlich anzusehen ist, vom Ermessen des Managements abhängig.[327]

Änderungen von Schätzungen sowie die Korrektur von Fehlern aus früheren Perioden erfordern Angaben gemäß **IAS 8**.[328] Die Finanzmarktkrise hat dazu geführt, dass viele Unternehmen die im Rahmen der Bilanzierung getroffenen Einschätzungen, vor allem im Zusammenhang mit Risiken, revidieren mussten. Deshalb sollen im Folgenden die Angabepflichten des IAS 8 dahingehend untersucht werden, inwiefern sie Informationen zu Verbriefungstransaktionen bedingen können.

Schätzungsänderungen können sich gemäß IAS 8.34 durch eine Veränderung der Umweltbedingungen, auf der die Schätzung beruht, durch bessere Erfahrungswerte, durch neue Informationen oder aufgrund weiterer Entwicklungen nach dem Zeitpunkt der ursprünglichen Schätzung ergeben.[329] Fehlerkorrekturen sind

---

Konsequenzen für die Buchwerte der betreffenden Vermögenswerte und Schulden. Vgl. IAS 1.122 bzw. IAS 1.131.

327 Vgl. Lüdenbach (2011c), S. 233, Rz. 51.

328 Vgl. IAS 8.3. Zu IAS 8, insb. zur Wesentlichkeit von Fehlern, vgl. Ballwieser (2008), S. 52-64.

329 Vgl. auch Mujkanovic (2008), S. 139.

erforderlich, um Fehler aus früheren Perioden zu beseitigen.[330] Bei Fehlern handelt es sich gemäß IAS 8.5 um fehlerhafte Angaben oder Auslassungen in den Abschlüssen, die aus einer Nicht- oder Fehlanwendung von zuverlässigen Informationen[331] resultieren. Die Abgrenzung von Schätzungsänderungen zu Fehlern ist häufig problematisch. Beispielsweise ist fraglich, ob es sich bei einer Änderung der Einschätzung der Chancen- und Risikoverteilung nach SIC-12 um eine Schätzungsänderung oder eine Fehlerkorrektur handelt.[332] Ist eine solche Änderung auf Umstände zurückzuführen, die erkennen lassen, dass die Verbriefungsgesellschaft bereits in vorherigen Perioden hätte konsolidiert werden müssen, dies vom bilanzierenden Unternehmen – zum Beispiel aufgrund einer unzutreffenden Risikobeurteilung – jedoch nicht gesehen wurde, so ist die Änderung regelmäßig als Korrektur einer früheren Fehleinschätzung und somit eines Fehlers einzustufen.[333] Sind solche Änderungen jedoch beispielsweise auf geänderte Umweltbedingungen oder auf neue Informationen zurückzuführen, handelt es sich um eine Schätzungsänderung. So kann sich aufgrund geänderter Umweltbedingungen, wie der Finanzmarktkrise, die Wahrscheinlichkeit einer Inanspruchnahme einer eingeräumten Kreditzusage erhöhen und diese dadurch erstmals zu bilanzieren sein. Da die Grenze zwischen Schätzungsänderungen und Fehlerkorrekturen häufig fließend ist – und IAS 8 nicht explizit regelt, wie in solchen Fällen vorzugehen ist – wird in der Literatur vorgeschlagen, derartige Grenzfälle grundsätzlich als Schätzungsänderungen zu behandeln.[334]

Wird eine Änderung als Schätzungsänderung eingestuft, sind die Angabepflichten des IAS 8.39 und des IAS 8.40 zu beachten. Gemäß IAS 8.39 hat ein Unternehmen die Art und den Betrag einer Schätzungsänderung anzugeben, die Auswirkungen auf die aktuelle Berichtsperiode hat oder für künftige Berichtsperioden erwarten lässt. Auswirkungen in zukünftigen Perioden sind gemäß IAS 8.39 jedoch nur dann anzugeben, wenn deren Schätzung nicht undurchführbar ist. Unterbleiben aus diesem

330 IAS 8.41 unterscheidet zwischen wesentlichen und absichtlich herbeigeführten unwesentlichen Fehlern. Gemäß IAS 8.42 sind nur wesentliche Fehler zu korrigieren. Die Behandlung von absichtlichen unwesentlichen Fehlern ist unklar. Vgl. Lüdenbach (2011d), S. 1264, Rz. 34.

331 Damit sind Informationen gemeint, die zum Zeitpunkt, an dem die Abschlüsse zur Veröffentlichung genehmigt wurden, verfügbar waren und bei der Aufstellung und Darstellung der Abschlüsse berücksichtigt hätten werden können. Vgl. IAS 8.5.

332 Vgl. Endert/Jucknat/Sepetauz (2010), S. 465.

333 Vgl. Mujkanovic (2008), S. 138-139; IDW (2007a), S. 357, Rz. 172.

334 Vgl. Lüdenbach (2011d), S. 1265, Rz. 36 m.w.N.; Köster (2008), S. 35, Rz. 165, m.w.N.

Grund entsprechende Informationen, ist dieser Umstand gemäß IAS 8.40 vom bilanzierenden Unternehmen anzugeben.

Handelt es sich bei einer Änderung um eine Fehlerkorrektur, sind die Angabepflichten des IAS 8.49 zu erfüllen. Dabei sind die Art der Fehler einer früheren Berichtsperiode (IAS 8.49 (a)), die Anpassungsbeträge (IAS 8.49 (b), (c)) und die Umstände, warum eine retrospektive Anpassung für eine bestimmte frühere Periode nicht möglich ist, sowie eine Beschreibung, wie und ab wann die Fehler korrigiert wurden (IAS 8.49 (d)), anzugeben.[335] Insbesondere die Art einer Schätzungsänderung sowie die Art einer Fehlerkorrektur können Informationen enthalten, die Rückschlüsse auf Verbriefungstransaktionen erlauben.

5.2.5. IAS 30

Zusätzlich zu den in den vorangegangenen Kapiteln aufgeführten Angabepflichten mussten Banken für vor dem 01.01.2007 beginnende Geschäftsjahre die Vorschriften des IAS 30 berücksichtigen, bevor dieser auf Grundlage der VO (EG) Nr. 108/2006 durch IFRS 7 ersetzt wurde. Die in IAS 30 enthaltenen Angabepflichten zu außerbilanziellen Sachverhalten, Risiken und Treuhandgeschäften scheinen geeignet, Informationen zu Verbriefungen bedingen zu können.

IAS 30.26-29 enthält Angabepflichten zu **außerbilanziellen Sachverhalten** und damit verbundenen Verpflichtungen. Diese ergänzen die in IAS 37 geforderten Angabepflichten[336] und sind für Banken insbesondere deshalb relevant, weil außerbilanzielle Sacherhalte regelmäßig einen bedeutenden Teil ihrer Geschäftstätigkeit darstellen und deshalb wesentliche Auswirkungen auf ihr Risiko haben können.[337] Von besonderer Bedeutung ist IAS 30.26, der Angaben zu Art und Höhe unwiderruflicher Kreditzusagen (IAS 30.26 (a)) sowie zu Art und Höhe von Eventualverbindlichkeiten und anderen Verpflichtungen, die aus bilanzunwirksamen Positionen resultieren (IAS 30.26 (b)), fordert.[338] Die in IAS 30.26 genannten Sachverhalte können im Zusammenhang mit Verbriefungstransaktionen eine

---

335 Vgl. auch Lüdenbach (2011d), S. 1278, Rz. 61. Die Angaben müssen in den Abschlüssen späterer Perioden nicht wiederholt werden. Vgl. IAS 8.49.

336 Vgl. IAS 30.27.

337 Vgl. IAS 30.28.

338 IAS 30.29 begründet derartige Angabepflichten hauptsächlich mit dem Interesse der Abschlussadressaten an Informationen über mögliche Belastungen der Solvenz und Liquidität einer Bank, wozu auch Informationen über die Art und Höhe der außerbilanziellen Geschäfte gehören. Vgl. auch Krumnow (1997), Rz. 51.

bedeutende Rolle spielen, vor allem, da sie über die bisher erläuterten Angabepflichten hinausgehen. Beispielsweise sind Angaben zu Eventualverbindlichkeiten gemäß IAS 30.26 – im Gegensatz zu IAS 37 – auch für den Fall vorzunehmen, dass die Wahrscheinlichkeit des Ressourcenabflusses als sehr unwahrscheinlich eingestuft wird. IAS 30.26 konterkariert somit die Bemühungen von Managern, durch bilanzpolitische Maßnahmen Verpflichtungen außerhalb des Jahresabschlusses zu halten – allerdings auch hier unter dem Vorbehalt des Kriteriums der Wesentlichkeit.

Neben den Vorschriften des IAS 32 haben Banken weitere Angabepflichten zu **Risiken** zu erfüllen.[339] So verlangen IAS 30.30-39 für Banken zusätzliche Angaben zu Fälligkeiten von Vermögenswerten und Schulden – Informationen, die vor allem Aussagen zu Liquiditätsrisiken ermöglichen.[340] Gemäß IAS 30.30 in Verbindung mit IAS 30.32 hat eine Bank ihre Vermögenswerte und Schulden am Abschlussstichtag entsprechend ihrer Restlaufzeiten in Fälligkeitskategorien zu gruppieren und anzugeben.[341] Derartige Angaben sind entscheidend, um die Liquidität einer Bank sowie entsprechende Zins- und Währungsrisiken einschätzen zu können.[342] IAS 30.40-42 fordern von Banken weitere Angaben zur Risikokonzentration. Gemäß IAS 30.40 hat eine Bank jede wesentliche Konzentration von Vermögenswerten, Schulden und außerbilanziellen Sachverhalten, untergliedert nach Kunden- oder Branchengruppen, geografischen Regionen oder anderen Risikoschwerpunkten, anzugeben.[343] IAS 30.41 begründet die Angabepflicht damit, dass Informationen über wesentliche Konzentrationen in der Verteilung der Vermögenswerte und bei der Herkunft der Schulden helfen, potenzielle Risiken zu

339 Der Berichterstattung über Risiken wird bei Banken eine besondere Bedeutung beigemessen. Vgl. IAS 30.3, IAS 30.7; auch Krumnow (1997), Rz. 9-11. Auf die Angabepflichten des IAS 30.43-49 zu Verlusten aus dem Kreditgeschäft – und somit zur Risikovorsoge im Kreditgeschäft – wird im Folgenden nicht eingegangen. Vgl. hierzu Löw (2005), S. 118-121. Der Grund hierfür liegt darin, dass sich aus diesen Vorschriften keine Angabepflichten ableiten lassen, die Informationen zu Verbriefungen bedingen können.

340 Vgl. auch Löw (2005), S. 123-125.

341 Zur Bestimmung und zur Zusammensetzung von Fälligkeitskategorien vgl. IAS 30.33-39.

342 Vgl. IAS 30.32, IAS 30.35. Vgl. auch Löw (2005), S. 124.

343 Darüber hinaus sind gemäß IAS 30.40 Angaben zur Höhe von erheblichen offenen Nettodevisenpositionen vorzunehmen. Dadurch können Verlustrisiken, die aus Wechselkursänderungen resultieren, erkannt werden. Vgl. IAS 30.42.

erkennen.[344] Im Zusammenhang mit Verbriefungen können sich dadurch in mehrerer Hinsicht Angabepflichten ergeben. Investiert beispielsweise eine Bank in großem Umfang in Verbriefungstitel und liegt dadurch eine wesentliche Konzentration von Vermögenswerten vor, ist darüber zu berichten. Da ausdrücklich auch bilanzunwirksame Posten zu analysieren sind, können Konzentrationen von Kreditzusagen oder finanziellen Garantien ebenfalls derartige Angaben begründen.

Geht eine Bank treuhänderischen oder hierzu vergleichbaren Tätigkeiten[345] nach, können sich Angaben aus IAS 30.55 ergeben.[346] Unter der Voraussetzung, dass es sich bei den **Treuhandgeschäften** um umfangreiche Geschäfte handelt, hat die Bank über diese Tatsache sowie über das Ausmaß derartiger Geschäfte zu informieren. Begründet werden derartige Angaben mit der potenziellen Haftung des Treuhänders, falls dieser gegen seine fiduziarischen Pflichten verstößt.[347] Unklar ist in diesem Zusammenhang jedoch, was unter umfangreichen Treuhandgeschäften zu verstehen ist.

5.3. Kritische Würdigung

Im Folgenden soll untersucht werden, ob die im vorherigen Kapitel identifizierten und in diesem Kapitel dargestellten Angabepflichten dazu führen, dass Unternehmen Informationen im Zusammenhang mit Verbriefungstransaktionen bereitstellen. Drei Fragestellungen sind dabei von zentraler Bedeutung: (1) Zum einen ist zu untersuchen, ob die im Rahmen der Angabepflichten geforderten Informationen überhaupt zu Angaben in Geschäftsberichten führen oder ob diese vom bilanzierenden Unternehmen vermieden werden können. (2) Zum anderen interessiert, ob die Angaben – wenn sie denn vorzunehmen sind – tatsächlich Informationen zu Verbriefungen enthalten. (3) Zuletzt soll betrachtet werden, ob die Veränderungen der Angabepflichten über den betrachteten Untersuchungszeitraum sowie eine

344 Vgl. auch Krumnow (1997), Rz. 72. IAS 30.41 nennt u.a. potenzielle Risiken bei der Realisierung von Vermögenswerten. Diese können auch im Zusammenhang mit dem Verkauf von Vermögenswerten an eine Verbriefungsgesellschaft eine Rolle spielen. Vgl. auch Krumnow (1997), Rz. 72.

345 Als vergleichbare Tätigkeiten können im Zusammenhang mit Verbriefungen die Tätigkeiten als Underwriter oder Service Agent verstanden werden.

346 Explizit ausgeschlossen vom Anwendungsberich des IAS 30.55 sind Geschäfte mit Depotfunktionen. Vgl. IAS 30.55.

347 Vgl. IAS 30.55.

Veränderung der Rahmenbedingungen über die einzelnen Jahre hinweg Auswirkungen auf das Bereitstellen von Informationen zu Verbriefungen hatten.

(1) Ob die im Rahmen der Vorschriften geforderten Angaben überhaupt zu Angaben in Geschäftsberichten führen, liegt grundsätzlich im Ermessen des bilanzierenden Unternehmens.[348] Generell ist eine Angabe gemäß IAS 1.31 nur dann vorzunehmen, wenn die Information als wesentlich eingestuft wird. Eine solche Einschränkung des Anwendungsbereichs aufgrund der Wesentlichkeit ist teilweise auch den Angabepflichten selbst zu entnehmen, wie im Folgenden beispielhaft anhand der Vorschriften zu Risiken gemäß IAS 32 bzw. IFRS 7 verdeutlicht werden soll. So fordert IAS 32.79 im Zusammenhang mit Ausfallrisiken zusätzliche Angaben, wenn das aus Finanzinstrumenten resultierende maximale Ausfallrisiko wesentlich von den entsprechenden Buchwerten oder anderen angegebenen Werten abweicht. Konzentrationen von Ausfallrisiken waren gemäß IAS 32.76 (b) zudem nur dann anzugeben, wenn diese als wesentlich eingestuft wurden. Und aus IFRS 7.34 (b) geht hervor, dass quantitative Angaben zu den einzelnen Risikoarten nur dann vorzunehmen sind, wenn das Risiko nicht als unwesentlich beurteilt wird.

Dem Rahmenkonzept der IFRS ist zu entnehmen, dass eine Information dann als wesentlich anzusehen ist, wenn ihre fehlerhafte Darstellung oder ihr Weglassen die auf Basis des Abschlusses getroffenen wirtschaftlichen Entscheidungen der Adressaten beeinflussen könnte.[349] Eine Quantifizierungsvorgabe kann hieraus nicht abgeleitet werden.[350] Somit ist es für das bilanzierende Unternehmen grundsätzlich möglich, Angaben zu vermeiden, indem entsprechende Informationen als unwesentlich klassifiziert werden. Ob Unternehmen hiervon im Zusammenhang mit Verbriefungstransaktionen Gebrauch gemacht haben, ist fraglich. Da Unternehmen derartige Transaktionen üblicherweise genutzt haben, um Risiken aus der Bilanz auszulagern, ist jedoch zu erwarten, dass Unternehmen auch bestrebt waren, nicht anderweitig über damit verbundene Risiken zu berichten – folglich eher gewillt waren, Informationen als unwesentlich einzustufen, um Angabepflichten zu vermeiden.[351]

---

348 Vgl. Lüdenbach/Hoffmann (2011), S. 54, Rz. 64.

349 Vgl. R.30. Zum Begriff der Wesentlichkeit bei Verbriefungstransaktionen vgl. Struffert (2006), S. 88-92. Kritisch zum Wesentlichkeitskriterium vgl. Ballwieser (2008), S. 57-61.

350 Vgl. Lüdenbach/Hoffmann (2011), S. 52, Rz. 63; Ballwieser (2008), S. 60-61.

351 Unterstützung erhält diese Vermutung durch die Ergebnisse einer empirischen Studie, die zeigen, dass Unternehmen sogar gewillt sein können, gesetzlich erforderliche Angaben zu unterlassen. Vgl. Ballwieser/Häger (1991), S. 151; Ballwieser (1991), S. 50.

(2) Ebenfalls fraglich ist, ob Angabepflichten tatsächlich zu Angaben in Geschäftsberichten führen, die Informationen zu Verbriefungen enthalten. Im Rahmen der Darstellung der Angabepflichten hat sich gezeigt, dass keine der Vorschriften explizit die Bereitstellung von Informationen zu Verbriefungen verlangt.[352] Gleichwohl scheinen viele der Angabepflichten – wie vereinzelt im Rahmen ihrer Darstellung bereits veranschaulicht – geeignet, derartige Informationen bewirken zu können. Dies soll im Folgenden erneut beispielhaft anhand von Angabepflichten zu Risiken verdeutlicht werden.[353]

Grundsätzlich können die meisten der in IAS 32 und IFRS 7 geforderten Angabepflichten im Zusammenhang mit Risiken Informationen zu Verbriefungstransaktionen bedingen. Beispielsweise können Angaben zur Ursache, zur Art und zum Umfang von Risiken oder die detaillierten Angabepflichten zu Ausfall-, Markt- und Liquiditätsrisiken dazu führen, dass Angaben zu Verbriefungen bereitgestellt werden. Inwiefern dabei jedoch tatsächlich auf Verbriefungstransaktionen eingegangen wird, ist vom Ermessen des Unternehmens abhängig. Im Wesentlichen bieten sich dem bilanzierenden Unternehmen zwei Möglichkeiten, entsprechende Angaben bereitzustellen oder zu vermeiden.

Zum einen sind die Angaben häufig nicht auf Ebene einzelner Finanzinstrumente, sondern auf Ebene von Klassen von Finanzinstrumenten vorzunehmen. Voraussetzung für entsprechende Angaben ist somit, dass die einzelnen Finanzinstrumente als eigene Klasse von Finanzinstrumenten geführt werden, wobei die Einteilung in Klassen dem bilanzierenden Unternehmen überlassen ist – und somit auch, ob und wie ausdifferenziert eine solche Einteilung erfolgt.[354] Zum anderen können die im Rahmen der Angabepflichten geforderten qualitativen Informationen vom bilanzierenden Unternehmen so formuliert werden, dass sie (keine) Rückschlüsse auf Risiken im Zusammenhang mit Verbriefungen erlauben. Beispielsweise ist es dem bilanzierenden Unternehmen überlassen, inwiefern es bei

---

352 Die Anwendung von Checklisten zu Anhangangaben hat keinen Einfluss auf dieses Ergebnis, da diese lediglich bestehende Angabepflichten i.d.R. wörtlich wiedergeben. Für eine solche Checkliste vgl. Ballwieser/Paarz (2011), S. 1115-1182. Allerdings ist das Ergebnis auch vor dem Hintergrund zu sehen, dass Angabepflichten nach IFRS generell eher allgemein formuliert sind.

353 Die dabei festgestellten Ergebnisse lassen sich auf alle anderen Angabepflichten übertragen.

354 Vgl. hierzu Lüdenbach (2011a), S. 1694, Rz. 286; von Oertzen (2009), S. 155-156, Rz. 208-209. Die Klassenbildung muss jedoch mindestens zwischen zum beizulegenden Zeitwert und zu fortgeführten Anschaffungskosten bilanzierten Finanzinstrumenten unterscheiden. Vgl. IAS 32.55 bzw. IFRS 7.B2.

Angaben zu Ausfallrisiken einen Bezug zu Verbriefungstransaktionen darstellen will. Werden derartige qualitative Informationen nicht bereitgestellt, besteht für Bilanzadressaten häufig keine Möglichkeit, Informationen zu Verbriefungen zu erhalten – es sei denn, ein solcher Bezug geht aus den einzelnen (Klassen von) Finanzinstrumenten bereits selbst hervor.[355]

Das bilanzierende Unternehmen hat somit stets zwischen diesen beiden Möglichkeiten einerseits und den Informationsanforderungen andererseits – beispielsweise, dass gemäß IFRS 7.31 Art und Ausmaß aller Risiken anzugeben sind, denen das Unternehmen zum Abschlussstichtag ausgesetzt ist – abzuwägen. Wenig hilfreich ist, dass über Ermessensentscheidungen zu berichten ist, da die Offenlegung des Ermessens selbst ermessensbehaftet ist. Auf welche Art und Weise das bilanzierende Unternehmen letztendlich den Angabepflichten gerecht wird, wird von dessen individueller Berichtspolitik abhängen.[356] Zu dieser Schlussfolgerung gelangt auch Struffert im Rahmen der von ihm vorgenommenen Analyse der Angabepflichten zu Verbriefungen: So können „einige der in den betrachteten Rechtskreisen enthaltenen und zumeist recht abstrakten Berichtspflichten […] zwar grundsätzlich eine sachgerechte Information der Adressaten über die Verbriefung gewährleisten, entscheidend ist dabei aber die Umsetzung durch die Bilanzierenden."[357]

(3) Zuletzt ist fraglich, inwiefern sich die Veränderungen der Angabepflichten über die Jahre 2005 bis 2010 auf den Informationsausweis zu Verbriefungstransaktionen ausgewirkt haben. Die in den vorherigen Absätzen aufgezeigte grundsätzliche Problematik, dass es letztendlich den bilanzierenden Unternehmen überlassen ist, ob und welche Informationen sie zu Verbriefungen bereitstellen, hat sich über die Jahre nicht verändert. Im Detail zeigen sich jedoch Änderungen,

---

355 Bspw. können finanzielle Garantien – alleine oder als eigene Klasse von Finanzinstrumenten – Angaben zu den einzelnen Risikoarten bedingen. Hieraus wird jedoch nicht ersichtlich sein, ob die finanziellen Garantien einen Bezug zu Verbriefungen aufweisen. Um ein solches Verständnis zu ermöglichen, wären vielmehr weitere, qualitative Informationen erforderlich. Lediglich bei ABS oder ABCP, bei denen ein Bezug zu Verbriefungen unmittelbar gegeben ist, enthalten die Angaben an sich bereits entsprechende Informationen. In solchen Fällen können somit auch quantitative Angaben Informationen zu Verbriefungstransaktionen liefern, während dies in allen anderen Fällen ausschließlich durch qualitative Angaben gelingen kann.

356 Einschränkende Wirkung auf eine allzu „unvollständige" Berichterstattung zu Verbriefungen könnte allerdings das Enforcement der Rechnungslegung haben. Allgemein zum Enforcement vgl. Bockmann (2012), insb. S. 93-197.

357 Struffert (2006), S. 197.

die grundsätzlich eher eine Zunahme an Informationen zu Verbriefungen erwarten lassen. Dies ist vor allem auf die Einführung von IFRS 7 zurückzuführen, der den Anwendungsbereich von Angaben zu Finanzinstrumenten erweitert hat.[358] Neben einer Veränderung der Angabepflichten können darüber hinaus die über den Untersuchungszeitraum veränderten Rahmenbedingungen Auswirkungen auf den Informationsausweis haben. Aufgrund der Finanzmarktkrise mussten viele Annahmen, die einen Einfluss darauf haben, ob Angaben vorzunehmen sind, revidiert werden. Beispielsweise kam es zu einer Neubeurteilung von Risiken: Risiken, die zuvor (gewollt) als unwesentlich klassifiziert wurden, ließen sich nun unter Umständen nicht mehr so einfach als unwesentlich rechtfertigen. Ein weiteres Beispiel ist die Einschätzung der Wahrscheinlichkeit eines Ressourcenabflusses in Verbindung mit IAS 37: Galt ein solcher vor der Krise als (sehr) unwahrscheinlich, war dieser danach unter Umständen als wahrscheinlich zu beurteilen. In beiden Fällen wären (zusätzliche) Angaben die Konsequenz. Ob diesen Angaben jedoch ein unmittelbarer Bezug zu Verbriefungen zu entnehmen ist, ist wiederum fraglich.

5.4. Fazit

Ziel dieses Kapitels war es herauszuarbeiten, welchen Angabepflichten zu Verbriefungen Unternehmen vor, während und nach der Finanzmarktkrise unterlagen. Hierfür wurden alle im vorherigen Kapitel identifizierten Standards betrachtet und die einzelnen Angabepflichten, die Informationen zu Verbriefungen bedingen können, detailliert dargestellt. Eine solche ausführliche Vorgehensweise war erforderlich, um aufzuzeigen, welche spezifischen Angabepflichten von Relevanz sein können und ob diese tatsächlich zu Informationen zu Verbriefungen führen.

Es hat sich gezeigt, dass die dargestellten Angabepflichten grundsätzlich in der Lage sind, Angaben zu Verbriefungen zu bedingen. Ob deshalb Informationen zu Verbriefungstransaktionen resultieren, ist jedoch fraglich: Dies kann, muss aber nicht der Fall sein. Zum einen können Angaben zu Verbriefungen generell mit Verweis auf deren Unwesentlichkeit vermieden werden. Zum anderen liegt es im Ermessen des bilanzierenden Unternehmens, ob es durch entsprechende Informationen einen Bezug zu Verbriefungstransaktionen darstellt.

358 Bspw. ist die Berichterstattung im Vergleich zu IAS 32 nicht mehr auf einzelne Risikoarten beschränkt. Vgl. auch Paarz (2007), S. 367.

Bieten Angabepflichten einen solchen Interpretationsspielraum, ist die Publizität als freiwillig zu qualifizieren.[359] Ob und welche Informationen Unternehmen zu Verbriefungen bereitstellen, ist deshalb davon abhängig, welche Anreize Unternehmen haben, hierzu freiwillig Informationen auszuweisen. Spieltheoretische Modelle sind im Kontext der externen Rechnungslegung geeignet, Publizitätsanreize von Unternehmen zu untersuchen.[360] Ausgangspunkt dieser Modelle stellt regelmäßig das unraveling-Prinzip dar, das als Grundlage für die meisten Erklärungen eines freiwilligen Ausweisverhaltens dient.[361] Obwohl das unraveling-Prinzip bereits vielfach in der Literatur dargestellt wurde,[362] scheint eine erneute Diskussion des Prinzips geboten, um zu klären, inwiefern die dem Prinzip zugrunde liegenden Annahmen bei einem freiwilligen Informationsausweis zu Verbriefungen aufrechtzuerhalten sind. Mit Blick auf die empirische Untersuchung des Verfassers scheint eine derartige Analyse zudem geeignet, weitere Rückschlüsse auf das Berichtsverhalten von Unternehmen – möglicherweise in Form von Hypothesen – zu erhalten.

---

359 Vgl. Wagenhofer/Ewert (2007), S. 326, 394. Auch im Rahmen rechtlicher Publizitätsvorschriften spielt (freiwillige) Publizitätspolitik somit eine Rolle.

360 Vgl. Dobler (2004), S. 47.

361 Vgl. Wagenhofer/Ewert (2007), S. 361. Das unraveling-Prinzip geht auf Arbeiten von Milgrom (1981) und Grossman (1981) zurück, die es auf Informationsasymmetrien zwischen Verkäufer und Käufer hinsichtlich der Qualität von Konsumgütern anwendeten. Anwendung auf ein freiwilliges Ausweisverhalten fand das Prinzip durch Dye, der es als „dislosure principle“ bezeichnete. Grundlage aller Anwendungsmöglichkeiten des unraveling-Prinzips stellt das sog. „lemons principle“ von Akerlof (1970) dar. Vgl. Wagenhofer (1990), S. 19; Sifi (2010), S. 29, Fn. 216; Dobler (2004), S. 50, Fn. 300; Dye (1985), S. 124, 127; Milgrom (1981), S. 380-391; Grossman (1981), S. 461-483; Akerlof (1970), S. 489-492.

362 Vgl. statt vieler Wagenhofer/Ewert (2007), S. 329-378.

6. Anreize für einen freiwilligen Informationsausweis

6.1. Vollständiger Informationsausweis

Beim unraveling-Prinzip handelt es sich um ein Prinzip der wiederholten Strategierevision. Dabei wird die Informationsasymmetrie zwischen dem bilanzierenden Unternehmen und den Bilanzadressaten mithilfe eines unvollständigen Spiels[363] erfasst, für dessen „Lösung" sequentielle Gleichgewichte betrachtet werden. Diese setzen sich aus einer Ausweisstrategie des bilanzierenden Unternehmens und strategischen Reaktionen der Bilanzadressaten zusammen.[364] Die Entscheidung des bilanzierenden Unternehmens, Informationen zu veröffentlichen oder nicht, hat somit einen Einfluss auf Aktionen der Bilanzadressaten, deren Folgen wiederum Auswirkungen auf das bilanzierende Unternehmen haben.[365] Kennzeichnend ist, dass beide Parteien jeweils eine beste Antwort auf die Strategien der anderen Spieler bilden.[366] Da das unraveling-Prinzip – angewendet auf ein freiwilliges Ausweisverhalten – in einer vollständigen Offenlegung aller privaten Informationen mündet, kann es in diesem Zusammenhang auch als Prinzip der vollständigen Offenlegung bezeichnet werden.[367] Dem unraveling-Prinzip liegen insbesondere die folgenden Annahmen zugrunde:[368]

(1) Es entstehen keine Publizitätskosten, etwa durch Beschaffung oder Ausweis der Information.
(2) Das Unternehmen ist im Besitz einer wertrelevanten Information und die Bilanzadressaten wissen, dass es über eine solche Information verfügt.

---

363 Unvollständige Spiele werden oft auch als Spiele mit asymmetrischer Information bezeichnet. Entscheidendes Merkmal ist, dass das bilanzierende Unternehmen bessere Informationen hat als die Bilanzadressaten. Vgl. Wagenhofer (1990), S. 10.

364 Vgl. Wagenhofer (1990), S. 18-19.

365 Vgl. Wagenhofer (1990), S. 8.

366 Vgl. Wagenhofer (1990), S. 18.

367 Vgl. Dye (1985), S. 124, 127; Sifi (2010), S. 29.

368 Vgl. Sifi (2010), S. 30 m.w.N.; Dobler (2004), S. 50; Wagenhofer (1990), S. 18, 20-26, 32; Kuhner (1998), S. 182; Wagenhofer/Ewert (2007), S. 329-330. Eine Zeitperspektive wird beim unraveling-Prinzip i.d.R. nicht formalisiert, kann allerdings eine Implikation des Prinzips darstellen.

(3) Die Bilanzadressaten sind rational, das heißt sie antizipieren in ihren Entscheidungen die Anreize des Unternehmens, strategisch Informationen zu veröffentlichen.
(4) Das Ziel des Managements ist es, in der betrachteten Periode den Unternehmenswert zu maximieren.
(5) Alle ausgewiesenen Informationen sind verifizierbar und entsprechen der Wahrheit.

Zu Beginn des Spiels existiert eine Situation symmetrischer Information. Im Gegensatz zu den Bilanzadressaten steht dem Unternehmen ein Informationssystem zur Verfügung, das Informationen über das Unternehmen liefern kann. Dabei ist es dem Unternehmen überlassen, ob es von dem Informationssystem Gebrauch macht. Ignoriert das Unternehmen daraus resultierende Informationen, kann das Unternehmen nichts ausweisen und die symmetrische Ausgangslage bleibt bestehen. Erwirbt das Unternehmen hingegen die Informationen – was annahmegemäß der Fall ist – entsteht eine asymmetrische Informationsverteilung. Als Ausweisstrategie kann das bilanzierende Unternehmen zwischen einem Ausweis oder einem Nichtausweis der Information wählen.[369]

Weist das bilanzierende Unternehmen die Information nicht aus, müssen die Bilanzadressaten zur Entscheidungsfindung Erwartungen über die verschwiegene Information bilden. Diese entsprechen ihren a-priori-Erwartungen. Da das bilanzierende Unternehmen diese Überlegungen nachvollziehen kann, wird es nur dann eine Information ausweisen, wenn diese günstiger ist als das, was durch die a-priori-Erwartungen der Bilanzadressaten ausgedrückt wird. Dabei wird eine Information als günstiger bezeichnet, wenn sie zu Entscheidungen der Bilanzadressaten führt, deren Folgen für das bilanzierende Unternehmen günstiger sind. Folglich wird das bilanzierende Unternehmen durch eine entsprechende Ausweispolitik versuchen, die Entscheidungen der Adressaten zu seinen Gunsten zu beeinflussen.[370]

Allerdings erkennen die Bilanzadressaten, dass das bilanzierende Unternehmen nur dann einen Anreiz hat, eine Information zu veröffentlichen, wenn diese günstiger ist als der Durchschnittswert bzw. die a-priori-Erwartungen. Veröffentlicht das Unternehmen keine Information, können sie folglich daraus schließen, dass die tatsächliche Information ungünstig sein muss. Als Konsequenz revidieren die Bilanzadressaten ihre a-priori-Erwartungen auf den Durchschnittswert der nicht veröffentlichten Informationen. Das bilanzierende Unternehmen sieht sich dadurch wiederum veranlasst,

369 Vgl. Wagenhofer (1990), S. 20.
370 Vgl. Wagenhofer (1990), S. 18; Wagenhofer/Ewert (2007), S. 330; Dobler (2004), S. 50.

seine Ausweisstrategie an die geänderten Erwartungen anzupassen. Es hat nun einen Anreiz, solche Informationen auszuweisen, die zwar ungünstiger als der a-priori-Erwartungswert aber günstiger als der neue Erwartungswert sind. Dieser Zug wird erneut von den Bilanzadressaten antizipiert, der neue Erwartungswert sinkt weiter und das bilanzierende Unternehmen hat dadurch einen Anreiz, noch mehr Informationen zu veröffentlichen. Dieser Revisionsprozess von Erwartungen und Ausweisentscheidungen geht so lange weiter, bis das Unternehmen sämtliche Informationen ausweist und die Bilanzadressaten vollständig informiert sind.[371]

Für den Fall, dass ein Unternehmen überraschenderweise dennoch nichts ausweist, bilden die Bilanzadressaten skeptische Erwartungen über die nicht ausgewiesene Information. Skeptische Erwartungen deshalb, weil diese Erwartung als die denkbar ungünstigste aller Informationen aus Sicht des Unternehmens – beispielsweise eine drohende Insolvenz – festgelegt wird. Dadurch hat das bilanzierende Unternehmen einen Anreiz, alle Informationen mit Ausnahme der ungünstigsten offenzulegen, um die Bilanzadressaten zu überzeugen, dass die tatsächliche Information günstig ist. Da die Bilanzadressaten bei einem Nichtausweis genau wissen, dass das Unternehmen die denkbar ungünstigste Information besitzen muss, kann das bilanzierende Unternehmen diese genauso ausweisen.[372]

In einer Situation, in der das bilanzierende Unternehmen wertrelevante Informationen besitzt und die Bilanzadressaten dies wissen, setzt sich das einzige Gleichgewicht somit aus (1) einer Ausweisstrategie, jede Information sofort nach Erhalt zu veröffentlichen, sowie (2) skeptischen Erwartungen der Bilanzadressaten für den Fall, dass nicht veröffentlicht wird, zusammen.[373] Überträgt man diese Situation auf Verbriefungen, würden Unternehmen folglich sämtliche ihnen diesbezüglich zur Verfügung stehenden (privaten) Informationen veröffentlichen. Die Anwendung des Prinzips der vollständigen Offenlegung auf Informationen zu Verbriefungen ist sachgerecht, da dessen Gültigkeit weder von der Art noch von der zugrunde liegenden Wahrscheinlichkeitsverteilung einer Information abhängig ist. Auch ist die Gültigkeit des Prinzips unabhängig von den Erwartungen der Marktteilnehmer bezüglich des Unternehmenswerts – lediglich eine monotone Zielerreichung ist erforderlich.[374]

---

371 Vgl. Wagenhofer (1990), S. 18-19; Wagenhofer/Ewert (2007), S. 330-333; Dobler (2004), S. 50.

372 Vgl. Wagenhofer (1990), S. 19; Wagenhofer/Ewert (2007), S. 332-333; Dobler (2004), S. 50-51.

373 Vgl. Wagenhofer/Ewert (2007), S. 332.

374 Vgl. Wagenhofer/Ewert (2007), S. 332-333, 361. Eine monotone Zielerreichung bedeutet, dass der Unternehmenswert in Abhängigkeit der Information monoton zu- oder abnimmt. Vgl. Wagenhofer/Ewert (2007), S. 333.

Das Ergebnis eines vollständigen Ausweises aller privaten Informationen ist in der Realität jedoch nicht zu beobachten. Stattdessen kommt es nur zu einem teilweisen Ausweis der Informationen.[375] Dass das unraveling-Prinzip dennoch zu einem Ausweis sämtlicher Informationen führt, liegt in den engen und realitätsfernen Annahmen begründet, die dem Prinzip zugrunde liegen.[376] In der Literatur findet man Modelle, die aufbauend auf diesem Prinzip durch eine Lockerung der Annahmen den in praxi beobachtbaren Teilausweis erklären können.[377] Diese Modelle werden im Folgenden dargestellt. Von besonderem Interesse ist dabei, ob eine Lockerung der Annahmen bei Informationen zu Verbriefungen sachgerecht ist und welche Anreize sich daraus ergeben, freiwillig Informationen zu Verbriefungen bereitzustellen.[378]

6.2. Teilweiser Informationsausweis

6.2.1. Publizitätskosten

Annahme (1) unterstellt, dass der Ausweis von Informationen mit keinen Kosten verbunden ist. In der Realität fallen jedoch Publizitätskosten an. Spieltheoretische Modelle, die den Einfluss der Publizitätskosten auf die Ausweisstrategie eines Unternehmens betrachten, unterscheiden zwischen exogenen und endogenen Publizitätskosten.[379] Exogene Ausweiskosten fallen unabhängig von der Antwortstrategie der Spieler in gleicher Höhe an. Sie können fix oder abhängig von der publizierten Information, folglich variabel, sein.[380] Endogene Ausweiskosten hängen hingegen von den Entscheidungen der Bilanzadressaten und somit von deren Antwortstrategie auf den Ausweis bzw. Nichtausweis einer Information ab, wozu neben dem bilanzierenden Unternehmen ein weiterer Spieler, üblicherweise ein Konkurrent, zu modellieren ist.[381]

375 Vgl. Wagenhofer/Ewert (2007), S. 334.
376 Vgl. Sifi (2010), S. 30; Dobler (2004), S. 51; Wagenhofer (1990), S. 32.
377 Vgl. Sifi (2010), S. 30 m.w.N.
378 Für ein vergleichbares Vorgehen im Zusammenhang mit Informationen zur Finanzmarktkrise vgl. Dobler (2010), S. 99.
379 Vgl. Dobler (2004), S. 77.
380 Vgl. Dobler (2004), S. 74; Kuhner (1998), S. 196. Bspw. kann vorgegeben werden, dass bei Nichtausweis immer fixe Kosten anfallen müssen. Vgl. Wagenhofer (1990), S. 85.
381 Vgl. Wagenhofer (1990), S. 85; Dobler (2004), S. 74; Kuhner (1998), S. 196.

Während spieltheoretische Modelle zwischen exogenen und endogenen Ausweiskosten differenzieren, können Ausweiskosten anhand ihrer Entstehung auch in direkte und indirekte Kosten unterschieden werden.[382] Direkte Kosten der Publizität sind Kosten der Publikation selbst sowie Kosten der Verifikation.[383] Indirekte Kosten sind Kosten, die nur mittelbar dem Ausweis der Information zurechenbar sind, weil bestimmte Bilanzadressaten – beispielsweise Konkurrenten – die Informationen zu ihrem eigenen Vorteil und zum Schaden des bilanzierenden Unternehmens nutzen.[384] Der Bezug von direkten und indirekten zu exogenen und endogenen Ausweiskosten kann wie folgt verstanden werden: Direkte Ausweiskosten sind regelmäßig exogen, während indirekte Publizitätskosten als Spezialfall endogener Kosten zu interpretieren sind.[385]

Im Zusammenhang mit Verbriefungen können direkte Ausweiskosten für das bilanzierende Unternehmen zum Beispiel durch die Beschaffung und Aufbereitung von Daten entstehen. Beispielsweise ist in Fällen, in denen mehrere Parteien an einer Verbriefungsgesellschaft beteiligt sind, eine ausführliche Datengrundlage notwendig, um eine Konsolidierungspflicht beurteilen zu können – ein Vorgang, der neben technischen und persönlichen Ressourcen auch Zeit erfordert und deshalb mit Kosten verbunden ist. Für die Bilanzadressaten können direkte Ausweiskosten dadurch entstehen, dass sie die Daten beschaffen und verarbeiten müssen. Zum Beispiel ist es für Bilanzadressaten häufig schwierig, Sachverhalte zu identifizieren und zu interpretieren, die einen Bezug zu Verbriefungen aufweisen. Indirekte Ausweiskosten können für das bilanzierende Unternehmen resultieren, wenn die Offenlegung mit nachteiligen Reaktionen der Bilanzadressaten verbunden ist. Beispielsweise kann der Ausweis von Risiken im Zusammenhang mit Verbriefungen dazu führen, dass sich Kapitalgeber aus dem Unternehmen zurückziehen oder ihre Kapitalkosten erhöhen.[386]

Das Grundmodell mit exogenen Ausweiskosten ist auf Verrecchia (1983) zurückzuführen. Ausgangspunkt ist, dass das bilanzierende Unternehmen eine perfekte Information über dessen Unternehmenswert erhält. Die Bilanzadressaten

---

382 Vgl. Dobler (2004), S. 77. Bei direkten und indirekten Ausweiskosten ist zudem zwischen Kosten für das bilanzierende Unternehmen und Kosten für die Bilanzadressaten zu unterscheiden. Vgl. Dobler (2004), S. 77.

383 Vgl. Wagenhofer/Ewert (2007), S. 334; Wagenhofer (1990), S. 61; Dobler (2004), S. 78-81.

384 Vgl. Wagenhofer (1990), S. 61; Dobler (2004), S. 81-91.

385 Vgl. Wagenhofer (1990), S. 61, 85; Dobler (2004), S. 77, Fn. 409.

386 Vgl. hierzu, allerdings ohne Bezug zu Verbriefungstransaktionen, Dobler (2004), S. 77-91.

wissen über die Existenz der Information, nicht aber über deren Inhalt Bescheid.[387] Wird die Information ausgewiesen, fallen annahmegemäß fixe Publizitätskosten an, während bei Nichtausweis keine Kosten entstehen.[388] Eine weitere Annahme ist, dass der Ausweis stets wahrheitsgemäß zu erfolgen hat.[389] Aufgrund der Existenz von Publizitätskosten wird das bilanzierende Unternehmen nur dann Informationen veröffentlichen, wenn sich dadurch Vorteile ergeben, die die Publizitätskosten übersteigen. Bei einem Nichtausweis wissen die Bilanzadressaten trotz skeptischer Erwartungen nicht, ob die Information nicht publiziert wurde, weil (1) das bilanzierende Unternehmen ungünstige Informationen über den Unternehmenswert erhalten hat oder (2) die Informationen zwar günstig sind, allerdings nicht günstig genug, um die Publizitätskosten zu übersteigen. Dies führt zu einem von den Bilanzadressaten akzeptierten Nichtausweisbereich, der umso größer ist, je höher die Kosten sind.[390] Publizitätskosten können somit einem vollständigen Ausweis der Informationen entgegenstehen.[391]

Anstatt wie bisher perfekte Information über den Unternehmenswert zu unterstellen, lockert Verrecchia (1990) diese Annahme, indem er imperfekte Informationen erlaubt.[392] Er kann zeigen, dass umso mehr Informationen freiwillig ausgewiesen werden, je präziser diese sind. Der Grund hierfür liegt darin, dass sich der akzeptierte Nichtausweisbereich reduziert, da das Zurückhalten von qualitativ hochwertigen Informationen von den Bilanzadressaten durch einen im Vergleich zu einem Ausweis der Informationen erhöhten Abschlag auf den Unternehmenswert „bestraft“ werden würde.[393] Da das bilanzierende Unternehmen über die Auswirkungen von Verbriefungstransaktionen auf den Unternehmenswert eher

387 Vgl. Verrecchia (1983), S. 183.

388 Vgl. Verrecchia (1983), S. 181.

389 Vgl. Verrecchia (1983), S. 185.

390 Vgl. Verrecchia (1983), S. 190-191; Sifi (2010), S. 31 m.w.N.

391 Dass eine Offenlegung sämtlicher verfügbaren Informationen nicht erfolgen muss, zeigt sich auch, wenn man statt fixen variable exogene Ausweiskosten betrachtet. Vgl. hierzu Dobler (2004), S. 75; Wagenhofer (1990), S. 62-66.

392 Vgl. Verrecchia (1990), S. 366-369. Imperfekte Informationen ermöglichen Aussagen über die Qualität einer Information. Die Qualität wird dabei durch die Präzision einer Information modelliert, was in der Literatur ein häufiges Vorgehen darstellt. Umso präziser eine Information ist, desto höher ist ihre Qualität. Da sich die Präzision einer Information in der Varianz des Störterms widerspiegelt, kann sie – bei unterstellter Normalverteilung – durch den Kehrwert der Varianz erfasst werden. Vgl. Sifi (2010), S. 32, Fn. 233; Verrecchia (1990), S. 366. Kritisch zu diesem Vorgehen vgl. Sifi (2010), S. 33.

393 Vgl. Verrecchia (1990), S. 375-376; Sifi (2010), S. 32.

unpräzise Informationen besitzt, wäre daher ein geringerer Informationsausweis zu erwarten.[394]

Endogene Ausweiskosten resultieren aufgrund von Entscheidungen der Bilanzadressaten, die wiederum von der Ausweisstrategie des bilanzierenden Unternehmens abhängen.[395] Konstruiert werden endogene Ausweiskosten üblicherweise durch Markteintritts- oder Produktionsentscheidungen von Konkurrenten als Reaktion auf die beobachtbare Ausweisstrategie des bilanzierenden Unternehmens.[396] Um die Auswirkungen auf das freiwillige Ausweisverhalten beurteilen zu können, ist zwischen latenter und bestehender Konkurrenzgefahr zu unterscheiden. Bei latenter Konkurrenzgefahr ist die Offenlegung von Informationen davon abhängig, wie stark die Konkurrenzgefahr ist. Je höher diese ist, desto mehr wird ausgewiesen.[397] Bei bestehender Konkurrenzsituation kommt es hingegen grundsätzlich zu einem vollständigen Ausweis der Information. Nur, wenn das Unternehmen Interessenkonflikten unterliegt, kann ein teilweiser oder vollständiger Nichtausweis der Information glaubwürdig sein.[398] Aufgrund der je nach Modell- und Parameterspezifikation unterschiedlichen Ergebnisse können jedoch keine allgemeinen Aussagen auf Basis der Modelle zu endogenen Ausweiskosten getroffen werden.[399] Folglich lassen sich auch für endogene Ausweiskosten im Zusammenhang mit Informationen zu Verbriefungen und den daraus resultierenden Auswirkungen auf den Informationsausweis keine eindeutigen Schlussfolgerungen ziehen.

Dass Publizitätskosten im Zusammenhang mit Verbriefungstransaktionen anfallen, haben die obigen Ausführungen gezeigt. Inwiefern sich diese jedoch auf das Ausweisverhalten des bilanzierenden Unternehmens auswirken, ist aufgrund der teils engen Annahmen und Defizite der dargestellten Modelle abschließend

394 Vgl. für dieselbe Schlussfolgerung im Zusammenhang mit immateriellen Vermögenswerten Sifi (2010), S. 33.

395 Vgl. Sifi (2010), S. 33 m.w.N.

396 Vgl. Dobler (2004), S. 75.

397 Vgl. Wagenhofer/Ewert (2007), S. 350-357, 361. Somit können Erwartungen, dass eine hohe Konkurrenzgefahr den Ausweis günstiger Informationen reduziert, tendenziell nicht gestützt werden. Dies kann intuitiv damit begründet werden, dass bei sehr hoher Konkurrenzgefahr eine Abwehr der Konkurrenz nahezu unmöglich ist und somit relativ zu den Vorteilen einer Offenlegung der Information an Bedeutung verliert. Vgl. Wagenhofer/Ewert (2007), S. 356, 361.

398 Vgl. Wagenhofer/Ewert (2007), S. 361-362. Interessenkonflikte können bspw. darin begründet sein, dass das Unternehmen den Markteintritt eines Konkurrenten verhindern, gleichzeitig aber seinen Unternehmenswert maximieren will. Vgl. Wagenhofer/Ewert (2007), S. 360.

399 Vgl. Dobler (2004), S. 75; Sifi (2010), S. 35; Dye (2001), S. 223.

nicht zu beantworten.[400] Allerdings lassen nahezu sämtliche Modelle erkennen, dass Publizitätskosten Auswirkungen auf das Ausweisverhalten haben. Insbesondere Modelle zu exogenen Kosten zeigen, dass ein Ausweis sämtlicher Informationen nicht zu erwarten ist. Da im Zusammenhang mit Angaben zu Verbriefungen sowohl exogene als auch endogene Ausweiskosten relevant sein können, ist nicht davon auszugehen, dass Unternehmen einen Anreiz haben, alle verfügbaren Informationen auszuweisen.

6.2.2. Unsicherheit über den Besitz einer Information

Annahme (2) unterstellt, dass das bilanzierende Unternehmen eine wertrelevante Information besitzt und die Bilanzadressaten dies wissen. Insbesondere bei Verbriefungen scheint diese Annahme jedoch fraglich. Wahrscheinlicher ist, dass sich Bilanzadressaten nicht sicher sind, ob das bilanzierende Unternehmen im Besitz einer Information ist. Aufbauend auf dem Ansatz von Dye (1985) enwickelten Jung/Kwon (1988) das für spätere Forschungen zentrale Grundmodell einer solchen Situation.[401] Ausgangspunkt ist, dass die Bilanzadressaten nicht beobachten können, ob und welche – annahmegemäß perfekten – Informationen das bilanzierende Unternehmen über den Unternehmenswert erhalten hat. Einzig die a-priori-Wahrscheinlichkeit, mit der das Unternehmen Informationen erhält, ist den Bilanzadressaten bekannt. Dem Unternehmen ist es nicht möglich, glaubhaft zu versichern, dass es keine Informationen erhalten hat.[402]

Die Bilanzadressaten erkennen ex ante, dass eine der folgenden drei Situationen möglich ist: (1) Das bilanzierende Unternehmen hat keine Information erhalten. Aufgrund der Annahme, dass die Verbreitung von unwahren Informationen ausgeschlossen ist, weist das Unternehmen keine Informationen aus. (2) Das bilanzierende Unternehmen hat eine Information erhalten, veröffentlicht diese aber nicht und (3) das Unternehmen ist im Besitz einer Information und weist diese aus.[403] Alle drei Situationen sind bei Informationen zu Verbriefungstransaktionen denkbar. Situation (1) kann beispielsweise daher rühren, dass das bilanzierende Unternehmen aufgrund der Komplexität derartiger Transaktionen nicht weiß, dass

---

400 Vgl. Dobler (2004), S. 76.

401 Vgl. Dye (1985), S. 127-130; Jung/Kwon (1988), S. 146-153; Dobler (2004), S. 61-62; Sifi (2010), S. 36.

402 Vgl. Dye (1985), S. 127-128; Jung/Kwon (1988), S. 148; Dobler (2004), S. 61-62; Sifi (2010), S. 36.

403 Vgl. Jung/Kwon (1988), S. 148; Wagenhofer/Ewert (2007), S. 338.

eine gewährte Liquiditätszusage in Anspruch genommen zu werden droht und es deshalb Risiken im Zusammenhang mit Verbriefungen ausgesetzt ist. Da folglich keine neuen privaten Informationen vorliegen, kann es auch keine ausweisen. In Situation (2) weiß das Unternehmen, dass es solchen Risiken ausgesetzt ist, veröffentlicht diese aber nicht, weil es ungünstige Reaktionen der Bilanzadressaten fürchtet. Hingegen würde das bilanzierende Unternehmen in Situation (3) eine solche Information ausweisen.

Werden keine Informationen ausgewiesen, kann dies somit zum einen darauf zurückzuführen sein, dass die Informationen aufgrund ihres ungünstigen Inhalts bewusst verschwiegen werden, oder zum anderen, dass keine Informationen vorliegen.[404] Da die Bilanzadressaten nicht zwischen diesen beiden Situationen unterscheiden können, wäre die Erwartung, bei Nichtausweis die ungünstigste Information anzunehmen, im Gleichgewicht nicht gerechtfertigt. Vielmehr kann das informierte Unternehmen aufgrund der Unsicherheit der Bilanzadressaten über die Existenz einer Information im Gleichgewicht eine ungünstige Information erfolgreich verschweigen. Gewissermaßen kann es sich hinter der Möglichkeit verstecken, keine Information zu haben.[405] Letztendlich ist der Nichtausweisbereich umso größer, je stärker die Vermutung der Bilanzadressaten ist, dass das bilanzierende Unternehmen keine Informationen besitzt.[406] Dies suggeriert, dass je größer die Unsicherheit darüber ist, ob das Unternehmen eine Information erhalten hat, desto weniger Informationen werden freiwillig ausgewiesen.[407] Weiterhin lässt sich mithilfe des Modells zeigen, dass ungünstige Informationen im Vergleich zu günstigen Informationen erst mit einer gewissen Verzögerung veröffentlicht werden.[408]

Überträgt man die Ergebnisse auf Informationen zu Verbriefungen, kann festgehalten werden, dass aufgrund der dabei bestehenden Unsicherheit – ob Situation (1) oder Situation (2) vorliegt – die Annahme eines vollständigen Ausweises aller Informationen nicht angebracht ist. Da jedoch nicht festgestellt werden kann, wie stark die Vermutung der Bilanzadressaten ist, dass das bilanzierende Unternehmen keine Informationen zu Verbriefungen besitzt, kann der Umfang des Nichtausweisbereichs nicht bestimmt werden. Zuletzt dürfte auch das Ergebnis, dass ungünstige Informationen im Vergleich zu günstigen mit einer Verzögerung veröffentlicht werden, bei Verbriefungen – insbesondere im Zusammenhang mit Risiken – von

404 Vgl. Dye (1985), S. 127; Jung/Kwon (1988), S. 148.
405 Vgl. Wagenhofer/Ewert (2007), S. 340.
406 Vgl. Wagenhofer/Ewert (2007), S. 340.
407 Vgl. Sifi (2010), S. 36.
408 Vgl. Jung/Kwon (1988), S. 151; auch Wagenhofer/Ewert (2007), S. 340-342.

Bedeutung sein. Allerdings würde eine empirische Überprüfung dieses Umstandes voraussetzen, dass der Zeitpunkt, zu dem die Information dem bilanzierenden Unternehmen erstmalig vorlag, bekannt ist. Ein solches Wissen würde jedoch eine Einsicht in unternehmensinterne Informationen voraussetzen, die nicht möglich ist.

Die Ergebnisse des Modells von Jung/Kwon sind mit Vorsicht zu interpretieren. Als nicht überzeugend wirkt beispielsweise die Annahme, dass das bilanzierende Unternehmen zwar den Erhalt, nicht aber den Nichterhalt einer Information glaubhaft vermitteln kann. Ein Unternehmen, das keine Information erhalten hat, hätte einen Anreiz, einen solchen Umstand glaubhaft zu kommunizieren: Die a-priori-Erwartung der Bilanzadressaten über den Unternehmenswert, wenn das Unternehmen glaubhaft vermitteln kann, keine Information erhalten zu haben, ist ceteris paribus höher als die posteriori-Erwartung, wenn das Unternehmen schweigt und die Bilanzadressaten nicht wissen, ob es informiert ist oder nicht. Da dies im Interesse des bilanzierenden Unternehmens ist, wird es entsprechende Maßnahmen ergreifen, um seinen Informationsstand glaubhaft vermitteln zu können.[409] Eine glaubhafte Vermittlung des Nichterhalts einer Information wäre möglich, wenn darauf explizit im Anhang oder Lagebericht – als prüfungspflichtige Instrumente des Geschäftsberichts – hingewiesen werden würde.[410] Wäre ein solches Signalisieren ohne Kosten möglich, könnten die Bilanzadressaten von einem Nichtausweis eindeutig auf das Vorliegen einer ungünstigen Information schließen. Dies würde wiederum zu einem vollständigen Ausweis der Information im Sinne des unraveling-Prinzips führen.[411] Im Zusammenhang mit Verbriefungen könnte hieraus gefolgert werden, dass Unternehmen, die keine Informationen zu Verbriefungstransaktionen haben – weil sie beispielsweise nicht in derartige Transaktionen involviert sind – einen Anreiz haben, auf diesen Umstand im Anhang oder Lagebericht hinzuweisen. Besondere Relevanz hätte dies für Banken, bei denen man aufgrund ihrer Geschäftstätigkeit grundsätzlich Verbriefungsaktivitäten erwarten würde.

Während die bisherigen Ausführungen perfekte Informationen unterstellt haben, weicht Penno (1997) von dieser Annahme ab, indem er auch unpräzise Informationen über den Unternehmenswert erlaubt. Er zeigt, dass unter bestimmten Annahmen Unternehmen umso häufiger freiwillig Informationen zur Verfügung stellen, je geringer die Präzision der Informationen, folglich deren Qualität ist. Auch zeigen seine Ergebnisse, dass eine höhere Unsicherheit über den Informationsstand des

---

409 In Anlehnung an die von Dobler genannte Kritik am Modell von Jorgensen/Kirschenheiter (2000). Vgl. Dobler (2004), S. 59.

410 Vgl. Wagenhofer/Ewert (2007), S. 342; Sifi (2010), S. 37.

411 Vgl. Dobler (2004), S. 59, Fn. 337.

Unternehmens nicht generell zu mehr Offenlegung führt.[412] Im Zusammenhang mit Verbriefungen ist insbesondere der von ihm betrachtete Fall von Interesse, wenn die Wahrscheinlichkeit, dass das Unternehmen eine präzise Information erhält, annahmegemäß geringer ist als die Wahrscheinlichkeit, eine unpräzise Information zu erhalten. Umso unpräziser die Information dabei ist, desto größer ist der freiwillige Informationsausweis – ein Umstand, der dem Modellergebnis von Verrecchia (1990) widerspricht. Da das bilanzierende Unternehmen regelmäßig unpräzise Informationen über Verbriefungen besitzt, insbesondere zu daraus resultierenden Risiken, wüsste man folglich nicht, ob man mehr (Penno) oder weniger (Verrecchia) Informationen erwarten würde.[413]

6.2.3. Keine Rationalität der Bilanzadressaten

Das unraveling-Prinzip unterstellt gemäß Annahme (3), dass alle Bilanzadressaten die Anreize des bilanzierenden Unternehmens, strategisch Informationen auszuweisen, in ihrem Entscheidungskalkül berücksichtigen.[414] Wahrscheinlicher ist jedoch, dass Bilanzadressaten Informationen unterschiedlich aufnehmen und unterschiedlich – unter Umständen nicht rational – interpretieren. Folglich könnten sich auch die Anreize des bilanzierenden Unternehmens unterschiedlich bei den Entscheidungen der Bilanzadressaten niederschlagen. Dem bilanzierenden Unternehmen ist es deshalb nicht möglich, die Reaktion der Bilanzadressaten auf seine Ausweisstrategie abzuschätzen. Als Konsequenz kann aus Sicht des Unternehmens nur ein teilweiser Informationsausweis angebracht sein.[415]

Dye (1998) modelliert diesen Umstand, indem er zwischen informierten (rationalen) und nicht informierten (naiven) Bilanzadressaten unterscheidet. Informierte Bilanzadressaten bilden skeptische Erwartungen über den Nichtausweis von Informationen. Sie können unterscheiden, ob ein Unternehmen keine Informationen ausweist, weil es diese nicht hat oder weil es diese nicht ausweisen will. Nicht informierte Bilanzadressaten haben keine skeptischen Erwartungen. Sie nehmen den Nichtausweis wörtlich und können diesen nicht interpretieren.[416] Je höher die Wahrscheinlichkeit ist, dass Bilanzadressaten nicht informiert sind, umso weniger

412 Vgl. Penno (1997), S. 276-280. Vgl. auch Dobler (2004), S. 62; Sifi (2010), S. 38.
413 Vgl. Sifi (2010), S. 38.
414 Vgl. Wagenhofer/Ewert (2007), S. 329; Wagenhofer (1990), S. 20.
415 Vgl. Dye (1998), S. 261; Sifi (2010), S. 39.
416 Vgl. Dye (1998), S. 261, 265-266; Wagenhofer/Ewert (2007), S. 339; Sifi (2010), S. 40.

Nachteile hat das bilanzierende Unternehmen durch einen Nichtausweis zu befürchten. Folglich wird das bilanzierende Unternehmen umso weniger Informationen freiwillig ausweisen, je höher es den Anteil von nicht informierten Bilanzadressaten schätzt.[417] Lockert man die Annahme der Rationalität, ist ein vollständiger Ausweis von Information demnach nicht länger gewährleistet.

Allerdings wird in praxi nicht ersichtlich sein, welche Bilanzadressaten das bilanzierende Unternehmen als informiert oder nicht informiert einschätzt.[418] Die Vermutung eines hohen Anteils an informierten Investoren würde bedeuten, dass das Unternehmen davon ausgeht, dass viele Bilanzadressaten unterscheiden können, ob ein Unternehmen keine Informationen offenlegt, weil es diese nicht hat oder weil es diese nicht offenlegen will. Ob eine solche Vermutung im Zusammenhang mit Informationen zu Verbriefungen zutreffend ist, darf bezweifelt werden. Da beim bilanzierenden Unternehmen selbst häufig nur wenige Personen mit den Details von Verbriefungstransaktionen vertraut sind, ist es sehr unwahrscheinlich, dass Bilanzadressaten Zugang zu derartigen unternehmensinternen Vorgängen haben.[419] Eine Ausnahme stellen lediglich Bilanzadressaten dar, die zusammen mit dem bilanzierenden Unternehmen in Verbriefungen involviert sind oder diesem bei der Konstruktion solcher Transaktionen geholfen haben, und deshalb eine derartige Unterscheidung vornehmen können.[420] Da alle anderen Bilanzadressaten zu einer solchen differenzierten Betrachtung nicht in der Lage sind, ist bei Verbriefungen größtenteils von uninformierten Adressaten und folglich von einem großen Nichtausweisbereich auszugehen.

6.2.4. Weitere Zielsetzungen des Managements

Auswirkungen auf das Ausweisverhalten kann auch eine Lockerung von Annahme (4) haben, dass das Ziel des Managements in der Maximierung des Unternehmenswerts

---

417 Vgl. Dye (1998), S. 262, 275; Sifi (2010), S. 40.

418 Vgl. auch Sifi (2010), S. 40.

419 Bei der Aufarbeitung des Bilanzskandals von Enron hat sich bspw. gezeigt, dass nur eine geringe Anzahl von Mitarbeitern über Enrons Transaktionen mit Zweckgesellschaften informiert war. Vgl. Batson (2003), S. 23-24; Ammons/Brazelton (2002), S. 35. Zu Gemeinsamkeiten zwischen Enron und der Finanzmarktkrise vgl. Gryshchenko (2010), S. 45.

420 Bspw. waren bei Enron zahlreiche Banken bei der Konstruktion der Transaktionen mit Zweckgesellschaften beteiligt. Diese wussten größtenteils über den schädlichen Charakter der Transaktionen Bescheid. Vgl. Batson (2003), S. 51-85.

gesehen wird. Eine solche Lockerung ist legitim, da in praxi Situationen beobachtbar sind, in denen das Management ein Interesse an einem geringen Unternehmenswert haben kann. Regelmäßig ist dies bei einem Aktienrückkauf oder einem Management Buyout der Fall.[421] Modelltheoretisch kann gezeigt werden, dass die Unsicherheit darüber, welches Ziel der Manager letztendlich verfolgt, zu einem nur teilweisen Informationsausweis führen kann.[422]

Ob andere Zielsetzungen als die Maximierung des Unternehmenswerts im Zusammenhang mit Verbriefungen plausibel sind, ist jedoch fraglich. Zwar ist es denkbar, dass durch eine entsprechende Gestaltung von Verbriefungstransaktionen auch eine Reduktion des Unternehmenswerts angestrebt werden kann,[423] realistisch scheint ein solches Szenario aber nicht. Vielmehr stellen die Reduktion von Risiken sowie der Zugang liquider Mittel durch die Veräußerung von Vermögenswerten an die Verbriefungsgesellschaft zentrale Motive für eine Verbriefungstransaktion dar; beide Sachverhalte tragen ceteris paribus zu einer Maximierung des Unternehmenswerts bei. Anreize, Informationen aufgrund einer anderen Zielsetzung (nicht) auszuweisen, sind deshalb nicht zu erwarten.

6.2.5. Nicht verifizierbare Information

In den vorangegangenen Abschnitten wurde gemäß Annahme (5) unterstellt, dass der Ausweis von Informationen stets verifizierbar ist und wahrheitsgemäß zu erfolgen hat. Zumindest für von Wirtschaftsprüfern testierte Instrumente des Geschäftsberichts sollte man annehmen, dass der Wahrheitsgehalt der darin veröffentlichten Informationen gewährleistet ist und Täuschungen ausgeschlossen sind.[424] Dem ist jedoch nicht so: Zum einen haben Bilanzskandale wie Enron gezeigt, dass Wirtschaftsprüfer manipulierte Bilanzen nicht verhindern konnten, teilweise sogar selbst bei der Manipulation von Informationen beteiligt waren.[425] Zum anderen entspricht es grundsätzlich nicht der Eigenart einer Prüfung zu gewährleisten, dass der Ausweis von Informationen völlig wahrheitsgemäß erfolgt. Dies liegt darin

---

421 Vgl. Wagenhofer/Ewert (2007), S. 343; auch Ronen/Yaari (2008), S. 110-112.

422 Vgl. hierzu Wagenhofer/Ewert (2007), S. 343-346; Einhorn (2007), S. 245-263.

423 Bspw. kann durch ein umfangreiches Stellen von Credit Enhancements das Risiko (gewollt) erhöht werden, was ceteris paribus zu einem geringeren Unternehmenswert führen würde.

424 Vgl. Wagenhofer/Ewert (2007), S. 369.

425 Vgl. Ballwieser (2003), S. 10. Für eine Darstellung von Ursachen von Bilanzskandalen und daraus resultierenden Konsequenzen vgl. Ballwieser/Dobler (2003), S. 449-466.

begründet, dass viele Angabepflichten auf Ermessensentscheidungen beruhen oder Prognosen erfordern – Sachverhalte, die aufgrund ihrer Eigenart nicht verifizierbar sind. Beispielsweise ist nicht nachprüfbar, ob das bilanzierende Unternehmen bei der Klassifikation einer Information als (un)wesentlich exakt seine subjektiven Erwartungen zugrunde gelegt hat und diese somit wahrheitsgemäß (nicht) erfolgt ist. Noch deutlicher zeigt sich dieses Problem bei der Überprüfung des Wahrheitsgehalts von Prognosen, da dies nicht einmal ex post möglich ist.[426] Bei nicht verifizierbaren Informationen handelt es sich um Informationen, bei denen die Prüfung des Wahrheitsgehalts nicht möglich ist oder mit sehr hohen Kosten verbunden ist.[427] Im Zusammenhang mit Informationen zu Verbriefungstransaktionen sehen sich die Bilanzadressaten überwiegend mit nicht verifizierbaren Informationen konfrontiert: Die Analyse der Angabepflichten zu Verbriefungen in Kapitel 5 hat gezeigt, dass Angaben hierzu im Ermessen des bilanzierenden Unternehmens liegen, folglich nicht verifizierbar sind.

Nicht verifizierbare Informationen können Auswirkungen auf die Ausweisstrategie eines Unternehmens haben. Da die Bilanzadressaten wissen, dass das Unternehmen eine nicht verifizierbare Information nicht wahrheitsgemäß ausweisen muss, müssten sie konsequenter Weise sämtliche nicht verifizierbaren Informationen ignorieren, sobald sie beim Unternehmen einen Anreiz vermuten, bestimmte Informationen gegenüber anderen bevorzugt auszuweisen. Nur so können sie eine Täuschung durch derartige Informationen verhindern. Nicht verifizierbare Informationen haben daher keinen Informationsgehalt, die Bilanzadressaten treffen ihre Entscheidungen auf Basis ihrer a-priori-Erwartungen.[428] Die Ausweisstrategie des Unternehmens wird dadurch irrelevant, da die optimale Reaktion der Bilanzadressaten darin besteht, die Information zu ignorieren. Folglich kommt es zu keinem freiwilligen Informationsausweis. Dies ist auch dann der Fall, wenn das Unternehmen wahrheitsgetreu berichtet, da die Bilanzadressaten eine solche Situation nicht von einer Situation unterscheiden können, in der das bilanzierende Unternehmen lügt. Das Ignorieren nicht verifizierbarer Informationen bildet ein Gleichgewicht, das in der Literatur als „babbling"-Gleichgewicht bezeichnet wird.[429] Empirische

---

426 Vgl. Wagenhofer/Ewert (2007), S. 369-370.

427 Vgl. Wagenhofer/Ewert (2007), S. 372. Nicht verifizierbare Informationen sind stets auch nicht verifizierte Informationen. Können Bilanzadressaten den Wahrheitsgehalt einer Information nicht überprüfen, ist das Wissen, dass die Information nicht verifiziert wurde, ausreichend – unabhängig davon, ob diese grundsätzlich verifizierbar ist oder nur nicht verifiziert wurde. Vgl. Wagenhofer/Ewert (2007), S. 372.

428 Vgl. Wagenhofer/Ewert (2007), S. 372.

429 Vgl. Wagenhofer/Ewert (2007), S. 372-373; Sifi (2010), S. 41.

Ergebnisse widersprechen allerdings einem „babbling"-Gleichgewicht. So zeigt sich, dass Bilanzadressaten auch nicht verifizierbare Informationen berücksichtigen; die Ausweisstrategie des bilanzierenden Unternehmens scheint folglich (doch) nicht irrelevant zu sein.[430] Mehrere Erklärungsansätze werden hierfür angeführt:

Nicht verifizierte Informationen können glaubwürdig vermittelt werden, wenn das bilanzierende Unternehmen bei seiner Ausweisentscheidung einem Zielkonflikt unterliegt. Beispielsweise will es gleichzeitig einem Bilanzadressaten (z.B. Investor) eine Information zukommen lassen, einem anderen (z.B. Konkurrent) hingegen nicht.[431] Aufgrund der konfliktären Ausweisanreize kommt es bei einem Abweichen der veröffentlichten Informationen vom wahren Wert zu endogenen Ausweiskosten, wodurch sich der Anreiz für das bilanzierende Unternehmen, nicht wahrheitsgetreu zu berichten, reduziert.[432] Zur formalen Analyse von Gleichgewichten bieten sich einperiodige Cheap-talk-Modelle[433] an. Zwei zentrale Ergebnisse lassen sich diesen Modellen entnehmen: (1) Es existiert stets ein Nichtausweisgleichgewicht, ein vollständiger Ausweis sämtlicher privater Informationen findet nicht statt. (2) Das Unternehmen kann aufgrund der konfliktären Ziele private Informationen glaubwürdig kommunizieren, wenn es sie unpräzise ausweist. Dies kann beispielsweise durch Intervallangaben, die Angabe von Ober- und Untergrenzen oder qualitative Angaben erfolgen.[434] Dabei zeigt sich, dass vor

---

430 Vgl. z.B. Penman, der Kursreaktionen am Kapitalmark aufgrund von Gewinnprognosen beobachten konnte und daraus folgert, dass derartige Prognosen für Kapitalmarktteilnehmer relevante Infomationen enthalten. Vgl. Penman (1980), S. 154; Wagenhofer/Ewert (2007), S. 373.

431 Vgl. Wagenhofer/Ewert (2007), S. 374; Dobler (2004), S. 94 m.w.N.; Gigler (1994), S. 224-225.

432 Vgl. Sifi (2010), S. 42.

433 Cheap-talk-Modelle betrachten Aussagen, die beliebig gemacht werden, nicht verifizierbar sind und keine direkten Kosten verursachen. Zudem beeinflussen sie die Akteure nicht unmittelbar, sondern allenfalls mittelbar über die aufgrund der Aussagen getroffenen Entscheidungen. Einzig an den Auswirkungen solcher Entscheidungen ist das bilanzierende Unternehmen interessiert. Vgl. Wagenhofer/Ewert (2007), S. 375; Dobler (2004), S. 93-94 m.w.N.; Verrecchia (2001), S. 143-144 m.w.N.; Farrell/Rabin (1996), S. 104; Dobler (2008), S. 186 m.w.N.

434 Vgl. Wagenhofer/Ewert (2007), S. 374-377; Dobler (2004), S. 100; Sifi (2010), S. 41-43 m.w.N.; auch Dobler (2008), S. 194-195 m.w.N.; Verrecchia (2001), S. 158-160. Grundlegend hierzu Crawford/Sobel (1982), S. 1431-1450, darauf aufbauend z.B. Newman/Sansing (1993), S. 92-112; Gigler (1994), insb. S. 224-226, 233-236; Wagenhofer (2000), insb. S. 63-65.

allem der Ausweis von ungünstigen Informationen in einem eher breiteren Intervall zu erfolgen hat, wenn diese als glaubwürdig wahrgenommen werden sollen.[435] Das empirisch zu beobachtende Ergebnis, dass ungünstige Prognosen tendenziell unpräziser ausgewiesen werden als günstige,[436] kann folglich auch anhand von analytischen Modellen veranschaulicht werden.[437]

Auch im Mehrperiodenkontext können Cheap-talk-Modelle eine Erklärung dafür liefern, dass nicht-verifizierbare Informationen für Bilanzadressaten relevant sein können.[438] Unternehmen können im Laufe der Zeit eine Reputation für einen wahrheitsgemäßen Ausweis aufbauen. Bestätigt sich ex post der Wahrheitsgehalt der veröffentlichten Informationen, steigt das Vertrauen in die Qualität der Informationen, wodurch die Reaktionen der Bilanzadressaten auf veröffentlichte Informationen zunehmen.[439] Bei Reputationsverlust drohen hingegen Sanktionen, die den Nutzen des bilanzierenden Unternehmens negativ beeinflussen können.[440] Zwar kann modelltheoretisch gezeigt werden, dass dadurch im Gleichgewicht ein vollständiger Ausweis privater, nicht verifizierbarer Informationen erreicht werden kann, allerdings gelingt dies nur unter sehr engen Annahmen.[441]

Das Instrument des Signaling stellt ebenfalls eine Möglichkeit dar, nicht verifizierbare Informationen glaubwürdig zu übermitteln. Hierfür erstellt das bilanzierende Unternehmen ein Signal, durch das den Bilanzadressaten implizit vermittelt wird, dass die veröffentlichte Information der Wahrheit entspricht. Allerdings ist das Signal nur glaubwürdig, wenn im Fall, dass die Information falsch ist, für das Unternehmen ein Nachteil resultiert. Dabei muss ein solcher Nachteil größer sein als der Vorteil, der sich für den Fall ergibt, dass die Information von den Bilanzadressaten geglaubt wird.[442]

Ein gewisses Maß an Glaubwürdigkeit erhalten nicht verifizierbare Informationen auch dadurch, dass diese nicht vollständig losgelöst von anderen, im Geschäftsbericht enthaltenen Informationen gegeben werden können. Plausibilitätsüberlegungen können ihre Aussagekraft einschränken. Dies ist der Grund,

---

435 Vgl. Dobler (2004), S. 101.

436 Vgl. Skinner (1994), S. 48-50.

437 Vgl. Dobler (2004), S. 101.

438 Vgl. Dobler (2008), S. 195-196 m.w.N.; Stocken (2000), S. 359-361.

439 Vgl. Wagenhofer/Ewert (2007), S. 373; Stocken (2000), S. 368-371. Für eine kritische Würdigung des Modells von Stocken vgl. Dobler (2004), S. 105-107.

440 Vgl. Sifi (2010), S. 43; Stocken (2000), S. 369-370.

441 Vgl. Dobler (2004), S. 107; Sifi (2010), S. 44 m.w.N.

442 Vgl. Wagenhofer/Ewert (2007), S. 288-289, 374; Sifi (2010), S. 43; Ross (1979), S. 185-186.

warum das bilanzierende Unternehmen nicht verifizierbare Informationen nur innerhalb einer Bandbreite manipulieren kann.[443]

Zuletzt wird die Manipulationsgefahr nicht verifizierbarer Informationen durch strafrechtliche Konsequenzen eingeschränkt. Stellt sich heraus, dass das Management bewusst nicht wahrheitsgemäße Informationen veröffentlicht hat, um die Bilanzadressaten zu täuschen, kann dies zu einer Klage gegen das Unternehmen und das Management führen.[444] Hieraus lässt sich für das bilanzierende Unternehmen ein Anreiz ableiten, auch nicht verifizierbare Informationen wahrheitsgetreu auszuweisen, mit der Folge, dass Bilanzadressaten diese nicht zwingend ignorieren.[445]

Die verschiedenen Erklärungsansätze, dass auch nicht verifizierbare Informationen von Bilanzadressaten berücksichtigt werden und Auswirkungen auf das Ausweisverhalten haben, lassen sich auf Angaben zu Verbriefungen übertragen. Beispielsweise sind die im Zusammenhang mit einperiodigen Cheap-talk-Modellen genannten Zielkonflikte auch bei Informationen zu Verbriefungstransaktionen denkbar. So könnten Angaben, dass das bilanzierende Unternehmen nicht auf dem amerikanischen Verbriefungsmarkt aktiv ist, Investoren vermitteln, dass das Unternehmen entsprechenden Risiken nicht ausgesetzt ist. Konkurrenten könnten die Angaben hingegen zeigen, dass das Unternehmen keine Umsätze auf einem eventuell lukrativen Markt generiert, und dazu veranlassen, selbst über einen Markteintritt nachzudenken. Als Konsequenz könnten Informationen zu Verbriefungen unpräzise erfolgen.

6.3. Weitere Anreize

6.3.1. Ausweiseffekte anderer Unternehmen

Die Offenlegung anderer Unternehmen kann Auswirkungen auf die Publizität des bilanzierenden Unternehmens haben. Häufig ähnelt sich das Publikationsverhalten von Unternehmen stark, insbesondere innerhalb derselben Branche. Beginnt beispielsweise ein Unternehmen, eine bestimmte Information zusätzlich auszuweisen, ahmen andere Unternehmen dieses Verhalten häufig nach, indem sie ebenfalls entsprechende Informationen veröffentlichen. Man spricht in diesem Zusammenhang

443 Vgl. Wagenhofer/Ewert (2007), S. 374; Moxter (1962), S. 209.
444 Vgl. auch Wagenhofer/Ewert (2007), S. 374; Ballwieser/Dobler (2003), S. 450-453.
445 Vgl. Wagenhofer/Ewert (2007), S. 374, 394.

von einem Herdenverhalten.[446] In Bezug auf Informationen zu Verbriefungen würde man deshalb erwarten, dass Unternehmen – insbesondere derselben Branche – in ähnlicher Art und Weise zu Verbriefungstransaktionen informieren. Für ein solches Verhalten finden sich vor allem drei Erklärungen:

(1) Die imitierenden Unternehmen haben bis zu dem Zeitpunkt, zu dem ein anderes Unternehmen eine Information ausweist, nicht daran gedacht, eine solche Information auszuweisen. Der Grund hierfür könnte sein, dass sie einer solchen Information bisher kein Interesse von Seiten der Bilanzadressaten beigemessen haben.[447]

(2) Die Informationen, die verschiedene Unternehmen besitzen, können korreliert sein. Besitzt ein Unternehmen günstige Informationen, ist es wahrscheinlich, dass auch andere Unternehmen günstige Informationen haben. Durch den Ausweis einer Information können Bilanzadressaten somit auch etwas über andere Unternehmen lernen, was wiederum einen Einfluss auf deren Ausweisstrategie haben kann.[448] Dye/Sridhar können modelltheoretisch zeigen, dass Unternehmen nur dann eine Information ausweisen, wenn bereits zu einem früheren Zeitpunkt hinreichend viele andere Unternehmen Informationen ausgewiesen haben. Der Effekt ist umso stärker, je höher die Wahrscheinlichkeit ist, dass der Informationserhalt zwischen den Unternehmen perfekt korreliert ist.[449] Darüber hinaus deutet das Ergebnis der empirischen Untersuchung von Lev/Penman darauf hin, dass auch die Inhalte der Informationen von Unternehmen derselben Branche miteinander korrelieren, ein Herdenverhalten folglich eher für branchenspezifische anstatt für unternehmensindividuelle Informationen zu erwarten ist.[450]

(3) Eine eng mit der vorherigen verbundene, weitere Erklärung ist, dass durch den Ausweis eines Unternehmens sich auch die Erwartungen der Bilanzadressaten

---

446 Vgl. Wagenhofer/Ewert (2007), S. 346. Bspw. haben sich, nachdem die Citibank 1987 den Umfang von uneinbringlichen Krediten an Dritte-Welt-Länder veröffentlicht hat, auch viele andere Banken für einen solchen Ausweis entschieden. Vgl. Dye/Sridhar (1995), S. 157, m.w.N.; Wagenhofer/Ewert (2007), S. 347.

447 Vgl. Wagenhofer/Ewert (2007), S. 346.

448 Vgl. Wagenhofer/Ewert (2007), S. 346-347. Man spricht in diesem Zusammenhang auch von externen Effekten der Publizität. Vgl. Wagenhofer/Ewert (2007), S. 347.

449 Vgl. Dye/Sridhar (1995), S. 160-164; Dobler (2004), S. 63-64; Sifi (2010), S. 39; ähnlich Wagenhofer/Ewert (2007), S. 347-349.

450 Vgl. Lev/Penman (1990), S. 72-74; Wagenhofer/Ewert (2007), S. 348-349; Sifi (2010), S. 39.

hinsichtlich des Ausweises anderer Unternehmen ändern können. Beispielsweise kann es den Bilanzadressaten dadurch erst in den Sinn kommen, dass auch andere Unternehmen im Besitz solcher Informationen sein sollten. Als Folge darauf bilden die Bilanzadressaten gegenüber den nicht ausweisenden Unternehmen skeptische Erwartungen, da sie sich fragen, warum diese solche Informationen nicht veröffentlichen. Dadurch können sich die anderen Unternehmen wiederum veranlasst sehen, ihre Ausweisstrategie zu ändern.[451]

6.3.2. Ausweisstetigkeit

Zwar gibt es für freiwillige Angaben im Geschäftsbericht kein gesetzliches Stetigkeitsprinzip, faktisch ergibt sich ein solches jedoch aus den Wünschen der Bilanzadressaten.[452] Bilanzadressaten können das (unbegründete) Weglassen von Informationen, die in Geschäftsberichten der Vorjahre erfolgten, als Versuch einer Verschleierung interpretieren. Würde das bilanzierende Unternehmen beispielsweise im Vergleich zum Vorjahr auf Informationen zu Risiken im Zusammenhang mit Verbriefungen gänzlich verzichten, könnten Bilanzadressaten darauf skeptisch reagieren. Für bereits getätigte Informationen ist es deshalb grundsätzlich schwer, den Umfang der Offenlegung im Nachhinein zu reduzieren.[453]

Modelltheoretisch kann gezeigt werden, welche Auswirkungen eine Ausweisstetigkeit auf den freiwilligen Informationsausweis hat. Dabei kommt vor allem dem erstmaligen Ausweis einer Information eine besondere Bedeutung zu. Weist ein Unternehmen erstmalig eine Information aus, erwarten die Bilanzadressaten auch in den Folgeperioden entsprechende Informationen. Würde in den Folgeperioden kein Ausweis erfolgen, würden die Adressaten skeptische Erwartungen bilden, was zu einem vollständigen Informationsausweis führen würde. Ein Nichtausweis in den Folgeperioden wäre deshalb für das Unternehmen unvorteilhaft. Da das Unternehmen dies antizipiert, wird es in der Ausgangsperiode nur dann ausweisen, wenn es sich um eine sehr günstige Information handelt. Die Ausweisstetigkeit führt somit in allen Perioden zu einem relativen Absinken des freiwilligen Informationsausweises, da sich die Hürde für einen positiven Effekt des Informationsausweises über die Zeit erhöht. Ist eine solche Hürde jedoch erst einmal genommen, greift die Ausweisstetigkeit und es werden mehr

451 Vgl. Wagenhofer/Ewert (2007), S. 347.
452 Vgl. Wagenhofer/Ewert (2007), S. 392.
453 Vgl. Wagenhofer/Ewert (2007), S. 392-393.

Informationen ausgewiesen.[454] Eine Ausnahme besteht, wenn das bilanzierende Unternehmen glaubhaft vermitteln kann, dass es sich um eine einmalige Information handelt, wie etwa bei außergewöhnlichen Sachverhalten. Nur dann stellt eine Ausweisentscheidung eine singuläre Entscheidung dar.[455] Im Zusammenhang mit Angaben zu Verbriefungen wäre deshalb zu erwarten, dass einmalige Informationen entsprechend kommuniziert werden.

6.4. Fazit

Ziel der Auseinandersetzung mit Anreizen für einen freiwilligen Informationsausweis war es, insbesondere vor dem Hintergrund der empirischen Untersuchung, weitere Rückschlüsse auf das Berichtsverhalten von Unternehmen zu Verbriefungen zu erhalten. Die Ausführungen haben gezeigt, dass ein Ausweis sämtlicher Informationen zu Verbriefungen aufgrund der realitätsfernen Annahmen des unraveling-Prinzips nicht zu erwarten ist. Auch wäre ein vollständiger Informationsausweis empirisch nicht überprüfbar,[456] da hierfür als Vergleichsmaßstab sämtliche (privaten) Informationen zu Verbriefungen bekannt sein müssten, folglich unternehmensinterne Daten über den tatsächlichen Informationsstand des Managements vorliegen müssten. Aus demselben Grund ist auch die empirische Überprüfung des Umfangs des Nichtausweisbereichs und somit eines nur teilweisen Informationsausweises nicht möglich: Erneut müsste als Vergleichsmaßstab der vollständige, potenziell mögliche Informationsausweis bekannt sein.

Auch weitere, im Zusammenhang mit einer Lockerung der Annahmen des unraveling-Prinzips festgestellte Ergebnisse sind für eine empirische Analyse der Angaben zu Verbriefungen nicht verwertbar. Ein Beispiel ist die im Rahmen der Unsicherheit der Bilanzadressaten über den Besitz einer Information gemachte Feststellung, dass ungünstige Informationen im Vergleich zu günstigen mit einer gewissen Verzögerung ausgewiesen werden. Eine empirische Überprüfung würde voraussetzen, dass der Zeitpunkt, zu dem die Informationen dem bilanzierenden Unternehmen erstmalig vorlagen, bekannt ist – was, aufgrund nicht vorhandener internen Informationen, jedoch nicht der Fall ist.

Einige der Ergebnisse erlauben hingegen Rückschlüsse auf den Informationsausweis zu Verbriefungen, die auch im Rahmen der empirischen Untersuchung

454 Vgl. Wagenhofer/Ewert (2007), S. 393-394.
455 Vgl. Wagenhofer/Ewert (2007), S. 393.
456 Vgl. auch Wagenhofer (1990), S. 28.

berücksichtigt werden könnten. So könnte man untersuchen, ob – wie aufgrund der Unsicherheit der Bilanzadressaten über den Besitz einer Information zu vermuten ist – Unternehmen, die keine Informationen zu Verbriefungen besitzen, auf diesen Umstand explizit in Form von Angaben hinweisen. Weitere Implikationen können sich aus dem Ergebnis einperiodiger cheap-talk-Modelle ergeben: Sofern Unternehmen beim Ausweis nicht verifizierbarer Informationen einem Zielkonflikt unterliegen, was bei Verbriefungen häufig der Fall ist, können Informationen glaubwürdig kommuniziert werden, wenn sie unpräzise ausgewiesen werden. Da unpräzise Informationen vor allem qualitative Angaben und präzise Informationen eher quantitative Angaben darstellen, kann dieser Umstand als Anreiz interpretiert werden, Informationen vermehrt qualitativ anstatt quantitativ auszuweisen. Ferner hat sich gezeigt, dass der Ausweis von unpräzisen Informationen vor allem bei ungünstigen Prognosen erfolgt. Im Zusammenhang mit Verbriefungen sind jedoch nicht nur Prognosen, sondern aufgrund bestehender Ermessensspielräume sämtliche Informationen nicht verifizierbar. Deshalb ist zu vermuten, dass generell über Sachverhalte, die für das Unternehmen (potenziell) von Nachteil sind, unpräziser – und folglich in Form von qualitativen Angaben – berichtet wird als über (potenziell) günstige Sachverhalte.[457]

Weitere empirisch verwertbare Rückschlüsse auf das Berichtsverhalten zu Verbriefungen können die Ausführungen zu Ausweiseffekten anderer Unternehmen und zur Ausweisstetigkeit liefern. Zwischen dem Publikationsverhalten verschiedener Unternehmen bestehen Interdependenzen. Unternehmen – insbesondere derselben Branche – legen häufig ein Herdenverhalten zu Tage, indem sie ähnliche Informationen ausweisen. Folglich ist zu vermuten, dass auch Unternehmen zu Verbriefungen in ähnlicher Art und Weise informieren. Ebenfalls Rückschlüsse erlauben die Ausführungen zum Stetigkeitsprinzip. Faktisch existiert ein solches für freiwillige Angaben immer dann, wenn über einen Sachverhalt informiert wurde, bei dem es sich nicht um ein einmaliges Ereignis handelt, sondern vielmehr um einen Sachverhalt, dessen Relevanz auch in zukünftigen Perioden zu erwarten ist. Deshalb ist zu vermuten, dass Unternehmen, für die Verbriefungen und der Ausweis von Informationen hierzu ein einmaliges Ereignis darstellen, explizit auf diesen Umstand hinweisen.

Im weiteren Verlauf der Arbeit soll dargestellt werden, wie Unternehmen tatsächlich über Verbriefungen informiert haben. Dabei soll den in diesem Kapitel

457 Eine solche Schlussfolgerung scheint sachgerecht, da neben Prognosen auch sonstige Informationen zu Verbriefungen, bspw. Informationen zu Risiken, einen Einfluss auf den Unternehmenswert haben.

dargestellten Ergebnissen, die Rückschlüsse auf einen Informationsausweis zu Verbriefungen erlauben, ein besonderer Stellenwert zukommen: Zum einen soll untersucht werden, inwiefern bisherige Studien Aussagen hierzu ermöglichen, zum anderen sollen diese in Form von Hypothesen im Rahmen der eigenen empirischen Untersuchung berücksichtigt werden. In der Literatur lassen sich bisher nur wenige empirische Studien finden, die Angaben im Zusammenhang mit Verbriefungen analysiert haben. Diese sollen im folgenden Kapitel dargestellt und kritisch gewürdigt werden.[458] Ziel ist es, etwaige Schwächen der Beiträge zu identifizieren und weitere Forschungslücken herauszuarbeiten, an denen die eigene empirische Analyse anknüpfen kann.[459]

458 Nach bestem Wissen des Verfassers ist dies das erste Mal, dass in der Literatur auf diese Studien eingegangen wird.

459 Vgl. Wappenschmidt (2009), S. 108.

7. Empirische Befunde zum Informationsausweis zu Verbriefungen

7.1. Die Dissertation von Struffert

7.1.1. Darstellung

Struffert beschäftigt sich mit Verbriefungstransaktionen und Kreditderivaten. Neben finanzwirtschaftlichen und agency-theoretischen Aspekten analysiert er schwerpunktmäßig deren Abbildung in Bilanz, GuV sowie durch Angaben in Geschäftsberichten, wobei der Ausbuchung von Vermögenswerten die zentrale Bedeutung zukommt. Die Abbildung von Verbriefungen erfolgt ausschließlich aus Sicht des Originators, die Abbildung von Kreditderivaten primär aus Sicht des Sicherungsnehmers. Die Analyse der Angaben in Geschäftsberichten erfolgt für Verbriefungstransaktionen und Kreditderivate getrennt, wobei sich der Ablauf der Analyse gleicht.[460]

In einem ersten Schritt untersucht Struffert Angabepflichten nach IFRS, gefolgt von Angabepflichten nach deutschem Handelsrecht und nach Basel II.[461] Wie bereits die eigene Analyse der Angabepflichten zu Verbriefungstransaktionen gezeigt hat, kommt auch Struffert zum Ergebnis, dass diesbezügliche Angaben in Geschäftsberichten vom Ermessen des bilanzierenden Unternehmens abhängen.[462] Die daraus resultierende Unsicherheit, welche Informationen die Bilanzierenden zu Verbriefungstransaktionen bereitstellen, veranlasst ihn, in einem zweiten Schritt einen als Soll-Berichterstattung zu verstehenden Angabenkatalog zu entwickeln. Dieser basiert auf im Rahmen der Auswertung der Angabepflichten gewonnenen Erkenntnissen sowie auf agency-theoretischen und bilanzanalytischen Überlegungen. Zusätzlich beurteilen Fachleute[463] den Angabenkatalog, um

460 Im Folgenden erfolgt eine Fokussierung auf Angaben zu ABS-Transaktionen. Zwar können auch Kreditderivate im Zusammenhang mit Verbriefungen eine Rolle spielen, allerdings betrachtet Struffert diese „isoliert" und nicht vor dem Hintergrund von Verbriefungen.

461 Vgl. Struffert (2006), S. 189-196.

462 Vgl. Struffert (2006), S. 197.

463 Als Fachleute dienen Unternehmen, Wirtschaftsprüfer, Rechtsanwälte, Berater und Analysten.

diejenigen Angaben zu identifizieren, die in praxi als relevant erachtet werden.[464] Die im Katalog enthaltenen Angaben lassen sich vier verschiedenen Bereichen zuordnen. Diese umfassen (1) Angaben zur Ausgestaltung, zum Umfang und zu Zielen der durchgeführten Transaktionen, (2) Angaben zu den im Berichtszeitraum neu durchgeführten Transaktionen, (3) zusammenfassende Angaben zu den im Berichtszeitraum bereits laufenden und neu durchgeführten Transaktionen sowie (4) Angaben für bilanzanalytische Zwecke.[465] Die Ergebnisse der Befragung der Fachleute zeigen, dass diese die einzelnen Angaben hinsichtlich ihrer Relevanz insgesamt recht ähnlich einschätzen, wobei es bei einzelnen Angaben auch zu unterschiedlichen Beurteilungen kommt.[466]

In einem dritten Schritt untersucht Struffert, ob Unternehmen als relevant erachtete Angaben in ihren Geschäftsberichten erbracht haben. Hierzu wertet er Geschäftsberichte der Jahre 2004 bzw. 2004/2005 von Unternehmen aus, die in den Börsensegmenten DAX, MDAX, SDAX, TecDAX und Euro Stoxx 50 notiert sind. Zusätzlich zu einer manuellen Auswertung wurden auch die elektronischen Fassungen der Geschäftsberichte nach bestimmten Stichwörtern[467] untersucht, um alle – laut Struffert weit über die Geschäftsberichte verstreuten – Angaben zu erfassen. Es werden ausschließlich Angaben betrachtet, die sich auf eigene Verbriefungsaktivitäten der Unternehmen beziehen. Nicht berücksichtigt werden Aktivitäten eines Unternehmens in dessen Rolle als Sponsor, Treuhänder, Investor oder Credit-Enhancement-Geber.[468]

Struffert sieht sich bei seiner empirischen Auswertung insbesondere mit zwei Problemen konfrontiert: Zum einen unterscheiden Unternehmen nicht zwischen bereits laufenden und neuen ABS-Programmen, zum anderen fehlen teilweise Informationen, ob die Verbriefungstransaktionen innerhalb oder außerhalb der Bilanz behandelt werden.[469] Aufgrund der damit einhergehenden unsicheren Datenbasis folgert Struffert, dass sich weder ein Scoring-Modell, in das die zuvor

---

464 Vgl. Struffert (2006), S. 197.

465 Vgl. Struffert (2006), S. 198-200. Für eine Darstellung der einzelnen Angaben vgl. Anhang 4.

466 Vgl. Struffert (2006), S. 200-202. Bspw. schätzen Unternehmen Angaben zu „Art und Volumen der gesamten eingesetzten Credit Enhancements“ gegenüber Wirtschaftsprüfern als signifikant weniger wichtig ein.

467 Als Suchbegriffe hat er Zweckgesellschaft, SPE, verbriefte, Verbriefung, special purpose, securitisation, securitization, securitised, securitized und asset backed verwendet. Vgl. Struffert (2006), S. 206, Fn. 707.

468 Vgl. Struffert (2006), S. 206.

469 Vgl. Struffert (2006), S. 206-207.

ermittelten Aussagen zur Relevanz einzelner Angaben einfließen könnten, noch Hypothesentests, die beispielsweise die Abhängigkeit der Angaben von der Branche, finanziellen Kennzahlen oder der Unternehmensgröße analysieren, zur Auswertung der Geschäftsberichte eignen. Vielmehr seien lediglich Tendenzaussagen zur Berichterstattungsqualität möglich.[470] Struffert entscheidet sich dafür, anhand seines Angabenkatalogs zu prüfen, ob die darin enthaltenen Angaben in den Geschäftsberichten zu finden sind. Dabei differenziert er, ob eine Angabe vollständig, teilweise oder nicht vorgenommen wurde.[471] Struffert betrachtet nur Geschäftsberichte von Unternehmen, die aus Gründen der Wesentlichkeit entsprechende Angaben vorzunehmen hatten.[472] Die resultierende Stichprobe besteht aus 19 Unternehmen, von denen jeweils sechs im DAX und MDAX, drei im SDAX und vier im Euro Stoxx 50 gelistet sind.[473]

Die Ergebnisse der Geschäftsberichtsanalyse zeigen, dass die im Angabenkatalog enthaltenen Angaben unterschiedlich häufig in den Geschäftsberichten zu finden sind. Am häufigsten finden sich Angaben zur Art und zum Volumen der verbrieften Aktiva, gefolgt von Angaben, wie sich die Verbriefungstransaktion in der Bilanz und GuV niedergeschlagen hat, Angaben zu den mit Verbriefungstransaktionen verfolgten Zielen, Angaben zu den noch ausstehenden verbrieften Forderungen (getrennt nach on Balance- und off Balance-Strukturen) sowie Angaben über die Transaktionsstruktur und die beteiligten Parteien.[474] Interessant ist, dass mit Ausnahme letztgenannter Angaben sämtliche dieser Angaben auch von den Fachleuten als wichtig eingeschätzt wurden. Gleichzeitig hat die empirische Analyse aber gezeigt, dass viele von den Fachleuten als wichtig eingeschätzte Angaben nicht beobachtet werden konnten. So finden sich beispielsweise nur sehr wenige Angaben zu Credit Enhancements oder zu vom Originator zu tragende

---

470 Vgl. Struffert (2006), S. 207.

471 Vgl. Struffert (2006), S. 207. Für eine vollständige Angabe vergibt Struffert einen Punkt, für eine teilweise Angabe einen halben Punkt und für eine unterlassene Angabe keinen Punkt. Vgl. Struffert (2006), S. 207.

472 Ein nicht wesentlicher – folglich auch nicht berichtspflichtiger – Umfang von Verbriefungstransaktionen liegt laut Struffert vor, wenn (1) Anzeichen bestehen, die einen nicht wesentlichen Umfang derartiger Transaktionen erkennen lassen, (2) das Verbriefungsvolumen geringer als zehn Prozent des gesamten Forderungsvolumens ist oder (3) der Umfang der Verbriefung nicht hinreichend verlässlich bestimmt werden kann. Vgl. Struffert (2006), S. 207.

473 Vgl. Struffert (2006), S. 207.

474 Vgl. Struffert (2006), S. 208-209.

Ausfallrisiken.[475] Darüber hinaus kann Struffert Unterschiede im Berichtsverhalten zwischen den Börsensegmenten feststellen: Mit Ausnahme der Angabe zur Art und zum Volumen der verbrieften Aktiva ist ein in allen Börsensegmenten gleichgerichtetes Publikationsverhalten zu einzelnen Angaben nicht zu beobachten. Folglich lässt sich auch keine Aussage treffen, dass das Berichtsverhalten von Unternehmen eines Börsensegments gegenüber anderen als überlegen anzusehen ist.[476] Aufgrund der Ergebnisse kommt Struffert zum Schluss, „dass die gemachten Angaben derzeit recht oberflächlich und oft wenig aussagekräftig sind."[477] Neben den zuvor erwähnten Problemen erweist sich als besonders nachteilig, „dass mehrere Unternehmen zwar sagen, dass sie von der Verbriefung Gebrauch machen, dann aber keinerlei weitere Informationen geben."[478]

7.1.2. Kritische Würdigung

Die von Struffert vorgenommene Analyse erlaubt erste Aussagen zum Informationsausweis von Unternehmen unterschiedlicher Branchen. Vor dem Hintergrund der in Kapitel 6 vorgenommenen Überlegungen ist insbesondere das für die einzelnen Börsensegmente beobachtete unterschiedliche Angabeverhalten von Interesse, das einen unterschiedlichen Informationsausweis von Unternehmen und somit kein Herdenverhalten vermuten lässt. Allerdings sind die Ergebnisse mit Vorsicht zu interpretieren, da diese nur in einem begrenzten Umfang Rückschlüsse auf das Berichtsverhalten erlauben. Dies ist vor allem auf die Verwendung eines als Soll-Berichterstattung zu verstehenden Angabenkatalogs, auf die Verengung des Untersuchungsgegenstands auf eigene Verbriefungsaktivitäten und auf den geringen Stichprobenumfang zurückzuführen.

Grundsätzlich ist die Aufstellung einer Soll-Berichterstattung im Zusammenhang mit Verbriefungstransaktionen kritisch zu sehen. Indem nur eine endliche Anzahl von Angabemöglichkeiten checklistenartig vorgegeben wird, wird dem Berichtsverhalten und den dabei bestehenden Freiheiten nur begrenzt Rechnung getragen. Dies wiegt umso schwerer, als die Analyse der Angabepflichten in Kapitel 5 gezeigt hat, dass es im Ermessen der bilanzierenden Unternehmen liegt, ob und welche Angaben diese zu Verbriefungen tätigen. Darüber hinaus kann die

475 Vgl. Struffert (2006), S. 208-209.
476 Vgl. Struffert (2006), S. 210-212.
477 Struffert (2006), S. 212.
478 Struffert (2006), S. 212.

Vorgehensweise zur Bestimmung des Angabenkatalogs nicht überzeugen: Zum einen leitet Struffert diesen aus den betrachteten Angabepflichten ab, was – in Anbetracht der zuvor geäußerten Kritik – als fraglich erscheint.[479] Zum anderen wird nicht deutlich, auf welche Art und Weise agency-theoretische und bilanzanalytische Überlegungen bei dessen Erstellung einfließen.[480] Im Ergebnis bleibt festzuhalten, dass es der Auswertung der Angaben an einer wissenschaftlichen Methode fehlt.

Aussagen zum Informationsausweis von Unternehmen zu Verbriefungen sind auch deshalb nur eingeschränkt möglich, da Struffert ausschließlich Angaben zu eigenen Verbriefungsaktivitäten betrachtet. Informationen zu weiteren Rollen neben der des Originators werden nicht berücksichtigt, weshalb nur ein Teil der zu Verbriefungen erbrachten Angaben erfasst wird. Aussagen zum (gesamten) Berichtsverhalten von Unternehmen zu Verbriefungstransaktionen sind auf Basis der Ergebnisse von Struffert folglich nicht möglich.

Zuletzt ist die Aussagekraft der Ergebnisse durch den geringen Stichprobenumfang und den betrachteten Untersuchungszeitraum von nur einem Jahr beschränkt. Die Stichprobe besteht lediglich aus 19 Unternehmen, die in einem wesentlichen Umfang in Verbriefungstransaktionen involviert waren.[481] Auf Ebene der einzelnen Börsensegmente ist der Umfang noch geringer: Auf den DAX und MDAX entfallen jeweils sechs Unternehmen, auf den SDAX drei und auf den Euro Stoxx 50 vier. Von Nachteil ist auch, dass keine Informationen bereitgestellt werden, um welche Unternehmen es sich dabei handelt. So ist beispielsweise denkbar, dass Angaben zu Verbriefungen überwiegend von Unternehmen der Finanzbranche vorgenommen wurden; eine Verallgemeinerung der Angaben auf alle Unternehmen wäre folglich nicht angebracht. Da ferner lediglich Angaben in

479 Grundsätzlich ist dabei auch fraglich, ob sich die von Struffert betrachteten Angabepflichten überhaupt für eine Herleitung anbieten. So überrascht, dass, obwohl im Rahmen der empirischen Untersuchung Geschäftsberichte der Jahre 2004 bzw. 2004/2005 ausgewertet werden, die zu diesem Zeitpunkt noch verpflichtend anzuwendenden Angabepflichten des IAS 30 und IAS 32 nicht bzw. kaum thematisiert werden. Vgl. Struffert (2006), S. 189-192.

480 Vgl. Struffert (2006), S. 197.

481 Nicht überzeugen kann dabei auch das Vorgehen zur Bestimmung eines wesentlichen Umfangs von Verbriefungstransaktionen. Vgl. Struffert (2006), S. 207. Bereits bei den Unternehmen selbst besteht keine einheitliche Auffassung, wann im Zusammenhang mit Verbriefungstransaktionen ein Sachverhalt als wesentlich einzuschätzen ist. Vgl. Struffert (2006), S. 197-198. Eine Einschätzung der Wesentlichkeit auf Basis von Informationen oder Anzeichen in Geschäftsberichten – und somit ohne unternehmensinterne Informationen – scheint deshalb mehr als fraglich. Vgl. Struffert (2006), S. 207.

Geschäftsberichten der Jahre 2004 bzw. 2004/2005 betrachtet wurden, sind auch keine Aussagen zur Entwicklung der Angaben möglich.

7.2. Die Studie der Senior Supervisors Group

7.2.1. Darstellung

Im Oktober 2007 beauftragten die Staats- und Regierungschefs der G7-Staaten und die Zentralbankgouverneure das Financial Stability Forum (FSF),[482] die Ursachen und Schwächen zu untersuchen, die zur Finanzmarktkrise geführt haben, und Empfehlungen zu entwickeln, wie die Stabilität der Märkte und Institutionen künftig erhöht werden kann.[483] Das FSF wiederum ersuchte die Senior Supervisors Group (SSG),[484] die Angaben von 20 amerikanischen und europäischen Finanzunternehmen[485] hinsichtlich bestimmter Engagements, die sich im Zuge der Finanzmarktkrise als besonders risikobehaftet erwiesen haben, zu analysieren.[486]

Gegenstand der Untersuchung waren die zum Geschäftsjahr 2007 in Jahres- und Quartalsberichten, Pressemitteilungen oder in sonstigen öffentlich zugänglichen Publikationen zur Verfügung gestellten Informationen.[487] Die dabei von der

---

482 Das FSF wurde 1999 gegründet und setzt sich aus Vertretern von nationalen Aufsichtsbehörden und Zentralbanken sowie internationalen Institutionen und Gremien, wie dem internationalen Währungsfonds oder dem IASB, zusammen. Aus dem FSF ging im April 2009 das Financial Stability Board (FSB) hervor, weshalb im Folgenden – in Abhängigkeit des betrachteten Zeitpunkts – sowohl vom FSF als auch vom FSB gesprochen wird. Seine Aufgabe besteht darin, Vorschläge für eine bessere Regulierung der Finanzmärkte zu entwickeln, deren Umsetzung zu fördern sowie die Zusammenarbeit von nationalen und internationalen Behörden zu koordinieren. Vgl. FSB (2012a).

483 Vgl. FSF (2008a), S. 1.

484 Die SSG ist ein Gremium, das sich aus verschiedenen nationalen Aufsichtsbehörden zusammensetzt. Vgl. SSG (2008), Cover Letter.

485 Die betrachteten Finanzunternehmen setzten sich aus 15 Banken und fünf Wertpapierhäusern zusammen. Vgl. SSG (2008), S. 1. Im Einzelnen sind diese die Bank of America, Bank of New York Mellon, Barclays, Bear Stearns, BNP Paribas, Citigroup, Commerzbank, Credit Suisse, Deutsche Bank, Goldman Sachs, HSBC, JPMorgan Chase, Lehman Brothers, Merrill Lynch, Morgan Stanley, RBS, Société Générale, State Street, UBS und Wachovia. Vgl. SSG (2008), S. 15.

486 Vgl. SSG (2008), Transmittal Letter.

487 Vgl. SSG (2008), S. 1 und S. 15, Fn. 39. Allerdings wurden nur diejenigen Informationen berücksichtigt, die zum 07.03.2008 öffentlich verfügbar waren. Vgl. SSG (2008), S. 1, Fn. 4.

SSG identifizierten maßgeblichen[488] Angabepraktiken („leading practice disclosures“) wiesen, mit Ausnahme von Angaben zu leveraged-finance-Transaktionen, durchgehend einen Bezug zu Verbriefungen auf und lassen sich in vier Themenfelder untergliedern: Angaben zu Zweckgesellschaften, zu CDO, zu subprime- und Alt-A-Engagements sowie zu CMBS.[489] Jede der identifizierten maßgeblichen Angabepraktiken wurde mindestens von einem der betrachteten Finanzinstitute vorgenommen. Hingegen fanden sich nur wenige Unternehmen, die nahezu sämtliche dieser Angaben erbracht haben.[490] Im Rahmen der Studie wurden die maßgeblichen Angabepraktiken für die jeweiligen Themenfelder dargestellt und diskutiert, wobei auch konkrete Beispiele aus Geschäftsberichten gezeigt wurden.

Eine maßgebliche Angabepraktik im Zusammenhang mit Zweckgesellschaften bestand darin, auf eine Involvierung hinzuweisen und zusammenfassende Informationen zum Engagement bereitzustellen.[491] Dabei wurde zwischen konsolidierten und nicht konsolidierten Zweckgesellschaften unterschieden und es wurden die Umstände genannt, wenn eine außerbilanzielle Behandlung nicht mehr aufrechtzuerhalten war. Auch wurden die Aktivitäten und Größe der Zweckgesellschaft angegeben. Weiterhin wurden die unterschiedlichen Formen von Zweckgesellschaften und die resultierenden maximalen Verlustrisiken beschrieben. Für SIV und ABCP-Conduits konnte zudem festgestellt werden, dass eine Aufschlüsselung der zugrunde liegenden Vermögenswerte nach der Art ihrer Besicherung, ihrem Kreditrating, ihrer geografischen Herkunft und ihrer durchschnittlichen Fälligkeit vorgenommen wurde.[492]

Maßgebliche Angabepraktiken zu CDO beinhalten die Darstellung und Aufschlüsselung des gesamten Engagements, zum Beispiel nach dem Risikogehalt oder den verbrieften Vermögenswerten. Zusätzliche Informationen konnten für CDO beobachtet werden, die aufgrund ihrer zugrunde liegenden Vermögenswerte im besonderen Blickpunkt der Märkte standen. Ferner fanden sich Angaben im Zusammenhang mit erworbenen Credit Enhancements. Regelmäßig wurde die Höhe des CDO-Engagements mit und ohne derartigen Sicherheiten angegeben.

---

488 Als maßgebliche Informationen werden Informationen betrachtet, die sowohl in qualitativer als auch quantitativer Hinsicht am informativsten sind. Vgl. SSG (2008), S. 1, Fn. 3.

489 Vgl. SSG (2008), S. 2-3.

490 Vgl. SSG (2008), S. 1.

491 Bspw. nannten 80% der Finanzunternehmen, dass sie in SIV und/oder ABCP-Conduits involviert sind. Vgl. SSG (2008), S. 16.

492 Vgl. SSG (2008), S. 2, 4, 9-11, 16.

Weitere maßgebliche Angabepraktiken beziehen sich auf die Kreditwürdigkeit und die Bewertung der CDO, wie Abschreibungen und Bewertungsmethoden.[493]

Auch zu Subprime- oder Alt-A-Engagements, die nicht auf CDO, sondern auf RMBS, Derivate oder Credit Enhancements zurückzuführen sind, konnten maßgebliche Angabepraktiken beobachtet werden. Diese beinhalteten vor allem Angaben zur Höhe des Engagements, Sicherungsmaßnahmen und Kreditratings. Darüber hinaus fanden sich Informationen zur Sensitivität der Bewertung von RMBS hinsichtlich Änderungen der zugrunde liegenden Annahmen, untergliedert nach der Qualität der verbrieften Hypotheken.[494]

Neben RMBS zeigten sich auch maßgebliche Angabepraktiken zu CMBS. Dies umfasste vor allem Angaben zur Höhe des Engagements, vor wie auch nach Credit Enhancements, und zu den verbrieften Vermögenswerten, beispielsweise zu Art oder geografischer Herkunft.[495]

7.2.2. Kritische Würdigung

Die Studie der SSG erlaubt erste Einschätzungen, wie Finanzunternehmen über Verbriefungen im Zeitraum während der Finanzmarktkrise informiert haben. Die Fokussierung auf maßgebliche Angabepraktiken lässt Schwerpunkte in der Berichterstattung erkennen. Insbesondere gefällt, dass im Anhang der Studie detaillierte Informationen zur Häufigkeit der maßgeblichen Angabepraktiken bereitgestellt werden, durch die in nahezu sämtlichen Fällen der Anteil der Unternehmen, die Angaben erbracht haben, deutlich wird.[496] Konkrete Beispiele aus Geschäftsberichten verdeutlichen zudem spezifische Ausgestaltungen der Angaben.[497]

Mehr als erste Anhaltspunkte liefern die Ergebnisse jedoch nicht, da die Studie einigen Limitationen unterliegt. Zentraler Kritikpunkt ist das Studiendesign. Problematisch ist vor allem, dass der Studie keine wissenschaftliche Methode zur Analyse der Angaben zugrunde liegt. Stattdessen entscheiden sich die Autoren für ein „pragmatisches“ Vorgehen, indem sie maßgebliche Angabepraktiken betrachten.

493 Vgl. SSG (2008), S. 2-9, 16-17.

494 Vgl. SSG (2008), S. 3, 12, 17.

495 Vgl. SSG (2008), S. 3, 13, 17. Neben den dargestellten Angaben haben viele der untersuchten Unternehmen für jedes einzelne Themenfeld zudem Angaben zu Abschreibungen und Liquiditätslinien vorgenommen. Auch fand regelmäßig eine Darstellung statt, welche Risiken sich innerhalb und außerhalb der Bilanz befanden. Vgl. SSG (2008), S. 1.

496 Vgl. SSG (2008), S. 16-17.

497 Vgl. SSG (2008), S. 4-13.

Diese Vorgehensweise kann nicht überzeugen. So ist nicht nachvollziehbar, welche Voraussetzungen vorliegen müssen, um eine Angabe als maßgeblich zu klassifizieren. Zwar wird erwähnt, dass unter maßgeblichen Angabepraktiken Angaben zu verstehen sind, die am informativsten sind.[498] Wann diese Eigenschaft vorliegt, wird jedoch nicht weiter ausgeführt – der Leser erhält somit keinen Einblick in den Auswahlprozess der dargestellten Angabepraktiken.[499] Dies scheint umso problematischer, wenn man bedenkt, dass eine Angabe auch dann als maßgebliche Angabepraktik gelten kann, wenn sie nur von einem der betrachteten Unternehmen geliefert wurde. Letztendlich liegt es somit im subjektiven Ermessen der Autoren, wann eine Angabe als maßgebliche Angabepraktik zu betrachten ist. Derartige Subjektivismen reduzieren die Validität und Reliabilität der Ergebnisse. Darüber hinaus bleibt die Auswahl der Unternehmen der Stichprobe unbegründet. Es erfolgt lediglich der Hinweis, dass es sich um eine nicht-wissenschaftliche Stichprobe handelt.[500]

Weitere Kritikpunkte betreffen das Untersuchungsmaterial, den Untersuchungszeitraum sowie die Aggregation der Ergebnisse. Von Nachteil ist, dass den Ausführungen größtenteils nicht entnommen werden kann, ob Informationen zu Verbriefungen in Jahres- und Quartalsberichten, Pressemitteilungen oder sonstigen öffentlich zugänglichen Publikationen vorgenommen wurden. Rückschlüsse auf den Informationsausweis von Angaben in Geschäftsberichten sind deshalb nicht möglich. Da ferner lediglich Informationen betrachtet werden, die sich auf das Geschäftsjahr 2007 beziehen, sind keine Aussagen über Veränderungen der Angaben möglich. Zuletzt ist problematisch, dass die Darstellung und Diskussion der Angabepraktiken – von wenigen Aussnahmen abgesehen – ausschließlich auf aggregierter Ebene erfolgt. Deshalb sind keine Aussagen zu Unterschieden im Informationsausweis zwischen Banken und Wertpapierhäusern, zwischen amerikanischen und europäischen Finanzunternehmen oder zwischen den einzelnen Finanzunternehmen möglich.

7.3. Die Studien des Financial Stability Board

7.3.1. Darstellung

Das FSB hat sich im Rahmen von vier Studien mit den Folgen der Finanzmarktkrise auseinandergesetzt, wobei auch Angaben zu Verbriefungstransaktionen

---

498 Vgl. SSG (2008), S. 1, Fn. 3.

499 Auch der Verweis auf weitere Quellen, in denen eine Diskussion von Charakteristiken effektiver Angaben stattfindet, ist wenig hilfreich. Vgl. SSG (2008), S. 1, Fn. 3.

500 Vgl. SSG (2008), Transmittal Letter.

thematisiert wurden.[501] Zwei der vier Studien sind von besonderem Interesse, da in diesen Angaben von Finanzunternehmen zu Verbriefungen ausgewertet wurden. Sie bilden den Schwerpunkt der folgenden Ausführungen.

Die **erste Studie** wurde vom FSF im April 2008 veröffentlicht. Sie knüpft direkt an den Ergebnissen der Studie der SSG an, indem sie für Finanzinstitutionen die unmittelbare Anwendung der maßgeblichen Angabepraktiken in ihren Halbjahresberichten 2008 empfiehlt.[502] Ausführungen, ob es zu einer Anwendung kam, finden sich in einer im Oktober 2008 veröffentlichten **zweiten Studie**. Demnach sind die von Finanzinstitutionen vorgenommenen qualitativen und quantitativen Angaben zu den im Rahmen der maßgeblichen Angabepraktiken thematisierten Kategorien aussagekräftiger als zuvor. Bei großen Finanzinstitutionen konnte zudem ein erweiterter Umfang von Angaben zu Bewertungen festgestellt werden.[503] Als Grund nennt das FSF die Anwendung der maßgeblichen Angabepraktiken.[504] Eine detaillierte Begründung oder konkrete Beispiele, warum die Informationen aussagekräftiger oder umfangreicher sind, finden sich jedoch nicht. Zum aktuellen Stand der Umsetzung der Empfehlungen wurde vom FSF im April 2009 eine **dritte Studie** veröffentlicht. Wie bereits die erste Studie enthält auch diese keine Ausführungen zum Berichtsverhalten.[505]

Anders verhält es sich mit der im März 2011 veröffentlichten **vierten Studie**, da diese betrachtet, welche Informationen Finanzinstitutionen zu den maßgeblichen Angabepraktiken in ihren Veröffentlichungen des Jahres 2009 bereitgestellt haben.[506] Grundlage hierfür bildete ein im Juni 2010 an alle Mitgliedsländer des FSB versendeter Fragebogen, in dem Informationen über Angaben zu Verbriefungen von den im jeweiligen Land ansässigen Finanzinstitutionen zur Verfügung gestellt wurden.[507] Darüber hinaus wurden in einer Pressemitteilung vom Juli 2010 verschiedene Stakeholder aufgefordert, ebenfalls ihre Einschätzung zum Berichtsverhalten der Finanzinstitute dem FSB mitzuteilen.[508]

501 Im Folgenden werden nur diejenigen Ausführungen der Berichte wiedergegeben, die einen Bezug zu Verbriefungen aufweisen.

502 Vgl. FSF (2008a), S. 22-23.

503 Vgl. FSF (2008b), S. 16.

504 Vgl. FSF (2008b), S. 16.

505 Vgl. FSF (2009), S. 9-11.

506 Vgl. FSB (2011b).

507 Vgl. FSB (2010a). Die Rücklaufquote der Fragebögen betrug 100%, vgl. FSB (2011b), S. 7.

508 Vgl. FSB (2010b). Diese Aufforderung führte zu elf Antworten von unterschiedlichen Stakeholderen. Kontakte zu internationalen Investoren lieferten zusätzlichen Input. Vgl. FSB (2011b), S. 8.

Die der Untersuchung zugrunde liegende Stichprobe besteht aus 101 Finanzinstituten. Banken waren mit einer Anzahl von 90 am stärksten vertreten, gefolgt von sieben Versicherungs- und vier Wertpapierunternehmen.[509] Betrachtet man lediglich Mitgliedsstaaten der EU, konnten entsprechende Angaben ausschließlich bei Banken ausgemacht werden.[510] Analysiert wurden nur solche Finanzinstitute, die ihre eigenen Vermögenswerte oder die von Dritten verbrieft haben. Nicht betrachtet wurden Finanzinstitute, die allein deshalb Risiken aus Verbriefungstiteln ausgesetzt waren, weil sie in derartige Produkte investiert haben, wie beispielsweise Pensionsfonds.[511]

Die Ergebnisse der Untersuchung lassen erkennen, dass die Angaben in vielerlei Hinsicht den maßgeblichen Angabepraktiken entsprechen. Auch waren die Angaben umfangreicher und detaillierter als vergleichbare Angaben im Jahr 2008. Ferner konnte beobachtet werden, dass mehr Informationen in Form von Tabellen zur Verfügung gestellt wurden, wodurch diese besser zu lesen und zu verstehen waren. Auch hat sich dadurch die Vergleichbarkeit der Angaben erhöht.[512] Allerdings zeigte sich auch, dass es für viele Unternehmen eine Herausforderung war, die richtige Balance zwischen Detaillierungsgrad und Umfang der Angaben zu finden. Die Untersuchungsergebnisse lassen erkennen, dass eindeutige Erklärungen für die Transparenz häufig förderlicher sind als zusätzliche quantitative Analysen.[513]

Generell zeigen die Ergebnisse, dass neben quantitativen auch qualitative Angaben für das Verständnis von Verbriefungen eine Rolle spielen.[514] Trotz Unterschieden in der Berichterstattung der einzelnen Finanzunternehmen lassen sich Gemeinsamkeiten erkennen: Qualitative Angaben im Zusammenhang mit Verbriefungen erfolgten häufig im Rahmen der Darstellung der Bilanzierungs- und Bewertungsmethoden. Dabei wurde regelmäßig auf die zugrunde liegenden Annahmen und Methoden sowie auf wesentliche Änderungen von Rechnungslegungsstandards, die auch Auswirkungen auf Verbriefungsaktivitäten haben, eingegangen. Einige Finanzinstitute stellten zudem qualitative Informationen zu den Auswirkungen der Finanzmarktkrise auf Aktivitäten, Risiken und Strategien im

509 Vgl. FSB (2011b), S. 19.

510 Vgl. FSB (2011b), S. 19. Die Banken verteilen sich auf Frankreich (fünf Banken), Deutschland (acht Banken), Italien (zwei Banken), die Niederlande (zwei Banken) und Großbritannien (fünf Banken). Vgl. FSB (2011b), S. 19.

511 Vgl. FSB (2011b), S. 19.

512 Vgl. FSB (2011b), S. 21.

513 Vgl. FSB (2011b), S. 21.

514 Vgl. FSB (2011b), S. 21-22, 34.

Zusammenhang mit Verbriefungen zur Verfügung. Im Zusammenhang mit Strategien fanden sich zudem Angaben, aus denen die mit verschiedenen Zweckgesellschaften verfolgten finanziellen Ziele hervorgingen. Darüber hinaus wurden auch Strategieänderungen, wie beispielsweise der Rückzug aus bestimmten Verbriefungsaktivitäten, dargestellt. Weitere qualitative Angaben zeigten sich bei der Beschreibung der Art von strukturierten Produkten und der Aktivitäten und Transaktionsvolumina im Zusammenhang mit Zweckgesellschaften. Ferner wurde in Form von qualitativen Angaben dargestellt, welche Rolle das Finanzinstitut im Rahmen einer Verbriefung eingenommen hat und welche Risikokonzentrationen und Kontrahentenrisiken dabei von Bedeutung waren.[515]

Allerdings zeigten sich insbesondere bei qualitativen Angaben Verbesserungspotenziale. Besonders deutlich wurde dies bei der Beschreibung, wie und zu welchem Zweck Verbriefungsgesellschaften verwendet wurden. Die diesbezüglich zur Verfügung gestellten Informationen wurden vom FSB als „insufficient“[516] bezeichnet. Neben Verbesserungspotenzialen bei qualitativen Angaben offenbaren die Ergebnisse weitere Schwachstellen. So wurde der Ausweis von Verbriefungsengagements und dabei eingegangenen Credit Enhancements von den einzelnen Finanzinstituten unterschiedlich vorgenommen: Während manche ihre Verbriefungsengagements sowohl mit als auch ohne Credit Enhancements darstellten, wiesen andere Informationen zu Credit Enhancements getrennt von den dazugehörigen Verbriefungsengagements aus.[517] Ferner waren Angaben zu Sensitivitätsanalysen im Rahmen der Ermittlung des beizulegenden Zeitwerts bestimmter Verbriefungsengagements problematisch. Insbesondere Informationen zur Wertermittlung auf Stufe drei waren in einigen Fällen nicht detailliert genug, um die Auswirkungen der vom Management getroffenen Annahmen auf die Bewertung nachvollziehen zu können.[518] Zuletzt zeigte sich die Problematik, dass ein Vergleich von Verbriefungsengagements zwischen verschiedenen Unternehmen aufgrund der Verwendung unterschiedlicher Begriffe und Methoden vereinzelt nur schwer möglich war. Besonders schwer war dies in Situationen, in denen sich ein Teil der Informationen in Geschäftsberichten und ein

515 Vgl. FSB (2011b), S. 21-22.

516 FSB (2011b), S. 22.

517 Das FSB präferiert die erste Variante, da es diese gegenüber der zweiten als verständlicher und vor dem Hintergrund einer zwischenbetrieblichen Vergleichbarkeit als überlegener erachtet. Vgl. FSB (2011b), S. 22.

518 Vgl. FSB (2011b), S. 22.

anderer in Säule-3-Basel-II-Berichten befand.[519] Letztgenannter Punkt wiegt umso schwerer, als die Ergebnisse gezeigt haben, dass die maßgeblichen Angabepraktiken zwar am häufigsten in Geschäftsberichten vorgenommen wurden, darüber hinaus jedoch auch auf anderen Wegen veröffentlicht wurden – neben öffentlich zugänglichen Dokumenten, Präsentationen oder Websites vor allem in Säule-3-Basel-II-Berichten.[520]

7.3.2. Kritische Würdigung

Die Studien des FSF erlauben unterschiedliche Rückschlüsse auf das Berichtsverhalten von Unternehmen zu Verbriefungen. Wie bereits erwähnt, erlauben die erste und dritte Studie keine Aussagen hierzu. Auch auf Basis der zweiten Studie können nur begrenzt Aussagen getroffen werden: Zwar wird gesagt, dass die von Finanzinstitutionen vorgenommenen qualitativen und quantitativen Angaben zu den im Rahmen der maßgeblichen Angabepraktiken thematisierten Kategorien aussagekräftiger als zuvor seien. Allerdings bleibt unklar, inwiefern sich die Angaben verbessert haben und wie (methodisch) festgestellt wurde, dass sie aussagekräftiger sind. Generell ist zudem problematisch, dass nicht angegeben wurde, auf welche Stichprobe sich die Untersuchung bezieht.[521] Deshalb wird auch nicht deutlich, welche Angaben von welchen Unternehmen den im Komparativ formulierten Aussagen als Vergleichsmaßstab gedient haben. Auch bleibt unklar, ob lediglich Angaben in den Halbjahresberichten 2008 oder auch Angaben in weiteren öffentlich zugänglichen Informationsquellen betrachtet wurden. Ferner ist nicht ersichtlich, ob sich die Angaben nur bei einzelnen oder bei allen betrachteten Unternehmen verbessert haben.

Ausführlich auf das Berichtsverhalten wird hingegen in der vierten Studie eingegangen. Die Ausgestaltung des zugrunde liegenden Fragebogens ist gelungen, da ausführliche Informationen zu quantitativen und qualitativen Angaben bereitgestellt werden mussten.[522] Allerdings ist unklar, mit welcher (wissenschaftlichen)

519 Vgl. FSB (2011b), S. 22. Das FSB empfiehlt deshalb, die Verwendung und Bedeutung von Begriffen bestmöglich zu vereinheitlichen sowie in Fällen, in denen Angaben an unterschiedlichen Stellen ausgewiesen werden, Querverweise einzuführen. Vgl. FSB (2011b), S. 22.

520 Vgl. FSB (2011b), S. 20.

521 Bspw. ist unklar, ob die gleichen Unternehmen betrachtet wurden, die auch der Studie der SSG zugrunde liegen.

522 Vgl. FSB (2010a), S. 2-4, 7-9.

Methode die Ergebnisse der Fragebögen ausgewertet wurden. Generell von Nachteil ist, dass keine detaillierte Darstellung der Untersuchungsergebnisse erfolgt ist. Beispielsweise finden sich keine (quantitativen) Informationen, wie häufig bestimmte Angaben erbracht wurden. Folglich erlauben die Ergebnisse keine Rückschlüsse, ob – wie in Kapitel 6 vermutet – mehr qualitative als quantitative Angaben bereitgestellt wurden. Auch werden die Ergebnisse weder auf Ebene einzelner Mitgliedsländer, noch auf Ebene einzelner Finanzinstitute dargestellt. Deshalb ist es auch nicht möglich, die im Rahmen der Darstellung der Angaben getroffenen, häufig sehr allgemeinen Aussagen nachzuvollziehen. Ferner ist ein Vergleich des Berichtsverhaltens zwischen den einzelnen Mitgliedsländern und Finanzinstituten nicht möglich. Dies ist vor allem deshalb problematisch, da sich – wie explizit erwähnt – die Qualität der Berichterstattung zwischen den Finanzinstituten und Mitgliedsländern stark unterscheidet.[523]

Ein weiterer Kritikpunkt betrifft die Heterogenität der Stichprobe. Diese liegt darin begründet, dass einzelne Mitgliedsländer bei der Auswahl der Finanzinstitute unterschiedliche Kriterien herangezogen haben. Die Finanzinstitute unterscheiden sich deshalb sowohl hinsichtlich ihrer globalen Bedeutung als auch hinsichtlich des Ausmaßes ihres Verbriefungsengagements. Darüber hinaus wurden sowohl Finanzinstitute berücksichtigt, die in einem signifikanten Ausmaß Risiken aus Verbriefungen ausgesetzt waren, als auch solche, bei denen kein signifikantes Engagement bestand.[524] Da die festgestellte unterschiedliche Qualität der Berichterstattung allein in der Heterogenität der Stichprobe begründet liegen könnte, verwundert es umso mehr, dass keine differenzierte Darstellung der Ergebnisse hinsichtlich der einzelnen Finanzinstitute oder Mitgliedsländer erfolgt ist.

Wenig überzeugen kann auch der im Rahmen der Studie angedeutete Vergleich der Angaben über die Zeit hinweg.[525] Hierzu heißt es lediglich: „risk disclosure practices in 2009 were in many respects in line with the FSF 2008 recommendations and were generally more comprehensive and more granular than similar disclosures in 2008. [...] Also, more of the information was provided in tabular formats than previously [...].“[526] Genauere Ausführungen oder konkrete Beispiele

523 Vgl. FSB (2011b), S. 17.

524 Vgl. FSB (2011b), S. 18.

525 Zwar fokussieren sich die Ausführungen auf die Analyse des Berichtsverhaltens zu Verbriefungen in Veröffentlichungen des Jahres 2009, allerdings waren im Fragebogen vereinzelt auch Informationen anzugeben, die sich auf das Jahr 2008 bezogen. Vgl. FSB (2010a), S. 7-9.

526 FSB (2011b), S. 21.

zur Veranschaulichung dieser Verbesserungen finden sich hingegen nicht. Aufgrund der aggregierten Darstellungsform der Ergebnisse ist es auch nicht möglich, die Entwicklung auf Ebene einzelner Angaben, Unternehmen oder Mitgliedsländern nachzuvollziehen.[527] Unspezifisch bleiben zuletzt auch die Ausführungen, die darstellen, wo die Informationen ausgewiesen wurden. Zwar heißt es, dass diese für gewöhnlich in Geschäftsberichten vorgenommen wurden,[528] allerdings fehlen Informationen, aus denen hervorgeht, auf welchen Anteil der Angaben dies zutrifft und ob Unterschiede zwischen den Finanzinstituten und Mitgliedsländern bestehen.

7.4. Die Studien des Committee of European Banking Supervisors

7.4.1. Darstellung

Die Studien des Committee of European Banking Supervisors (CEBS) ähneln in ihrem Vorgehen den Studien des FSB. Im Rahmen einer ersten Studie wurde das Berichtsverhalten von Banken untersucht, um Angabepraktiken zu identifizieren. In vier weiteren Studien wurde analysiert, inwieweit sich diese Angabepraktiken in der Finanzberichterstattung niedergeschlagen haben.[529] Anders als bei den Studien des FSB erfolgt bei allen vier Studien des CEBS eine Auswertung des Berichtsverhaltens. Ziel der Studien ist es unter anderem, die im Zusammenhang mit der Finanzmarktkrise stehenden Angaben, insbesondere zu Verbriefungen, zu beurteilen.[530]

Untersuchungsgegenstand der **ersten Studie**, die im Juni 2008 veröffentlicht wurde, waren die in der zweiten Hälfte des Geschäftsjahrs 2007 erbrachten

527 Nicht sachgerecht wäre zudem eine Verknüpfung der Ergebnisse des zweiten und des vierten Berichts, da unklar ist, ob beiden Berichten dieselbe Stichprobe zugrunde liegt.

528 Vgl. FSB (2011b), S. 20.

529 Angaben gemäß Säule 3 Basel II wurden, wenn überhaupt, in separaten Studien analysiert und waren deshalb nicht Untersuchungsgegenstand der fünf Studien. Vgl. CEBS (2008a), S. 6; CEBS (2009b), S. 4; CEBS (2010), S. 5.

530 Vgl. CEBS (2008a), S. 4. Im Detail werden Angaben zu Verbriefungsaktivitäten und strukturierten Produkten analysiert. Im Folgenden wird diesbezüglich nur noch von Verbriefungen oder Verbriefungstransaktionen gesprochen.

Veröffentlichungen von 22 Banken.[531] Während die in den Berichten zum dritten Quartal 2007 enthaltenen Angaben nur grob betrachtet wurden, wurden die Berichterstattung zum vierten Quartal, zu den vorläufigen Jahresendergebnissen sowie die in den Geschäftsberichten 2007 getätigten Angaben umfangreich und systematisch analysiert.[532] Das systematische Vorgehen bestand darin, die von den Banken erbrachten Angaben bestimmten, im Vorfeld festgelegten Themenfeldern zuzuordnen. Derartige Angaben wurden vom CEBS als „good practices"[533] betrachtet und sollen – ähnlich der „leading practice disclosures" – als Vorbild für qualitativ hochwertige Angaben im Zusammenhang mit Verbriefungstransaktionen dienen.[534] Die Themenfelder gliedern sich in Angaben zu Auswirkungen der Marktturbulenzen, zur Art und Höhe des Engagements, zu Bilanzierungs- und Bewertungsmethoden, zum Geschäftsmodell sowie zu Risiken und zum Risikomanagement. Darüber hinaus wurde die Art der Präsentation der Angaben betrachtet.[535] Die Darstellung und Diskussion der Ergebnisse erfolgte im Rahmen der erste Studie – wie auch bei allen Folgestudien – gegliedert nach den einzelnen Themenfeldern. Im Vergleich zu den Folgestudien wurde jedoch noch keine quantitative Darstellung der Ergebnisse vorgenommen.[536]

Angaben zu Auswirkungen der Marktturbulenzen auf die finanziellen Ergebnisse schienen von ihrem Detaillierungsgrad größtenteils dem Umfang der eingetretenen Auswirkungen zu entsprechen, wenn auch in unterschiedlichen Stellen des Geschäftsberichts unterschiedlich detailliert berichtet wurde. Weiterhin zeigte sich, dass überwiegend über negative Auswirkungen berichtet wurde und nur in wenigen Fällen positive Effekte durch Verbriefungen thematisiert wurden. Wenige Informationen fanden sich auch zu künftigen potenziellen Verlusten oder Abschreibungen.[537] Ferner

---

531 Vgl. CEBS (2008a), S. 4-5. Dabei handelt es sich um 19 Banken aus der EU, zwei aus der Schweiz sowie um eine amerikanische Bank. Vgl. CEBS (2008a), S. 21.

532 Vgl. CEBS (2008a), S. 4. Darüber hinaus wurden weitere öffentlich zugängliche Informationsquellen, wie Pressemitteilungen oder auf Websites zur Verfügung gestellte Informationen, berücksichtigt. Vgl. CEBS (2008a), S. 5.

533 Im Folgenden mit gute Angabepraktiken übersetzt.

534 Vgl. CEBS (2008a), S. 4-5. Die vom CEBS identifizierten guten Angabepraktiken gehen vereinzelt über die Angabepraktiken der SSG hinaus. Vgl. CEBS (2008a), S. 16-20.

535 Vgl. CEBS (2008a), S. 5. Als weiteres Themenfeld, das als Restkategorie interpretiert werden kann, wurden sonstige Angaben zu Verbriefungen betrachtet. Vgl. CEBS (2008a), S. 5.

536 Stattdessen heißt es bspw., dass Angaben von wenigen oder sehr wenigen Banken vorgenommen wurden. Vgl. z.B. CEBS (2008a), S. 7.

537 Wurden derartige Angaben vorgenommen, geschah dies meist in qualitativer Form.

zeigte sich, dass einige Banken, die in keinem oder nur in einem geringen Umfang in Verbriefungen involviert waren, explizit auf diesen Umstand hinwiesen.[538]

Angaben zur Art und Höhe des Engagements fanden sich in unterschiedlichsten Stellen der Geschäftsberichte. Teilweise wurden hierfür eigene Abschnitte oder Kapitel eingeführt. Obwohl in nahezu sämtlichen Fällen grundlegende Informationen zu Verbriefungsengagements erbracht wurden, wurden detaillierte Informationen sehr unterschiedlich bereitgestellt. Beispielsweise wurde nur vereinzelt die Rolle des Unternehmens im Rahmen einer Verbriefungstransaktion dargestellt oder ausreichend über Geschäfte mit Monolinern berichtet. Auch wurden nur in wenigen Fällen Angaben zu Verbriefungsengagements bereitgestellt, die nicht konsolidiert wurden.[539]

Angaben zu Bilanzierungs- und Bewertungsmethoden waren im Allgemeinen sehr detailliert, wenngleich diese zwischen den einzelnen Banken nicht gut vergleichbar waren. Im Einzelnen fanden sich jedoch Bereiche, zu denen noch nicht ausreichend detaillierte Informationen bereitgestellt wurden, wie beispielsweise zu Annahmen, die Bewertungsmethoden zugrunde liegen. Darüber hinaus zeigte sich, dass über Bilanzierungs- und Bewertungsmethoden, denen im Rahmen der Finanzmarktkrise eine besondere Bedeutung zukam, nur vereinzelt berichtet wurde. Gleiches galt für Informationen zu Kreditverlusten und Wertberichtigungen.[540]

Von wenigen Ausnahmen abgesehen, wurde über das den Verbriefungen zugrunde liegende Geschäftsmodell und über die damit verfolgten Ziele nicht umfassend informiert. Wurden entsprechende Angaben geliefert, waren die darin enthaltenen Informationen lediglich allgemeiner Natur.[541] Darüber hinaus fanden sich nur selten Angaben, aus denen die (finanzielle) Bedeutung von Verbriefungen für das Geschäft einer Bank hervorging. Ebenso gaben nur wenige Banken eine Beschreibung der Verflechtungen, die sie im Rahmen von Verbriefungen eingegangen sind.[542]

Angaben zu Risiken und zum Risikomanagement waren größtenteils sehr allgemein gehalten. Spezifische Angaben, welchen konkreten Risiken Banken im Zusammenhang mit Verbriefungen ausgesetzt waren und wie sich die Risikomanagementsysteme im Rahmen der Krise bewährt haben, fanden sich kaum.[543]

538 Vgl. CEBS (2008a), S. 9-11.

539 Vgl. CEBS (2008a), S. 11-13.

540 Vgl. CEBS (2008a), S. 13-14.

541 Häufig fanden sich derartige Informationen deshalb auch in Passagen des Geschäftsberichts, in denen eine allgemeine Beschreibung der Geschäftsentwicklung erfolgte.

542 Vgl. CEBS (2008a), S. 6-8.

543 Vgl. CEBS (2008a), S. 8-9.

Zuletzt zeigten sich auch im Zusammenhang mit der Präsentation der Angaben interessante Punkte. Es konnte beobachtet werden, dass Angaben zu Verbriefungen an unterschiedlichen Stellen der Geschäftsberichte vorgenommen wurden oder gar über unterschiedliche Quellen der Berichterstattung verteilt waren. Auch zeigten sich Verbesserungspotenziale in der Darstellungsform von quantitativen Angaben sowie aufgrund der Verwendung von unterschiedlichen Begriffen.[544]

Im Rahmen von vier Folgestudien wurde untersucht, wie sich die guten Angabepraktiken in der Berichterstattung von Banken niedergeschlagen haben. Hierfür wurde in allen Studien zum einen ein Vergleich der Angaben mit den guten Angabepraktiken vorgenommen, zum anderen wurde betrachtet, wie sich die Angaben, verglichen mit den in vorherigen Studien analysierten Angaben, entwickelt haben.[545] Die **erste Folgestudie** wurde vom CEBS im Oktober 2008 veröffentlicht. In dieser wurden erneut die Angaben von 22 Banken[546] zu Verbriefungen untersucht.[547] Betrachtet wurden die in Halbjahresberichten 2008 zur Verfügung gestellten Informationen.[548]

Im Zusammenhang mit Angaben zu Auswirkungen der Marktturbulenzen hat sich gezeigt, dass mit 86% der Banken die große Mehrheit den guten Angabepraktiken gerecht wude. Im Vergleich mit den in vorherigen Perioden erbrachten Angaben wiesen 45% der Banken detailliertere Informationen aus, während bei den restlichen 55% weder eine Verbesserung noch eine Verschlechterung der Angaben festgestellt werden konnte.[549] Bei 86% der Banken entsprachen die Angaben zur Art und Höhe des Engagements den guten Angabepraktiken, während dies bei 14% nicht der Fall war. Im Vergleich zu Angaben der Vorperioden konnte bei 64% der Banken eine Verbesserung des Berichtsverhaltens festgestellt werden, in

544 Vgl. CEBS (2008a), S. 15-16. Als Lösungen schlägt das CEBS die Einführung von Querverweisen, die Verwendung von Tabellen sowie eine bestmögliche Erklärung der verwendeten Terminologie vor. Vgl. CEBS (2008a), S. 16. Keine großen Unterschiede konnten im Berichtsverhalten der drei Nicht-EU-Banken im Vergleich zu den 19 EU-Banken beobachtet werden. Vgl. CEBS (2008a), S. 16.

545 Vgl. CEBS (2008b), S. 4; CEBS (2009a), S. 4; CEBS (2009b), S. 5; CEBS (2010), S. 6-7.

546 Dabei handelt es sich um die gleichen 22 Banken wie in der ersten Studie. Lediglich ABN Amro wurde durch die HSBC ersetzt. Vgl. CEBS (2008a), S. 21; CEBS (2008b), S. 14.

547 Vgl. CEBS (2008b), S. 4.

548 Vgl. CEBS (2008b), S. 4.

549 Vgl. CEBS (2008b), S. 5-6, 15, 20-21. Schwerpunktmäßig wurde dabei über Abschreibungen oder im Laufe der Krise angefallende Verluste berichtet.

36% der Fälle wurden ähnliche Angaben wie zuvor gemacht.[550] Eine Übereinstimmung mit den guten Angabepraktiken konnte bei Angaben zu Bilanzierungs- und Bewertungsmethoden bei 64% der Banken festgestellt werden. Im Vergleich mit dem Berichtsverhalten vorheriger Perioden zeigten sich bei 23% der Banken verbesserte Angaben, in 59% der Fälle waren die Angaben ähnlich, in 18% weniger detailliert.[551] Im Zusammenhang mit Angaben zum Geschäftsmodell konnte lediglich bei 45% der Fälle eine Übereinstimmung mit den guten Angabepraktiken beobachtet werden. Im Vergleich zum bisherigen Berichtsverhalten zeigten sich bei 32% der Banken verbesserte Angaben zum Geschäftsmodell; 54% der Banken tätigten die gleichen Angaben wie zuvor, 14% stellten weniger Informationen zur Verfügung.[552] Angaben zu Risiken und zum Risikomanagment entsprachen nur bei 36% der Banken den guten Angabepraktiken, wobei selbst dort in den meisten Fällen noch Verbesserungspotenziale identifiziert werden konnten. Verglichen mit früheren Angaben zeigte sich, dass 27% der Banken bessere Informationen zur Verfügung stellten und 18% der Banken weniger detailliert berichteten.[553] Deutliche Verbesserungen konnten bei der Art, wie Informationen zu Verbriefungen präsentiert wurden, beobachtet werden. Zwar wurden entsprechende Angaben nicht immer in einem eigens hierfür bestimmten Kapitel vorgenommen, dafür erleichterten häufig Querverweise die Navigation zwischen einzelnen Angaben. Auch zeigte sich, dass qualitative Angaben häufig durch Grafiken oder Tabellen ergänzt wurden. Ferner hatten viele Banken für die verwendeten Begriffe eindeutige Erklärungen oder sogar spezifische Glossare zur Verfügung gestellt.[554]

In einer **zweiten Folgestudie** wurde die Berichterstattung zu den Ergebnissen des vierten Quartals 2008 und zu den vorläufigen Jahresendergebnissen 2008 untersucht.[555] Die Stichprobe wurde im Vergleich zu den vorherigen Studien

---

550 Vgl. CEBS (2008b), S. 6-7, 16, 20-21. Angaben fanden sich insb. zum Betrag des noch offenen Engagements, zur Veränderung des Engagements zwischen den Berichtsperioden, zu Geschäften mit Monolinern, zur Qualität der zugrunde liegenden Vermögenswerte sowie zu nicht konsolidierten oder ausgebuchten Engagements.

551 Vgl. CEBS (2008b), S. 7-8, 17, 20-21. Informationen wurden vor allem zu Modellierungstechniken, zum Fair Value und zur Konsolidierung von Zweckgesellschaften bereitgestellt.

552 Vgl. CEBS (2008b), S. 9, 18, 20-21.

553 Vgl. CEBS (2008b), S. 10-11, 19-21. Besonders wenig Angaben fanden sich nach wie vor im Zusammenhang mit Liquiditätsrisiken.

554 Vgl. CEBS (2008b), S. 11.

555 Vgl. CEBS (2009a), S. 1 und. S. 4.

modifiziert, weshalb der Untersuchung nicht mehr 22, sondern 19 Banken zugrunde lagen.[556]

Im Zusammenhang mit Angaben zu Auswirkungen der Marktturbulenzen stimmten die Angaben bei 15% (zuvor 14%) der Banken nicht mit den guten Angabepraktiken überein. Auch konnte lediglich bei ca. 35% (zuvor 45%) der Banken eine Verbesserung des Berichtsverhaltens im Vergleich zu vorherigen Perioden beobachtet werden, 65% tätigten vergleichbare Angaben wie zuvor.[557] Bei Angaben zur Art und Höhe des Engagements stimmten ebenfalls bei 15% (zuvor 14%) der Banken die Angaben nicht mit den guten Angabepraktiken überein. Im Vergleich zum Berichtsverhalten vorheriger Perioden konnte zudem nur noch bei ca. 30% (zuvor 64%) eine Verbesserung festgestellt werden, bei 20% der Banken waren sogar weniger detaillierte Angaben zu beobachten.[558] Bezüglich Angaben zu Bilanzierungs- und Bewertungsmethoden, im Speziellen zu Bewertungsfragen, tätigten ca. 50% (zuvor 64%) der Banken Angaben in Übereinstimmung mit den guten Angabepraktiken. Anders als bei den bisherigen Kategorien konnte im Vergleich mit Angaben vorheriger Perioden ein verbessertes Berichtsverhalten beobachtet werden: Während zuvor 23% der Banken bessere Angaben lieferten, war dies nun bei ca. 30% der Fall.[559] Bei Angaben zum Geschäftsmodell sank der Anteil der Banken von 45% auf 42%, die ihre Angaben in Übereinstimmung mit den guten Angabepraktiken tätigten. Auch die Analyse der Entwicklung des Berichtsverhaltens zeigte nur noch bei 12% (zuvor 32%) der Banken eine Verbesserung der Angaben.[560] Im Zusammenhang mit Angaben zu Risiken und zum Risikomanagement war die Anzahl der Banken, die in Übereinstimmung mit den guten Angabepraktiken Informationen bereitstellten, mit ca. 37% (zuvor 36%) nahezu unverändert. Die Entwicklung der Angaben zeigte, dass in den meisten Fällen ähnliche Angaben vorgenommen wurden. Nur bei 18% (zuvor 27%) der Banken konnte ein besseres Berichtsverhalten beobachtet werden.[561] Hinsichtlich der Präsentation der Angaben

---

556 Die Dresdner Bank, die Erste Bank, Fortis, HSBC sowie die Raiffeisen Zentralbank sind nicht mehr in der Stichprobe enthalten. Hingegen wurde die Stichprobe um zwei US-amerikanische Banken, die Bank of America und JP Morgan, erweitert. Vgl. CEBS (2009a), S. 4, Fn. 2 und S. 11.

557 Vgl. CEBS (2009a), S. 4-5; CEBS (2008b), S. 5-6, 20-21.

558 Vgl. CEBS (2009a), S. 5; CEBS (2008b), S. 6-7, 20-21.

559 Vgl. CEBS (2009a), S. 5-6; CEBS (2008b), S. 7-8, 20-21. Quantitative Informationen wurden nur zu Angaben im Zusammenhang mit Bewertungsfragen bereitgestellt. Vgl. CEBS (2009a), S. 5-6.

560 Vgl. CEBS (2009a), S. 6; CEBS (2008b), S. 9, 20-21.

561 Vgl. CEBS (2009a), S. 6-7; CEBS (2008b), S. 10-11, 20-21.

zeigten sich im Großen und Ganzen keine Veränderungen, die über die in der ersten Folgestudie gemachten Feststellungen hinausgingen.[562]

In einer **dritten Folgestudie**, die im Juni 2009 veröffentlicht wurde, untersuchte das CEBS die in Geschäftsberichten 2008 vorgenommenen Angaben.[563] Für den Vergleich der Angaben mit den guten Angabepraktiken wurde ein anderes Vorgehen als bisher gewählt, indem auf den Detaillierungsgrad der Angaben abgestellt wurde.[564] Um sowohl den seit der Veröffentlichung der ersten Studie gewonnenen Erkenntnissen als auch den aktuellen Entwicklungen der Krise gerecht zu werden, wurden die guten Angabepraktiken zudem modifiziert.[565] Die Stichprobe wurde erneut leicht verändert, weshalb der Untersuchung nun 23 Banken zugrunde lagen.[566]

Im Zusammenhang mit Angaben zu Auswirkungen der Marktturbulenzen konnte bei 70% der Banken ein hoher, bei 24% ein zufriedenstellender und bei 4% ein geringer Detaillierungsgrad festgestellt werden.[567] Im Vergleich zu Angaben früherer Geschäftsberichte haben sich die Angaben bei 32% der Banken verbessert, bei 59% sind diese gleich geblieben und bei 9% waren diese weniger detailliert.[568] Bei Angaben zur Art und Höhe der Engagements konnte bei 57% der Banken ein hoher, bei 39% ein zufriedenstellender und bei 4% ein geringer Detaillierungsgrad[569] beobachtet werden. Im Vergleich zu Angaben früherer Geschäftsberichte haben sich die Angaben bei 32% der Banken verbessert, bei

---

562 Vgl. CEBS (2009a), S. 7; CEBS (2008b), S. 11.

563 Vgl. CEBS (2009b), S. 5.

564 Vgl. CEBS (2009b), S. 5-6. Um sowohl den seit der Veröffentlichung der ersten Studie gewonnen Erkenntnissen als auch den aktuellen Entwicklungen der Krise gerecht zu werden, wurden darüber hinaus die guten Angabepraktiken modifiziert. Vgl. CEBS (2009b), S. 5, 17-21.

565 Vgl. CEBS (2009b), S. 5, 17-21.

566 Ergänzt wurde die Stichprobe um die BBVA, die Erste Bank, die HSBC und die Raiffeisen Zentralbank. Insgesamt setzte sich die Stichprobe somit aus drei US-amerikanischen, zwei schweizerischen und 18 EU-Banken zusammen. Vgl. CEBS (2009b), S. 5-6, 22.

567 Unerklärt bleibt hier und im Folgenden, warum die Prozentangaben in Summe keine 100% ergeben. Vermutlich ist dies auf nicht vorhandene diesbezügliche Angaben von Banken der Stichprobe zurückzuführen.

568 Vgl. CEBS (2009b), S. 6-8.

569 Bspw. waren in einigen Fällen die Angaben zu Engagements im Zusammenhang mit nicht konsolidierten Verbriefungsgesellschaften oder ausgebuchten Vermögenswerten sowie Informationen zu Garantiegebern verbesserungsfähig. Vgl. CEBS (2009b), S. 8-9.

59% sind sie gleich geblieben und bei 9% waren sie weniger detailliert.[570] Bei Angaben zu Bilanzierungs- und Bewertungsmethoden, genauer im Zusammenhang mit Bewertungsfragen, zeigte sich bei 61% der Banken ein hoher Detaillierungsgrad, während er bei 35% der Banken als zufriedenstellend und bei 4% als gering einzuschätzen war. Im Vergleich zu Angaben in Geschäftsberichten des Jahres 2007 hatten 36% der Banken ihre Angaben verbessert und 64% ähnliche Angaben erbracht. Weniger detaillierte Angaben wies keines der Unternehmen auf.[571] Bei Angaben zum Geschäftsmodell zeigte sich bei 35% der Banken ein hoher, bei 57% ein zufriedenstellender und bei 9% ein geringer Detaillierungsgrad. Über die Zeit hinweg haben sich die Angaben bei 23% der Banken verbessert, während sie bei 77% gleich geblieben sind.[572] Die Angaben zu Risiken und zum Risikomanagement wiesen bei 65% der Banken einen hohen Detaillierungsgrad auf. Bei 35% der Banken war er zufriedenstellend. Im Vergleich zu Angaben in den Geschäftsberichten des Vorjahres haben 59% der Banken ihre Angaben verbessert, 41% tätigten ähnliche Angaben wie zuvor.[573] Die Untersuchung der Präsentation der Angaben zeigte wie die Untersuchungen zuvor, dass Angaben zu Verbriefungen an unterschiedlichen Stellen der Geschäftsberichte vorgenommen wurden. Dies stellte nur in den (wenigen) Fällen ein Problem dar, in denen die Informationen, beispielsweise aufgrund fehlender Querverweise, nicht nachvollziehbar waren. Vereinzelt war zudem die Verständlichkeit der Angaben dadurch eingeschränkt, dass viele quantitative Informationen im Rahmen des Fließtextes wiedergegeben wurden oder Unklarheiten bezüglich der verwendeten Begriffe bestanden.[574]

In einer **vierten Folgestudie**, die im Juni 2010 veröffentlicht wurde, untersuchte das CEBS Angaben in Geschäftsberichten des Jahres 2009. Allerdings wurde für den Vergleich mit den guten Angabepraktiken erneut ein modifiziertes Verfahren verwendet: Anstelle des Detaillierungsgrads wurde die Angemessenheit der Angaben analysiert.[575] Auch die Stichprobe wurde im Vergleich zu den

570 Vgl. CEBS (2009b), S. 8-9.

571 Vgl. CEBS (2009b), S. 9-12. Auch in dieser Folgestudie fanden sich quantitative Informationen nur zu Angaben im Zusammenhang mit Bewertungsfragen.

572 Vgl. CEBS (2009b), S. 12-13.

573 Vgl. CEBS (2009b), S. 13-14. Erwähnenswert sind dabei vor allem Verbesserungen der Angaben zu Liquiditätsrisiken.

574 Vgl. CEBS (2009b), S. 15-16.

575 Vgl. CEBS (2010), S. 7-8, insb. S. 8, Fn. 5. Darüber hinaus hat sich erneut der Umfang von einigen der guten Angabepraktiken verändert. Vgl. CEBS (2010), S. 7, 26-31.

vorherigen Studien erneut verändert, weshalb der Untersuchung nun 24 Banken zugrunde lagen.[576]

Angaben zu Auswirkungen der Marktturbulenzen[577] wurden bei 46% der Banken als angemessen eingestuft. Bei 50% der Banken zeigten sich Verbesserungspotenziale, bei 4% waren die Angaben unzureichend. Im Vergleich zu Angaben in Vorjahresberichten haben sich die Angaben bei 18% der Banken verbessert. Bei 82% der Banken sind sie gleich geblieben.[578] Angaben zur Art und Höhe der Engagements[579] waren bei 42% der Banken angemessen, bei 46% zeigten sich Verbesserungspotenziale.[580] Im Vergleich zu Angaben früherer Geschäftsberichte haben sich diese bei 9% der Banken verbessert, bei 91% blieben sie unverändert.[581] Die Analyse der Angaben zu Bilanzierungs- und Bewertungsmethoden, genauer zu Bewertungsfragen,[582] zeigte, dass 38% der Banken angemessene Angaben getätigt haben. Bei 58% der Banken offenbarten sich Verbesserungspotenziale, bei 4% wurden die Angaben als unzureichend eingestuft. Verglichen mit Angaben in früheren Geschäftsberichten zeigten 32% der Banken bessere und 68% ähnliche Angaben.[583] Angaben zum Geschäftsmodell stellten sich bei 71% der Banken

---

576 Während die Bank of America, die Citibank, die Credit Swiss sowie JP Morgen aus der Stichprobe verschwanden, kamen die Banque et Caisse d'Epargne de l'Etat, die BNP Paribas, die DZ Bank, die EFG Eurobank Ergasisas sowie die Bank Handlowy w Warszawie neu hinzu. Somit bestand die Stichprobe nur noch aus europäischen Banken. Vgl. CEBS (2010), S. 32.

577 Anstatt wie bisher von „impact of the market turmoil" zu sprechen, wird nun von "results for activities under stress" gesprochen, um dem erweiterten Anwendungsbereich der diesbezüglichen Angaben Rechnung zu tragen. Vgl. CEBS (2010), S. 6, 21.

578 Vgl. CEBS (2010), S. 21-22.

579 Auch hier hat sich die Bezeichnung geändert. Statt „exposure levels and types" wird nun von „exposure levels for activities under stress" gesprochen. Vgl. CEBS (2010), S. 6, 20.

580 Bei den restlichen Banken war das Themenfeld nicht anwendbar. Vgl. CEBS (2010), S. 20.

581 Vgl. CEBS (2010), S. 20-21.

582 Im Vergleich zu den beiden vorangegangenen Studien waren die in dieser Studie im Zusammenhang mit Bilanzierungs- und Bewertungsmethoden zur Verfügung gestellten Informationen ausführlicher. Dies lag daran, dass vom CEBS quantitative Informationen – neben Angaben zu Bewertungsfragen – erstmals auch zu Angaben zu Wertminderungen, Reklassifizierungen und zur Konsolidierung von Zweckgesellschaften bereitgestellt wurden. Vgl. CEBS (2010), S. 11-18. Um eine Vergleichbarkeit mit den vorherigen Studien zu gewährleisten, wird jedoch nur auf die quantitative Analyse der Angaben zu Bewertungsfragen eingegangen.

583 Vgl. CEBS (2010), S. 11-15.

als angemessen heraus. Bei 21% der Banken waren die Angaben verbesserungsfähig, bei 8% der Banken gar unzureichend. Im Vergleich zu vorangegangenen Geschäftsberichten konnte bei 18% der Banken eine Verbesserung der Angaben beobachtet werden, bei 82% blieben sie gleich.[584] Zuletzt erwiesen sich Angaben zu Risiken und zum Risikomanagement bei 83% der Banken als adäquat, bei 17% zeigten sich Verbesserungspotenziale. 23% der Banken stellten im Vergleich zu früheren Geschäftsberichten bessere Informationen bereit, 77% ähnliche.[585] Die im Zusammenhang mit der Präsentation der Angaben festgestellten Ergebnisse entsprachen erneut im Großen und Ganzen den in den vorangegangenen Studien festgestellten Erkenntnissen.[586]

7.4.2. Kritische Würdigung

Die Studien der CEBS stellen die bisher umfangreichste und detaillierteste empirische Untersuchung des Informationsausweises zu Verbriefungen dar. Da Angaben der Jahre 2007 bis 2009 betrachtet wurden, sind erstmals Aussagen zur Entwicklung des Angabeverhaltens über drei Jahre hinweg möglich. Darüber hinaus überzeugen die Studien, indem sie detailliert die zu den einzelnen Themenfeldern erbrachten Angaben sowohl qualitativ als auch – zumindest den prozentualen Anteil der Banken betreffend – quantitativ beschreiben. Die Ergebnisse erlauben zudem Rückschlüsse auf Sachverhalte, die sich im Zusammenhang mit Anreizen zum Informationsausweis zu Verbriefungen als interessant erwiesen haben (Kapitel 6). So hat sich gezeigt, dass Banken, die nicht oder nur in einem geringen Umfang in Verbriefungen involviert waren, explizit auf diesen Umstand hingewiesen haben. Auch ist den Ergebnissen zu entnehmen, dass überwiegend über negative Auswirkungen von Verbriefungen auf die finanziellen Ergebnisse berichtet wurde; nur in wenigen Fällen wurden auch positive Auswirkungen thematisiert. Auch wurde im Rahmen der ersten Studie berichtet, dass Informationen zu künftigen potenziellen Verlusten oder Abschreibungen – beides für Banken ungünstige Sachverhalte – meist in Form von qualitativen Angaben bereitgestellt wurden.

Allerdings weisen die Studien auch Kritikpunkte auf. Die wesentlichen sollen im Folgenden dargestellt werden. Wie eingangs bereits erwähnt, gleicht das

584 Vgl. CEBS (2010), S. 8-9.

585 Vgl. CEBS (2010), S. 10-11. Erwähnenswert ist dabei vor allem eine Verbesserung der Angaben zu Liquiditätsrisiken.

586 Vgl. CEBS (2010), S. 24-25.

grundliegende Vorgehen der CEBS dem Vorgehen des FSB: In einer ersten Studie wurden bestimmte Angabepraktiken identifiziert, deren Umsetzung in den Folgestudien überprüft wurde. Auch wenn es sich bei diesem Vorgehen, wie vom CEBS explizit erwähnt, um ein systematisches Vorgehen handelt, handelt es sich nicht um ein wissenschaftliches Vorgehen. Der Untersuchung liegt beispielsweise keine wissenschaftliche Methode zur Auswertung der Angaben zugrunde. Vielmehr kommt das gewählte Vorgehen einem pragmatischen Ansatz gleich. Ob und inwiefern die Ergebnisse der Studien wissenschaftlichen Gütekriterien gerecht werden, ist fraglich.

Die Folgestudien des CEBS schildern detailliert, wie sich im jeweils betrachteten Untersuchungszeitraum die Angaben verändert haben. Dabei hat sich gezeigt, dass der prozentuale Anteil der Angaben, die sich im Vergleich zu vorangegangenen Angaben verbessert haben, stets größer war als der prozentuale Anteil der Angaben, die sich verschlechtert haben.[587] Da dies bei allen vier Folgestudien festgestellt werden konnte, können die Ergebnisse auch dahingehend interpretiert werden, dass sich der Informationsausweis zu Verbriefungen über den gesamten Untersuchungszeitraum (kontinuierlich) verbessert hat. Allerdings lassen sich drei Kritikpunkte zur Vergleichbarkeit der Angaben über die Zeit hinweg anführen: (1) Die Aussagekraft und somit auch die Vergleichbarkeit der Ergebnisse der zweiten Folgestudie sind dadurch eingeschränkt, dass lediglich Angaben in Berichten des vierten Quartals 2008 und zu den vorläufigen Jahresendergebnissen 2008 betrachtet werden. Diese sind im Vergleich zu Angaben in Halbjahresberichten oder Jahresabschlüssen weniger umfangreich. Allerdings wird auf diese Einschränkung vom CEBS hingewiesen.[588] (2) Problematisch ist auch, dass teilweise nicht hervorgeht, welche früheren Angaben als Vergleichsmaßstab dienen. Zum Beispiel ist in der vierten Folgestudie unklar, ob sich der Vergleich auf die Jahresabschlüsse 2008 oder auf die Jahresabschlüsse 2007 und 2008 bezieht. (3) Ferner ist fraglich, ob die Veränderung der Stichprobe über die einzelnen Studien hinweg tatsächlich keine Auswirkungen auf die Vergleichbarkeit der Ergebnisse hatte, wie vom CEBS behauptet.[589] Auch wenn vom CEBS versucht wurde, den Umfang der Sichprobe möglichst konstant

587 Eine Ausnahme stellen die im Rahmen der zweiten Folgestudie beschriebenen Angaben zu Bilanzierungs- und Bewertungsmethoden, zum Geschäftsmodell sowie zu Risiken und zum Risikomanagement dar. In diesen Fällen werden keine Informationen bereitgestellt, aus denen der Anteil derjenigen Angaben hervorgeht, die sich gegenüber vorherigen Untersuchungen verschlechtert haben. Vgl. CEBS (2009a), S. 5-7.

588 Vgl. CEBS (2009a), S. 4.

589 Vgl. CEBS (2009a), S. 4; CEBS (2009b), S. 5-6; CEBS (2010), S. 7.

zu halten, kann das Berichtsverhalten zwischen einzelnen Banken stark variieren. Problematisch ist, dass nicht hervorgeht, wie die einzelnen Ergebnisse auf Unternehmensebene aggregiert wurden und somit, wie (stark) diese in das Gesamtergebnis einfließen.[590]

Weitere Kritikpunkte betreffen das in den Folgestudien drei und vier verwendete (modifizierte) Verfahren zur Ermittlung der Übereinstimmung der Angaben mit den guten Angabepraktiken. Hierfür wird in Studie vier auf den Detaillierungsgrad der Angaben, in Studie fünf auf deren Angemessenheit abgestellt. Allerdings wird nicht näher ausgeführt, wann der Detaillierungsgrad einer Angabe als hoch, zufriedenstellend oder gering anzusehen ist bzw. welche Kriterien hierfür erfüllt sein müssen. Gleichermaßen finden sich keine Informationen, wann die Angemessenheit einer Angabe als adäquat, verbesserungsfähig oder unzureichend gilt. Als positiv erweist sich immerhin, dass in Fällen, in denen einzelne Aufseher die Angaben begutachtet haben, Maßnahmen für eine wiederholte Überprüfung getroffen wurden, um Ermessensspielräume und folglich Subjektivismen zu reduzieren.[591] Auch wenn dies dazu beitragen mag, die Reliabilität der Ergebnisse zu erhöhen, ist eine Replizierbarkeit der Studien aufgrund der zuvor genannten Schwächen fraglich.

7.5. Fazit

Ziel dieses Kapitels war es, den Stand der empirischen Forschung zum Informationsausweis zu Verbriefungen darzustellen. Einen besonderen Stellenwert nahm die kritische Würdigung ein, im Rahmen derer die Schwächen der bisherigen Untersuchungen identifiziert werden konnten. Die zentralen Kritikpunkte sollen im Folgenden dargestellt werden, um Forschungslücken aufzuzeigen und dadurch (weitere) Anknüpfungspunkte für die eigene Untersuchung zu erhalten.

Hauptkritikpunkt an sämtlichen Studien ist, dass ihnen keine wissenschaftliche Methodik zugrunde liegt. Weder der von Struffert verwendete Angabenkatalog, noch das in allen anderen Studien angewandte Vorgehen einer mehr oder weniger willkürlichen Identifikation „maßgeblicher“ oder „guter“ Angabepraktiken und einer anschließenden Klassifikation und Bewertung der Angaben anhand dieser Praktiken können überzeugen. Insbesondere letztgenannten Studien fehlt es darüber hinaus

590 Von Vorteil ist bei der Zusammensetzung der Stichproben bei allen Studien, dass die größten und somit auch systemrelevantesten Banken der EU überwiegend berücksichtigt wurden.

591 Vgl. CEBS (2009b), S. 6; CEBS (2010), S. 7.

an jedweder theoretischen Fundierung. Ob die Untersuchungen wissenschaftlichen Gütekriterien entsprechen, darf deshalb bezweifelt werden.

Generell ist fraglich, ob sämtliche Angaben zu Verbriefungen erfasst wurden. Während dies bei der Untersuchung von Struffert eindeutig zu verneinen ist, scheint dies auch bei den anderen Studien nicht der Fall zu sein. Die Studie der SSG und folglich auch – da darauf aufbauend – die Studien des FSB betrachten lediglich, inwiefern Informationen entsprechend der maßgeblichen Angabepraktiken erbracht wurden. Weitere Angaben blieben unberücksichtigt. Weniger stark, trotz gleichen Vorgehens, scheint dieser Effekt bei den Studien des CEBS ins Gewicht zu fallen. Der Grund hierfür besteht darin, dass neben den guten Angabepraktiken weitere Angaben durch die (Rest-)Kategorie „sonstige Angaben" berücksichtigt wurden. Betrachtet man jedoch die im Rahmen dieser Kategorie aufgeführten Angaben, zeigt sich, dass auch diese Kategorie nicht dazu beiträgt, sämtliche Angaben zu erfassen.[592] Da in keiner der Studien somit der gesamte Informationsausweis zu Verbriefungen erfasst wurde, scheint es fraglich, die Ergebnisse als Beschreibung des Berichtsverhaltens verwenden zu können.

Ein weiterer wesentlicher Kritikpunkt betrifft das Aggregationsniveau der Ergebnisse. Von der Untergliederung der Informationen entsprechend der einzelnen Themenfelder des Angabenkatalogs oder der Angabepraktiken abgesehen, wurde keine weitere Ausdifferenzierung der Ergebnisse vorgenommen. Deshalb sind keine Aussagen darüber möglich, ob Unterschiede im Berichtsverhalten entsprechend der Art einer Verbriefungstransaktion, der Rolle des bilanzierenden Unternehmens oder der Art der Verflechtung – und somit entsprechend der Struktur einer Verbriefungstransaktion – existieren. Zudem ist häufig nicht nachvollziehbar, ob und welche Unterschiede im Informationsausweis zwischen den betrachteten (Finanz-)Unternehmen bestehen. Ebenso bleibt unklar, wo genau die einzelnen Angaben erbracht wurden, beispielsweise, ob im Geschäftsbericht oder in weiteren Medien sowie, falls diese im Geschäftsbericht vorgenommen wurden, an welcher Stelle.

Die Ergebnisse erlauben darüber hinaus keine Aussagen, wie sich Angaben zu Verbriefungen im Zeitraum vor, während und nach der Finanzmarktkrise verändert haben. Zwar liegen mit den jeweiligen Untersuchungen für alle drei Zeiträume Ergebnisse zum Informationsausweis vor, allerdings sind diese aufgrund unterschiedlichen Vorgehens und unterschiedlicher Stichproben nur bedingt miteinander vergleichbar. Generell sind die im Rahmen der Untersuchungen getroffenen Aussagen zur Entwicklung der Angaben zu Verbriefungen eher mit Vorsicht zu genießen.

592 Vgl. CEBS (2008a), S. 15; CEBS (2008b), S. 11; CEBS (2009a), S. 7-8; CEBS (2009b), S. 14-15.

Mit Ausnahme der Untersuchung von Struffert findet zudem keine Quantifizierung des Umfangs statt, in dem Angaben zu Verbriefungen vorgenommen wurden. Allerdings liefert auch das Vorgehen von Struffert nicht mehr als erste Anhaltspunkte, da lediglich betrachtet wurde, ob auf Ebene der einzelnen Geschäftsberichte eine Angabe erfolgt ist, nicht jedoch, in welchem Umfang zu den einzelnen Angaben berichtet wurde. Ob und wie sich die Angaben zu Verbriefungen im Detail über die Jahre hinweg verändert haben, geht aus den Untersuchungen nicht hervor.

Obwohl die dargestellten Studien bereits einige der in Kapitel 6 aufgezeigten Sachverhalte beantwortet haben, scheint es aufgrund der aufgezeigten Schwächen angebracht, diese Sachverhalte erneut im Rahmen der eigenen empirischen Untersuchung zu betrachten. Dies scheint auch deshalb geboten, da die einzelnen Studien selbst kein einheitliches Bild erkennen lassen. Während beispielsweise bei Struffert die unterschiedliche Berichterstattung von Unternehmen verschiedener Börsensegmente eher gegen ein Herdenverhalten spricht, deuten die Ergebnisse der anderen Studien auf ein differenziertes Bild. Einerseits zeigen die maßgeblichen oder guten Angabepraktiken, dass Gemeinsamkeiten hinsichtlich des Ausweises bestehen. Andererseits lassen die Ergebnisse zu den einzelnen Angabepraktiken Unterschiede in der Berichterstattung erkennen. Zum Beispiel zeigen die Folgestudien des CEBS, dass bei den Unternehmen Unterschiede im Detaillierungsgrad der Angaben bestehen.

Im Rahmen der eigenen empirischen Untersuchung sind die aufgezeigten Schwächen der bisherigen Studien zu vermeiden. Das Problem, dass der Auswertung des Berichtsverhaltens keine wissenschaftliche Methode zugrunde liegt, soll dadurch vermieden werden, dass die Angaben mithilfe einer Inhaltsanalyse ausgewertet werden. Dabei handelt es sich um eine wissenschaftliche Methode, mit der qualitative Daten quantitativ erfasst und untersucht werden können.[593] Erstmals ist es deshalb möglich, den Umfang der Angaben zu quantifizieren. Zudem kann eine vollständige Abbildung des Berichtsverhaltens vorgenommen werden und eine aggregierte sowie differenzierte Betrachtung und Analyse der Angaben erfolgen. Eine theoretische Fundierung der Ergebnisse soll dadurch erreicht werden, dass auf Grundlage der in Kapitel 6 dargestellten Anreize für einen freiwilligen Informationsausweis Hypothesen abgleitet werden. Indem über den Untersuchungszeitraum hinweg die gleichen Unternehmen betrachtet werden, sollen einerseits die in bisherigen Untersuchungen aufgezeigten Probleme im Zusammenhang mit Stichproben vermieden und andererseits auch Aussagen zur Entwicklung der Angaben ermöglicht werden.

593 Vgl. Kapitel 8.1.3; auch Kurz (2009), S. 160.

8. Inhaltsanalyse zum Informationsausweis zu Verbriefungen

8.1. Ziele und Methodik der Untersuchung

8.1.1. Erkenntnisziele und Hypothesenbildung

Ziel der eigenen Untersuchung ist es, die Forschungsfrage zu beantworten, wie Unternehmen vor, während und nach der Finanzmarktkrise in ihren Geschäftsberichten über Verbriefungen informiert haben. Hierfür soll das Berichtsverhalten der Unternehmen strukturiert dargestellt und ausgewertet werden. Bei der Auswertung sollen zwei Zwecke verfolgt werden: Zum einen sollen im Rahmen eines explorativen Vorgehens weitere Erkenntnisse über den Informationsausweis zu Verbriefungen gewonnen und vor dem Hintergrund der Forschungsfrage analysiert werden. Dabei soll Angaben zur Struktur von Verbriefungstransaktionen eine besondere Bedeutung zukommen. Zum anderen sollen Hypothesen überprüft werden, die größtenteils ausgehend von den in Kapitel 6 dargestellten spieltheoretischen Modellen formuliert werden. Im Detail erfolgt die Formulierung der Hypothesen auf Grundlage der Ausführungen zur Unsicherheit über den Besitz einer Information, zur Nicht-Verifizierbarkeit von Informationen, zur zwischenbetrieblichen Vergleichbarkeit des Berichtsverhaltens und zur Ausweisstetigkeit.

Im Rahmen der Darstellung der Angabepflichten nach IFRS hat sich gezeigt, dass in den Jahren während und nach der Finanzmarktkrise im Vergleich zu den Jahren davor eine Zunahme von Angaben zu Verbriefungen zu erwarten ist. Zurückzuführen ist dies einerseits auf eine Veränderung der Angabepflichten, andererseits auf Änderungen der im Rahmen der Bilanzierung getroffenen Annahmen, die aufgrund des Ausbruchs der Finanzmarktkrise erforderlich waren. Beide Sachverhalte lassen einen Anstieg der Angabepflichten und eine Zunahme des Informationsausweises vermuten. Ein erweiterter Umfang der Angaben ist auch deshalb zu erwarten, da sich aufgrund der Finanzmarktkrise das Bewusstsein für Verbriefungen, insbesondere für damit verbundene Risiken, sowohl auf Seiten der Bilanzadressaten als auch auf Seiten der Unternehmen erhöht hat. Folglich ist bei den Bilanzadressaten von einer gestiegenen Erwartungshaltung und bei den Unternehmen von einer gestiegenen Bereitschaft, zu Verbriefungen umfangreichere und bessere Informationen als bisher bereitzustellen, auszugehen. Zuletzt deuten auch die Ergebnisse empirischer Studien zum Informationsausweis zu Verbriefungen darauf hin, dass sich die Angaben über die Zeit hinweg verbessert haben. Die ersten Hypothesen lauten deshalb:

Hypothese 1a: Der Umfang von Angaben zu Verbriefungen hat sich in den Jahren während und nach der Finanzmarktkrise im Vergleich zu den Jahren davor erhöht.

Hypothese 1b: Die Qualität von Angaben zu Verbriefungen hat sich in den Jahren während und nach der Finanzmarktkrise im Vergleich zu den Jahren davor erhöht.

Spieltheoretische Modelle lassen im Zusammenhang mit der Unsicherheit über den Besitz einer Information erkennen, dass Unternehmen, die keine Informationen zu Verbriefungen besitzen, einen Anreiz haben, explizit auf diesen Umstand hinzuweisen. Dies lässt vermuten, dass Unternehmen auch ausdrücklich darauf hinweisen, wenn sie in keine Verflechtungen von Verbriefungstransaktionen involviert sind. Unterstützung erfährt die Vermutung durch die Ergebnisse der Studien der CEBS, die zumindest für Banken solche Angaben bereits erkennen konnten. Da im Rahmen der eigenen Untersuchung erstmals der Zeitraum vor, während und nach der Finanzmarktkrise untersucht wird, soll neben der Existenz derartiger Informationen auch deren Entwicklung betrachtet werden. Dabei ist zu erwarten, dass Unternehmen seit Ausbruch der Finanzmarktkrise verstärkt auf den Umstand einer geringen oder nicht vorhandenen Involvierung hingewiesen haben. Nicht überprüfbar ist, ob Unternehmen tatsächlich in keine Verflechtungen im Zusammenhang mit Verbriefungen involviert waren. Allerdings kann untersucht werden, ob Unternehmen Angaben hierzu geliefert haben. Folgende Hypothesen sollen formuliert werden:

Hypothese 2a: Unternehmen weisen explizit auf den Umstand hin, dass sie nicht oder nur in einem geringen Umfang in Verflechtungen von Verbriefungen involviert sind.

Hypothese 2b: In den Jahren während und nach der Finanzmarktkrise ist der Anteil der Angaben, aus denen hervorgeht, dass Unternehmen nicht oder nur in einem geringen Umfang in Verflechtungen von Verbriefungen involviert sind, größer als in den Jahren zuvor.

Implikationen können sich auch aus dem Ergebnis einperiodiger cheap-talk-Modelle ergeben: Sofern Unternehmen beim Ausweis nicht verifizierbarer Informationen einem Zielkonflikt unterliegen – was bei Verbriefungen häufig der Fall ist – können sie Informationen glaubwürdig kommunizieren, wenn sie diese unpräzise ausweisen. Da unpräzise Informationen vor allem qualitative Angaben und präzise Informationen eher quantitative Angaben darstellen, kann dies auch als Anreiz interpretiert werden, Informationen nicht quantitativ auszuweisen. Obwohl kein Ergebnis einperiodiger cheap-talk-Modelle, ist aufgrund der im Zusammenhang mit der Finanzmarktkrise geäußerten Kritik am Informationsausweis zu Verbriefungen darüber hinaus zu vermuten, dass Unternehmen in den Jahren vor der Finanzmarktkrise unpräziser über Verbriefungen berichtet haben als in den Jahren danach. Die Hypothesen lauten:

Hypothese 3a: Es finden sich mehr qualitative als quantitative Angaben zu Verbriefungen.

Hypothese 3b: Vor der Finanzmarktkrise ist der Anteil der qualitativen Angaben an allen zu Verbriefungen getätigten Angaben größer als in den Jahren während und nach der Finanzmarktkrise.

Weiterhin hat sich gezeigt, dass der Ausweis von unpräzisen Informationen vor allem bei ungünstigen Prognosen erfolgt: Diese werden tendenziell unpräziser ausgewiesen als günstige Prognosen. Im Zusammenhang mit Verbriefungen sind jedoch nicht nur Prognosen, sondern aufgrund bestehender Ermessensspielräume sämtliche Informationen nicht verifizierbar. Folglich ist zu vermuten, dass generell über Sachverhalte, die für das Unternehmen (potenziell) von Nachteil sind, unpräziser berichtet wird als über (potenziell) vorteilhafte Sachverhalte. Deshalb lautet die Hypothese:

Hypothese 4: Der Anteil quantitativer Angaben zu negativen Sachverhalten ist geringer als der Anteil quantitativer Angaben zu positiven Sachverhalten.

Sowohl spieltheoretische Überlegungen als auch Ergebnisse empirischer Studien lassen erkennen, dass zwischen dem Informationsausweis verschiedener Unternehmen Interdependenzen bestehen. Unternehmen – insbesondere derselben Branche – legen häufig ein Herdenverhalten zu Tage, indem sie ähnliche Informationen ausweisen. Folgende Hypothese kann formuliert werden:

Hypothese 5: Unternehmen der gleichen Branche unterscheiden sich nicht in der Art und Weise, wie sie über Verbriefungen berichten.

Faktisch besteht für freiwillige Angaben ein Stetigkeitsprinzip: Dies ist der Fall, wenn über einen Sachverhalt informiert wurde, bei dem es sich nicht um ein einmaliges Ereignis handelt, sondern vielmehr um einen Sachverhalt, dessen Relevanz auch in zukünftigen Perioden zu erwarten ist. Vor dem Hintergrund von Informationen zu Verbriefungen ist deshalb zu vermuten, dass Unternehmen, für die Verbriefungen sowie der Ausweis von Informationen hierzu ein einmaliges Ereignis darstellen, explizit auf diesen Umstand hinweisen. Die letzte Hypothese lautet:

Hypothese 6: Es finden sich Angaben, aus denen hervorgeht, dass Verbriefungen oder der Ausweis von Informationen zu Verbriefungen einen einmaligen Vorgang darstellen.

8.1.2. Auswahl der Datenbasis

Die Datenbasis wird durch den Untersuchungszeitraum und die betrachteten Unternehmen bestimmt. Der Untersuchungszeitraum folgt unmittelbar aus der Forschungsfrage, da der Informationsausweis von Unternehmen zu Verbriefungen vor, während und nach der Finanzmarktkrise untersucht werden soll. Als problemlos erweist sich die Definition des Zeitraums vor der Finanzmarktkrise, da dieser durch die Jahre 2005 und 2006 zweifelsfrei abgegrenzt werden kann. Als schwieriger erweist sich hingegen die Bestimmung des Zeitraums während und nach der Finanzmarktkrise, da ein „fixes" Ende der Krise nicht auszumachen ist. Allerdings kann festgehalten werden, dass die Krise im Jahr 2007 begann und mit dem Zusammenbruch von Lehman Brothers im September 2008 ihren Höhepunkt erreichte. Anfang 2009 setzte eine Erholung an den Märkten ein, die bis zum Ausbruch der Schuldenkrise im Jahr 2011 andauerte.[594] Im Rahmen der Untersuchung sollen deshalb die Jahre 2007 und 2008 den Zeitraum während und die Jahre 2009 und 2010 den Zeitraum nach der Finanzmarktkrise widerspiegeln.

Für diesen Untersuchungszeitraum liegen bisher keinerlei Ergebnisse vor, die eine branchenübergreifende Einschätzung der Rechnungslegungsinformationen zu Verbriefungen erlauben.[595] Ein solch langer Untersuchungszeitraum und ein umfangreiches Publikationsverhalten sind jedoch insbesondere deshalb von Bedeutung, da für eine inhaltsanalytische Auswertung das Vorliegen ausreichender Daten notwendig ist. Würde sich beispielsweise zeigen, dass Unternehmen keine oder nur in einem geringen Umfang Informationen zu Verbriefungen bereitgestellt haben, wäre eine Inhaltsanalyse nicht zielführend.

Um den Umfang von Angaben zu Verbriefungen über sämtliche Branchen hinweg einschätzen zu können, soll eine Stichwortanalyse durchgeführt werden. Dabei wird es als sachgerecht angesehen, den Untersuchungszeitraum auf die Jahre 2006 bis

---

594 Vgl. Rudolph (2010a), S. 4-26; Hellwig (2010), S. 17-21.

595 Für eine Untersuchung von Angaben zu Zweckgesellschaften in Geschäftsberichten 2011 bzw. 2010/2011 von Unternehmen des DAX, MDAX, SDAX und TecDAX vgl. Küting/Mojadadr (2013), S. 142-155. Finanzunternehmen wurden aus der Analyse ausgeschlossen. Vgl. Küting/Mojadadr (2013), S. 142. Angaben zu Verbriefungen nehmen im Rahmen der Untersuchung keinen besonderen Stellenwert ein.

2009 zu verkürzen: Der betrachtete Zeitraum umfasst weiterhin Jahre vor, während und nach der Finanzmarktkrise, weshalb keine wesentlichen Einschränkungen der Aussagen zu befürchten sind – zumal das Ziel der Analyse lediglich in einer ersten Einschätzung besteht. Ausgangspunkt bilden alle Geschäftsberichte von Unternehmen, die sich zum 30.12.2009 (letzter Handelstag) im HDAX befanden. Andere Informationsquellen, wie beispielsweise Ad-hoc-Meldungen, werden nicht betrachtet. Der HDAX umfasst die größten Werte aus dem Prime Standard der Deutschen Börse und besteht aus 30 Unternehmen des DAX, 50 Unternehmen des MDAX und 30 Unternehmen des TecDAX. Betrachtet wurden die englischsprachigen Geschäftsberichte.[596] Da diese in sechs Fällen nicht verfügbar waren, setzt sich die finale Stichprobe aus 434 Geschäftsberichten zusammen.[597] Die Unternehmen wurden nach der Sektorenzuteilung der Deutsche Börse Group in folgende 18 Branchen eingeordnet:[598] Automobile, Banks, Basic Resources, Chemicals, Construction, Consumer, Financial Services, Food & Beverages, Industrial, Insurance, Media, Pharma & Healthcare, Retail, Software, Technology, Telecommunication, Transportation & Logistics und Utilities. Anschließend wurden die elektronischen Versionen der Geschäftsberichte mithilfe der erweiterten pdf-Suchfunktion auf bestimmte Stichwörter hin untersucht.[599] Um dem individuellen Berichtsverhalten gerecht zu werden, wurden sämtliche denkbaren Variationen der einzelnen Stichwörter berücksichtigt.[600] Erfasst wurde ein Stichwort nur dann, wenn ein eindeutiger Verbriefungsbezug gegeben war.[601]

---

596 Bei den betrachteten Geschäftsberichten handelt es sich um Geschäftsberichte auf Konzernebene. Nicht differenziert wurde, ob diese gemäß IFRS oder US-GAAP erstellt wurden.

597 In Fällen, in denen der Stichtag nicht der 31.12. eines Jahres darstellte, wurden die Geschäftsberichte dem Geschäftsjahr zugerechnet, in dem der unterjährige Abschlussstichtag lag. Bspw. wurden Geschäftsberichte der Jahre 2008/2009 dem Geschäftsjahr 2009 zugeordnet.

598 Vgl. Anhang 5. Zur Sektorenzuteilung vgl. Deutsche Börse Group (2013).

599 Folgende 18 Stichwörter wurden betrachtet: Securitization, Asset Backed Securities, ABS, Asset Backed Commercial Paper, ABCP, Mortgage Backed Securities, MBS, Collateralized Debt Obligations, CDO, Collateralized Loan Obligations, CLO, Collateralized Bond Obligations, CBO, Collateralized Mortgage Obligations, CMO, Structured Investment Vehicle, SIV und Conduit.

600 Bspw. umfasst das Stichwort „Securitization“ die Begriffe „(re-)securitis(z)e(d)“, „(re-)securitis(z)ing“ und „(re-)securitis(z)ation(s)“. Um sämtliche dieser Variationen und Schreibweisen zu berücksichtigen, wurde als Suchbegriff deshalb lediglich „securiti“ verwendet.

601 Z.B. wurde der Ausdruck „securitized liabilities“ nicht erfasst, da damit nicht die Verbriefung von Vermögenswerten gemeint ist. Auch das Stichwort „ABS“ muss nicht zwingend für Asset Backed Securities stehen, da es auch „anti-lock brake system“ bedeuten kann.

Betrachtet man die Verteilung der Anzahl der Stichwörter über den gesamten Untersuchungszeitraum hinweg, zeigt Abbildung 2, dass die meisten Stichwörter von Banken berichtet wurden.[602] Mit 1.627 Nennungen entfallen 57,6% aller 2.826 identifizierten Stichwörter auf diese Branche. Die restlichen Nennungen verteilen sich auf dreizehn weitere Branchen, wobei sich am meisten Nennungen in den Branchen Insurance, Industrial und Automobile finden. In vier Branchen konnten keine der gesuchten Stichwörter identifiziert werden.

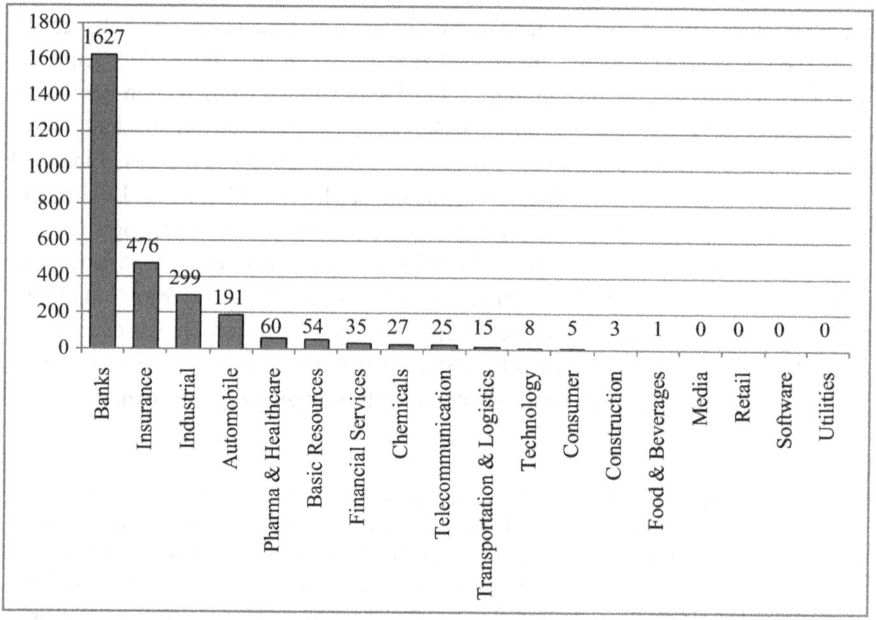

Abb. 2: Anzahl der Stichwörter bei den einzelnen Branchen

Ein vergleichbares Bild erhält man, wenn man die zeitliche Entwicklung der Nennungen betrachtet (Abbildung 3). Entfielen im Jahr 2006 mit 154 Nennungen „lediglich" 38,6% auf Banken, waren es im Jahr 2007 53,9%, im Jahr 2008 60,9% und im Jahr 2009 67,8%. Zwei Erkenntnisse resultieren: (1) Banken stellen die Branche dar, in der – für die einzelnen Jahre wie über alle Jahre – die meisten Stichwörter zu Verbriefungen zu finden waren und die folglich auch am meisten Angaben zu Verbriefungen erwarten lässt. (2) In den meisten anderen Branchen erfolgten ebenfalls Angaben zu Verbriefungen, wenn auch zum Teil nur in einem geringen Umfang.

602 Vgl. für die absoluten Häufigkeiten der einzelnen Stichwörter Anhang 6.

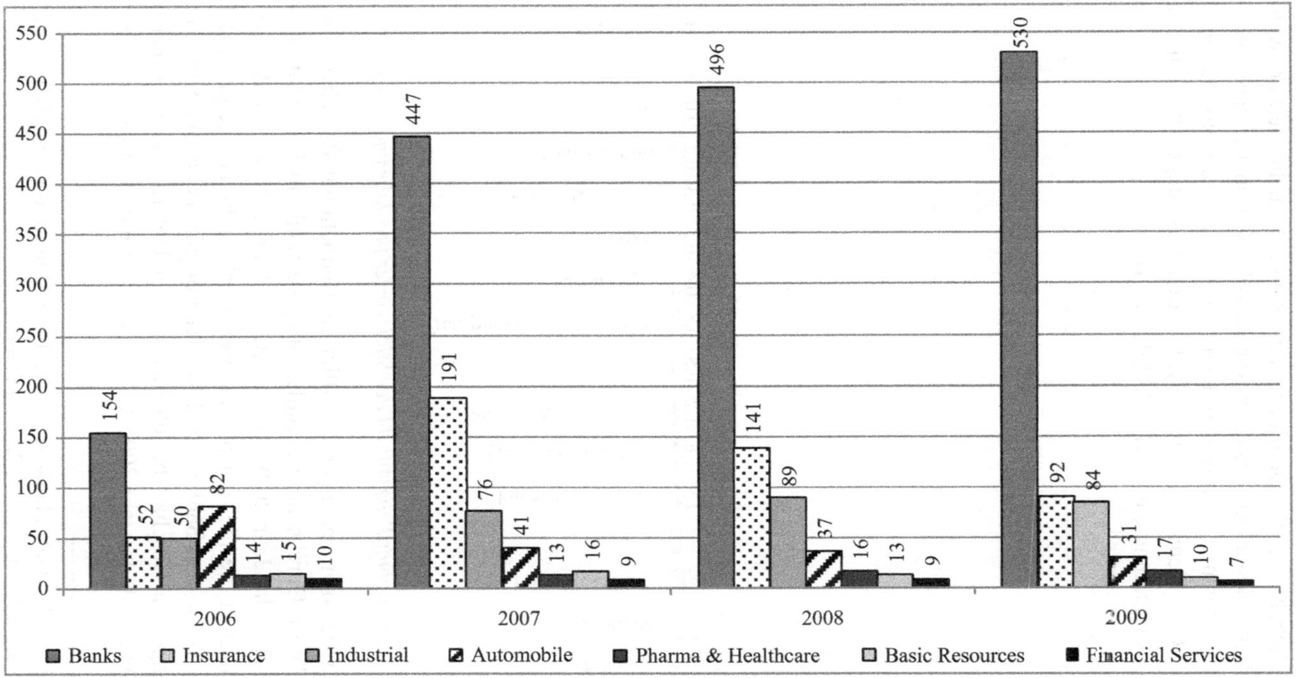

Abb. 3: Entwicklung der Anzahl der Stichwörter bei den Branchen mit den meisten Nennungen

Noch deutlicher tritt die Dominanz der Bankenbranche hervor, wenn man den Umstand berücksichtigt, dass sich die einzelnen Branchen aus unterschiedlich vielen Unternehmen zusammensetzen.[603] Pro Jahr und Bank finden sich im Durchschnitt 101,7 Nennungen, was 61,4% aller Nennungen bei einer solchen Durchschnittsbetrachtung entspricht (Abbildung 4).

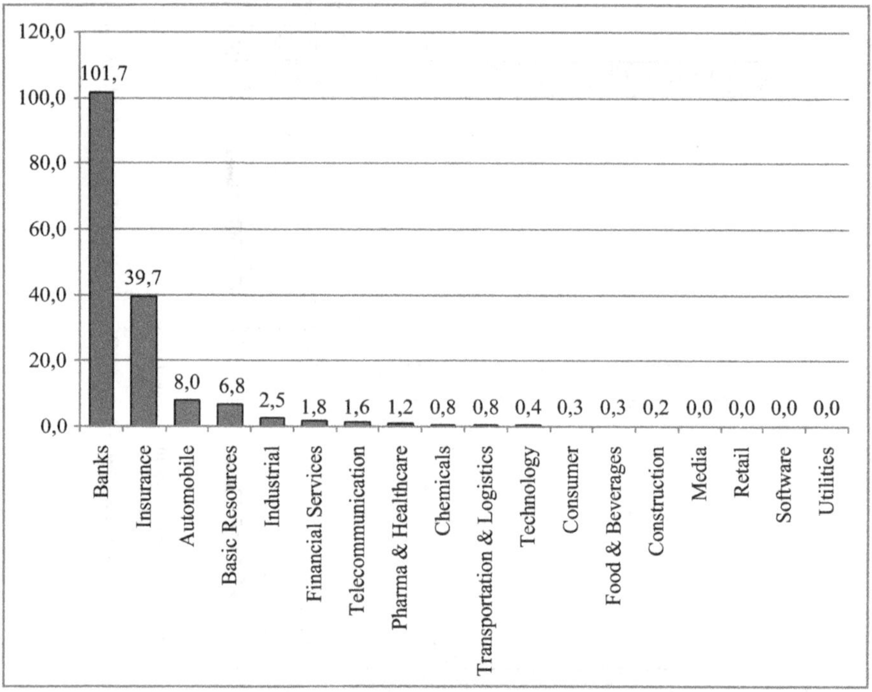

Abb. 4: Durchschnittliche Anzahl der Stichwörter pro Jahr und Unternehmen

Gleiches zeigt sich bei einer detaillierten Betrachtung der einzelnen Jahre (Abbildung 5): Im Durchschnitt entfallen auf jede Bank im Jahr 2006 44,6%, im Jahr 2007 55,1%, im Jahr 2008 64,6% und im Jahr 2009 73,1% der Stichwörter und somit stets die meisten Stichwörter. Darüber hinaus zeigen die Ergebnisse, dass außer in der Banken- und Versicherungsbranche kaum mit Angaben zu Verbriefungen in Geschäftsberichten einzelner Unternehmen zu rechnen ist. Eine Ausnahme stellt das Jahr 2006 dar, in dem zumindest in Geschäftsberichten

603 Bspw. besteht die Bankenbranche aus vier Unternehmen, während die Branche Industrial 30 Unternehmen umfasst. Vgl. Anhang 5.

von Unternehmen der Automobile-Branche im Durchschnitt mit Nennungen im (knapp) zweistelligen Bereich zu rechnen ist. Zusammenfassend lässt sich festhalten, dass auch auf Ebene der einzelnen Unternehmen im Durchschnitt bei Banken am meisten Angaben zu Verbriefungen zu erwarten sind.

Da sich gezeigt hat, dass Banken sowohl auf Branchen- als auch auf Unternehmensebene mit Abstand am meisten Angaben im Zusammenhang mit Verbriefungen erwarten lassen,[604] wird sich die folgende Inhaltsanalyse ausschließlich auf Geschäftsberichte von Banken beschränken.

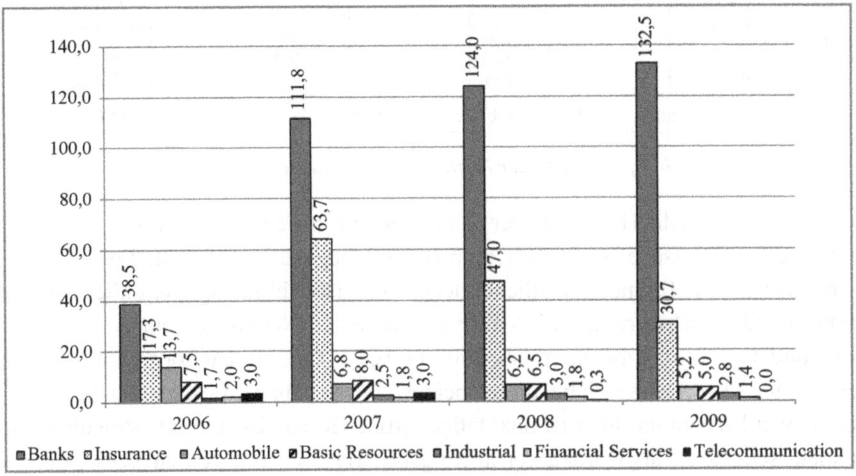

Abb. 5: Entwicklung der durchschnittlichen Anzahl der Stichwörter pro Unternehmen bei den Branchen mit den meisten Nennungen

Eine detaillierte Betrachtung der im Rahmen der Stichwortanalyse untersuchten Banken zeigt, dass zwischen den einzelnen Banken ebenfalls große Unterschiede bezüglich der Häufigkeit von Stichwörtern bestehen (Abbildung 6). Mit 1.240 Nennungen entfallen 76,2% der identifizierten Stichwörter auf die Deutsche Bank und die Commerzbank. Nur 387 Nennungen entfallen auf die Deutsche Postbank und die Aareal Bank.

604 Sonderlich überraschend ist die Dominanz der Banken jedoch nicht, da Verbriefungen – zumindest vor der Finanzmarktkrise – einen wesentlichen Bestandteil des Geschäftsmodells von Banken dargestellt haben. Auch hat sich die im Zuge der Finanzmarktkrise geäußerte Kritik nahezu ausschließlich auf die Berichterstattung zu Verbriefungen von Banken bezogen.

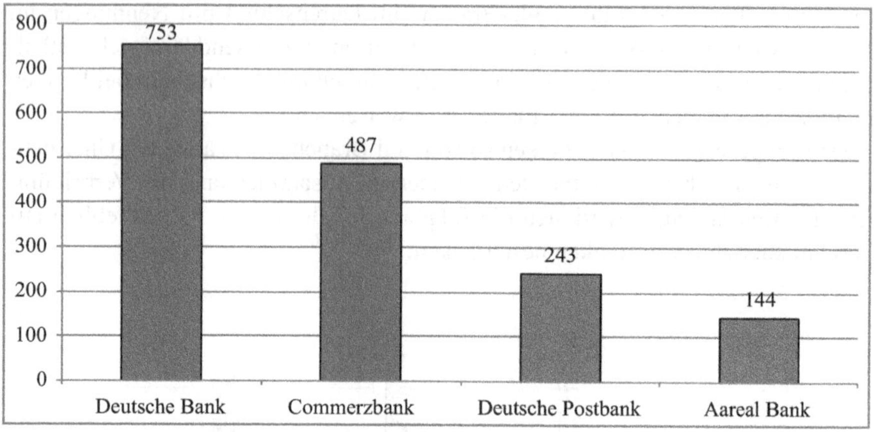

Abb. 6: Anzahl der Stichwörter bei Banken im HDAX

Betrachtet man die Häufigkeit der Nennungen für die einzelnen Jahre, tritt der Unterschied von Deutsche Bank und Commerzbank gegenüber Deutsche Postbank und Aareal Bank zum Teil noch deutlicher hervor. Gemäß Abbildung 7 entfallen im Jahr 2006 mit 139 Stichwörtern 90,3% aller identifizierten Nennungen auf die Deutsche Bank und die Commerzbank, im Jahr 2007 sind es 74,0%, im Jahr 2008 76,4% und im Jahr 2009 73,8%. Da es sich bei diesen beiden Unternehmen im Gegensatz zu den anderen zwei Banken um international tätige, große Geschäfts- und Investmentbanken handelt, scheint es, als würden vor allem große Banken Angaben zu Verbriefungen aufweisen. Unterstützung erfährt diese Vermutung, wenn man die Bilanzsummen der vier Banken für die einzelnen Jahre 2006 bis 2009 miteinander vergleicht: Die Deutsche Bank weist stets die größte Bilanzsumme auf, gefolgt von Commerzbank, Deutsche Postbank und Aareal Bank.[605] Vernachlässigt man bei der Deutschen Postbank und der Aareal Bank im Jahr 2006 aufgrund der geringen Anzahl an Nennungen die Ergebnisse, scheint die Anzahl der Nennungen mit der Höhe der Bilanzsumme zu korrelieren. Es liegt deshalb die Vermutung nahe, dass Banken umso mehr Angaben zu Verbriefungen tätigen, je größer – gemessen an der Bilanzsumme – sie sind.

Da ein derartiger Zusammenhang zwischen der Größe einer Bank und dem Umfang der Angaben zu Verbriefungen nicht nur für den HDAX, sondern auch für andere (europäische) Indizes zu erwarten ist, sollen im Rahmen der Inhaltsanalyse die Geschäftsberichte der zehn größten Banken der EU hinsichtlich ihrer Angaben zu Verbriefungen untersucht werden. Entscheidend für eine Klassifizierung ist die

605 Vgl. Anhang 7.

Bilanzsumme zum 31.12.2007 – dem Jahr, in dem die Finanzmarktkrise ausbrach. Folgende Banken liegen der Stichprobe zugrunde: Royal Bank of Scotland,[606] Deutsche Bank, BNP Paribas, Barclays, HSBC, Crédit Agricole, Société Générale, UniCredit, Santander und Commerzbank.[607] Sämtlichen Banken wurde vom FSB eine Systemrelevanz bescheinigt.[608] Der Untersuchungszeitraum umfasst wie bereits dargestellt die Jahre 2005 bis 2010, weshalb der Inhaltsanalyse 60 Geschäftsberichte zugrunde liegen. Alle Banken haben ihre Geschäftsberichte nach IFRS aufgestellt.[609] Diese umfassen in Summe 22.752 Seiten. Um diejenigen Seiten zu identifizieren, die Aussagen zu Verbriefungen enthalten, wurden die Geschäftsberichte erneut mithilfe der erweiterten pdf-Suchfunktion untersucht. Es wurden zahlreiche Stichwörter betrachtet, die einen mehr oder weniger starken Bezug zu Verbriefungen erkennen lassen.[610] Letztendlich konnte auf 2.399 Seiten ein Verbriefungsbezug festgestellt werden; diese Seiten bildeten die Grundlage der Inhaltsanalyse.

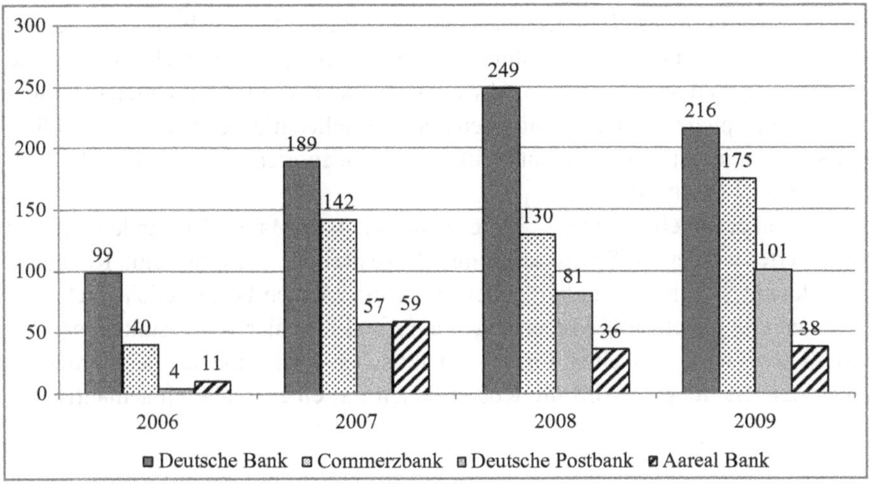

Abb. 7: Entwicklung der Anzahl der Stichwörter bei Banken im HDAX

606 Im Folgenden als RBS abgekürzt.

607 Vgl. Anhang 8.

608 Vgl. FSB (2011a), S. 4.

609 Eine Ausnahme stellen die Geschäftsberichte der Deutsche Bank der Jahre 2005 und 2006 dar, da diese nach US-GAAP erstellt wurden. Beide Geschäftsberichte wurden dennoch im Rahmen der Stichprobe berücksichtigt, da die Berichterstattung nach US-GAAP vor dem Hintergrund der Forschungsfrage unbedeutend ist, zumal auf Basis der Ergebnisse der Inhaltsanalyse auch keine Rückschlüsse auf IFRS gezogen werden.

610 Vgl. Anhang 9.

8.1.3. Methode der Inhaltsanalyse

Die Geschäftsberichte der Banken sollen mit der Methode der Inhaltsanalyse ausgewertet werden.[611] Die Inhaltsanalyse ist eine aus den Sozialwissenschaften stammende Methode, die in vielen unterschiedlichen Wissenschaftsdisziplinen Anwendung findet.[612] Sie stellt „eine empirische Methode zur systematischen, intersubjektiv nachvollziehbaren Beschreibung inhaltlicher und formaler Merkmale von Mitteilungen“[613] dar. Ihr Ziel besteht darin, die in der Forschungsfrage ausgedrückte Bedeutungsstruktur möglichst exakt in ein Datenmodell – und somit eine Formalstruktur – zu transformieren. Hierfür werden Textmerkmale mithilfe eines Kategoriensystems erfasst und quantifiziert.[614] Dabei werden qualitative und quantitative Elemente vereint: Jede Identifizierung und Interpretation eines inhaltlichen Textmerkmals stellt einen qualitativen Vorgang dar, die anschließende Zählung der Häufigkeiten der qualitativen Merkmale ist hingegen quantitativer Natur.[615] Wesentliches Kennzeichen einer Inhaltsanalyse – insbesondere gegenüber anderen Interpretationsverfahren – ist die systematische Vorgehensweise, die sich vor allem im strukturierten und weitgehend standardisierten Untersuchungsablauf widerspiegelt.[616] Die wichtigsten Schritte stellen die Definition von Kodier- und Kontexteinheit sowie die Entwicklung des Kategoriensystems, einschließlich des Kodierleitfadens, dar.

Die Kodiereinheit bestimmt, „welches der kleinste Materialbestandteil ist, der ausgewertet werden darf, was der minimale Textteil ist, der unter eine Kategorie fallen kann.“[617] Um dem individuellen Berichtsverhalten bestmöglich Rechnung zu tragen und gleichzeitig Verzerrungen aufgrund formaler Textgestaltungen auszuschließen, wird von einer formal-syntaktischen Definition der Kodiereinheit abgesehen. Stattdessen wird die Kodiereinheit auf einer inhaltlich-semantischen

---

611 Geschäftsberichte stellen die zentrale Informationsquelle für Investoren und andere Kapitalmarktteilnehmer dar, weshalb – wie bereits bei der Stichwortanalyse – auch im Rahmen der Inhaltsanalyse keine weiteren Informationsquellen betrachtet werden.

612 Vgl. Früh (2011), S. 13-15, 60.

613 Früh (2011), S. 27.

614 Vgl. Früh (2011), S. 29-30.

615 Vgl. Früh (2011), S. 38-39, 67-74, 139-140.

616 Vgl. Früh (2011), S. 39, 40, 97, 102. Mayring spricht diesbezüglich von Ablaufmodellen, vgl. Mayring (2010), S. 48-49. Für ein Beispiel für ein allgemeines Ablaufmodell einer Inhaltsanalyse vgl. Mayring (2010), S. 60.

617 Mayring (2010), S. 59.

Ebene als Sinneinheit definiert.[618] Damit ist jede zusammenhängende Textpassage gemeint, „in der zum selben Gegenstand etwas ausgesagt wird. Solange das Subjekt der Aussagen identisch bleibt und gleichzeitig Indikator für die betreffende Kategorie ist, zählen alle Äußerungen als eine Codiereinheit, d.h. die Kategorie wird nur einmal vergeben."[619] Somit kann es sich bei einer Kodiereinheit um ein einzelnes Wort, einen Satz oder um eine ganze Textpassage handeln.[620] Neben der Kodiereinheit ist die Kontexteinheit zu definieren. Diese legt fest, in welchem Umfang der Kodierer zur Interpretation eines durch eine Kodiereinheit erfassten Sachverhalts auf Textpassagen zurückgreifen darf, die vor oder nach der Kodiereinheit stehen.[621] Wie bereits die Kodiereinheit, soll auch die Kontexteinheit auf einer inhaltlich-semantischen Ebene als Sinneinheit definiert werden.

Die Entwicklung des Kategoriensystems ist mit der Erstellung eines Kodierleitfadens verbunden, der – neben einer Definition der einzelnen Kategorien – Kodierregeln und Ankerbeispiele enthält.[622] Die Kategorien können theorie- oder empiriegeleitet gebildet werden: Während die theoriegeleitete Kategorienbildung die Vollständigkeit hinsichtlich der Beantwortung der Forschungsfrage und der Überprüfung der Hypothesen gewährleisten soll, versucht die empiriegeleitete Kategorienbildung das Untersuchungsmaterial vollständig abzudecken.[623] Im Rahmen der eigenen Untersuchung wurde eine Kombination von theorie- und empiriegeleiteter Kategorienbildung gewählt.[624] Das letztendlich verwendete Kategoriensystem besteht aus acht (Kategorie-)Ebenen, die jeweils eine unterschiedliche Anzahl von Kategorien umfassen: Ebene eins unterscheidet nach der Stelle, wo die Information im Geschäftsbericht dargelegt wurde. Ebene zwei differenziert nach der Art der Verbriefung, Ebene drei nach der Rolle, die das bilanzierende Unternehmen im Rahmen einer Verbriefungstransaktion einnimmt, und Ebene vier nach der Art der Verflechtung. Der Inhalt der Information wird auf Ebene fünf betrachtet. Ebene sechs unterscheidet nach der Dauer des Verbriefungsengagements, Ebene sieben betrachtet, wie die Aussage zu bewerten ist, und Ebene acht differenziert danach, ob es sich um eine qualitative oder quantitative Information handelt.[625] Die Kategorien der Ebene eins bis vier wurden nicht unmittelbar aus den

---

618 Vgl. Früh (2011), S. 92-94; Wappenschmidt (2009), S. 124-125.

619 Früh (2011), S. 94.

620 Vgl. Früh (2011), S. 94; auch Wappenschmidt (2009), S. 124 m.w.N.

621 Vgl. Früh (2011), S. 95; Mayring (2010), S. 59.

622 Vgl. Anhang 10 und Anhang 11.

623 Vgl. Früh (2011), S. 86.

624 Eine Kombination beider Verfahren wird empfohlen, vgl. Früh (2011), S. 72-74.

625 Vgl. Anhang 11.

aufgestellten Hypothesen abgeleitet, dennoch sind sie für die Beantwortung der Forschungsfrage und zur Gewinnung weiterer (explorativer) Erkenntnisse unverzichtbar, da sie unter anderem die Struktur einer Verbriefungstransaktion erfassen. Gleichzeitig sind sie Voraussetzung dafür, dass die auf Grundlage der Hypothesen aufgestellten Kategorien der Ebene sechs bis acht operationalisiert werden können. Letztgenannte Kategorien wurden mithilfe einer dimensionalen Analyse[626] der Hypothesen bestimmt. Ebene fünf wurde im Rahmen der empiriegeleiteten Kategorienbildung hinzugefügt.[627]

Um eine möglichst eindeutige Zuordnung der Kodiereinheiten zu den einzelnen Kategorien zu ermöglichen, wurden die Kategorien so gewählt, dass sie sich nicht in ihrem Bedeutungsgehalt überschneiden.[628] Weiterhin ist für eine Abgrenzung eine detaillierte Definition der Kategorien sowie das Aufstellen von Kodierregeln und Ankerbeispielen unabdingbar.[629] Kodierregeln bilden darüber hinaus „eine wesentliche Voraussetzung dafür, dass alle Codierer das Kategoriensystem sowohl untereinander einheitlich als auch in Bezug auf das ganze Untersuchungsmaterial invariant anwenden können.“[630] Kodierregeln und Ankerbeispiele, sowie ausführliche Definitionen der einzelnen Kategorien, finden sich im Kodierleitfaden. Die darin enthaltenen Kodierregeln lassen sich in allgemeine, für alle Kategorieebenen und Kategorien geltende, sowie spezifische, nur für einzelne Kategorieebenen und Kategorien geltende Kodierregeln unterscheiden.[631] Insbesondere das Aufstellen von über alle Geschäftsberichte hinweg gültigen, spezifischen Kodierregeln hat sich als ein schwieriger und langwieriger Prozess erwiesen. Dies war vor allem darauf zurückzuführen, dass die betrachteten Banken häufig ein unterschiedliches Verständnis von im Zusammenhang mit Verbriefungen relevanten Sachverhalten aufwiesen.

Die Kodierung wurde vom Verfasser manuell durchgeführt, da ein Rückgriff auf eine Kodierungssoftware aufgrund der Komplexität der Materie und der inhaltlich-semantischen Definition der Kodier- und Kontexteinheiten nicht möglich

626 Bei einer dimensionalen Analyse geht es darum, die in den Hypothesen enthaltenen interessierenden Bedeutungselemente – die Dimensionen – zu identifizieren, die anschließend zwingend als Kategorien in das Kategoriensystem eingehen müssen. Vgl. hierzu Früh (2011), S. 153-156.

627 Zur Vorgehensweise bei einer empiriegeleiteten Kategorienbildung vgl. Früh (2011), S. 156-163.

628 Vgl. Früh (2011), S. 87.

629 Vgl. Früh (2011), S. 40, 96.

630 Früh (2011), S. 96.

631 Vgl. Anhang 10 und Anhang 11.

war.[632] Die 2.399 Geschäftsberichtsseiten mit Verbriefungsbezug wurden hierfür ausgedruckt und analysiert. Im Rahmen der empiriegeleiteten Kategorienbildung[633] wurden nicht nur die Kategorien der Ebene fünf ergänzt, sondern auch die Kategorien der Ebenen eins bis vier jeweils um die Kategorie „keine Zuordnung" erweitert. Darüber hinaus wurden weitere Modifikationen am zum damaligen Zeitpunkt noch vorläufigen Kategoriensystem vorgenommen.[634] Auf eine Probekodierung[635] durch mehrere Kodierer wurde bewusst verzichtet. Vielmehr erfolgte diese allein durch den Hauptkodierer, dem Verfasser der Arbeit. Der Grund hierfür lag darin, dass – wie zuvor bereits erwähnt – Banken ein sehr individuelles Verständnis von bestimmten Sachverhalten im Zusammenhang mit Verbriefungen zeigten. Viele Aussagen zu Verbriefungen wären deshalb mit dem damaligen Stand des Kodierleitfadens und in Verbindung mit der Komplexität der Materie kaum zu verstehen und folglich weder richtig noch einheitlich zu kategorisieren gewesen.[636]

Im Anschluss an die Probekodierung erfolgte die eigentliche Kodierung der Geschäftsberichte. Jede identifizierte Kodiereinheit wurde vom Hauptkodierer mit einem entsprechenden Kodiercode versehen. Für jede Kodiereinheit ergaben sich 80.640 Kategorisierungsmöglichkeiten, zwischen denen es zu unterscheiden galt. Gleichzeitig wurde jede Kodiereinheit in ein mithilfe von Excel erstelltes Kategoriensystem eingetragen. Über die Zeit hinweg festgestellte neue Erkenntnisse erforderten, bestehende Kodierregeln anzupassen oder neue Kodierregeln

632 Vgl. auch Wappenschmidt (2009), S. 125; Milne/Adler (1999), S. 243; Beattie/McInnes/Fearnley (2004), S. 233 m.w.N. Bspw. war es häufig sehr schwer, die Art der Verbriefungstransaktion, die Rolle des bilanzierenden Unternehmens oder die Art der Verflechtung zu identifizieren. Nicht selten waren zudem einzelne Wörter für die Interpretation einer Aussage und folglich für deren Kodierung ausschlaggebend.

633 Die empiriegeleitete Kategorienbildung umfasste die Geschäftsberichte von sieben Banken, die zufällig ausgewählt wurden. Dies entspricht ca. 10% des Untersuchungsmaterials. Im Einzelnen wurden die Geschäftsberichte der folgenden Banken betrachtet: Commerzbank (2005), Deutsche Bank (2009), Commerzbank (2010), Santander (2007), Credit Agricole (2008), HSBC (2009) und UniCredit (2008).

634 Bspw. wurde auf eine weitere Ausdifferenzierung der Kategorie Credit Enhancement verzichtet.

635 Zum Ablauf einer Probekodierung vgl. Früh (2011), S. 163-184.

636 Im Rahmen der Probekodierung wurden die gleichen Berichte wie bei der empiriegeleiteten Kategorienbildung betrachtet. Obwohl diese allein durch den Hauptkodierer erfolgte, wurden dabei auftretende Probleme regelmäßig mit Personen, die auf dem Gebiet der Verbriefung besondere Kompetenzen aufweisen, und mit anderen wissenschaftlichen Mitarbeitern diskutiert.

zu formulieren.[637] Dies wiederum machte es notwendig, die bis dato getätigten Kodierungen erneut zu betrachten und ggf. zu ändern, um eine durchgehend konsistente Anwendung der Kodierregeln und somit auch des Kategoriensystems zu gewährleisten.[638]

8.1.4. Validität und Reliabilität der Kodierung

Um dem Anspruch einer wissenschaftlichen Forschungsmethode gerecht zu werden, muss die Inhaltsanalyse bestimmten Gütekriterien, insbesondere der Validität und der Reliabilität, genügen.[639] Die „Validität ist ein inhaltsanalytischer Qualitätsstandard, der angibt, ob die Codierungen (also die produzierten Daten) den in der Forschungsfrage anvisierten Bedeutungsgehalt (das zu messende theoretische Konstrukt) auch tatsächlich treffen: Misst mein Instrument auch wirklich das, was es messen soll?"[640] Im Rahmen der durchgeführten Inhaltsanalyse ist von einer hohen Validität auszugehen: Zum einen werden durch das Kategoriensystem sämtliche Aspekte erfasst, die in der Forschungsfrage und den einzelnen Hypothesen enthalten sind.[641] Zum anderen gewährleistet die über den gesamten Kodiervorgang hinweg vorgenommene Optimierung des Kodierleitfadens, dass die im Interesse stehende Bedeutungsstruktur präzise, nachvollziehbar und vollständig erfasst wird.[642] Zur Ermittlung der Validität kann auf die Interkoder-Reliabilität[643] abgestellt werden. Dies ist darauf zurückzuführen, dass zwischen der Reliabilität und der Validiät ein Zusammenhang besteht: Wurde der Kodierleitfaden so erstellt, dass auch weitere Kodierer den einzelnen Kategorien dasselbe Verständnis beimessen, kann von einer Validität der Kodierung ausgegangen werden.[644]

---

637 Auch waren bestehende Definitionen und Ankerbeispiele zu präzisieren. Eine weitere Anpassung des Kategoriensystems, bspw. das Hinzufügen zusätzlicher Kategorien, war hingegen nicht erforderlich.

638 Vgl. Früh (2011), S. 96-97.

639 Vgl. Mayring (2010), S. 116.

640 Früh (2011), S. 196.

641 Vgl. Früh (2011), S. 86, 196.

642 Vgl. Früh (2011), S. 196.

643 Die Interkoder-Reliabilität stellt bei Inhaltsanalysen das am häufigsten verwendete Maß für die Reliabilität dar. Vgl. Beattie/McInnes/Fearnley (2004), S. 214; Mayring (2010), S. 117.

644 Vgl. Früh (2011), S. 197-198; Potter/Levine-Donnerstein (1999), S. 272-273; Wappenschmidt (2009), S. 130. Indem mithilfe des Kodierleitfadens die Ergebnisse intersubjektiv nachvollziehbar und reproduzierbar werden, wird die Untersuchung auch dem Qualitätskriterium der Offenlegung des Verfahrens gerecht. Vgl. Früh (2011), S. 40, 144.

Die Interkoder-Reliabilität wurde bestimmt, nachdem alle Geschäftsberichte vom Hauptkodierer kodiert waren. Erst zu diesem Zeitpunkt wurde auch die Kodierschulung durchgeführt.[645] Ursächlich hierfür war erneut das sehr individuellen Verständnis der Banken von bestimmten Sachverhalten im Zusammenhang mit Verbriefungen. Aufgrund dessen war eine allgemein gültige Formulierung von Kodierregeln in dem Sinne, dass ein invariantes Verständnis aller möglichen Verbriefungsvorgänge durch entsprechende Kodierregeln gewährleistet ist, erst möglich, nachdem alle 60 Geschäftsberichte vollständig kodiert waren.[646] Eine Bestimmung der Interkoder-Reliabilität zu einem früheren Zeitpunkt hätte nicht zwingend die Güte des methodischen Instrumentariums oder die Sorgfalt der Kodierer erfasst, sondern wäre vielmehr durch ein fehlendes inhaltliches Verständnis der Angaben zu Verbriefungen verfälscht gewesen. Im Vergleich zu einer früheren Ermittlung der Interkoder-Reliabilität ist deshalb nicht mit einer Einschränkung der Güte der Inhaltsanalyse zu rechnen. Vielmehr dürfte die späte Ermittlung zu geringeren Interpretationsspielräumen und folglich einer höheren Reliabilität der Ergebnisse führen, da dem zweiten Kodierer der finale Kodierleitfaden und somit umfangreichere und detailliertere Definitionen, Kodierregeln und Ankerbeispiele zur Verfügung standen.[647]

Für die Bestimmung der Interkoder-Reliabilität wurden von einem zweiten Kodierer 20 Geschäftsberichte mithilfe des Kodierleitfadens kodiert.[648] Die 20

---

645 „Die Codierschulung hat den Zweck, die Codierer mit der vom Forscher gemeinten und im Codebuch [dem Kodierleitfaden] explizit formulierten Interpretationsweise vertraut zu machen. Durch Übung und ausführliche Besprechung der Codierregeln im Team werden die Voraussetzungen für eine interpersonell invariante und adäquate Codierung geschaffen. Die Codierschulung schließt mit einer quantitativen Gültigkeits- und Verlässlichkeitskontrolle (Validitäts- bzw. Reliabilitätstest)." Früh (2011), S. 184. Da der Hauptkodierer bereits als geschult galt, wurde allein der zweite Kodierer vom Hauptkodierer geschult. Hierzu waren vom zweiten Kodierer vier zufällig ausgewählte Geschäftsberichte mithilfe des Kodierleitfadens zu kategorisieren. Auftretende Fragen sowie Abweichungen bei der Kodierung wurden sowohl während als auch nach der Kategorisierung diskutiert. Der Kodierleitfaden sowie alle bisher vom Hauptkodierer getätigten Kodierungen wurden – falls geboten – überarbeitet.

646 Da sich selbst nach einer (erstmaligen) vollständigen Kodierung vereinzelt Widersprüchlichkeiten in den Kodierregeln zeigten, war es erforderlich, sämtliche Geschäftsberichte bzw. Kodiereinheiten mehrmals (erneut) vollständig durchzugehen.

647 Vgl. auch Früh (2011), S. 127.

648 Um das unterschiedliche Berichtsverhalten der einzelnen Banken zu berücksichtigen sowie etwaige Unterschiede in den Kodierungen zwischen den einzelnen Banken festzustellen, wurden für jede Bank zwei Geschäftsberichte unterschiedlicher Jahre zufällig ausgewählt.

Geschäftsberichte enthielten 4.861 Kodierungen, was 32,5% aller Kodierungen entspricht. Der für einen statistischen Vergleich der Kodierungen notwendige Umfang des Testmaterials für eine sichere Zahlenbasis war folglich gegeben.[649] Von Bedeutung war, dass der zweite Kodierer während der gesamten Kodierung für sich alleine arbeiten musste; eine Besprechung oder Diskussion von Zweifelsfällen war untersagt.[650] Für die Berechnung der Interkoder-Reliabilität (IR) wurde auf ein Reliabilitätsmaß zurückgegriffen, das sich aus dem Verhältnis der Anzahl der übereinstimmenden Kodierungen beider Kodierer zur Summe der Anzahl von beiden vorgenommenen Kodierungen ergibt:[651]

$$IR = \frac{2 \times \text{Anzahl der übereinstimmenden Kodierungen}}{\text{Anzahl Kodierungen Kodierer 1} + \text{Anzahl Kodierungen Kodierer 2}}$$

Eine Kodierung galt als übereinstimmend, wenn dieselbe Kodiereinheit von beiden Kodierern auf allen Kategorieebenen in dieselben Kategorien eingeordnet wurde, folglich mit derselben Kategorienfolge versehen wurde. Um zu gewährleisten, dass sich die vom zweiten Kodierer vorgenommenen Kodierungen auf dieselben Kodiereinheiten wie die des Hauptkodierers (Kodierer 1) beziehen, wurden dem zweiten Kodierer die vom ersten Kodierer verwendeten Kodiereinheiten vorgegeben.[652] Die Aufgabe des zweiten Kodierers bestand somit darin, die vorgegebenen Kodiereinheiten in die entsprechenden Kategorien der einzelnen Ebenen einzuordnen.[653] Bei den insgesamt 4.861 von beiden Kodierern jeweils betrachteten Kodierungen lag bei lediglich 159 Kodierungen keine Übereinstimmung vor, was einer Interkoder-Reliabilität von 96,7% entspricht. Zusätzlich wurde betrachtet, ob bei den Kodierungen zwischen den einzelnen Banken Abweichungen bestanden. Dabei zeigte sich mit einer Spanne von 95,0% bis 98,3%

---

649 Vgl. Früh (2011), S. 189.

650 Vgl. Früh (2011), S. 189-190.

651 Vgl. Holsti (1969), S. 140; auch Früh (2011), S. 190; Wappenschmidt (2009), S. 131. Aufgrund der Nachteile anderer Reliabilitätsmaße wurde auf deren Berechnung verzichtet. Bspw. ist Scotts Pi aufgrund der Größe des vorliegenden Kategoriensystems nicht sinnvoll verwendbar. Vgl. Früh (2011), S. 194-196.

652 Vgl. für eine ähnliche Vorgehensweise Früh (2011), S. 192. Dies ist der Grund, warum die Anzahl der Kodierungen von Kodierer 2 mit der Anzahl von Kodierungen von Kodierer 1 übereinstimmt.

653 Neben der Kategorisierung der Kodiereinheiten wurde der zweite Kodierer beauftragt, die Abgrenzung der Kodiereinheiten zu beurteilen. Diese wurde von ihm durchgehend als zutreffend eingeschätzt.

bei allen Banken eine durchgehend sehr hohe und kaum voneinander abweichende Interkoder-Reliabilität.[654] Unterschiede in der Kodierung zwischen den einzelnen Banken waren somit nicht zu erkennen. Da Werte einer Interkoder-Reliabilität von über 85% als sehr gut angesehen werden,[655] ist von einer sehr guten Reliabilität und folglich einer hohen Validität der Ergebnisse auszugehen.

Im Folgenden werden die Ergebnisse der Inhaltsanalyse dargestellt. Dabei wird zuerst auf die Ergebnisse zum Umfang des Untersuchungsmaterials eingegangen, bevor die Darstellung der Ergebnisse zum Umfang und zur Qualität der Angaben erfolgt. Die Ergebnisse werden zum einen auf aggregierter Ebene über alle Banken hinweg, zum anderen auf Ebene der einzelnen Banken erläutert. Eine weitere Untergliederung der Darstellung betrifft die Ergebnisse zum Umfang der Angaben sowie in Teilen die Ergebnisse zur Qualität der Angaben, indem eine Darstellung entsprechend der Struktur einer Verbriefungstransaktion, ausgedrückt durch die Kategorieebenen zur Verbriefungsart, zur Rolle des bilanzierenden Unternehmens und zur Art der Verflechtung, erfolgt.

8.2. Ergebnisse

8.2.1. Umfang des Untersuchungsmaterials

8.2.1.1 Aggregierte Ebene

Einen ersten Eindruck, in welchem Umfang die betrachteten Banken Angaben zu Verbriefungen machten, erlaubt die Anzahl der Seiten, auf denen Kodierungen vorgenommen wurden. Insgesamt enthielten die Geschäftsberichte 22.752 Seiten. Davon wurde auf 2.399 Seiten (10,5%) ein Verbriefungsbezug festgestellt – das heißt, auf diesen Seiten erfolgten Aussagen und somit Kodierungen zu Verbriefungen.

Der Anteil, den die Seiten mit Verbriefungsbezug an der gesamten Seitenzahl ausmachen, hat sich über den Untersuchungszeitraum stark verändert (Abbildung 8): Wiesen im Jahr 2005 mit 227 Seiten 7,1% und im Jahr 2006 mit 231

---

654 Im Detail lag die Interkoder-Reliabilität bei den Geschäftsberichten der UniCredit bei 95,0%, bei Santander bei 95,6%, bei der Commerzbank bei 96,4%, bei der HSBC bei 96,7%, bei Barclays bei 96,9%, bei der Deutsche Bank und der RBS bei je 97,7%, bei BNP Paribas und der Crédit Agricole bei je 97,9% und bei der Société Générale bei 98,3%.

655 Vgl. Früh (2011), S. 193; Kassarjian (1977), S. 14; Beattie/McInnes/Fearnley (2004), S. 220 m.w.N.; Wappenschmidt (2009), S. 131.

Seiten lediglich 6,9% der Seiten einen Verbriefungsbezug auf, waren es im Jahr 2007 10,2%, im Jahr 2008 13,6%, im Jahr 2009 12,3% und im Jahr 2010 11,6%. Im Jahr 2008 hat sich der Anteil der Seiten mit Verbriefungsbezug im Vergleich zum Anteil der Jahre 2005 und 2006 nahezu verdoppelt. Dies kann ein Indiz dafür sein, dass Banken der Berichterstattung zu Verbriefungen seit Ausbruch der Finanzmarktkrise eine stärkere Bedeutung beigemessen haben als in den Jahren davor.

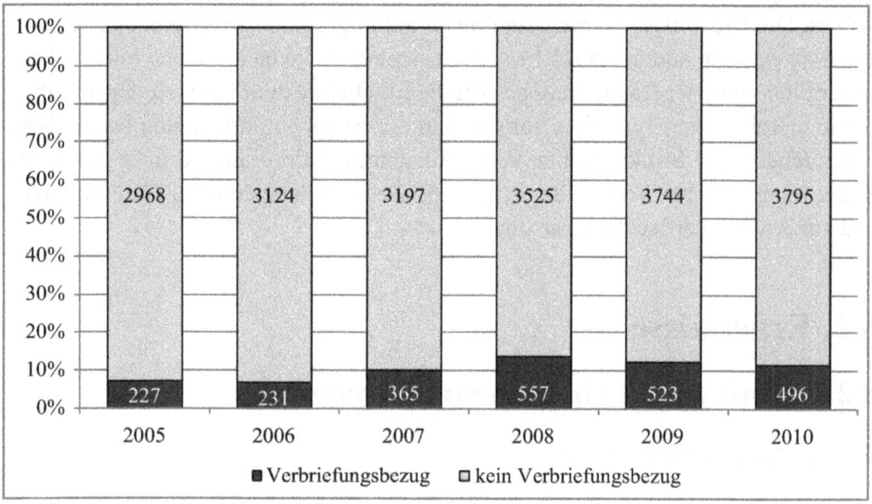

Abb. 8: Entwicklung der Seitenanzahl

Betrachtet man, an welcher Stelle des Geschäftsberichts sich die Seiten mit Verbriefungsbezug befinden, zeigt sich, dass über alle Jahre hinweg 1.097 Seiten (von 8.071 Seiten) auf den Anhang und 1.302 Seiten (von 14.681 Seiten) auf weitere, nicht dem Anhang entsprechende Passagen (sonstige Passagen)[656] entfallen. Absolut gesehen weisen Seiten der sonstigen Passagen der Geschäftsberichte zwar häufiger einen Verbriefungsbezug auf, relativ gesehen befinden sich mit 13,6% gegenüber 8,9% jedoch mehr Seiten mit Verbriefungsbezug im Anhang.

Interessant ist auch die Entwicklung über den Untersuchungszeitraum hinweg (Abbildung 9): Finden sich in den Jahren 2005 und 2006 absolut betrachtet jeweils mehr Angaben mit Verbriefungsbezug im Anhang, weisen in den Folgejahren die

656 Beispiele für sonstige Passagen eines Geschäftsberichts sind der Bericht des Aufsichtsrats oder der Konzernlagebericht.

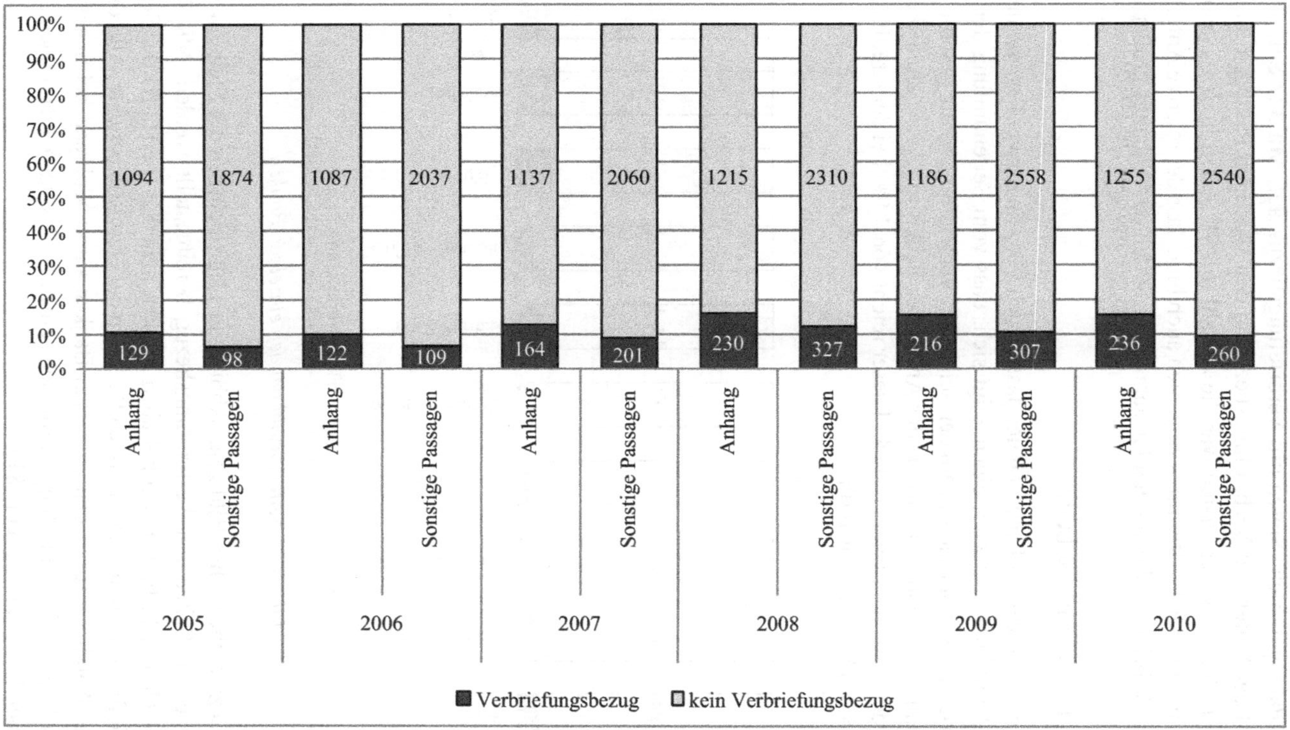

Abb. 9: Entwicklung und Anteil der Seitenanzahl entsprechend ihrer Stelle

sonstigen Passagen mehr Seiten mit Verbriefungsbezug auf. Mit 327 Seiten war die Anzahl der Seiten mit Verbriefungsbezug in den sonstigen Passagen im Jahr 2008 am größten. Am geringsten war die Anzahl mit 98 Seiten in den sonstigen Passagen im Jahr 2005. Allerdings zeigt sich auch hier, dass der relative Anteil der Seiten mit Verbriefungsbezug in allen Jahren bei Seiten des Anhangs größer ist.

8.2.1.2 Unternehmensebene

Auf Ebene der einzelnen Unternehmen lassen sich vor allem zwei Feststellungen machen (Abbildung 10): Zum einen zeigt sich, dass vom Seitenumfang der Geschäftsberichte nicht auf die Anzahl der Seiten mit Verbriefungsbezug geschlossen werden kann. Zum anderen variiert der Anteil der Seiten mit Verbriefungsbezug zwischen den einzelnen Banken stark: Dieser reicht von 4,9% bei der Crédit Agricole bis 15,2% bei der UniCredit.

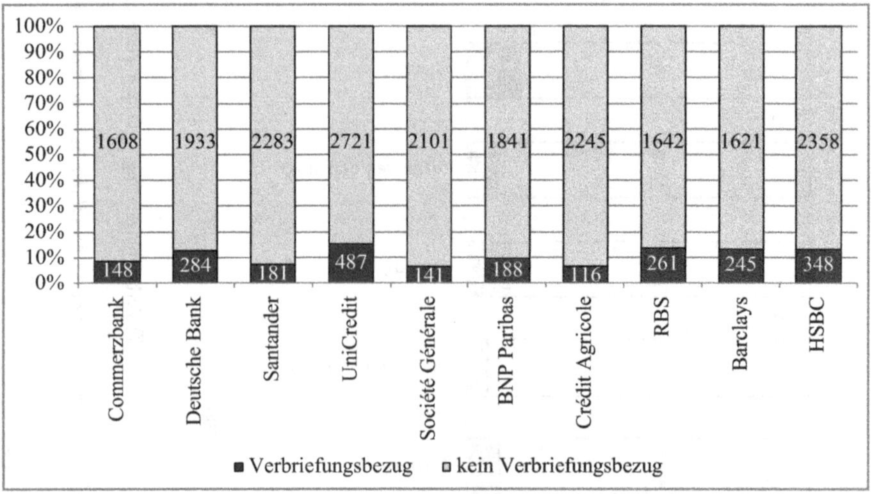

Abb. 10: Seitenanzahl bei den einzelnen Banken

Ein nahezu einheitliches Bild zeigt Abbildung 11 hinsichtlich der Stelle, wo im Geschäftsbericht Seiten mit Verbriefungsbezug bereitgestellt werden. Mit Ausnahme der UniCredit finden sich bei allen Banken mehr als die Hälfte der Seiten mit Verbriefungsbezug in den sonstigen Passagen der Geschäftsberichte. Allerdings variiert der Anteil zwischen den einzelnen Banken stark: Während bei Santander 50,8% der Seiten mit Verbriefungsbezug den sonstigen Passagen zuzuordnen sind, sind dies bei der Crédit Agricole 81,0%.

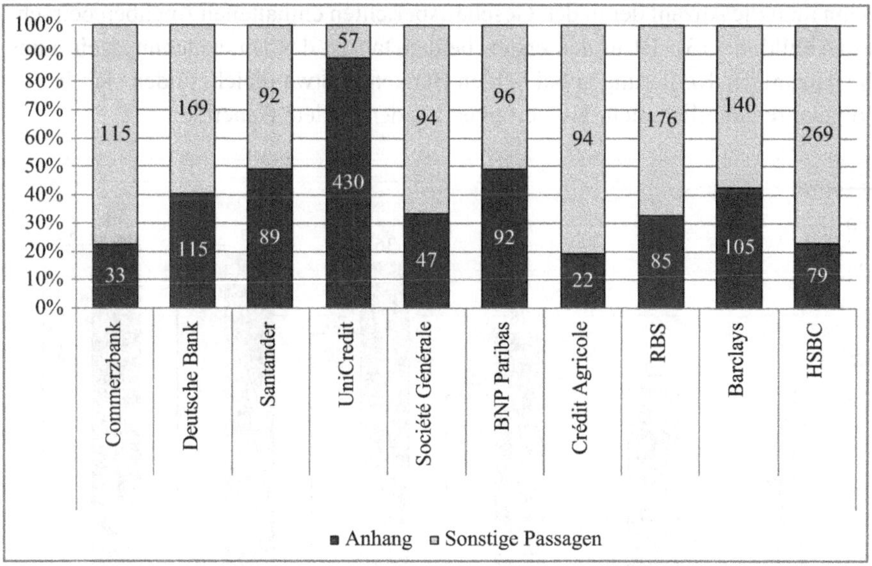

Abb. 11: Seitenanzahl mit Verbriefungsbezug entsprechend ihrer Stelle bei den einzelnen Banken

8.2.1.3 Fazit

Mehr als eine erste Einschätzung des Umfangs der Angaben ist auf Basis der Ergebnisse zum Umfang des Untersuchungsmaterials nicht möglich, da von der Anzahl der Seiten nicht auf die Anzahl der Kodierungen und somit der Angaben geschlossen werden darf.[657] Dies verdeutlichen die zwei folgenden Abbildungen, die am Beispiel von Santander und Société Générale die Entwicklung der Anzahl der Seiten mit Verbriefungsbezug und die Entwicklung der Anzahl der Kodierungen darstellen. Betrachtet man ausschließlich die Seiten mit Verbriefungsbezug (Abbildung 12), zeigt sich, dass die Geschäftsberichte von Santander gegenüber jenen der Société Générale in den ersten vier Jahren des Untersuchungszeitraums deutlich mehr Seiten aufweisen. In den beiden letzten Jahren ist die Seitenanzahl hingegen nahezu identisch.

Dennoch wäre es falsch, aus diesem Umstand zu folgern, dass Santander mehr Angaben zu Verbriefungen als die Société Générale erbracht hat. Dies zeigt sich,

657 Im Folgenden werden die Begriffe Kodierungen und Angaben synonym verwendet. Hintergrund ist, dass jede einzelne Kodierung für eine einzelne Angabe – eine Angabe mit einem eigenständigen Inhalt – steht. Vgl. Kapitel 8.1.3 sowie Anhang 10 und Anhang 11.

wenn man die Anzahl der in den Geschäftsberichten enthaltenen Angaben betrachtet (Abbildung 13): Ist in den ersten beiden Jahren des Untersuchungszeitraums die Anzahl der Kodierungen bei beiden Banken in etwa gleich, finden sich in den Folgejahren deutlich mehr Kodierungen bei der Société Générale.

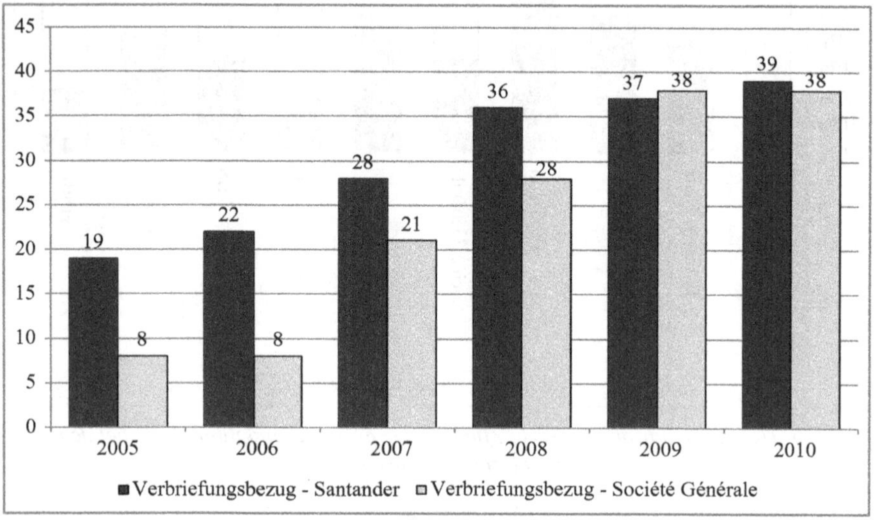

Abb. 12: Entwicklung der Seitenanzahl mit Verbriefungsbezug bei Santander und Société Générale

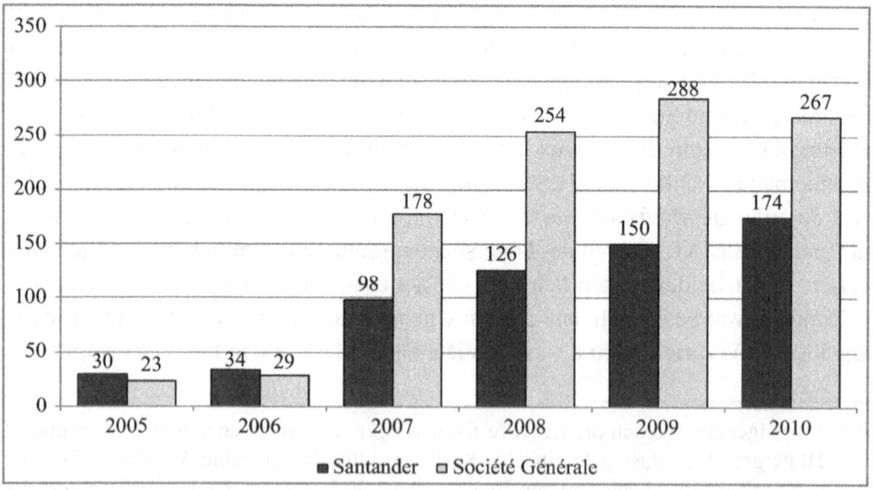

Abb. 13: Entwicklung der Kodierungen bei Santander und Société Générale

8.2.2. Umfang der Angaben

8.2.2.1 Aggregierte Ebene

8.2.2.1.1 Übergreifende Ergebnisse

Die Ergebnisse lassen erkennen, dass Banken vor, während und nach der Finanzmarktkrise in einem unterschiedlichen Umfang über Verbriefungstransaktionen informiert haben (Abbildung 14). Insgesamt wurden im Rahmen der Inhaltsanalyse 14.967 Kodiereinheiten erfasst. Mit 1.156 Kodierungen im Jahr 2005 und 1.205 Kodierungen im Jahr 2006 entfallen am wenigsten Angaben auf Geschäftsberichte vor der Finanzmarktkrise. Ein erster Anstieg der Kodierungen ist im Jahr 2007 und somit im Jahr des Ausbruchs der Krise zu beobachten: Im Vergleich zum Jahr 2006 haben sich die Angaben nahezu verdoppelt. Ein weiterer deutlicher Anstieg der Angaben zeigt sich im Jahr 2008: Gegenüber Angaben im Jahr 2007 hat sich der Umfang um 63,9%, gegenüber Angaben im Jahr 2006 sogar um 216,6% erhöht. Folglich wurden im Jahr, in dem die Finanzmarktkrise ihren Höhepunkt erreicht hat, am meisten Angaben zu Verbriefungen vorgenommen. Zuletzt lassen die Ergebnisse erkennen, dass sich die Angaben in den Jahren nach der Finanzmarktkrise auf einem hohen, wenn auch im Vergleich zum Jahr 2008 jeweils geringeren, Niveau befinden. Der Anstieg der Kodierungen in den Jahren während und nach der Finanzmarktkrise entspricht somit der in Hypothese 1a geäußerten Vermutung.

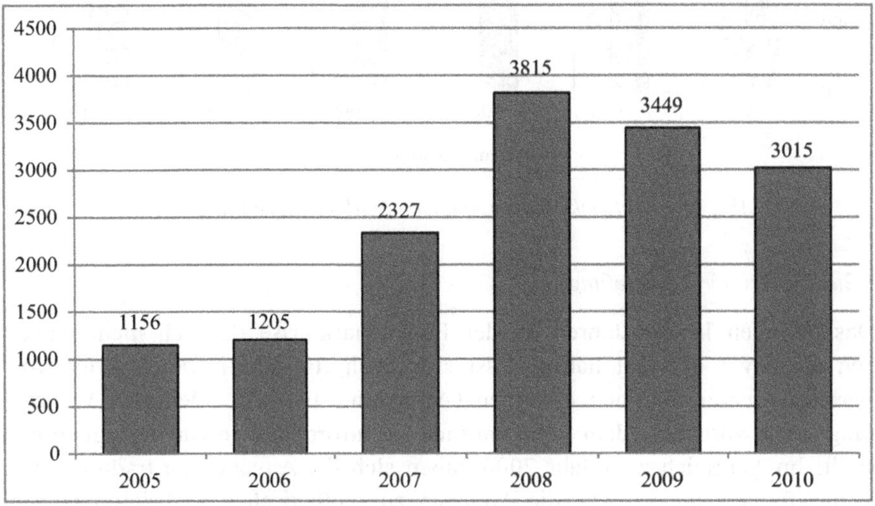

Abb. 14: Entwicklung der Angaben

Hinsichtlich der Stelle der Angaben im Geschäftsbericht (Abbildung 15) zeigt sich, dass der Anstieg der Angaben ab der Finanzmarktkrise vor allem auf Angaben in den sonstigen Passagen zurückzuführen ist. Dort haben sich die Angaben im Jahr 2007 im Vergleich zum Jahr 2006 vervierfacht, im Jahr 2008 gegenüber 2006 sogar mehr als versiebenfacht. Die Berichterstattung in den sonstigen Passagen scheint somit erst durch die Finanzmarktkrise an Bedeutung gewonnen zu haben, da Banken vor der Krise vor allem im Anhang über Verbriefungen informiert haben. Während die Angaben der sonstigen Passagen in den Jahren nach der Krise verglichen mit dem Jahr 2008 abnehmen, verzeichnen die Angaben im Anhang seit dem Jahr 2006 einen kontinuierlichen, moderaten Anstieg der Angaben.

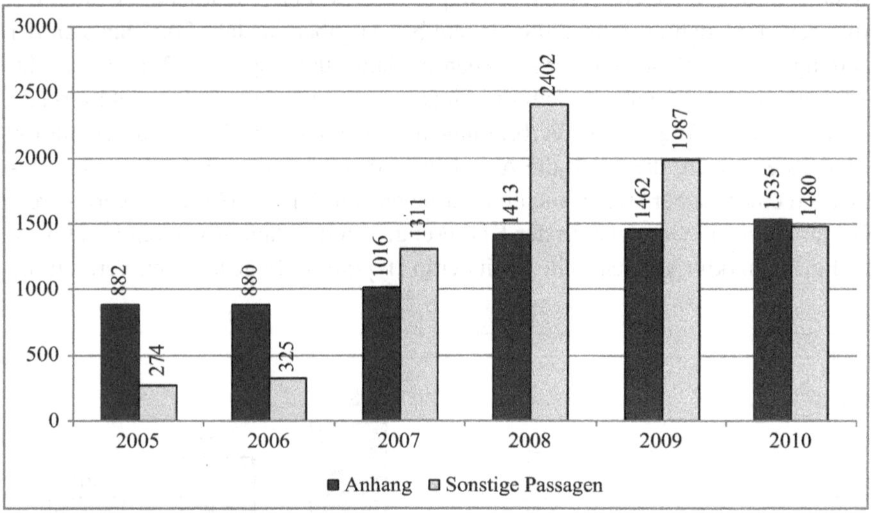

Abb. 15: Entwicklung der Angaben in Abhängigkeit ihrer Stelle

8.2.2.1.2 Art der Verbriefung

Dass Banken in den Jahren ab der Finanzmarktkrise deutlich mehr Angaben als zuvor erbracht haben, lässt sich auch für die einzelnen Arten von Verbriefungstransaktionen erkennen (Abbildung 16). Bei allen drei Verbriefungsarten wurden im Jahr 2008 am meisten Informationen zur Verfügung gestellt: Im Vergleich zum Jahr 2006 haben sich die Angaben zu traditionellen Verbriefungen um 237,3%, die Angaben zu synthetischen Verbriefungen um

70,3% und die Angaben zu ABCP-Verbriefungen sogar um 544,0% erhöht. In allen Jahren wurde zu traditionellen Verbriefungen am meisten informiert. Am zweithäufigsten fanden sich in den Jahren vor der Krise Angaben zu synthetischen Verbriefungen, wohingegen in den Jahren während und nach der Krise stets mehr Angaben zu ABCP-Verbriefungen als zu synthetischen Verbriefungen erbracht wurden.

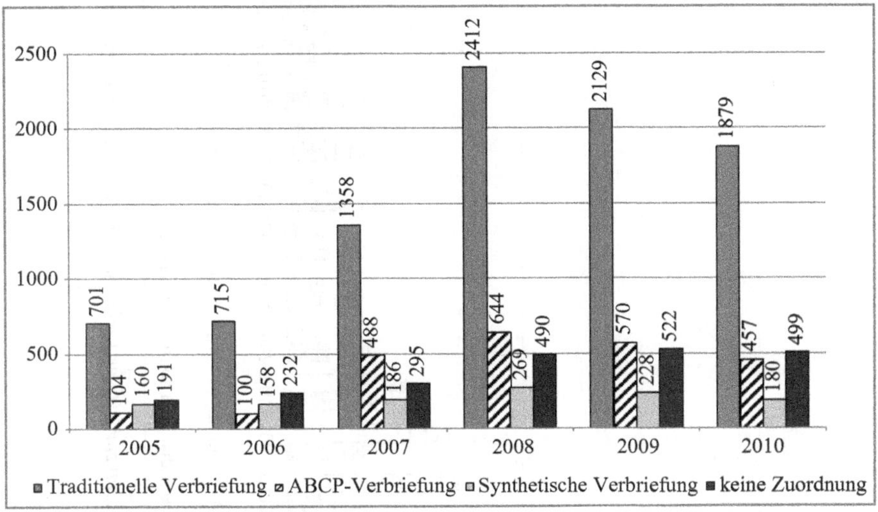

Abb. 16: Entwicklung der Angaben zur Art der Verbriefung

Ebenfalls zeigt sich bei den einzelnen Arten von Verbriefungstransaktionen die zuvor bereits gemachte Beobachtung, dass in den Jahren vor der Finanzmarktkrise stets mehr Informationen im Anhang bereitgestellt wurden (Abbildung 17). In den einzelnen Jahren ab der Finanzmarktkrise wurden hingegen bei traditionellen und ABCP-Verbriefungen stets mehr Angaben in den sonstigen Passagen vorgenommen. Allein bei synthetischen Verbriefungen finden sich über den gesamten Untersuchungszeitraum stets mehr Angaben im Anhang als in den sonstigen Passagen. Bei traditionellen Verbriefungen und ABCP-Verbriefungen ist ab dem Jahr 2008 zudem die Tendenz erkennbar, dass sich die Anzahl der Angaben im Anhang und in den sonstigen Passagen annähern: Während Angaben in den sonstigen Passagen kontinuierlich abnehmen, nehmen Angaben im Anhang kontinuierlich zu.

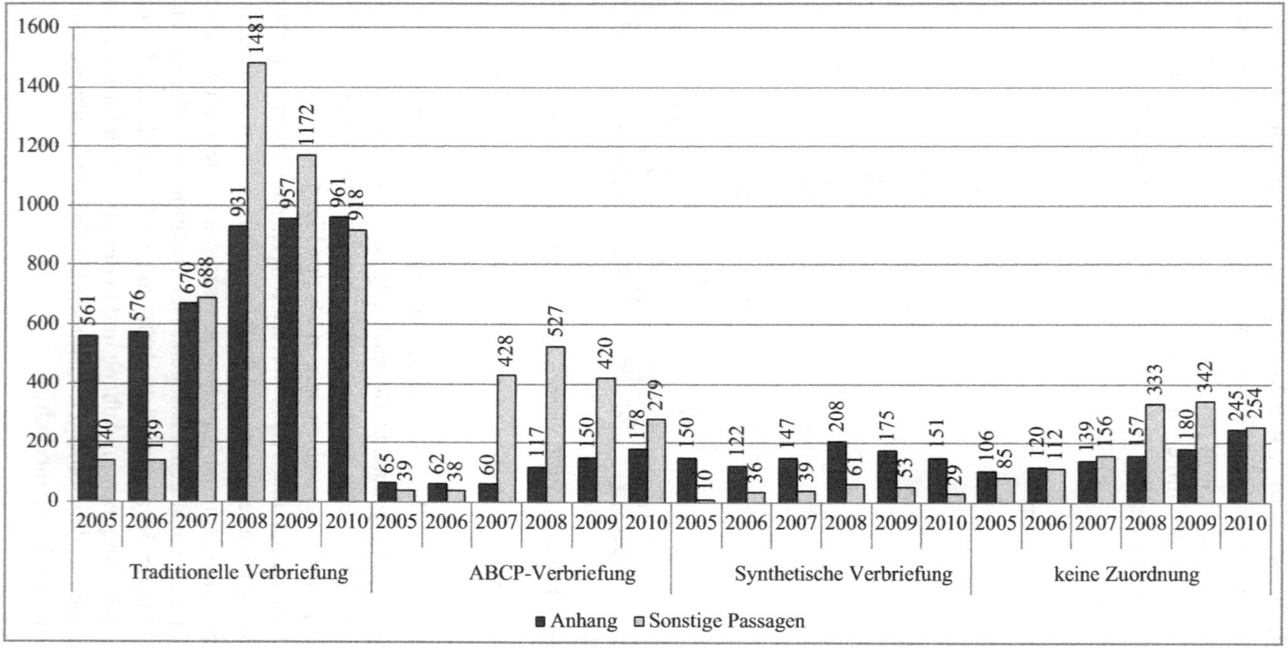

Abb. 17: Entwicklung der Angaben zur Art der Verbriefung in Abhängigkeit ihrer Stelle

8.2.2.1.3 Rolle des Unternehmens

Ein differenziertes Bild zeigt die Entwicklung der Angaben, wenn hinsichtlich der Rolle unterschieden wird, die das bilanzierende Unternehmen im Rahmen einer Verbriefung einnimmt (Abbildung 18). Ein starker Anstieg der Kodierungen in den Jahren ab der Finanzmarktkrise im Vergleich zu den Jahren davor war zu beobachten, wenn das bilanzierende Unternehmen als Sponsor oder Investor einer Verbriefungstransaktion auftrat. Beispielsweise haben sich die Kodierungen zur Rolle des Investors gegenüber den Jahren 2005 und 2006 im Jahr 2007 mehr als versechsfacht, in den Jahren 2008 bis 2010 waren sie nahezu zwölf- bis fünfzehnmal so hoch. Ein starker Anstieg war zudem bei Kodierungen zu beobachten, bei denen keine Zuordnung zur Rolle des Originators, Sponsors, Administrators oder Investors möglich war. In den meisten Fällen erfolgte die Berichterstattung dabei aus Sicht der Verbriefungsgesellschaft. Kaum verändert haben sich in den einzelnen Jahren des Untersuchungszeitraums hingegen Angaben, die im Kontext vorgenommen wurden, dass das bilanzierende Unternehmen die Rolle des Originators oder Administrators eingenommen hat. Hinsichtlich des Stellenwerts, der den einzelnen Rollen über die Jahre hinweg zukommt, zeigt sich, dass im Jahr 2005 mit 75,1% und im Jahr 2006 mit 73,5% der Angaben am meisten über die Rolle des Originators berichtet wurde. In den Jahren 2007 bis 2010 nahm dieser Anteil jedoch zugunsten der Rolle des Investors ab: Wurde im Jahr 2007 noch in einem nahezu identischen Umfang aus Sicht des Originators und des Investors berichtet, entfielen im Jahr 2008

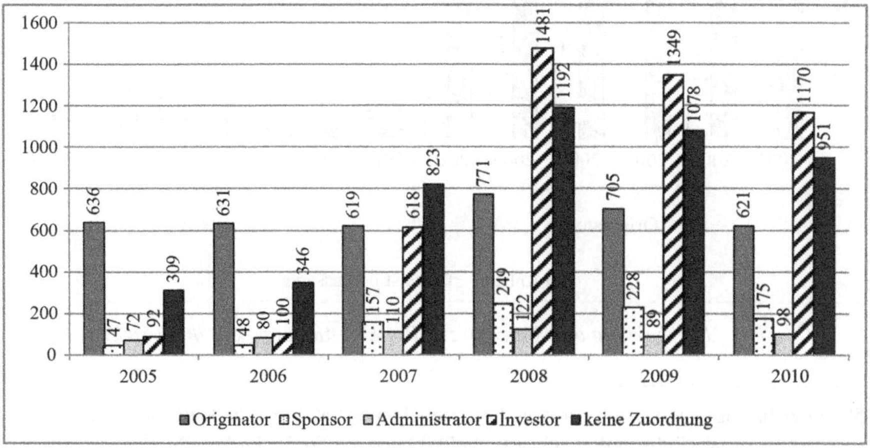

Abb. 18: Entwicklung der Angaben zur Rolle des Unternehmens

nur noch 29,4%, im Jahr 2009 29,7% und im Jahr 2010 30,1% auf die Rolle des Originators.[658]

Betrachtet man für die einzelnen Rollen die Stelle, an denen die Angaben vorgenommen wurden (Abbildungen 19 und 20), zeigt sich bei allen Rollen, dass in den Jahren vor der Finanzmarktkrise stets mehr Angaben im Anhang erfolgt sind. Auch kann man erkennen, dass der Anstieg von Angaben in den Jahren 2007 bis 2010 zur Rolle des Sponsors und des Investors sowie von Angaben der Kategorie keine Zuordnung vor allem auf einen Anstieg der Angaben in den sonstigen Passagen zurückzuführen ist. Beispielsweise entfielen bei Angaben zur Rolle des Investors im Jahr 2007 69,6%, im Jahr 2008 73,7%, im Jahr 2009 69,6% und im Jahr 2010 64,0% auf die sonstigen Passagen. Darüber hinaus zeigt sich bei allen Rollen, dass die Berichterstattung in den sonstigen Passagen im Jahr 2008 ihren Höhepunkt erreicht hat. Interessant ist auch, dass zur Rolle des Originators in allen Jahren am meisten Angaben im Anhang vorgenommen wurden – und das in einem nahezu gleichbleibenden Umfang.

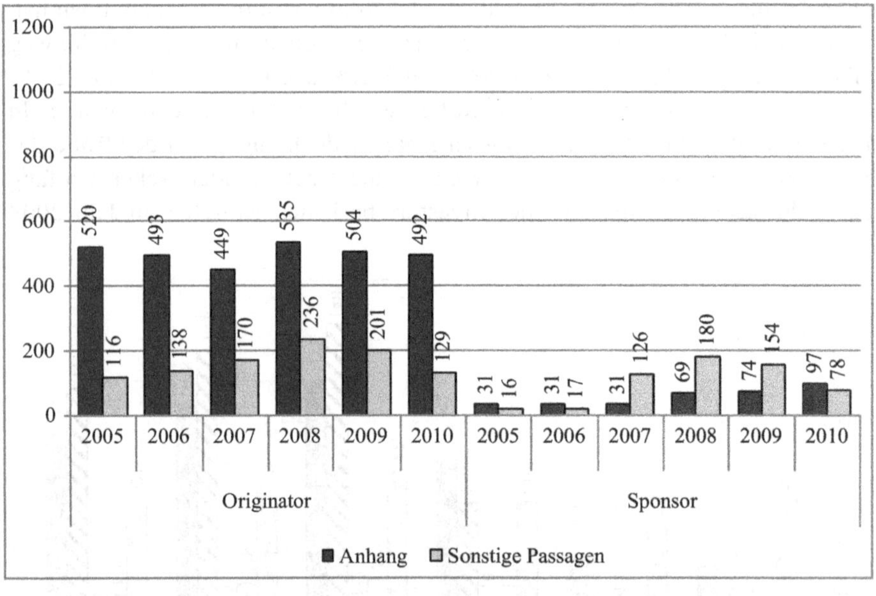

Abb. 19: Entwicklung der Angaben zur Rolle in Abhängigkeit ihrer Stelle (1)

658 Gleichzeitig erhöhte sich der Anteil der Berichterstattung über die Rolle des Investors auf 56,5% im Jahr 2008, auf 56,9% im Jahr 2009 und auf 56,7% im Jahr 2010. Nicht berücksichtigt wurden bei diesen Berechnungen die Kodierungen der Kategorie keine Zuordnung.

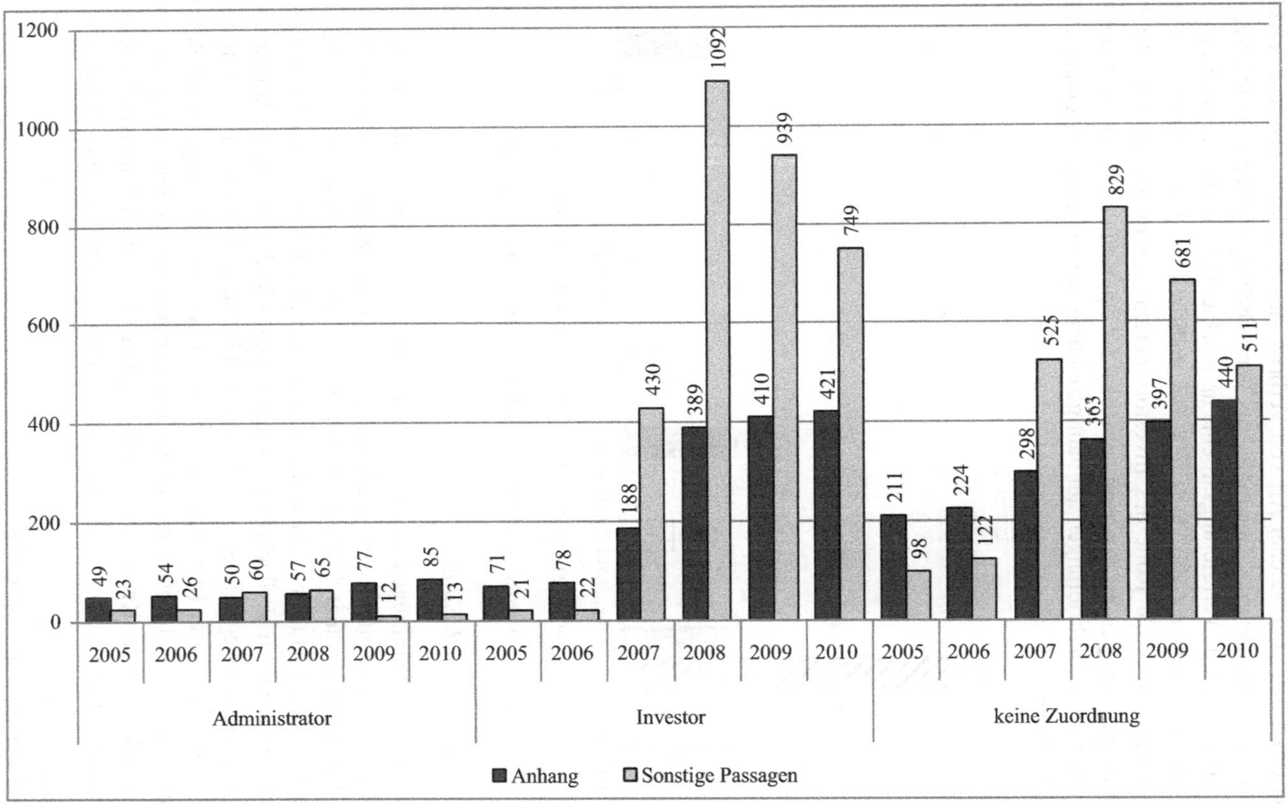

Abb. 20: Entwicklung der Angaben zur Rolle in Abhängigkeit ihrer Stelle (2)

Analysiert man, bei welcher Art von Verbriefungstransaktion über die einzelnen Rollen berichtet wurde, kann man – bei Vernachlässigung der Kategorie keine Zuordnung – für jede Verbriefungsart eine unterschiedliche Bedeutung der einzelnen Rollen beobachten (Abbildung 21). Bei traditionellen Verbriefungen wurde am häufigsten über die Rolle des Investors berichtet, wohingegen bei ABCP-Verbriefungen am meisten Angaben zur Rolle des Sponsors erbracht wurden und bei synthetischen Verbriefungen am häufigsten über die Rolle des Originators informiert wurde.

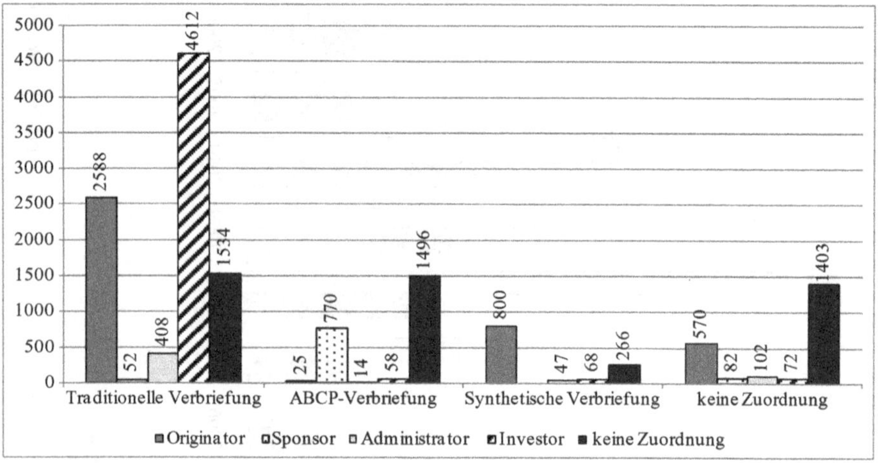

Abb. 21: Angaben zur Rolle in Abhängigkeit der Verbriefungsart

8.2.2.1.4 Art der Verflechtung

Im Rahmen der empiriegeleiteten Kategorienbildung wurden die in Kapitel 2.3 dargestellten Verflechtungen durch die Kategorien Refinanzierung, Underlying und keine Zuordnung ergänzt.[659] Dadurch sollten auch Verflechtungen erfasst werden, die vor allem aus Sicht der Verbriefungsgesellschaft eine Rolle spielen. Die Ergebnisse der Angaben zu Verflechtungen zeigen, dass – in den einzelnen Jahren wie über alle Jahre hinweg – in einem sehr unterschiedlichen Umfang über Verflechtungen informiert wurde (Abbildungen 22 und 23). Die meisten Angaben erfolgten zur Übertragung, zur Investition und zu Credit Enhancements. Die wenigsten Angaben wurden vor der Krise zum Underlying und zur Unternehmensverbindung, in den Jahren danach zum Servicing und (erneut) zur Unternehmensverbindung

659 Vgl. zur Definition der Verflechtungen Anhang 11.

erbracht. Darüber hinaus zeigt sich, dass sich bei allen Verflechtungen die Angaben in den Jahren ab der Finanzmarktkrise im Vergleich zu den Jahren davor erhöht haben,[660] allerdings in einem jeweils unterschiedlich starken Ausmaß.

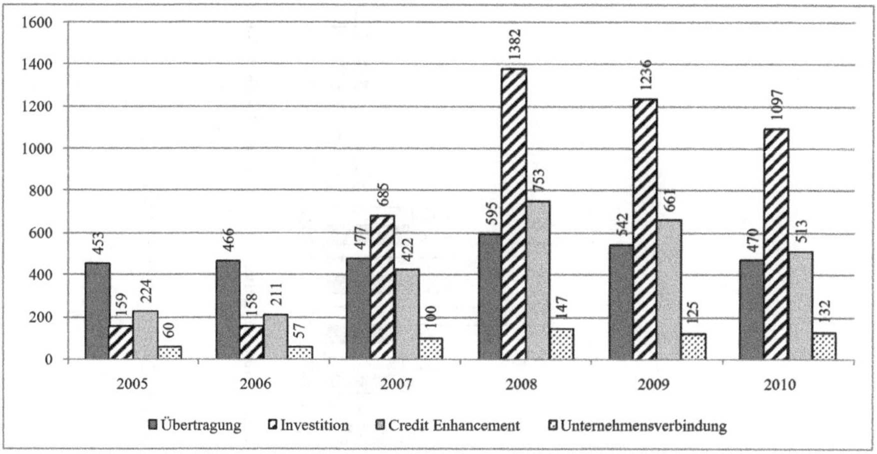

Abb. 22: Entwicklung der Angaben zur Verflechtung (1)

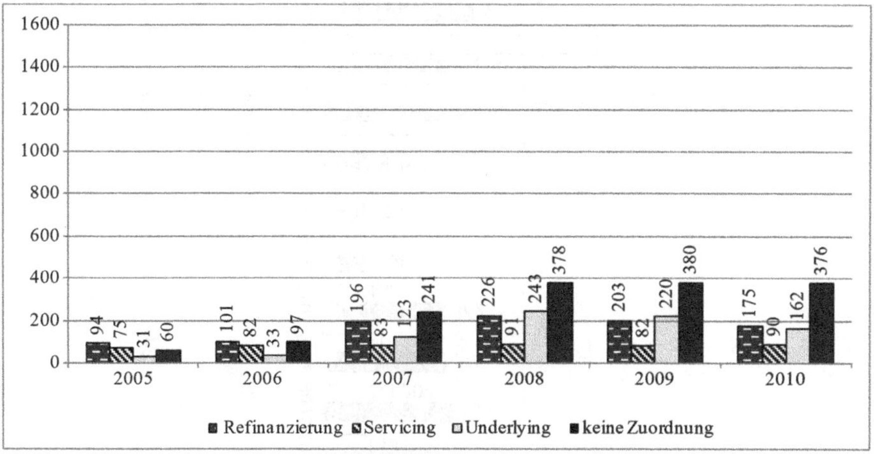

Abb. 23: Entwicklung der Angaben zur Verflechtung (2)

660 Eine Ausnahme stellen die Kodierungen zum Servicing dar, da diese im Jahr 2009 in gleicher Höhe vorlagen wie im Jahr 2006.

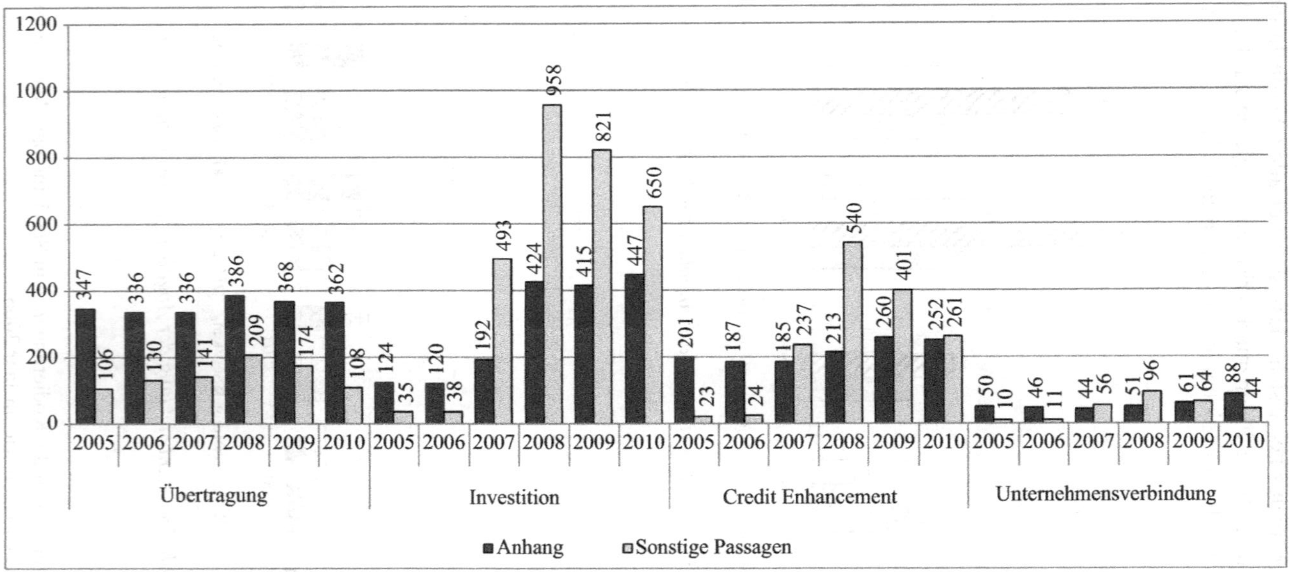

Abb. 24: Entwicklung der Angaben zur Verflechtung in Abhängigkeit ihrer Stelle (1)

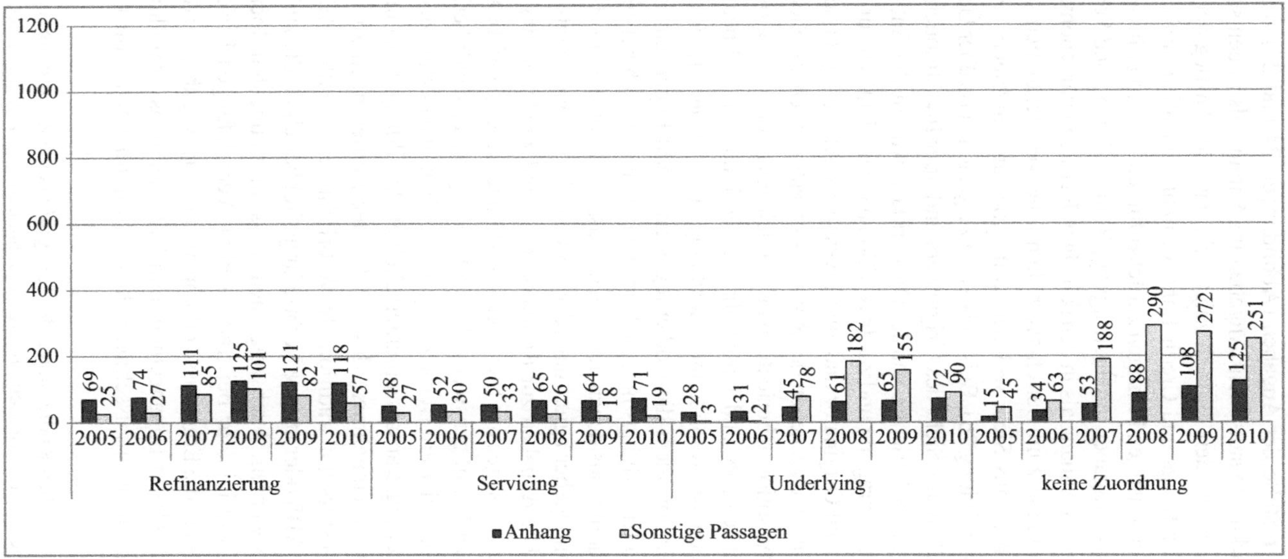

Abb. 25: Entwicklung der Angaben zur Verflechtung in Abhängigkeit ihrer Stelle (2)

Hinsichtlich der Stelle der Angaben (Abbildungen 24 und 25) zeigt sich, dass vor der Finanzmarktkrise stets mehr Angaben im Anhang als in den sonstigen Passagen vorgenommen wurden.[661] Auch zeigt sich, dass der Anstieg der Angaben zu Investitionen, Underlyings und Credit Enhancements vor allem auf einen Anstieg der Angaben in den sonstigen Passagen zurückzuführen ist. Ferner lassen die Ergebnisse erkennen, dass Angaben zu Übertragung, Refinanzierung und Servicing in allen Jahren häufiger im Anhang als in den sonstigen Passagen vorgenommen wurden.

Weitere Erkenntnisse zum Berichtsverhalten über Verflechtungen sind möglich, wenn man betrachtet, aus Sicht welcher Rolle über die einzelnen Verflechtungen berichtet wurde (Abbildung 26). Beispielsweise zeigt sich, dass über Übertragungen nahezu ausschließlich aus Sicht des Originators und über Investitionen größtenteils aus Sicht des Investors berichtet wurde. Dies erklärt, warum die Entwicklung der Kodierungen zur Übertragung und zur Investition nahezu identisch zur Entwicklung der Kodierungen zum Originator und zum Investor ist. Allerdings lassen die Ergebnisse ebenso erkennen, dass neben der Rolle des Investors auch aus Sicht aller anderen Rollen über Investitionen berichtet wurde. Gleiches gilt für die Berichterstattung über Credit Enhancements und Unternehmensverbindungen.[662] Ebenfalls interessant sind die Ergebnisse, wenn keine Zuordnung zu einer der vier Rollen möglich war. Dabei stechen vor allem die Kodierungen zu Credit Enhancements, zur Refinanzierung und zu Underlyings heraus. Erstgenannte lassen sich beispielsweise auf Angaben zurückführen, aus denen hervorgeht, dass das bilanzierende Unternehmen lediglich als Garantiegeber agiert hat oder dass Credit Enhancements durch Dritte gewährt wurden. Die Angaben zur Refinanzierung und zu Underlyings liegen hingegen vor allem in Aussagen aus Sicht der Verbriefungsgesellschaft begründet. Zum Beispiel wurde über Vermögenswerte der Verbriefungsgesellschaft berichtet.

Eine noch differenziertere Betrachtung ist möglich, wenn man zusätzlich nach der Art der Verbriefungstransaktion unterscheidet. Abbildung 27 ist in Verbindung mit Abbildung 26 zu entnehmen, dass 95,4% der Kodierungen zu Investitionen aus Sicht des Investors auf traditionelle Verbriefungen entfallen. Üblicherweise wurde dabei über ABS oder andere Verbriefungstitel berichtet, die zu Investitionszwecken gehalten werden. Auch zeigt sich, dass am häufigsten über eine Übertragung durch den Originator bei traditionellen Verbriefungen berichtet wurde. Darüber hinaus lassen die Ergebnisse erkennen, dass die Angaben zu den Verflechtungen Investition, Credit Enhancement und Unternehmensverbindung aus Sicht des Administrators nahezu ausschließlich im Zusammenhang mit traditionellen

---

661 Eine Ausnahme stellen Kodierungen der Kategorie keine Zuordnung dar.

662 Nahezu sämtliche Kodierungen zu Credit Enhancements aus Sicht der Rolle des Investors beziehen sich auf von Monolinern erworbene Garantien, üblicherweise CDS.

Verbriefungen erfolgten. Die Berichterstattung zum Administrator ist besonders interessant, da man hier – anders als bei einer ABCP-Verbriefung[663] – neben Angaben zum Servicing kaum Angaben zu weiteren Verflechtungen erwartet hätte.

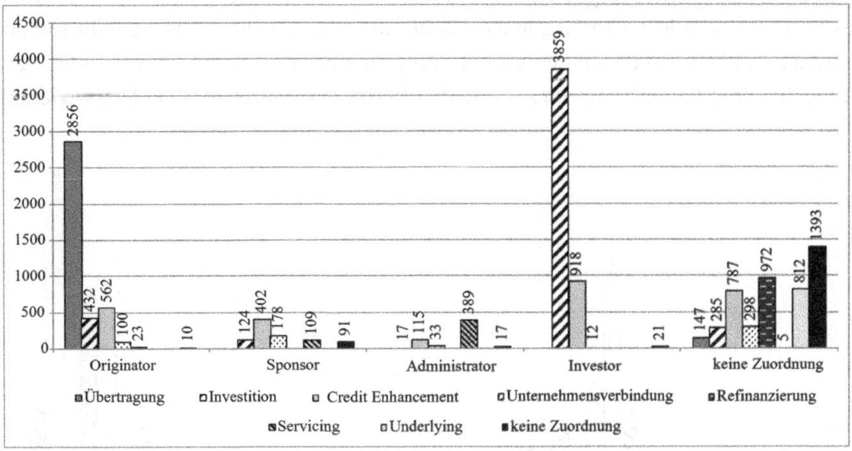

Abb. 26: Angaben zur Verflechtung in Abhängigkeit der Rolle

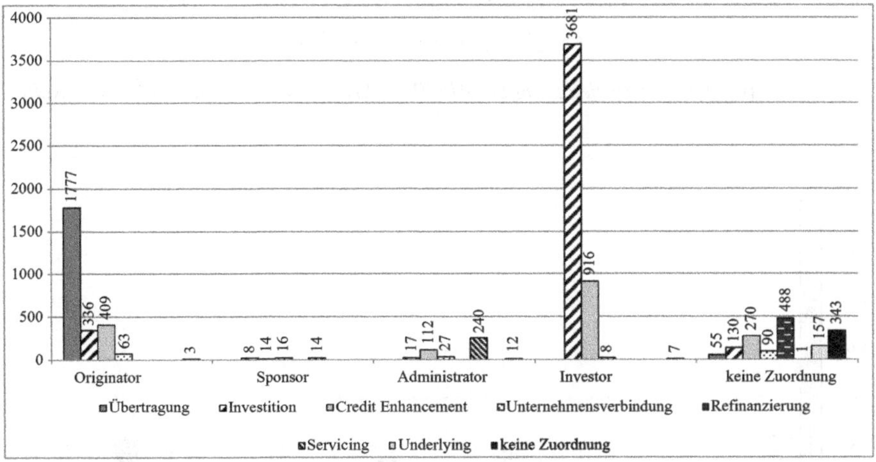

Abb. 27: Angaben zur Verflechtung bei traditionellen Verbriefungen in Abhängigkeit der Rolle

663 Aussagen aus Sicht des Administrators wurden bei ABCP-Verbriefungen – einer Kodierregel folgend – regelmäßig unter der Rolle des Sponsors kodiert. Vgl. genauer hierzu Anhang 11.

Die Ergebnisse zu ABCP-Verbriefungen erlauben ebenfalls interessante Rückschlüsse (Abbildung 28). So finden sich 23 Angaben, dass derartige Verbriefungen auch zur Übertragung und folglich zur Verbriefung eigener Vermögenswerte verwendet wurden. Auch zeigt sich, dass bei ABCP-Verbriefungen vor allem die Rolle des Sponsors von Relevanz ist, insbesondere im Zusammenhang mit Credit Enhancements. In Fällen, in denen keine Zuordnung zu einer Rolle möglich war, wurde am häufigsten über Underlyings und somit über Vermögenswerte der Conduits berichtet.

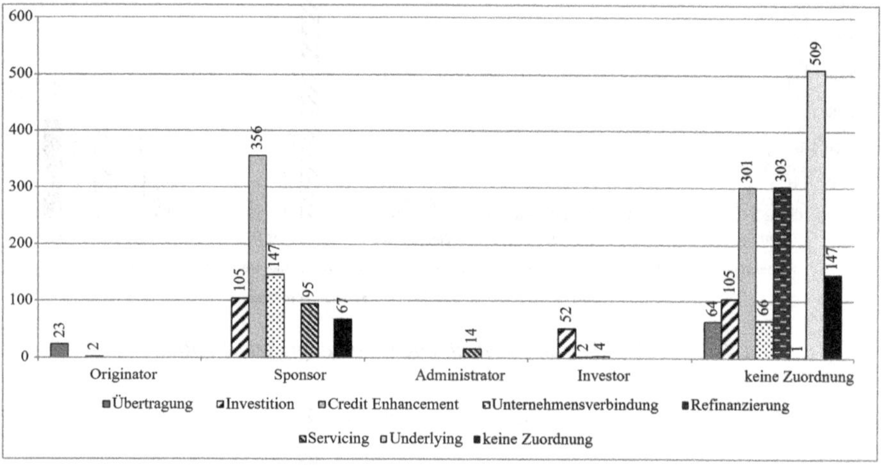

Abb. 28: Angaben zur Verflechtung bei ABCP-Verbriefungen in Abhängigkeit der Rolle

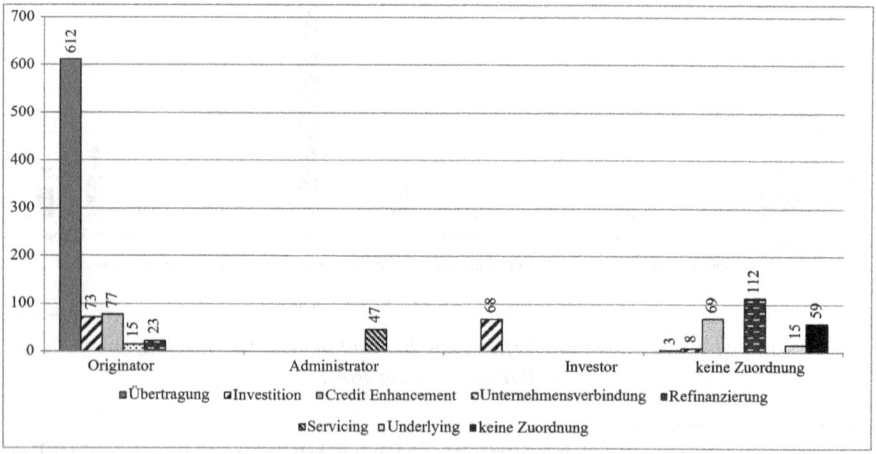

Abb. 29: Angaben zur Verflechtung bei synthetischen Verbriefungen in Abhängigkeit der Rolle

Bei synthetischen Verbriefungen zeigt Abbildung 29, dass mit 51,8% die meisten Kodierungen auf die Übertragung von Risiken aus Sicht des Originators entfallen. Besonders interessant ist, dass mit 23 Angaben auch über die Refinanzierung aus Sicht des Originators berichtet wurde. Dabei handelt es sich um synthetische Verbriefungen, bei denen keine Zweckgesellschaft zwischengeschaltet wurde und die deshalb eine Finanzierungswirkung haben. Auffallend ist, dass im Zusammenhang mit synthetischen Verbriefungen nie über die Rolle des Sponsors berichtet wurde.

Zuletzt zeigen die Ergebnisse in Abbildung 30 Kombinationen von Rolle und Verflechtung für Kodierungen, bei denen keine Zuordnung zu einer Verbriefungsart möglich war. Auffallend sind Angaben, bei denen neben der fehlenden Zuordnung zur Verbriefungsart auch keine Zuordnung zu einer Rolle oder zu einer Verflechtung möglich war. Mit 844 Kodierungen war dies bei 5,6% aller Kodierungen der Fall.

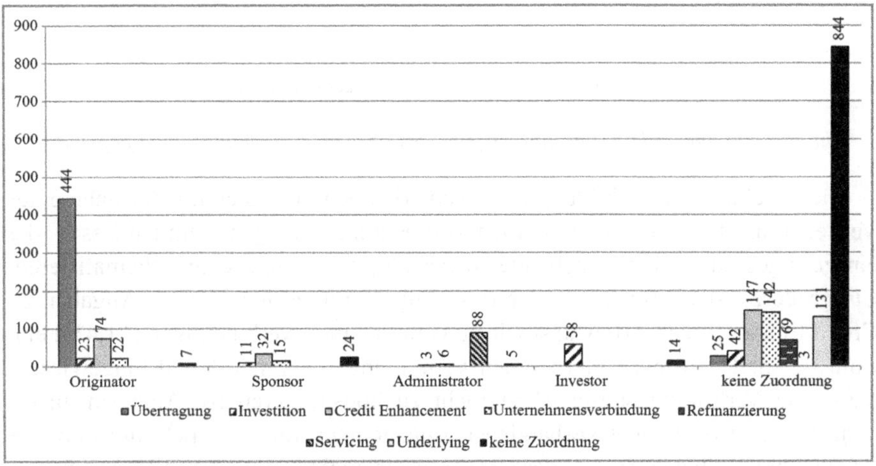

Abb. 30: Angaben zur Verflechtung, wenn keine Zuordnung zur Verbriefungsart möglich ist, in Abhängigkeit der Rolle

Die Ergebnisse zum Umfang der Angaben zu Verflechtungen erlauben darüber hinaus eine Untersuchung, ob Unternehmen durch Angaben explizit darauf hingewiesen haben, dass sie nicht oder nur in einem geringen Umfang in Verflechtungen von Verbriefungstransaktionen involviert waren. Eine Betrachtung der Entwicklung derartiger Angaben ermöglicht zudem Aussagen, wie sich diese im Zeitraum vor, während und nach der Finanzmarktkrise verändert haben. Folglich können die in Hypothese 2a und Hypothese 2b formulierten Vermutungen untersucht werden.

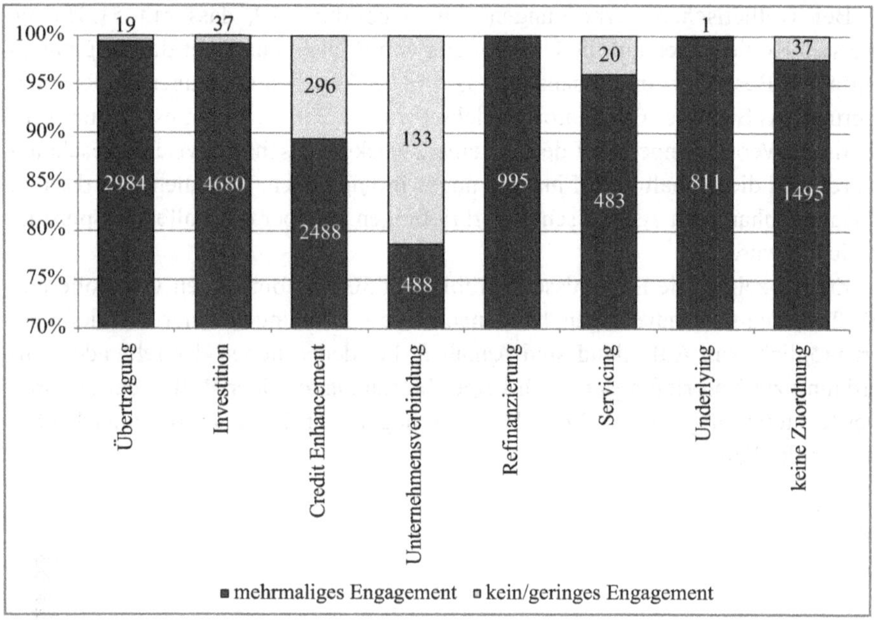

Abb. 31: Explizite Hinweise auf ein geringes oder nicht vorhandenes Engagement

Die Ergebnisse in Abbildung 31 lassen erkennen, dass sich mit Ausnahme der Verflechtung Refinanzierung zu allen Verflechtungen Angaben finden lassen, die ein geringes oder nicht bestehendes diesbezügliches Engagement thematisieren. Ein größeres Ausmaß nehmen derartige Angaben allerdings nur bei Angaben zu Credit Enhancements (10,6%) sowie zu Unternehmensverbindungen (21,4%) ein. Zum Beispiel wird bei Unternehmensverbindungen explizit darauf hingewiesen, dass eine Verbriefungsgesellschaft nicht zu konsolidieren ist. Angaben zu einem geringen oder nicht vorhandenen Engagement, die sich nicht auf einzelne Verflechtungen beziehen, sondern generell ein nicht vorhandenes Verbriefungsengagement thematisieren, werden durch Kodierungen in der Kategorie keine Zuordnung ausgedrückt. Die Ergebnisse zeigen, dass die in Hypothese 2a geäußerte Vermutung zutreffend ist.

Betrachtet man die Veränderung der Angaben, die unmittelbar ein geringes oder nicht vorhandenes Engagement thematisieren (Abbildungen 32 und 33), lässt sich – je nachdem, ob man die absoluten oder die relativen Häufigkeiten heranzieht – ein unterschiedliches Bild beobachten. Absolut gesehen war bei nahezu sämtlichen Verflechtungen, bei denen derartige Angaben festgestellt werden konnten, in den Jahren ab der Krise eine Zunahme diesbezüglicher Angaben zu

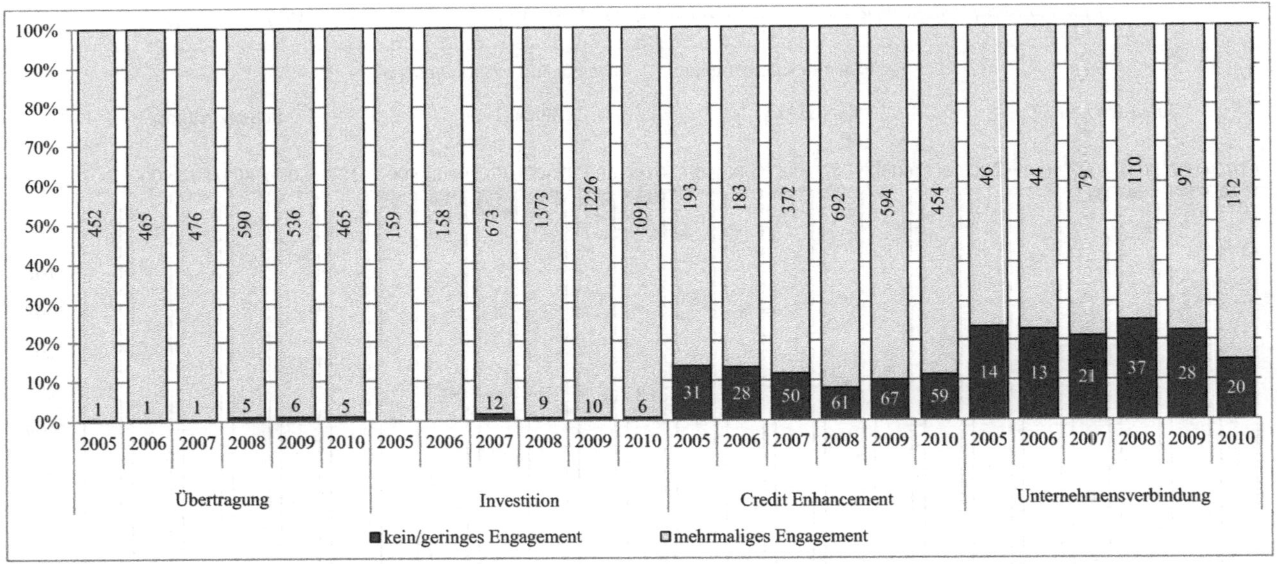

Abb. 32: Entwicklung expliziter Hinweise auf ein geringes oder nicht vorhandenes Engagement (1)

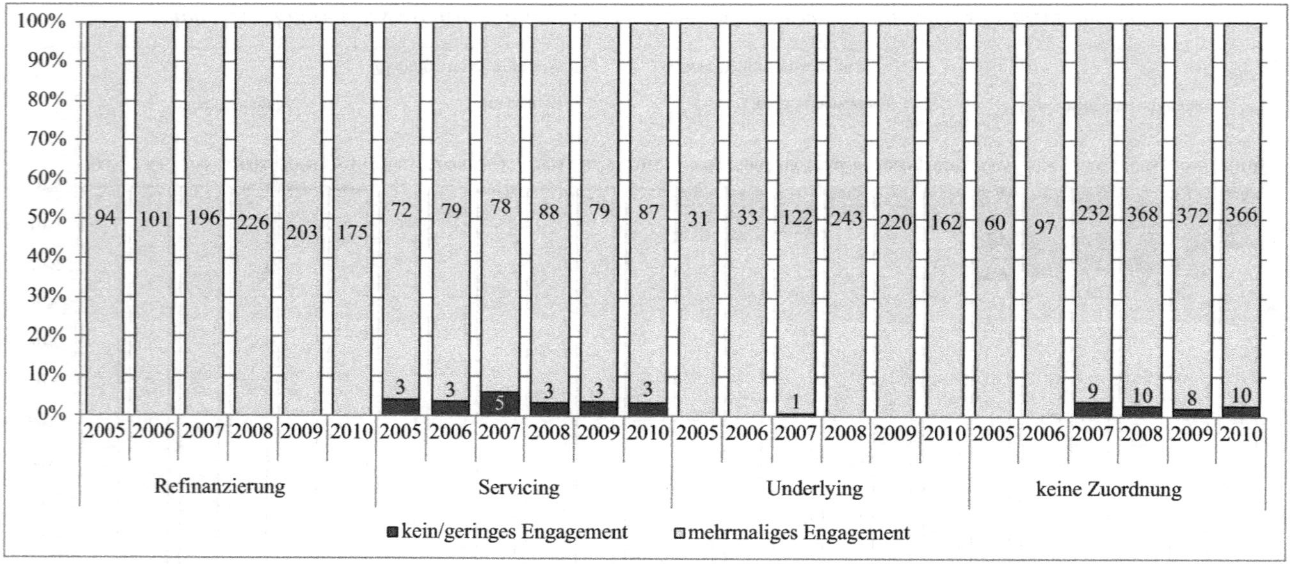

Abb. 33: Entwicklung expliziter Hinweise auf ein geringes oder nicht vorhandenes Engagement (2)

verzeichnen.[664] Auf Basis der relativen Häufigkeiten zeigt sich zwar ebenfalls eine Zunahme, allerdings bei einer geringeren Anzahl der Verflechtungen. Kein Anstieg war beispielsweise bei den Verflechtungen Credit Enhancement und Unternehmensverbindung zu beobachten, was in Anbetracht dessen, dass bei diesen Verflechtungen am meisten Angaben zu einem geringen oder nicht vorhandenen Engagement bereitgestellt wurden, besonders schwer wiegt.[665] Dass – wie in Hypothese 2b formuliert – der Anteil der Angaben, aus denen ein nicht vorhandenes oder geringes Engagement hervorgeht, in den Jahren während und nach der Finanzmarktkrise im Vergleich zu den Jahren davor zugenommen hat, ist deshalb nur bei einigen Verflechtungen zutreffend.

8.2.2.1.5 Inhalt der Kodierungen

Abbildung 34 stellt dar, welchen Inhalt die Kodierungen aufweisen. Mit 3.203 Kodierungen, was 21,4% aller Kodierungen entspricht, wurden am meisten Informationen zum Volumen bereitgestellt, gefolgt von 2.479 Kodierungen (16,6%) zu Charakteristika, 1.935 Kodierungen (12,9%) zur Bilanzierung, 1.708 Kodierungen (11,4%) zur Zusammensetzung und 1.590 Kodierungen (10,6%) zur Ergebnisauswirkung. Mit 90 Kodierungen (0,6%) wurden am wenigsten Angaben zur Tilgung bereitgestellt, gefolgt von 318 Kodierungen (2,1%) der Kategorie Sonstiges und 377 Kodierungen (2,5%) zur Kategorie Mikroebene.

Betrachtet man die Entwicklung der Kodierungen (Abbildungen 35 bis 37), lässt sich für sämtliche Inhalte beobachten, dass die Kodierungen in allen Jahren ab der Finanzmarktkrise im Vergleich zu davor angestiegen sind. Wie bereits über alle Jahre hinweg beobachtet werden konnte, zeigt sich auch für die einzelnen Jahre, dass am häufigsten über das Volumen und am seltensten über die Tilgung berichtet wurde. Hervorzuheben ist der Anstieg der Angaben zur Zusammensetzung und zu den Charakteristika in den Jahren während und nach der Finanzmarktkrise verglichen mit den Jahren zuvor sowie deren Umfang in den Jahren ab der Krise. Das ist deshalb geboten, weil Angaben zu diesen Kategorien detaillierte Informationen zu Verbriefungen beinhalten und somit für deren Verständnis überaus wichtig sind. Von besonderer Bedeutung sind zudem Angaben zur Ergebnisauswirkung, weil durch diese Auswirkungen auf finanzielle Größen dargestellt werden: Angaben hierzu nahmen seit dem Ausbruch der Finanzmarktkrise ebenfalls stark zu. Der deutlichste Anstieg konnte jedoch bei Kodierungen zu externen Rahmenbedingungen beobachtet werden. Im Vergleich zum

664 Eine Ausnahme stellen Angaben zum Servicing der Jahre 2008 bis 2010 dar, die in derselben Anzahl vorliegen wie Angaben der Jahre 2005 und 2006.

665 Einzig die diesbezüglichen Angaben zur Unternehmensverbindung des Jahres 2008 stellen mit 25,2% eine Erhöhung gegenüber den Jahren 2005 (23,3%) und 2006 (22,8%) dar.

Jahr 2005 haben sich die Angaben im Jahr 2007 mehr als verfünfundzwanzigfacht, im Jahr 2008 nahezu vervierunddreißigfacht. Zurückzuführen ist dies vor allem auf allgemeine Ausführungen zur Finanzmarktkrise, im Speziellen zu Verbriefungsmärkten.

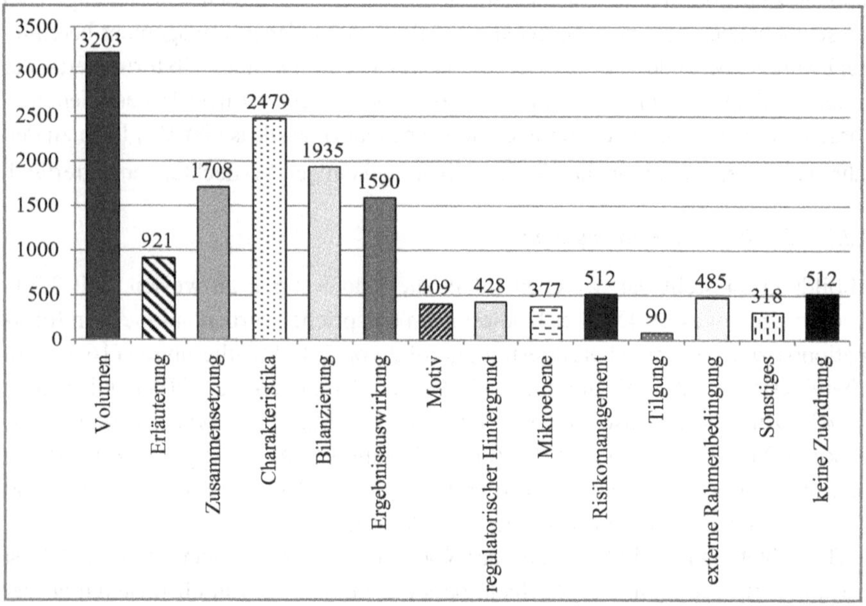

Abb. 34: Angaben zum Inhalt

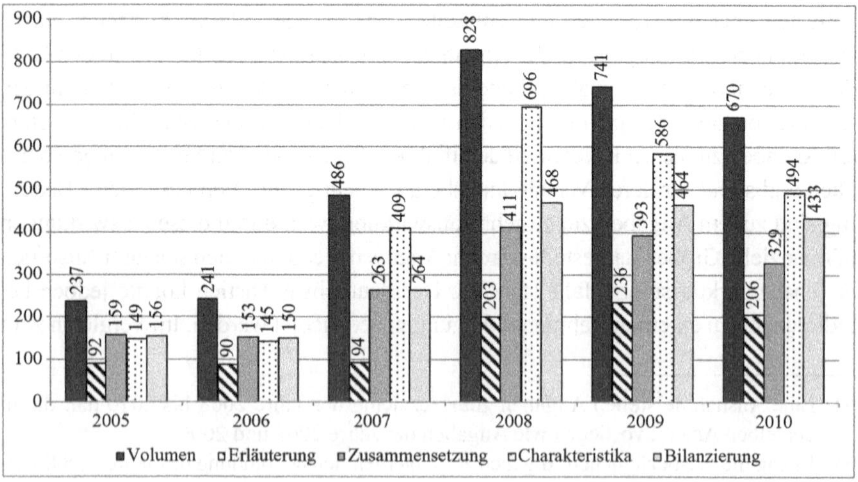

Abb. 35: Entwicklung der Angaben zum Inhalt (1)

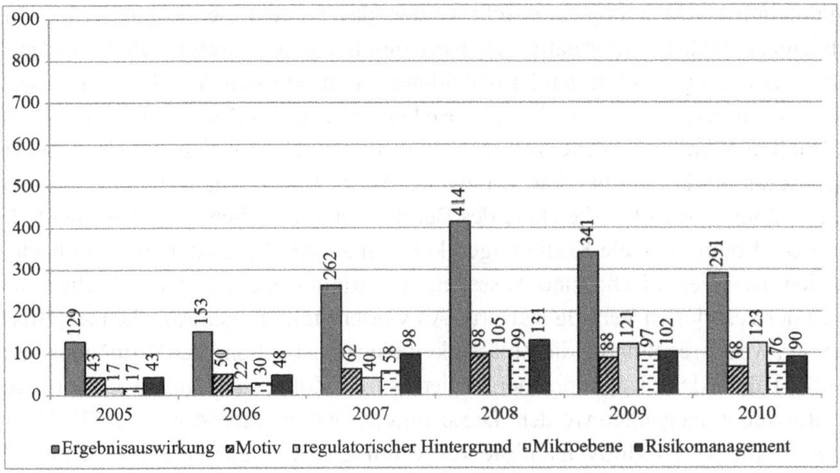

Abb. 36: Entwicklung der Angaben zum Inhalt (2)

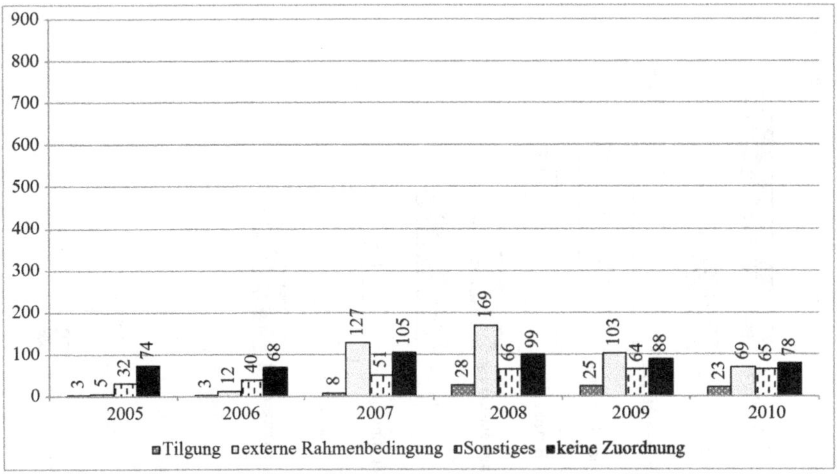

Abb. 37: Entwicklung der Angaben zum Inhalt (3)

Neben der Entwicklung der Kodierungen zum Inhalt ist von besonderem Interesse, welcher Inhalt zu den Verflechtungen bereitgestellt wurde, da der Inhalt üblicherweise die zugrunde liegende Verflechtung spezifiziert.[666] Im Folgenden sollen beispielhaft die Inhalte zu den Verflechtungen Übertragung und

666 Vgl. Anhang 10.

Unternehmensverbindung dargestellt werden, da anhand dieser beiden Verflechtungen Unterschiede im Informationsausweis zum Inhalt besonders deutlich werden.[667] Zur Übertragung wurden gemäß Abbildung 38 am meisten Angaben zur Zusammensetzung bereitgestellt. Üblicherweise beinhaltet dies Informationen zur Art der verbrieften Vermögenswerte, beispielsweise darüber, ob es sich um Hypotheken- oder Automobilkredite handelt. An zweiter Stelle folgen Angaben zum Volumen. Regelmäßig wurde über die Höhe des Betrags der verbrieften Vermögenswerte informiert. Ebenfalls viele Kodierungen konnten zu den Charakteristika beobachtet werden. Beispiele hierfür sind Aussagen zum Rating oder zur geografischen Herkunft der verbrieften Vermögenswerte. An vierter Stelle folgen Angaben zur Bilanzierung, wobei regelmäßig die Zulässigkeit einer Ausbuchung der Vermögenswerte aus der Bilanz des Originators thematisiert wurde. Zuletzt soll auf die Kodierungen zu Motiven eingegangen werden. Diese sind besonders interessant, weil 73,1% aller Kodierungen zu Motiven auf die Verflechtung Übertragung entfallen. Beispiele hiefür sind Aussagen, dass Vermögenswerte an eine Verbriefungsgesellschaft übertragen wurden, mit dem Ziel, Risiken auszulagern oder Gewinne zu realisieren.

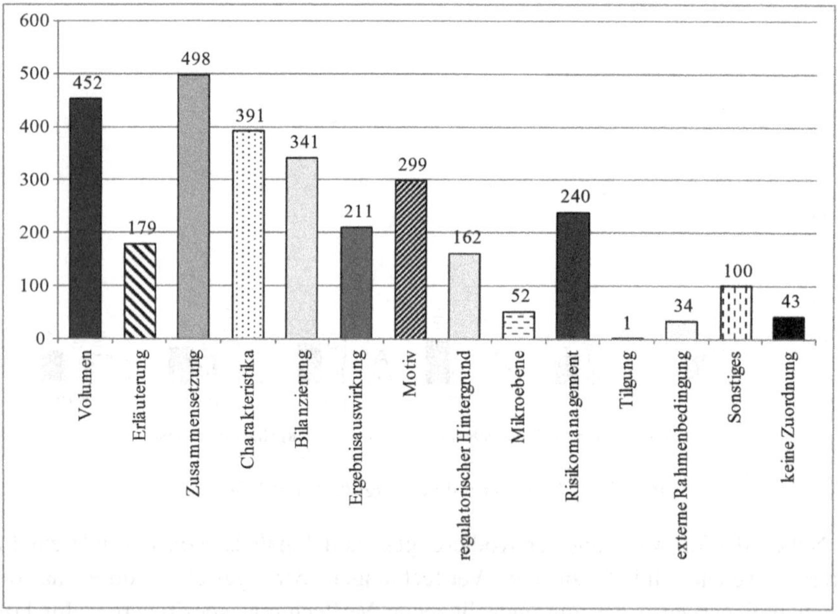

Abb. 38: Angaben zum Inhalt bei der Verflechtung Übertragung

667 Vgl. für die restlichen Verflechtungen Anhang 12.

Angaben zur Verflechtung Unternehmensverbindung sind Abbildung 39 zu entnehmen. Diese thematisieren – von der Kategorie keine Zuordnung abgesehen – nahezu ausschließlich die Inhalte Bilanzierung und Volumen: 92,9% aller Kodierungen entfallen auf diese beiden Kategorien. Angaben zur Bilanzierung enthalten üblicherweise Aussagen zur Konsolidierung einer Verbriefungsgesellschaft und den einschlägigen Rechnungslegungsstandards. Ein Beispiel für Angaben zum Volumen ist die Anzahl konsolidierter Verbriefungsgesellschaften.

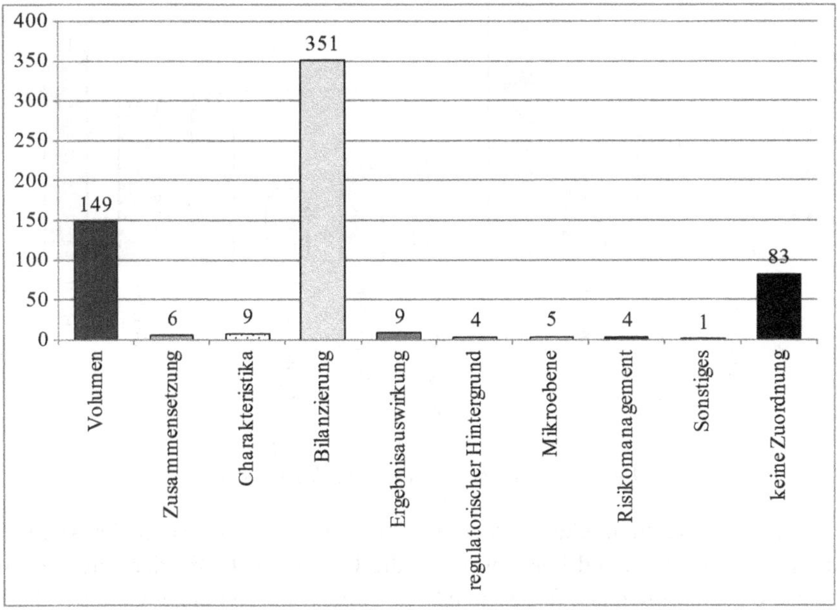

Abb. 39: Angaben zum Inhalt bei der Verflechtung Unternehmensverbindung

8.2.2.2 Unternehmensebene

8.2.2.2.1 Übergreifende Ergebnisse

Im Folgenden wird der Informationsausweis auf Ebene der einzelnen Banken betrachtet. Dies ist vor allem vor dem Hintergrund von Hypothese 5, die ein Herdenverhalten bezüglich des Berichtsverhaltens vermutet, von Interesse. Die Ergebnisse zeigen, dass über den gesamten Untersuchungszeitraum in einem sehr unterschiedlichen Umfang über Verbriefungen berichtet wurde (Abbildung 40). Mit 3.568 Kodierungen wurden am meisten Angaben von der UniCredit erbracht, auf sie entfallen 23,8% aller Kodierungen. Es folgen die britischen Banken HSBC mit

2.417 Kodierungen (16,1%), RBS mit 1.773 Kodierungen (11,8%) und Barclays mit 1.703 Kodierungen (11,4%). Am wenigsten Angaben fanden sich mit 612 Kodierungen (4,1%) bei Santander; der Umfang der Angaben bei Santander entspricht somit nicht einmal einem Fünftel des Umfangs der Angaben von UniCredit.

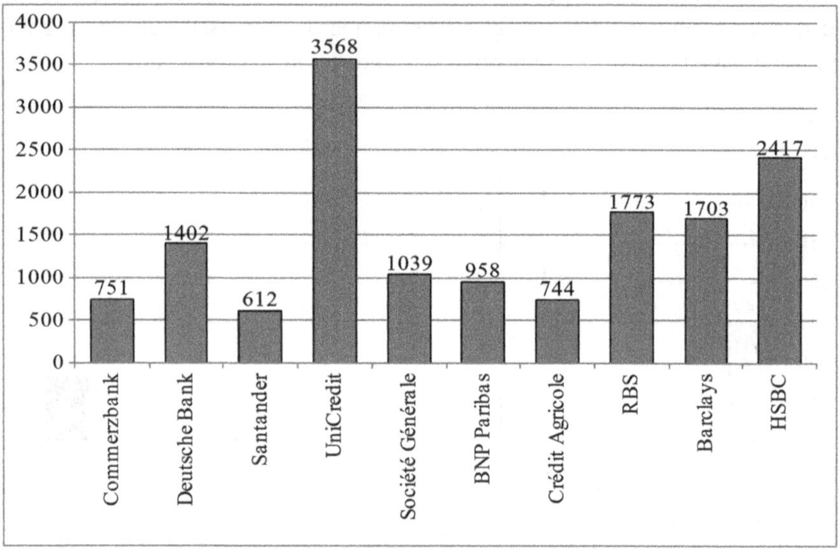

Abb. 40: Angaben bei den einzelnen Banken

Ein ebenso uneinheitliches Bild ergibt sich hinsichtlich der Stelle der Angaben (Abbildung 41). Während beispielsweise die UniCredit 94,3% der Angaben im Anhang vorgenommen hat, finden sich 81,2% der Angaben bei der Commerzbank in den sonstigen Passagen. Allerdings zeigt sich, dass außer UniCredit, Santander und BNP Paribas sämtliche Banken mehr Angaben in den sonstigen Passagen bereitgestellt haben, wenn auch in einem unterschiedlich starken Ausmaß.

Hinsichtlich der Entwicklung der Angaben (Abbildungen 42 und 43) kann man erkennen, dass mit Ausnahme von Barclays[668] alle Banken in den Jahren ab der Finanzmarktkrise stets mehr Angaben vorgenommen haben als in den Jahren zuvor.

668 Bei Barclays wurden im Jahr 2010 mit 231 Angaben weniger Angaben getätigt als im Jahr 2005 mit 244 Angaben. Allerdings zeigt sich – wie bei allen anderen Banken auch – dass in Summe in den Jahren während (702 Kodierungen) und nach (536 Kodierungen) der Finanzmarktkrise jeweils mehr Angaben getätigt wurden als vor der Krise (465 Kodierungen).

Mit Ausnahme von Santander, bei der als Einzige ein kontinuierlicher Anstieg der Angaben über die Jahre zu beobachten war, und der Société Générale, stellten alle Banken im Jahr 2008 am meisten Informationen zur Verfügung. Vergleicht man den Anstieg der Angaben vom Jahr 2006 auf das Jahr 2007, kann man erkennen, dass dieser mit 513,8% bei der Société Générale am stärksten war. Ferner zeigt sich, dass die UniCredit nicht nur über alle Jahre hinweg, sondern auch in allen einzelnen Jahren im Vergleich zu den anderen Banken am meisten Angaben erbracht hat. Auffallend ist zudem, dass neben der Deutsche Bank auch alle britischen Banken in den Jahren 2005 und 2006 im Vergleich zu den anderen Banken – die UniCredit ausgenommen – deutlich mehr Angaben vorgenommen haben. Dies ist unter anderem darauf zurückzuführen, dass auch Angaben nach US-GAAP bereitgestellt wurden.[669]

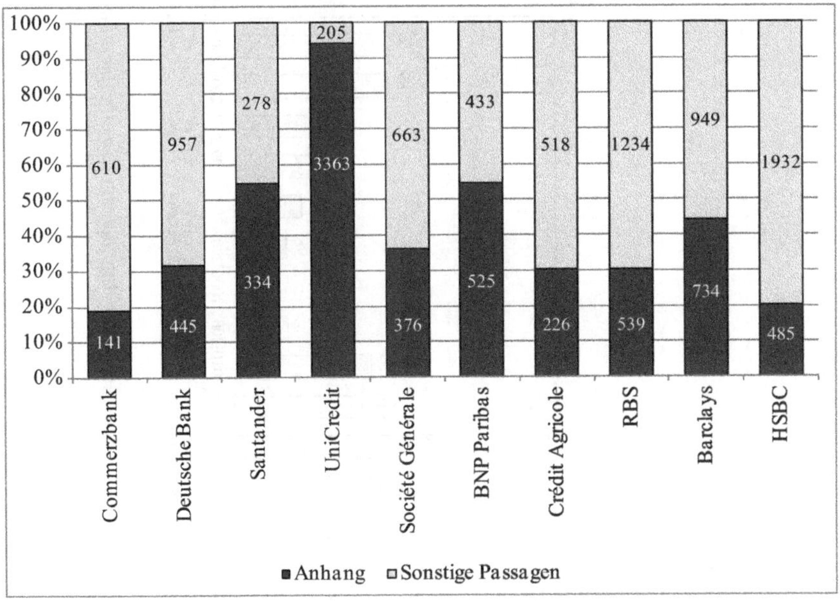

Abb. 41: Angaben bei den einzelnen Banken in Abhängigkeit ihrer Stelle

Die Entwicklung der Angaben in Abhängigkeit ihrer Stelle zeigt mehrere interessante Punkte (Abbildungen 44 bis 45). Folgende Gemeinsamkeiten konnten beobachtet werden: Betrachtet man die Summe der Kodierungen

669 Von den britischen Banken wurden bspw. wesentliche Unterschiede einer Bilanzierung nach US-GAAP und IFRS dargestellt. Vgl. z.B. HSBC (2005), S. 399-402.

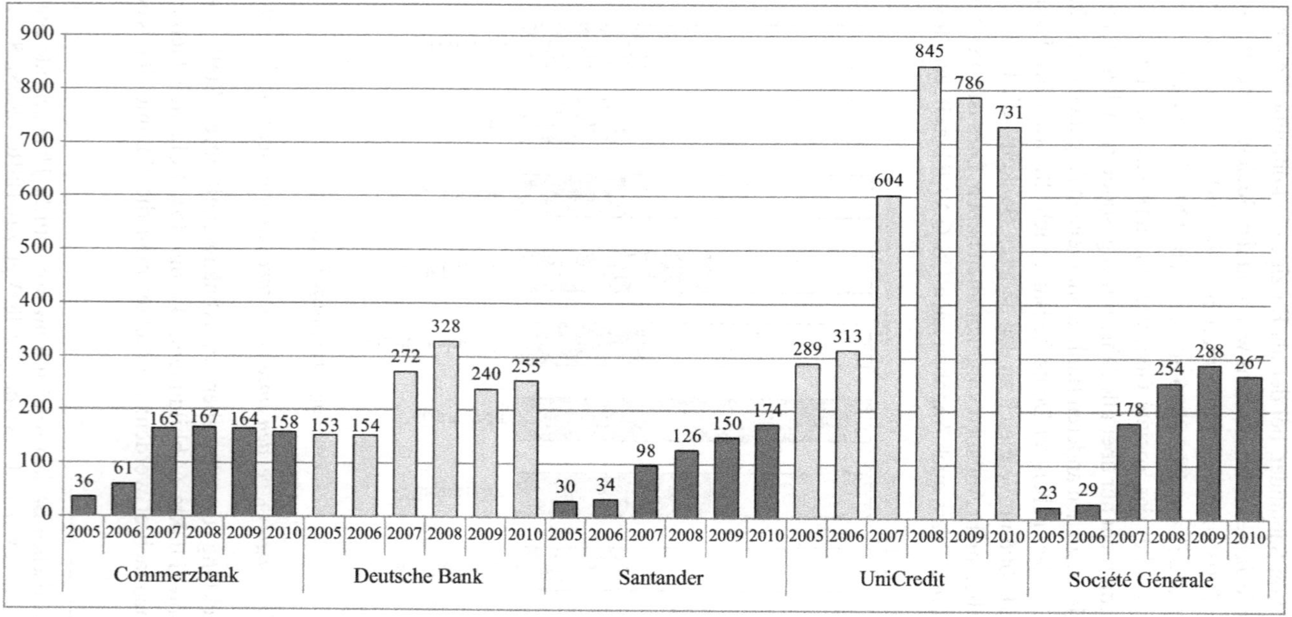

Abb. 42: Entwicklung der Angaben bei den einzelnen Banken (1)

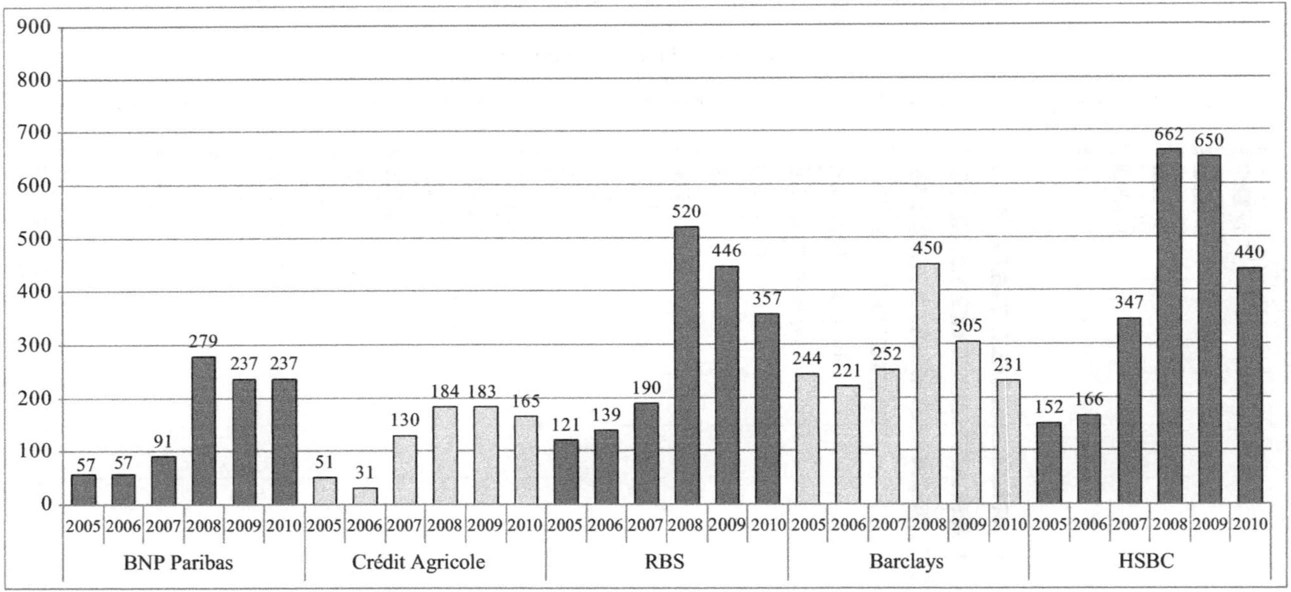

Abb. 43: Entwicklung der Angaben bei den einzelnen Banken (2)

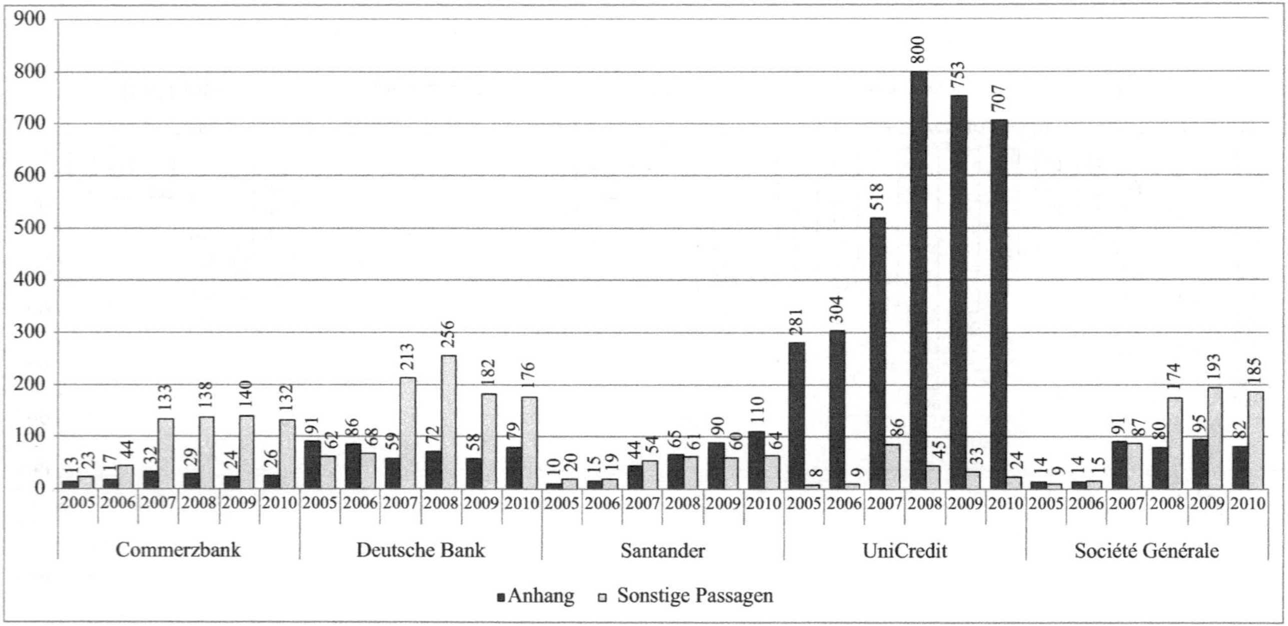

Abb. 44: Entwicklung der Angaben bei den einzelnen Banken in Abhängigkeit ihrer Stelle (1)

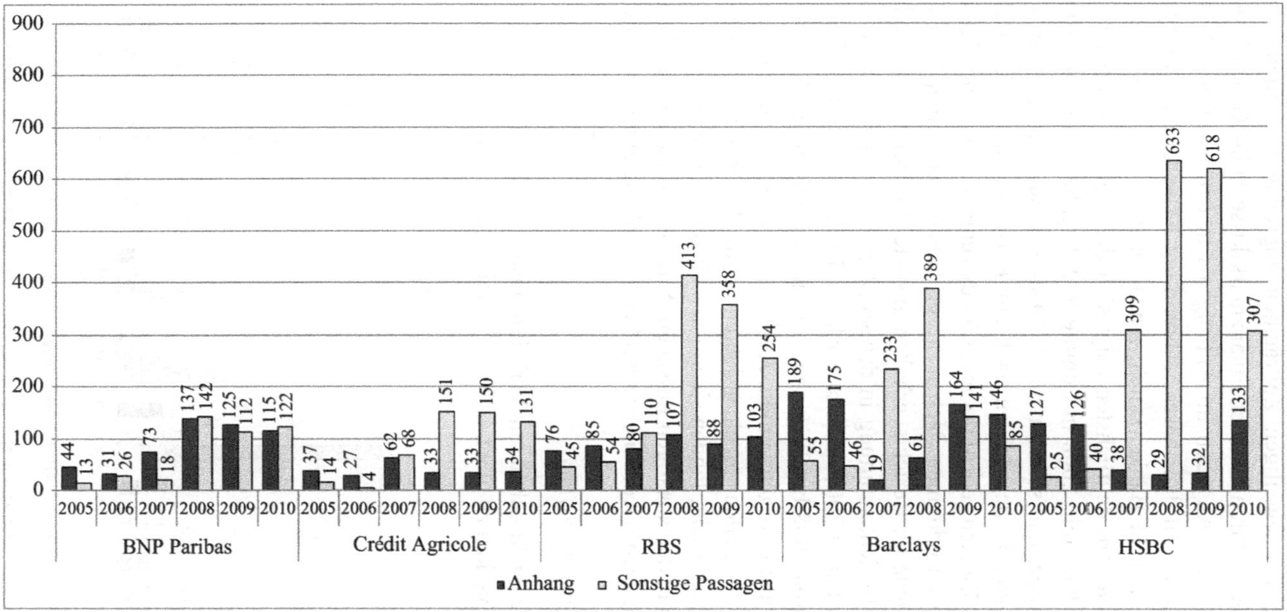

Abb. 45: Entwicklung der Angaben bei den einzelnen Banken in Abhängigkeit ihrer Stelle (2)

der einzelnen, den jeweiligen Zeiträumen zugrunde liegenden Jahren, zeigt sich, dass in den Jahren vor der Finanzmarktkrise beim Großteil der Banken (acht Banken) mehr Angaben im Anhang als in den sonstigen Passagen vorgenommen wurden. In den Jahren während der Krise konnte hingegen bei den meisten Banken (acht Banken) mehr Angaben in den sonstigen Passagen beobachtet werden. Am deutlichsten zeigt sich dies bei der HSBC: Hier wurden in den Jahren 2007 und 2008 in Summe 942 Angaben in den sonstigen Passagen vorgenommen, und somit mehr als 14-mal soviele Angaben als im Anhang (67 Kodierungen). In den Jahren nach der Krise waren bei der Mehrzahl der Banken (sechs Banken) ebenfalls mehr Kodierungen in den sonstigen Passagen als im Anhang zu erkennen. Neben diesen Gemeinsamkeiten lassen sich aber auch Unterschiede im Berichtsverhalten ausmachen. Beispielsweise hat bei der UniCredit die Berichterstattung in den sonstigen Passagen in allen Jahren, mit Ausnahme des Jahres 2007, nahezu gar keine Rolle gespielt. Bei Santander wurden in den Jahren 2008 bis 2010 ebenfalls mehr Angaben im Anhang als in den sonstigen Passagen vorgenommen. Auch Barclays zeigt eine interessante Entwicklung: Wurden in den einzelnen Jahren vor der Finanzmarktkrise mehr Angaben im Anhang erbracht, fanden sich in den einzelnen Jahren während der Krise mehr Angaben in den sonstigen Passagen. Nach der Krise wurden in den einzelnen Jahren hingegen wieder mehr Angaben im Anhang zur Verfügung gestellt.

8.2.2.2.2 Art der Verbriefung

Die Ergebnisse zu Angaben zur Verbriefungsart in Abbildung 46 lassen erkennen, dass alle Banken zu allen Arten von Verbriefungen Angaben vorgenommen

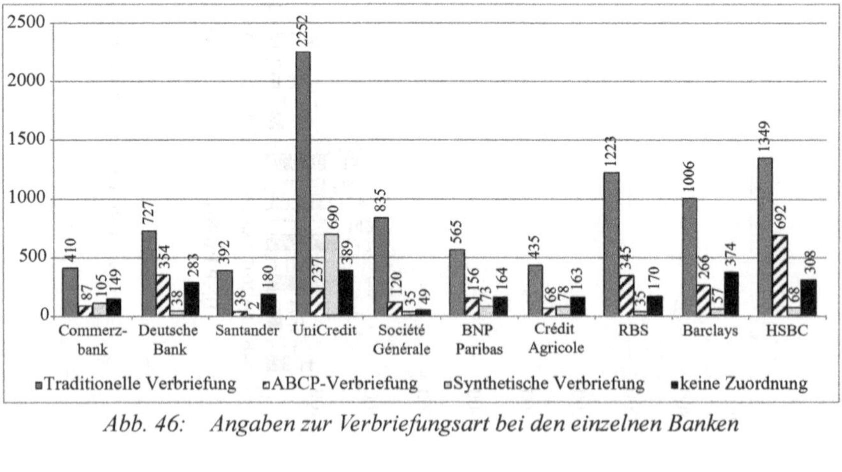

Abb. 46: Angaben zur Verbriefungsart bei den einzelnen Banken

haben. Die meisten Informationen wurden zu traditionellen Verbriefungen bereitgestellt. Vernachlässigt man die Kategorie keine Zuordnung, hat eine Mehrzahl der Banken – sieben Banken – am zweithäufigsten über ABCP-Verbriefungen informiert. Nur drei Banken haben am zweithäufigsten Angaben zu synthetischen Verbriefungen bereitgestellt. Auffallend ist, dass mit 690 Kodierungen 58,4% aller Kodierungen zu synthetischen Verbriefungen auf die UniCredit entfallen.

8.2.2.2.3 Rolle des Unternehmens

Die Ergebnisse in Abbildung 47 zeigen, dass Banken unterschiedlich – teilweise auch gar nicht – über die einzelnen Rollen informiert haben: Fünf Banken haben am meisten Angaben zur Rolle des Investors erbracht. Drei Banken weisen am meisten Kodierungen bei der Kategorie keine Zuordnung auf, was überwiegend auf eine Berichterstattung aus Sicht der Verbriefungsgesellschaft zurückzuführen ist. Nur zwei Banken haben am meisten Angaben zur Rolle des Originators vorgenommen. Als Gemeinsamkeit lässt sich lediglich festhalten, dass mit Ausnahme der Société Générale von allen Banken am wenigsten Angaben zur Rolle des Sponsors und des Administrators bereitgestellt wurden.[670]

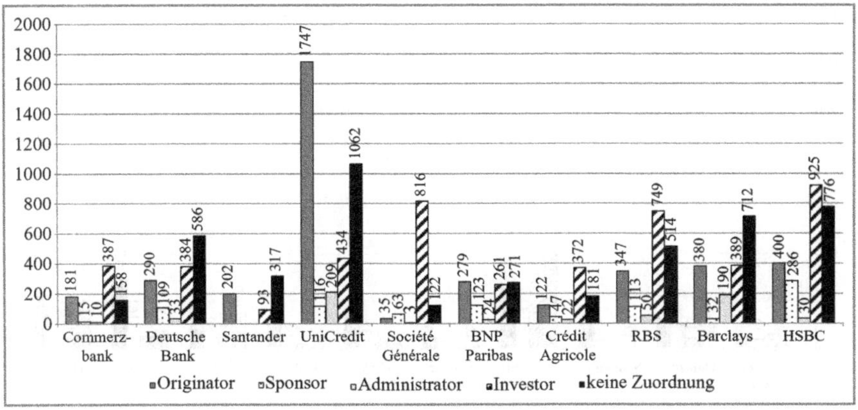

Abb. 47: Angaben zur Rolle des Unternehmens bei den einzelnen Banken

670 Santander hat über die Rolle des Sponsors und des Administrators überhaupt keine Angaben geliefert.

8.2.2.2.4 Art der Verflechtung

Auch die Angaben zu den einzelnen Verflechtungen (Abbildungen 48 und 49) zeigen ein unterschiedliches Bild.[671] Zwar haben alle Banken am meisten Angaben zu den Verflechtungen Investition, Übertragung und Credit Enhancement

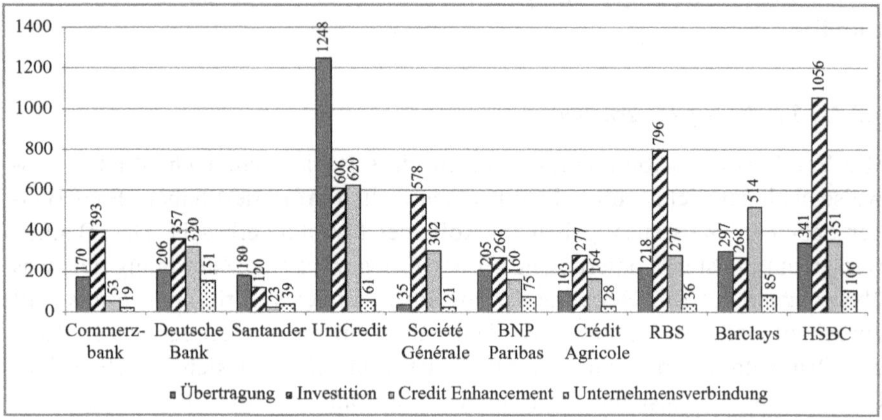

Abb. 48: Angaben zur Verflechtung bei den einzelnen Banken (1)

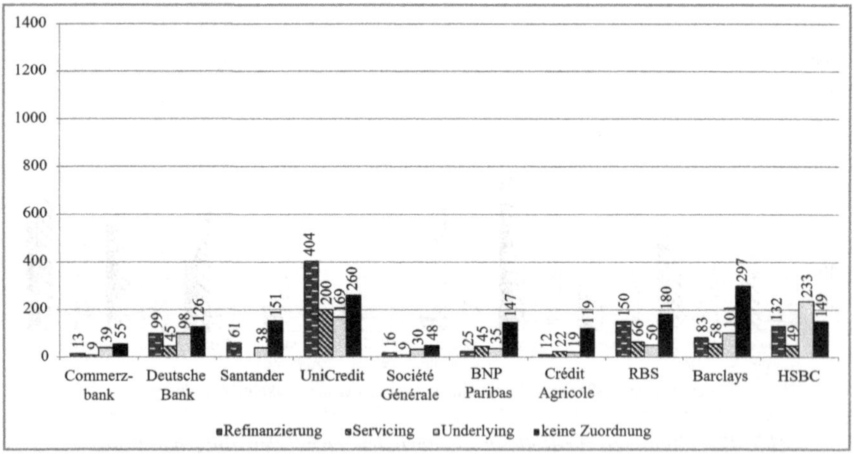

Abb. 49: Angaben zur Verflechtung bei den einzelnen Banken (2)

671 Angaben der Kategorie keine Zuordnung werden im Folgenden nicht berücksichtigt.

vorgenommen,[672] die Reihenfolge, in welchem Umfang zu diesen Verflechtungen Angaben bereitgestellt wurden, ist bei den einzelnen Banken jedoch unterschiedlich. Gleiches gilt für die Berichterstattung zu den restlichen Verflechtungen: Auch hier lässt sich keine eindeutige Reihenfolge bestimmen.

8.2.2.2.5 Inhalt der Kodierung

Ein noch unterschiedlicheres Berichtsverhalten zeigt sich beim Inhalt der Angaben (Abbildungen 50 bis 52). Genaue Aussagen, über welche Inhalte in welcher Reihenfolge berichtet wurde, sind nicht möglich. Festgehalten werden kann lediglich, dass zu bestimmten Inhalten von den einzelnen Banken eher vermehrt, zu anderen hingegen eher weniger Informationen bereitgestellt wurden. Beispielsweise zeigt sich, dass die Inhalte Volumen und Charakteristika bei allen Banken stets unter den vier Inhalten sind, über die am meisten berichtet wurde. Kaum Informationen fanden sich bei allen Banken hingegen zur Tilgung. Gleichzeitig lässt sich jedoch auch beobachten, dass einzelne Banken zu bestimmten Inhalten kaum Angaben vorgenommen haben, während andere Banken diesbezüglich vermehrt informiert

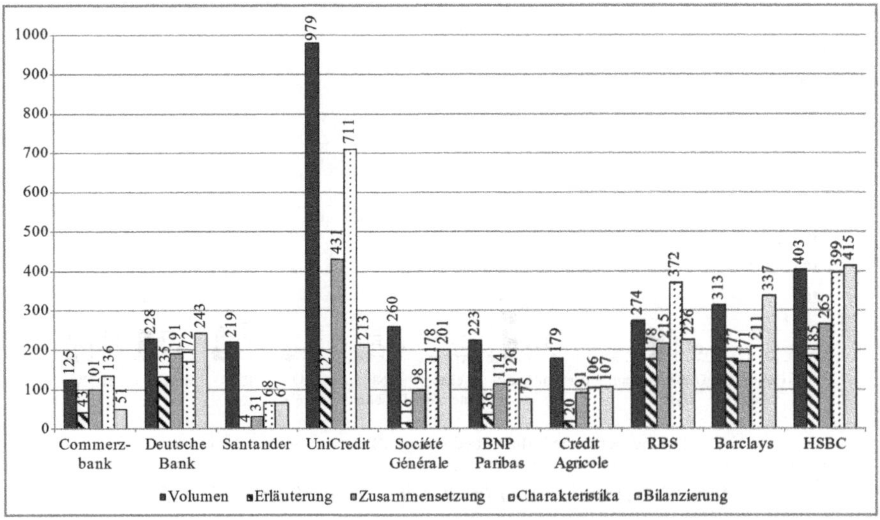

Abb. 50: Angaben zum Inhalt bei den einzelnen Banken (1)

672 Eine Ausnahme stellt Santander dar, bei der an dritter Stelle Angaben zur Refinanzierung und nicht Angaben zu Credit Enhancements stehen.

haben. Dies zeigt sich zum Beispiel bei Angaben zu Motiven oder bei Angaben zum regulatorischen Hintergrund.[673]

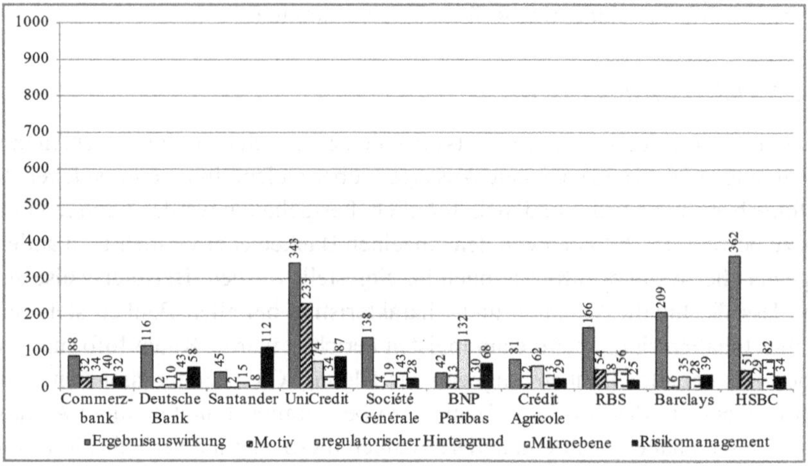

Abb. 51: Angaben zum Inhalt bei den einzelnen Banken (2)

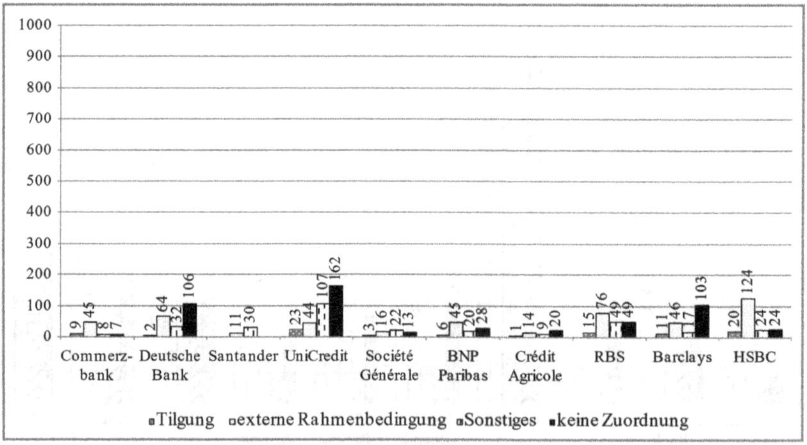

Abb. 52: Angaben zum Inhalt bei den einzelnen Banken (3)

673 Unterschiede im Umfang von Angaben zum regulatorischen Hintergrund liegen vor allem darin begründet, dass manche Banken ihre nach Aufsichtsrecht zu erstellenden Berichte (Säule-3-Basel-II-Berichte) im Rahmen des Geschäftsberichts publiziert haben.

8.2.2.3 Fazit

Die Ausführungen zum Umfang der Angaben haben ein differenziertes Bild gezeigt. Während die Ergebnisse zur Entwicklung des Umfangs einheitliche Schlussfolgerungen ermöglichen, erlauben die restlichen Ergebnisse sowohl auf aggregierter als auch auf Unternehmensebene keine eindeutigen Aussagen.

Sämtliche Ergebnisse zur Entwicklung des Umfangs der Angaben lassen auf aggregierter und Unternehmensebene erkennen, dass sich der Umfang der Angaben zu Verbriefungen in den Jahren während und nach der Finanzmarktkrise im Vergleich zu den Jahren vor der Krise erhöht hat. Dieses Ergebnis ist auch dann zu beobachten, wenn eine Differenzierung der Angaben entsprechend der Struktur einer Verbriefungstransaktion erfolgt. Sogar eine Betrachtung des Umfangs der Angaben für die einzelnen Jahre hat gezeigt, dass in den Jahren vor der Finanzmarktkrise stets weniger Angaben erbracht wurden als in den Jahren seit der Krise. Eine Ausnahme stellen auf aggregierter Ebene lediglich Angaben zur Rolle des Originators und zum Servicing, sowie auf Unternehmensebene Angaben bei Barclays dar: Hier wurden in den einzelnen Jahren während und nach der Krise zum Teil nicht mehr Angaben als zuvor zur Verfügung gestellt. Die Ergebnisse zum Umfang der Angaben entsprechen somit der in Hypothese 1a formulierten Vermutung, dass sich der Umfang der Angaben zu Verbriefungen in den Jahren während und nach der Finanzmarktkrise im Vergleich zu den Jahren davor erhöht hat.

Keine eindeutigen Aussagen sind hingegen zu dem in Hypothese 5 formulierten Sachverhalt möglich, dass sich Unternehmen nicht in der Art und Weise ihres Informationsausweises zu Verbriefungen – wozu neben der Qualität der Angaben auch der Umfang der Angaben gehört – unterscheiden. Zwar haben die Ergebnisse zur Entwicklung der Angaben gezeigt, dass alle Banken in den Jahren während und nach der Finanzmarktkrise stets mehr Angaben erbracht haben als in den Jahren zuvor. Mit Ausnahme von Barclays konnte diese Entwicklung sogar für die einzelnen Jahre des Untersuchungszeitraums festgestellt werden. Allerdings haben die Ergebnisse auch gezeigt, dass die einzelnen Banken in Summe in einem (teilweise stark) unterschiedlichen Umfang Angaben zu Verbriefungen vorgenommen haben. Auch die Ergebnisse zur Stelle, zur Verbriefungsart, zur Rolle des bilanzierenden Unternehmens und zur Art der Verflechtung lassen nur teilweise Gemeinsamkeiten hinsichtlich des Umfangs der Angaben erkennen. Die Ergebnisse zum Inhalt der Angaben weisen sogar nahezu keine Gemeinsamkeiten auf. Rückschlüsse auf ein Herdenverhalten aufgrund des Umfangs der Berichterstattung sind somit nicht möglich.

Ferner haben die Ergebnisse gezeigt, dass Unternehmen darauf hingewiesen haben, dass sie nicht oder nur in einem geringen Ausmaß in Verflechtungen von

Verbriefungstransaktionen involviert sind. Dies entspricht der in Hypothese 2a ausgedrückten Vermutung. Widersprüchliche Ergebnisse haben sich hingegen bei einer Betrachtung der Entwicklung derartiger Angaben gezeigt: Anders als in Hypothese 2b formuliert, hat sich der Anteil der Angaben, aus denen hervorgeht, dass Unternehmen nicht oder nur teilweise in Verflechtungen involviert waren, in den Jahren während und nach der Finanzmarktkrise nur bei einem Teil der Verflechtungen im Vergleich zu den Jahren vor der Krise erhöht. Keine Angaben fanden sich zu der in Hypothese 6 aufgestellten Vermutung, da nicht berichtet wurde, dass es sich bei Verbriefungen oder beim Ausweis von Informationen zu Verbriefungen um eine einmalige Ausweisentscheidung handelt. Die Hypothese ist deshalb zu verwerfen.

Zuletzt lassen die Ergebnisse auf aggregierter Ebene erkennen, dass vor der Finanzmarktkrise überwiegend im Anhang über Verbriefungen informiert wurde, während in den Jahren ab der Krise stets mehr Angaben in den sonstigen Passagen geliefert wurden. Dieses Ergebnis ist jedoch nur dann aufrechtzuerhalten, wenn keine weitere Differenzierung der Angaben nach der Verbriefungsart, der Rolle des bilanzierenden Unternehmens oder der Art der Verflechtung erfolgt. Ferner haben sich Unterschiede im Informationsausweis gezeigt, wenn in Abhängigkeit der Verbriefungsart über eine bestimmte Rolle, in Abhängigkeit (der Verbriefungsart und) der Rolle über eine bestimmte Verflechtung sowie in Abhängigkeit der Verflechtung über einen bestimmten Inhalt berichtet wurde.

8.2.3. Qualität der Angaben: Verfahren 1

8.2.3.1 Aggregierte Ebene

8.2.3.1.1 Übergreifende Ergebnisse

Rückschlüsse auf die Qualität der Angaben sollen in einem ersten Verfahren dadurch gewonnen werden, dass untersucht wird, (1) ob von den Banken mehr quantitative oder mehr qualitative Angaben vorgenommen wurden. Quantitative Angaben stehen für Informationen, die eine höhere Präzision aufweisen, qualitative Angaben stehen für Informationen mit einer geringeren Präzision. Rückschlüsse auf die Qualität sind deshalb möglich, weil Angaben mit einer höheren Präzision gegenüber solchen mit einer geringeren Präzision als qualitativ hochwertiger betrachtet werden können. Die Untersuchung erlaubt somit auch, die in Hypothese 3a geäußerte Vermutung zu analysieren, dass mehr qualitatitve als quantitative Informationen zu Verbriefungstransaktionen bereitgestellt wurden. Eine Betrachtung der Entwicklung quantitativer und qualitativer Angaben ermöglicht zudem eine Untersuchung von Hypothese 3b. Weiterhin soll untersucht werden, (2) ob – Hypothese 4 entsprechend – Angaben zu ungünstigen Sachverhalten vermehrt qualitativ, Angaben zu günstigen Sachverhalten hingegen vermehrt quantitativ erfolgt sind. Die Berichterstattung soll als qualitativ hochwertig angesehen werden, wenn Banken über negative Sachverhalte präziser, folglich in Form von quantitativen Angaben berichtet haben.

Die Ergebnisse in Abbildung 53 zeigen, dass Banken mit 8.463 qualitativen Angaben gegenüber 6.504 quantitativen über den gesamten Untersuchungszeitraum hinweg mehr qualitative Angaben geliefert haben. Dieses Ergebnis ist unabhängig von der Stelle, da sowohl im Anhang als auch in den sonstigen Passagen mehr qualitative Angaben vorgenommen wurden.

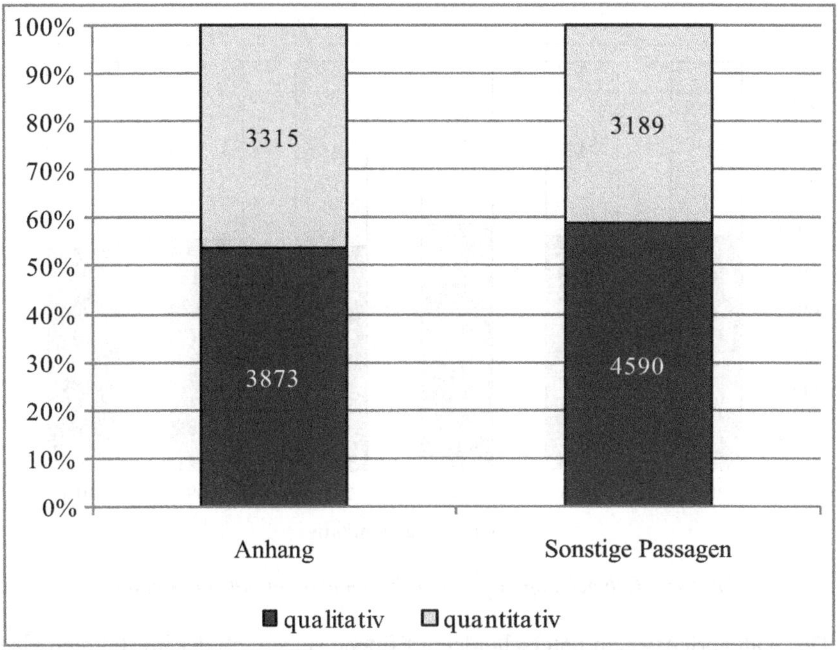

Abb. 53: Qualitative vs. quantitative Angaben in Abhängigkeit ihrer Stelle

Betrachtet man die Entwicklung der qualitativen und quantitativen Angaben, zeigt sich, dass sich sowohl die qualitativen als auch die quantitativen Angaben in den einzelnen Jahren während der Finanzmarktkrise im Vergleich zu den Jahren zuvor kontinuierlich erhöht haben (Abbildung 54). In den einzelnen Jahren nach der Finanzmarktkrise hat der Umfang der qualitativen und quantitativen Angaben im Vergleich zum Jahr 2008 zwar abgenommen, ist aber im Vergleich zu den

Jahren vor der Krise nach wie vor deutlich erhöht. Von besonderem Interesse ist der Anteil der qualitativen Angaben an allen Angaben, vor allem dessen Veränderung über die Jahre des Untersuchungszeitraums. Zum einen zeigt sich, dass in allen Jahren stets mehr qualitative als quantitative Angaben erbracht wurden, was der in Hypothese 3a geäußerten Vermutung entspricht. Zum anderen kann beobachtet werden, dass der Anteil der qualitativen Angaben an allen Angaben nahezu unverändert geblieben ist: Während er im Jahr 2005 57,7% und im Jahr 2006 57,6% betrug, hat er sich im Jahr 2007 auf 60,6% erhöht. Im Jahr 2008 nahm er auf 55,1% ab und verblieb mit 56,7% im Jahr 2009 und 54,3% im Jahr 2010 ungefähr auf diesem Niveau. Dass der Anteil qualitativer Angaben vor der Finanzmarktkrise größer ist als in den Jahren während und nach der Krise – wie in Hypothese 3b vermutet – ist somit nicht zu beobachten.

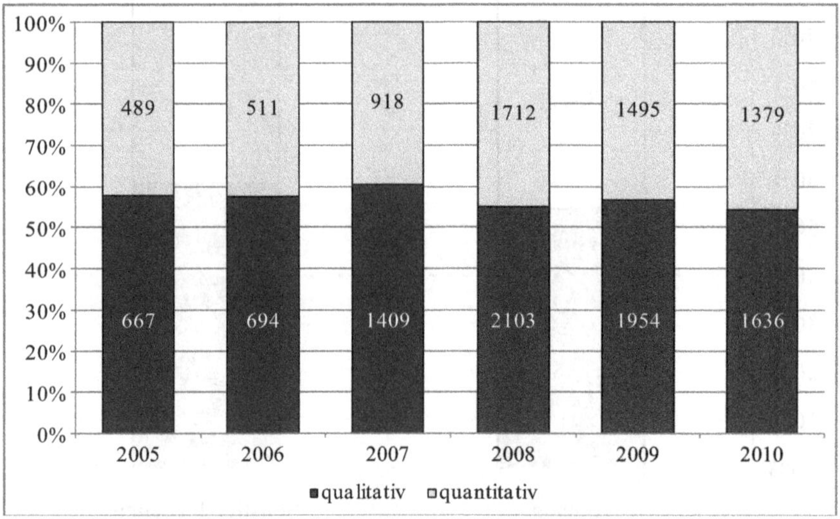

Abb. 54: Entwicklung der qualitativen und quantitativen Angaben

Das Kategoriensystem unterscheidet auf Ebene sieben, ob der im Rahmen einer Angabe dargestellte Sachverhalt als positiv, neutral oder negativ zu bewerten ist. Insgesamt wurden 2.083 Angaben als positiv, 10.808 Angaben als neutral und 2.076 Angaben als negativ kategorisiert: Die Anzahl positiver Angaben ist somit nahezu identisch mit der Anzahl negativer Angaben. Da im Folgenden analysiert werden soll, wie über negative und positive Sachverhalte berichtet wurde, werden als neutral eingestufte Angaben nicht weiter betrachtet. Die Ergebnisse in Abbildung 55 zeigen, dass sowohl über positive als auch über negative Sachverhalte häufiger in Form von qualitativen als in Form von quantitativen Angaben berichtet wurde. Interessanter ist jedoch, dass der Anteil qualitativer Angaben zu negativen Sachverhalten geringer ist als der Anteil qualitativer Angaben zu positiven Sachverhalten. Anders ausgedrückt ist der Anteil quantitativer Angaben zu negativen Sachverhalten größer als der Anteil quantitativer Angaben zu positiven Sachverhalten. Dem zuvor dargestellten Verständnis von quantitativen Angaben folgend bedeutet dies, dass über negative Sachverhalte präziser berichtet wurde als über positive – ein Umstand, den man so nicht erwartet hätte (Hypothese 4) und der als Indiz für eine qualitativ hochwertige Berichterstattung gewertet werden kann. Dieses Ergebnis lässt sich unabhängig von der Stelle, an der die Angaben im Geschäftsbericht erbracht wurden, beobachten.[674]

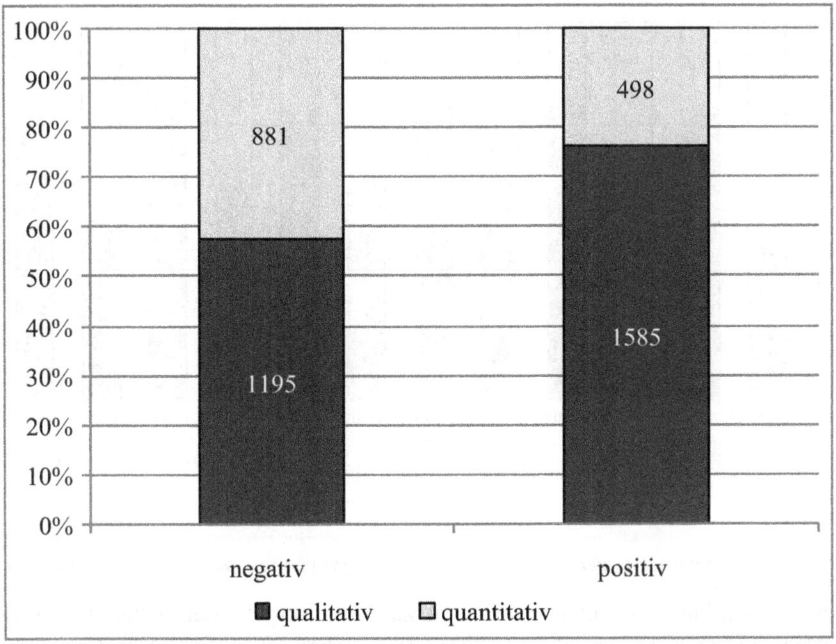

Abb. 55: Art der Angaben zu negativen und positiven Sachverhalten

Betrachtet man, wie in den einzelnen Jahren über negative und positive Sachverhalte informiert wurde (Abbildung 56),[675] lassen sich zwei zentrale Punkte

674 Vgl. Anhang 13.

675 Zur Entwicklung der Kodierungen zu negativen und positiven Sachverhalten vgl. Anhang 14.

erkennen: Zum einen zeigt sich, dass zu positiven Sachverhalten in allen Jahren mehr qualitative als quantitative Angaben erfolgten, während zu negativen Sachverhalten nur in den Jahren 2007, 2008 und 2009 mehr qualitative als quantitative Angaben bereitgestellt wurden. Zum anderen zeigt sich, dass in allen Jahren des Untersuchungszeitraums der Anteil quantitativer Angaben zu negativen Sachverhalten größer ist als der Anteil quantitativer Angaben zu positiven Sachverhalten. Das bedeutet, dass in allen Jahren präziser über negative Sachverhalte informiert wurde als über positive. Hypothese 4 ist auf übergreifender Ebene somit neben einer Betrachtung über alle Jahre des Untersuchungszeitraums auch bei einer Betrachtung der einzelnen Jahre zu verwerfen.

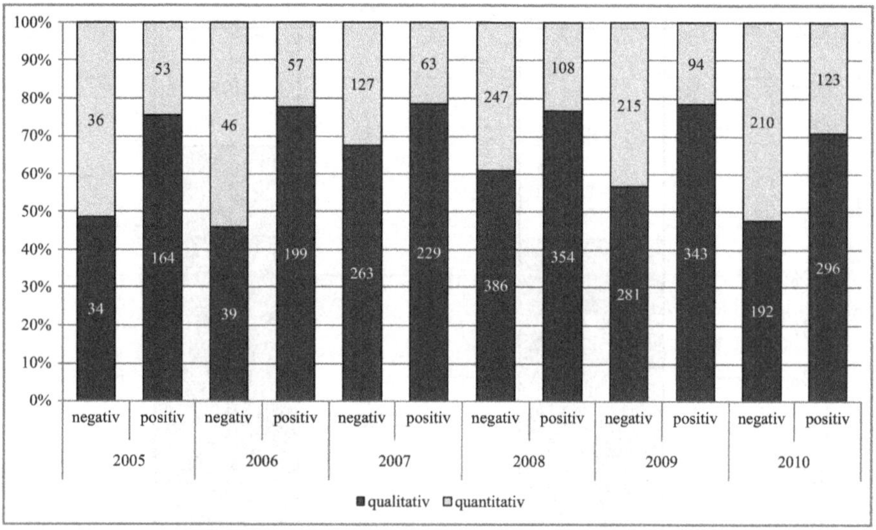

Abb. 56: Entwicklung der Art der Angaben zu negativen und positiven Sachverhalten

Mit Abbildung 57 soll im Vergleich zu Abbildung 56 deutlicher dargestellt werden, wie sich die Anteile quantitativer Angaben zu negativen und positiven Sachverhalten über den Zeitraum vor, während und nach der Finanzmarktkrise entwickelt haben. Hierzu wird für jedes Jahr vom Anteil quantitativer Angaben zu negativen Sachverhalten der Anteil quantitativer Angaben zu positiven Sachverhalten substrahiert. Die Ergebnisse zeigen, dass die Differenz in den Jahren vor der Krise am größten war, gegenüber dem Jahr 2005 hat sie sich im Jahr 2006 sogar noch erhöht. Im Jahr 2007 und somit im Jahr des Ausbruchs der Finanzmarktkrise war die Differenz am geringsten. Über die Jahre 2008 bis 2010 stieg sie wieder kontinuierlich an, ohne jedoch das Niveau der Jahre vor der Krise zu erreichen. Dies bedeutet, dass sich im Jahr 2006 die Präzision der Berichterstattung zu negativen im Vergleich zu positiven Sachverhalten erhöht hat, während sie sich im Jahr 2007 der Präzision der Berichterstattung über positive Sachverhalte (stark) angenähert hat. In den Folgejahren wurde hingegen wieder von Jahr zu Jahr präziser über negative als über positive Sachverhalte berichtet. Der Ausbruch der Finanzmarktkrise hat somit nicht dazu beigetragen, dass über negative Sachverhalte (noch) präziser berichtet wurde; vielmehr hat sich im Vergleich zu den Jahren vor der Krise die Präzision der Berichterstattung über negative Sachverhalte reduziert.[676]

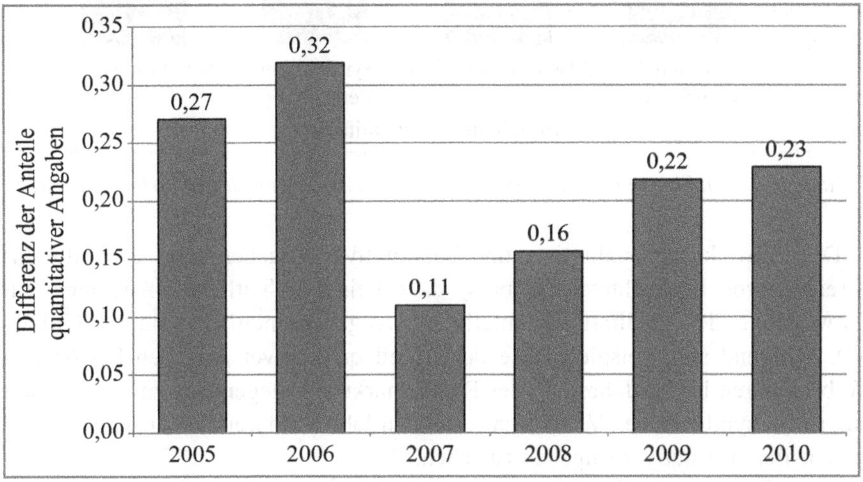

Abb. 57: Entwicklung der Differenz der Anteile quantitativer Angaben zu negativen und positiven Sachverhalten

8.2.3.1.2 Art der Verbriefung

Untersucht man, ob Angaben zu Verbriefungsarten qualitativ oder quantitativ sind, zeigt sich das bereits zuvor festgestellte Bild: Zu allen Verbriefungsarten erfolgten mehr qualitative als quantitative Angaben (Abbildung 58). Der Anteil qualitativer Informationen war mit 53,6% bei traditionellen Verbriefungen, 57,2% bei ABCP-Verbriefungen und 58,0% bei synthetischen Verbriefungen zumindest bei traditionellen Verbriefungen jedoch nur leicht höher als der Anteil quantitativer Angaben.

676 Eine differenziertere Betrachtung dieser Entwicklung auf Ebene der Verbriefungsart, der Rolle, der Verflechtung und des Inhalts wird im Folgenden nicht vorgenommen.

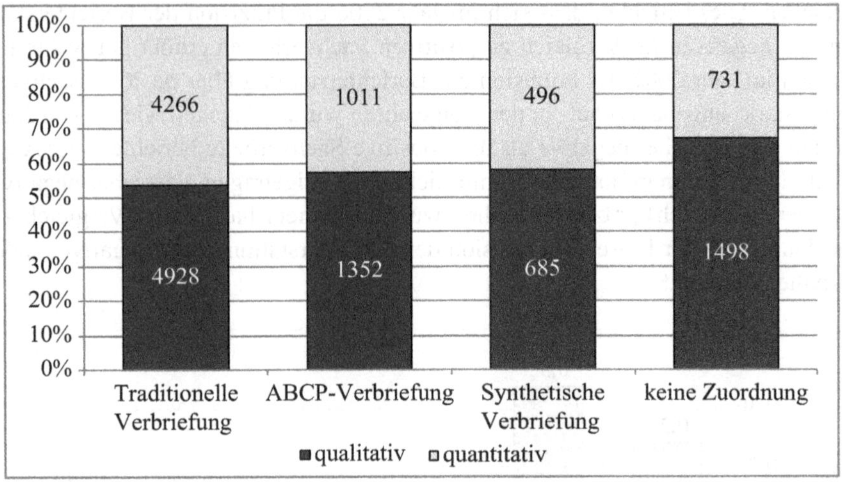

Abb. 58: Qualitative vs. quantitative Angaben in Abhängigkeit der Verbriefungsart

Die Entwicklung qualitativer und quantitativer Angaben zeigt ebenfalls das bereits zuvor beobachtete Ergebnis, dass keine einheitlichen Aussagen zur Entwicklung des qualitativen Anteils der Angaben möglich sind (Abbildung 59). Während sich beispielsweise der Anteil qualitativer Angaben bei ABCP-Verbriefungen in den Jahren ab der Finanzmarktkrise gegenüber zuvor reduziert hat, ist bei synthetischen Verbriefungen in den Jahren während und nach der Krise ein Anstieg qualitativer Angaben zu sehen.[677]

Betrachtet man darüber hinaus, wie in Abhängigkeit der Verbriefungsart über negative und positive Sachverhalte berichtet wurde (Abbildung 60), zeigt sich, dass zu negativen und positiven Sachverhalten bei allen Verbriefungsarten mehr qualitative als quantitative Angaben erbracht wurden. Ferner war bei allen Verbriefungsarten der Anteil quantitativer Angaben zu negativen Sachverhalten größer als der Anteil quantitativer Angaben zu positiven Sachverhalten. Somit wurde auch in Abhängigkeit der Verbriefungsart präziser über negative Sachverhalte informiert als über positive.

677 Dieses Ergebnis, dass keine eindeutigen Aussagen zur Entwicklung des Anteils qualitativer und quantitativer Angaben möglich sind, zeigt sich auch bei Angaben zur Rolle, zur Verflechtung und zum Inhalt. Auf eine detaillierte Darstellung der Ergebnisse hierzu wird deshalb im Folgenden verzichtet. Für die Ergebnisse vgl. Anhang 15.

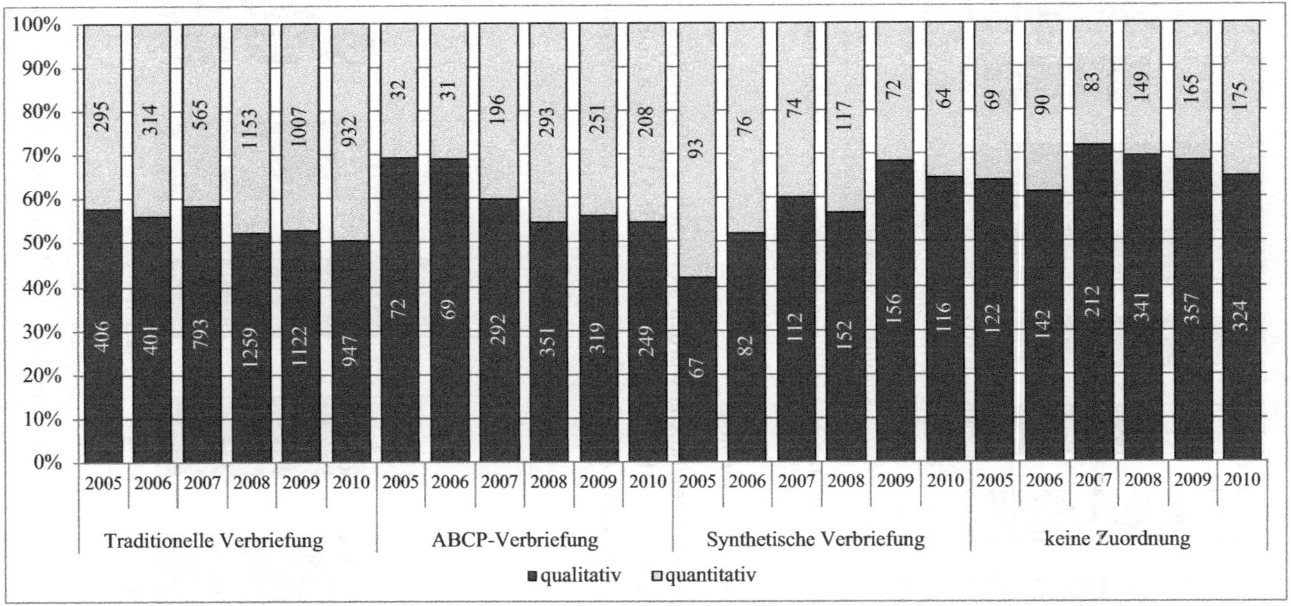

Abb. 59: Entwicklung qualitativer und quantitativer Angaben in Abhängigkeit der Verbriefungsart

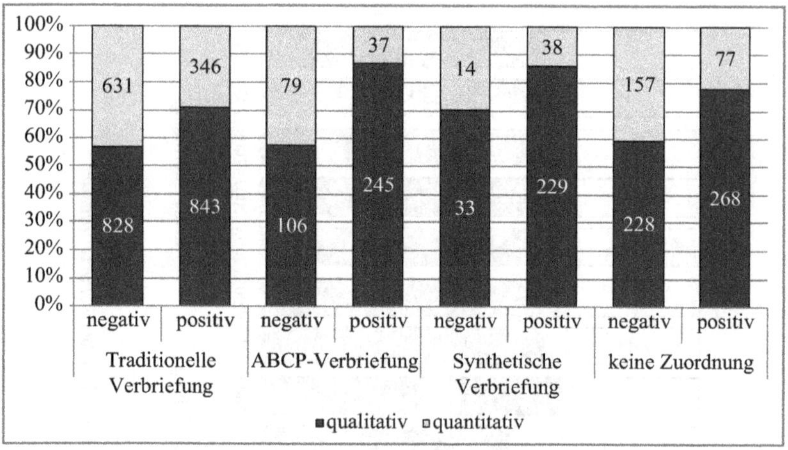

Abb. 60: Art der Angaben zu negativen und positiven Sachverhalten in Abhängigkeit der Verbriefungsart

8.2.3.1.3 Rolle des Unternehmens

Zu den Rollen des Unternehmens wurden stets mehr qualitative als quantitative Angaben vorgenommen (Abbildung 61), was mit 76,5% aller Angaben am deutlichsten bei der Rolle des Administrators zu sehen ist. Eine Ausnahme stellen

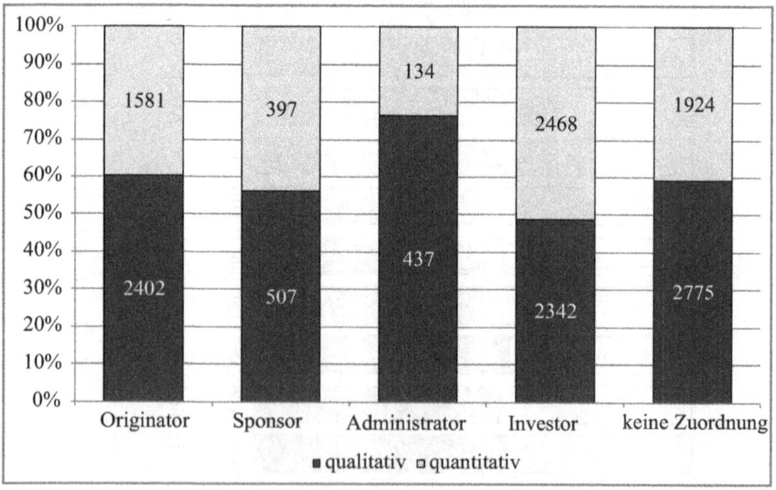

Abb. 61: Qualitative vs. quantitative Angaben in Abhängigkeit der Rolle des Unternehmens

Angaben zur Rolle des Investors dar, wobei der Anteil quantitativer Angaben mit 51,3% kaum größer ist als der Anteil qualitativer Angaben.

Darüber hinaus hat sich gezeigt, dass bei allen Rollen zu negativen und positiven Sachverhalten stets mehr qualitative als quantitative Angaben zur Verfügung gestellt wurden (Abbildung 62). Allerdings war auch hier der Anteil quantitativer Angaben zu negativen Sachverhalten bei allen Rollen größer als der Anteil quantitativer Angaben zu positiven Sachverhalten. Folglich kann auch bei Angaben zu den einzelnen Rollen geschlussfolgert werden, dass über negative Sachverhalte präziser informiert wurde als über positive.

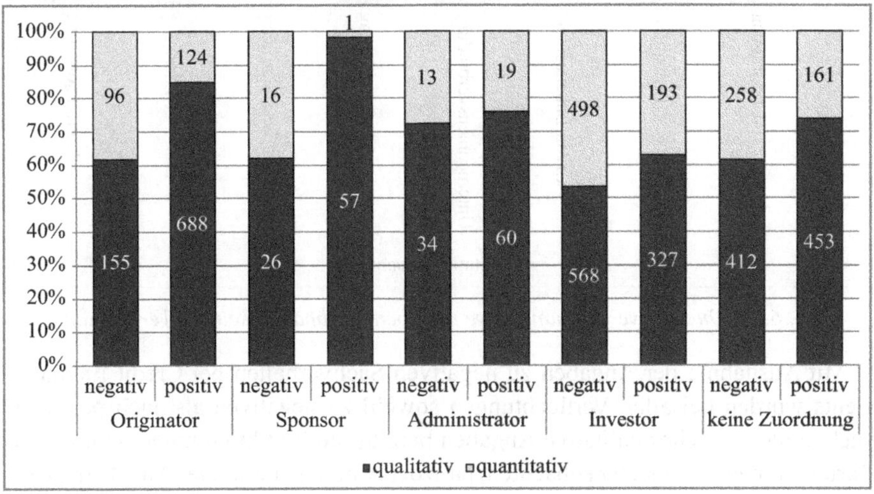

Abb. 62: Art der Angaben zu negativen und positiven Sachverhalten in Abhängigkeit der Rolle

8.2.3.1.4 Art der Verflechtung

Auch zu den einzelnen Verflechtungen wurden größtenteils mehr qualitative als quantitative Informationen zur Verfügung gestellt (Abbildung 63). Bei den Verflechtungen Übertragung, Unternehmensverbindung, Refinanzierung und Servicing war der Anteil qualitativer Angaben größer als der Anteil quantitativer Angaben. Hingegen wurde über Credit Enhancements mit einem Anteil von 52,9% und Underlyings mit einem Anteil von 64,5% überwiegend quantitativ berichtet. Zur Verflechtung Investition wurden nahezu gleichermaßen qualitative (2.362 Angaben) wie quantitative (2.355 Angaben) Informationen zur Verfügung gestellt.

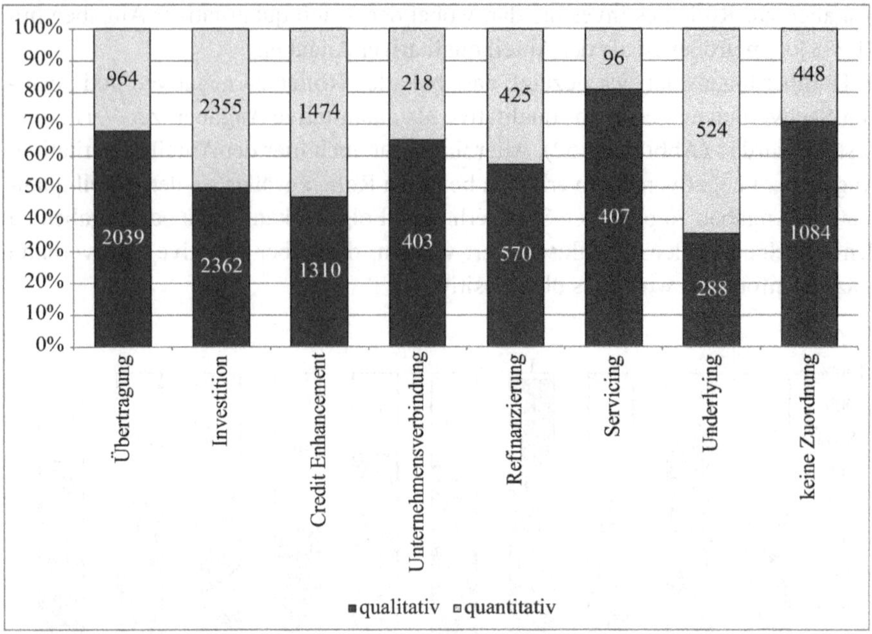

Abb. 63: Qualitative vs. quantitative Angaben in Abhängigkeit der Verflechtung

Mit Ausnahme der Angaben zu negativen Sachverhalten bei Credit Enhancements wurden bei allen Verflechtungen sowohl zu negativen als auch positiven Sachverhalten mehr qualitative Angaben bereitgestellt (Abbildungen 64 und 65). Darüber hinaus lässt sich beobachten, dass der Anteil quantitativer Angaben zu negativen Sachverhalten bei allen Verflechtungen größer ist als der Anteil quantitativer Angaben zu positiven Sachverhalten.[678] Mit 26,4% und 27,4% ist die Differenz der Anteile bei Angaben zu Credit Enhancements und Unternehmensverbindungen am größten. Folglich wurde insbesondere bei diesen Verflechtungen über negative Sachverhalte präziser informiert als über positive. Beispielsweise wurden die aus einer gewährten Garantie resultierenden Zahlungsverpflichtungen – ein für das bilanzierende Unternehmen negativer Sachverhalt – quantitativ dargestellt. Am geringsten ist die Differenz der Anteile bei Angaben zur Refinanzierung (0,2%) und bei Angaben zum Servicing (4,5%).

678 Bei der Verflechtung Refinanzierung ist der Anteil quantitativer Angaben zu negativen Sachverhalten mit 15,4% jedoch nur minimal größer als der Anteil quantitativer Angaben zu positiven Sachverhalten i.H.v. 15,2%.

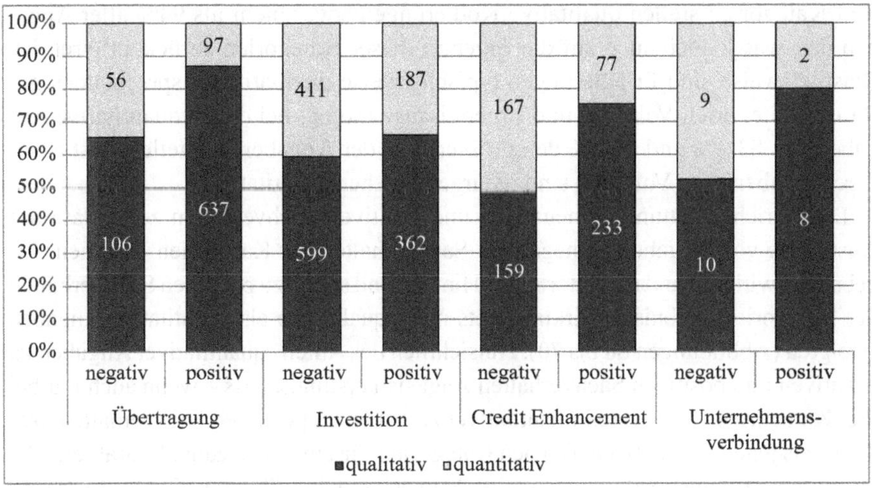

Abb. 64: Art der Angaben zu negativen und positiven Sachverhalten in Abhängigkeit der Verflechtung (1)

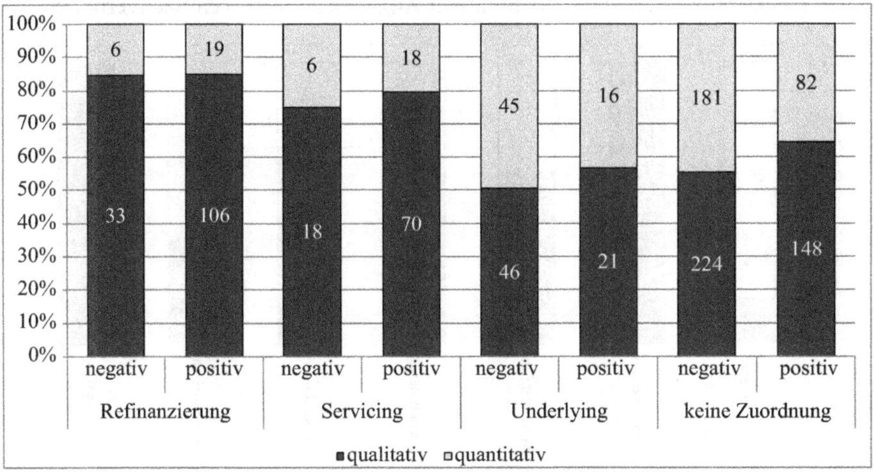

Abb. 65: Art der Angaben zu negativen und positiven Sachverhalten in Abhängigkeit der Verflechtung (2)

8.2.3.1.5 Inhalt der Kodierung

Die Dominanz qualitativer Angaben zeigt sich auch beim Inhalt der einzelnen Kodierungen (Abbildungen 66 und 67): Mit Ausnahme der Kategorien Volumen und Ergebnisauswirkung wurden stets mehr qualitative Angaben vorgenommen. Bei fünf Kategorien stellen qualitative Kodierungen sogar mehr als 94% aller Angaben dar, was jedoch auch auf die Eigenart dieser Kategorien zurückzuführen ist. Beispielsweise sind Erläuterungen typischerweise qualitativ. Entsprechendes gilt für die Kategorien Volumen und Ergebnisauswirkung, bei denen quantitative Angaben mit 83,9% und 62,1% den größten Teil der Angaben darstellen: Insbesondere Angaben zum Volumen sind naturgemäß eher quantitativ.

Die Berichterstattung zu negativen und positiven Sachverhalten zeigt, dass mit Ausnahme von Angaben zu negativen Sachverhalten der Kategorien Volumen, Ergebnisauswirkung und regulatorischer Hintergrund sowie zu positiven Sachverhalten der Kategorie Ergebnisauswirkung stets mehr qualitative als quantitative Angaben erfolgten (Abbildungen 68 bis 70). Hinsichtlich des Anteils quantitativer Angaben zu negativen und positiven Sachverhalten zeigt sich erstmals, dass – wenn auch nur bei drei Kategorien – der Anteil quantitativer Angaben zu positiven Sachverhalten größer ist als jener zu negativen. Bei den Kategorien Zusammensetzung, Charakteristika und externe Rahmenbedingungen wird demnach präziser über positive Sachverhalte berichtet als über negative. Bei allen anderen Kategorien zeigt sich wie auch bei allen Ergebnissen zuvor, dass der Anteil quantitativer Angaben zu negativen Sachverhalten größer ist als der Anteil quantitativer Angaben zu positiven Sachverhalten.[679]

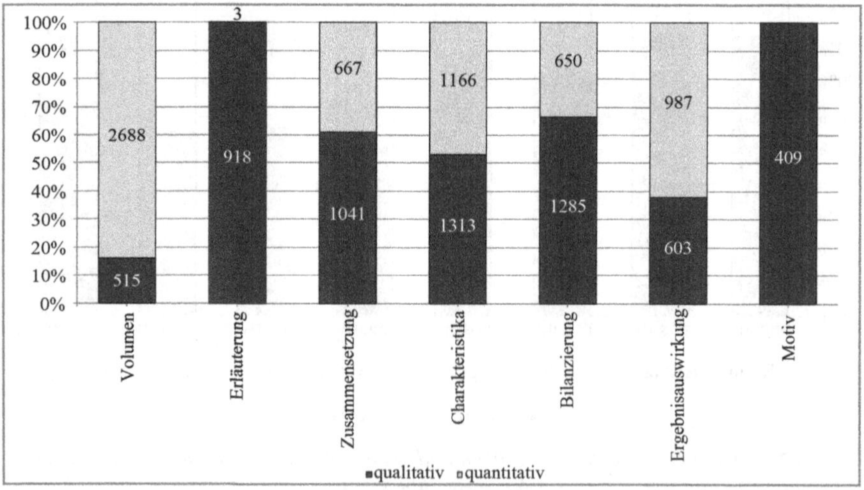

Abb. 66: Qualitative vs. quantitative Angaben in Abhängigkeit vom Inhalt (1)

679 Für die Kategorie Motiv sind diesbezüglich keine Aussagen möglich, da im Zusammenhang mit Motiven über keine negativen Sachverhalte berichtet wurde, folglich der Vergleichsmaßstab fehlt.

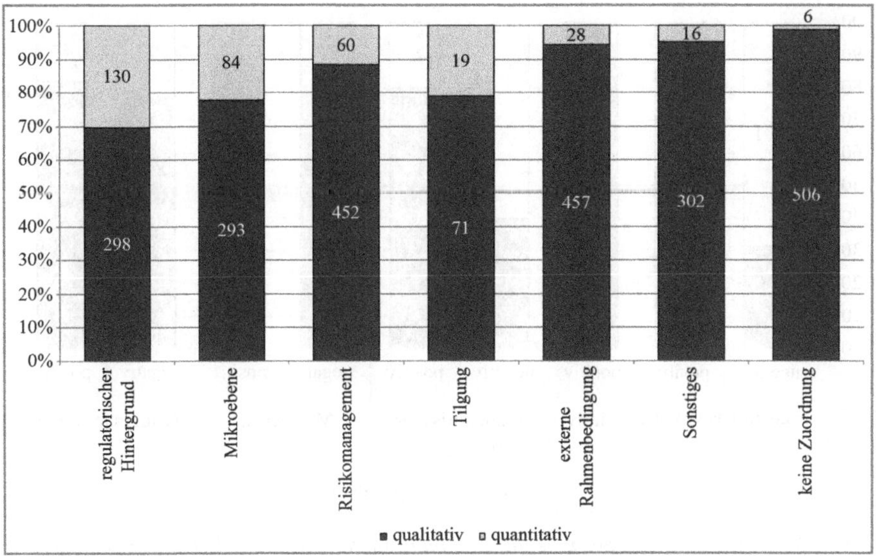

Abb. 67: Qualitative vs. quantitative Angaben in Abhängigkeit vom Inhalt (2)

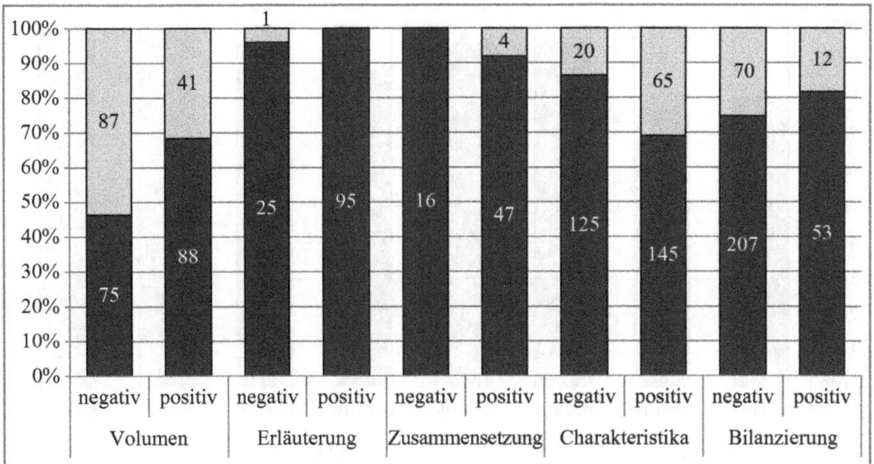

Abb. 68: Art der Angaben zu negativen und positiven Sachverhalten in Abhängigkeit vom Inhalt (1)

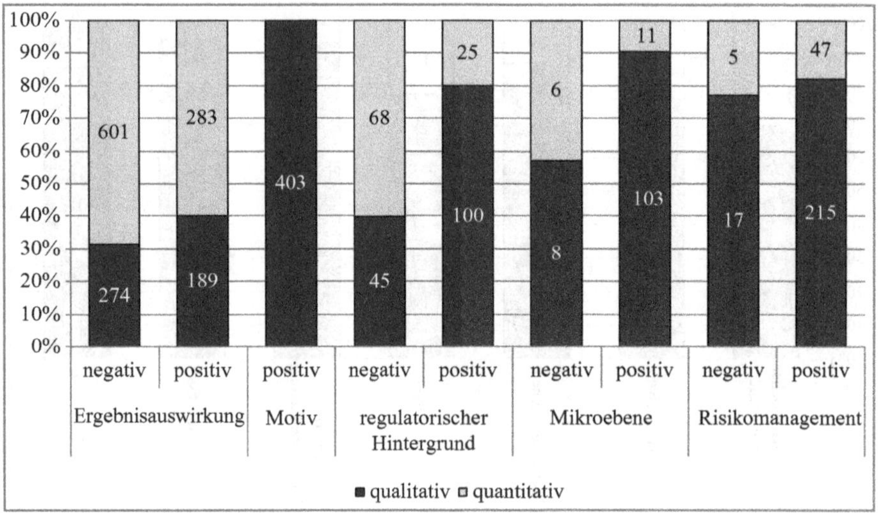

Abb. 69: Art der Angaben zu negativen und positiven Sachverhalten in Abhängigkeit vom Inhalt (2)

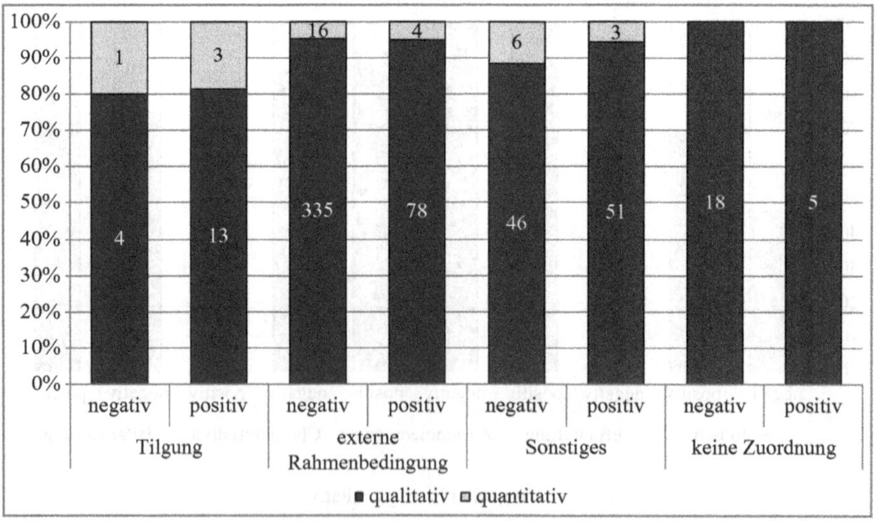

Abb. 70: Art der Angaben zu negativen und positiven Sachverhalten in Abhängigkeit vom Inhalt (3)

8.2.3.2 Unternehmensebene

Auch auf Ebene der einzelnen Unternehmen zeigen sich mehr qualitative als quantitative Angaben (Abbildung 71). Mit sieben Banken hat ein Großteil der Banken mehr qualitative als quantitative Informationen bereitgestellt. Mit 67,0% und 66,2% weisen die Deutsche Bank und die RBS den höchsten Anteil an qualitativen Angaben auf, gefolgt von der HSBC mit 61,5%, Barclays mit 58,5%, Santander mit 56,5%, der Commerzbank mit 53,3% und BNP Paribas mit einem Anteil von 52,6%. Drei Banken haben hingegen mehr quantitative Informationen erbracht; das jedoch in einem Umfang, der kaum vom Umfang der qualitativen Angaben abweicht. Bei der Société Générale ist der Anteil quantitativer (520) und qualitativer (519) Angaben nahezu identisch. Auch bei der UniCredit und bei der Crédit Agricole ist der Umfang quantitativer und qualitativer Angaben in etwa gleich: Mit einem Anteil von 51,1% bei der UniCredit und 52,3% bei der Crédit Agricole entfallen auf quantitative Angaben nahezu genauso viele wie auf qualitative.

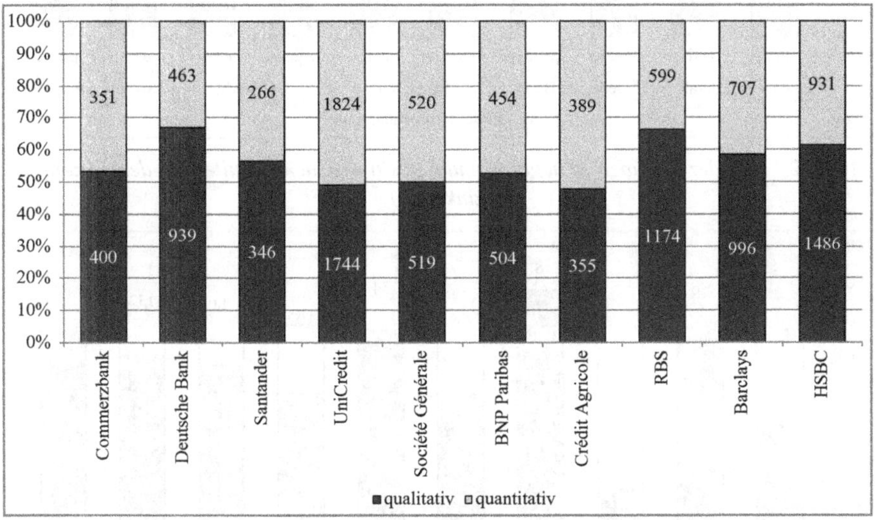

Abb. 71: Qualitative vs. quantitative Angaben bei den einzelnen Banken

Betrachtet man für die einzelnen Banken, wie über negative und positive Sachverhalte berichtet wurde,[680] zeigt sich, dass bei allen Unternehmen der Anteil quantitativer Angaben zu negativen Sachverhalten größer ist als der Anteil quantitativer Angaben

680 Für eine genaue Darstellung, wie sich die Kodierungen bei den einzelnen Banken auf als negativ, neutral oder positiv einzustufende Sachverhalte verteilen, vgl. Anhang 16.

zu positiven Sachverhalten (Abbildungen 72 und 73). Am größten ist die Differenz der Anteile mit 53,3% bei der Crédit Agricole, gefolgt von der UniCredit mit 38,2%. Alle Banken, insbesondere die Crédit Agricole und die UniCredit, haben folglich präzisere Informationen zu negativen als zu positiven Sachverhalten bereitgestellt.

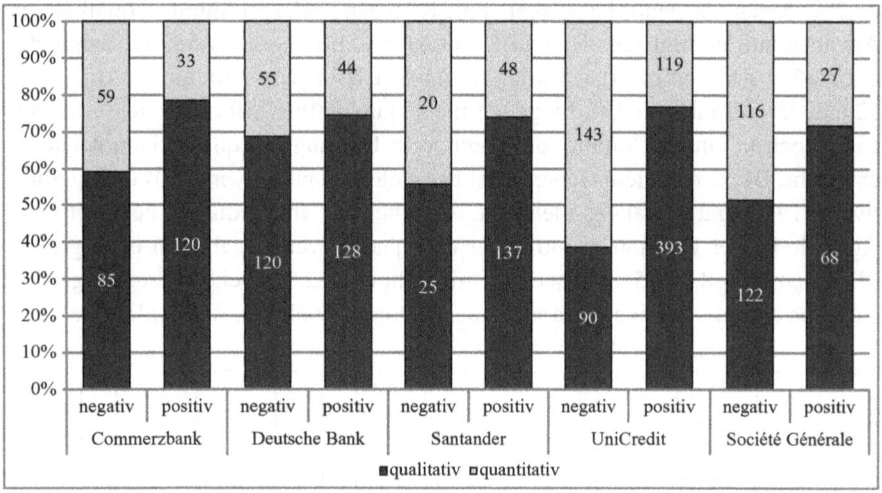

Abb. 72: Art der Angaben zu negativen und positiven Sachverhalten bei den einzelnen Banken (1)

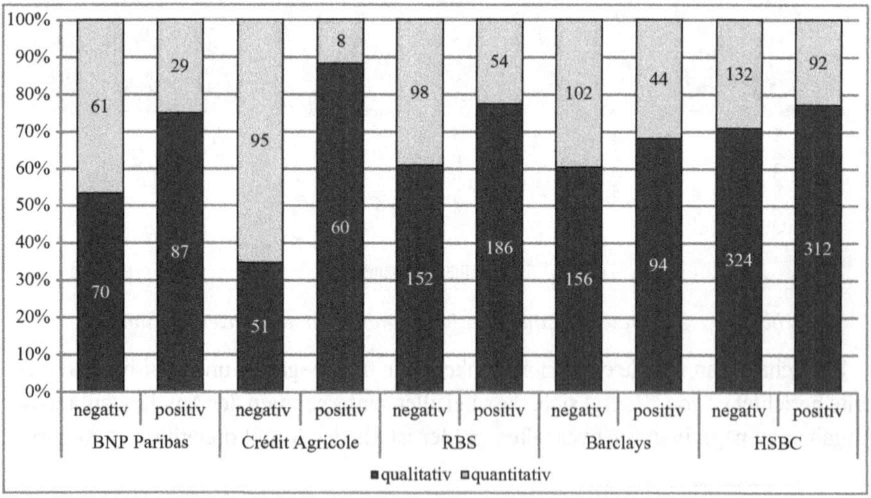

Abb. 73: Art der Angaben zu negativen und positiven Sachverhalten bei den einzelnen Banken (2)

8.2.3.3 Fazit

Um Rückschlüsse auf die Qualität der Angaben zu erhalten, wurde zum einen der Umfang von qualitativen und quantitativen Angaben sowie dessen Entwicklung analysiert, zum anderen wurde betrachtet, mit welcher Präzision über negative und positive Sachverhalte berichtet wurde. Die übergreifenden Ergebnisse lassen erkennen, dass über den Untersuchungszeitraum mehr qualitative als quantitative Angaben zu Verbriefungen vorgenommen wurden. Dasselbe Ergebnis zeigt sich, wenn man nach der Verbriefungsart differenziert. Auch bei Angaben zur Rolle dominieren, mit Ausnahme von Angaben zur Rolle des Investors, qualitative Angaben. Ein unterschiedliches Bild zeigt sich, wenn man Angaben zu Verflechtungen und Inhalten betrachtet: Wurden zu einigen Verflechtungen und Inhalten mehr qualitative Informationen zur Verfügung gestellt, waren es bei anderen mehr quantitative. Auf Unternehmensebene hat mit sieben Banken der Großteil der betrachteten Banken mehr qualitative als quantitative Angaben vorgenommen, was auf ein Herdenverhalten hindeutet. Die restlichen drei Banken haben in einem nahezu gleichen Umfang qualitative und quantitative Angaben zur Verfügung gestellt. Zusammenfassend zeigen die Ergebnisse, dass die in Hypothese 3a formulierte Vermutung – dass mehr qualitative als quantitative Angaben zu Verbriefungen bereitgestellt wurden – unterstützt wird, wenn man sich auf alle Angaben bezieht. Erfolgt hingegen eine detailliertere Betrachtung der Angaben, ist Hypothese 3a unter Umständen zu verwerfen.

Ob, wie in Hypothese 3b vermutet, der Anteil qualitativer Angaben vor der Finanzmarktkrise größer war als in den Jahren seit der Krise, konnte nicht eindeutig gezeigt werden. Während bei übergreifenden Ergebnissen nahezu keine Veränderung der Angaben über den Untersuchungszeitraum festgestellt werden konnte, haben die Ergebnisse einer differenzierten Betrachtung der Angaben nach der Art der Verbriefungstransaktion, der Rolle des Unternehmens, der Art der Verflechtung sowie des Inhalts der Angaben für einzelne Kategorien eine gegenläufige Entwicklung erkennen lassen.

Ferner wurde die in Hypothese 4 formulierte Vermutung untersucht, dass der Anteil quantitativer Angaben zu negativen Sachverhalten geringer ist als der Anteil quantitativer Angaben zu positiven Sachverhalten. Die Ergebnisse zeigen nahezu eindeutig, dass der Anteil quantitativer Angaben zu negativen Sachverhalten nicht geringer, sondern größer war als der Anteil quantitativer Angaben zu positiven Sachverhalten. Dieses Ergebnis lässt sich sowohl im Rahmen einer übergreifenden als auch im Rahmen einer detaillierten Analyse der Angaben beobachten. Auch auf Unternehmensebene ist dieses Ergebnis zu beobachten, weshalb von einem Herdenverhalten gesprochen werden kann. Lediglich Angaben zum Inhalt lassen in drei Fällen erkennen, dass der Anteil quantitativer Angaben zu negativen Sachverhalten geringer ist als der zu positiven. Darüber hinaus hat auch eine Betrachtung der Entwicklung der Angaben auf übergreifender Ebene gezeigt, dass in den einzelnen Jahren des Untersuchungszeitraums der Anteil quantitativer Angaben zu negativen Sachverhalten stets größer war als der Anteil quantitativer Angaben zu positiven Sachverhalten.

Inwiefern die bisherigen Ergebnisse Rückschlüsse auf die Qualität der Angaben erlauben, ist fraglich. Die Ergebnisse zu qualitativen und quantitativen Angaben deuten eher auf eine geringere Qualität der Angaben hin, da zum einen mehr qualitative als quantitative Angaben bereitgestellt wurden, zum anderen keine Verbesserung der Angaben seit dem Jahr 2007 – im Sinne von mehr quantitativen als qualitativen Angaben – beobachtet werden konnte. Andererseits lassen die Ergebnisse erkennen, dass der Anteil quantitativer Angaben zu negativen Sachverhalten größer war als der Anteil quantitativer Angaben zu positiven Sachverhalten. Dies deutet auf eine eher hohe Qualität der Angaben hin, da über negative Sachverhalte präziser berichtet wurde als über positive. Ob sich, wie in Hypothese 1b formuliert, die Qualität der Angaben in den Jahren während und nach der Finanzmarktkrise im Vergleich zu den Jahren davor erhöht hat, ist aufgrund der widersprüchlichen Ergebnisse nicht klar zu beantworten. Deshalb soll im Folgenden ein weiteres Verfahren zur Beurteilung der Qualität der Angaben herangezogen werden.

8.2.4. Qualität der Angaben: Verfahren 2

8.2.4.1 Darstellung des Verfahrens

Dem zweiten Verfahren liegt die Annahme zugrunde, dass eine Angabe als qualitativ hochwertig angesehen werden kann, wenn sie verständlich ist. Eine Angabe gilt als verständlich, wenn dieser die Art der Verbriefung, die Rolle des bilanzierenden Unternehmens, die Art der Verflechtung und ein Inhalt zugeordnet werden können. Folglich sind Kodierungen, die auf jeder dieser vier Ebenen des Kategoriensystems einer konkreten Kategorie zugeordnet werden können, als verständlich anzusehen. Im Umkehrschluss bedeutet dies, dass Angaben, bei denen eine solche Zuordnung nicht möglich ist, als nicht verständlich gelten. Derartige Angaben wurden auf der zweiten bis fünften Kategorieebene in der Kategorie keine Zuordnung kodiert.

Allerdings wäre es nicht sachgerecht, sämtliche Kodierungen der Kategorie keine Zuordnung als nicht verständlich zu bezeichnen, weil neben nicht verständlichen

Angaben auch weitere Angaben in dieser Kategorie erfasst wurden. Beispielsweise erfolgte auf Ebene drei eine Kodierung in dieser Kategorie, wenn die Angabe aus Sicht der Verbriefungsgesellschaft oder eines externen Garantiegebers erfolgte.[681] Folglich ist eine weitere Differenzierung derartiger Kodierungen erforderlich. Hierfür wurde auf jeder Ebene für die Kategorie keine Zuordnung definiert, wann eine Kodierung in dieser Kategorie als problematisch anzusehen ist.[682] Allein die im Rahmen dieses Vorgehens als problematisch eingestuften Kodierungen können als nicht verständlich bezeichnet werden und sind deshalb von einer geringen Qualität.

8.2.4.2 Aggregierte Ebene

Die Frage einer Einordnung in die Kategorie keine Zuordnung stellt sich auf den Ebenen zwei bis fünf. Folglich ist es pro Kodierung möglich, dass eine (einzelne) Kodierung viermal als nicht verständlich eingestuft wird. Dies wäre der Fall, wenn einer Angabe weder die Verbriefungsart, noch die Rolle, die Verflechtung oder der Inhalt verständlich zu entnehmen sind. Folglich sind bei einer Betrachtung der Kodierungen über diese vier Kategorieebenen hinweg nicht 14.967 Kodierungen, sondern 14.967 × 4 = 59.868 Kodierungen von Relevanz.

Die Ergebnisse zeigen, dass über den gesamten Untersuchungszeitraum hinweg verständlich informiert wurde. Von 59.868 Kodierungen waren 1.126 Kodierungen und somit lediglich 1,9% aller Kodierungen nicht verständlich. Auch für die einzelnen Jahre lässt sich durchgehend ein verständliches Berichtsverhalten beobachten (Abbildung 74): Während in den Jahren 2005, 2007 und 2008 der Anteil nicht verständlicher Angaben an allen Angaben mit 2,0%, 2,0% und 2,1% nahezu identisch ist, lässt sich im Vergleich hierzu im Jahr 2006 mit 2,8% eine Verschlechterung der Angaben beobachten. In den Jahren 2009 und 2010 kann man mit 1,6% und 1,5% nicht verständlicher Angaben hingegen eine Verbesserung des Berichtsverhaltens im Vergleich zu den Jahren erkennen. Betrachtet man die Summe der nicht verständlichen Angaben in den Jahren vor, während und nach der Finanzmarktkrise, zeigt sich, dass sich der Anteil nicht verständlicher Angaben von 2,5% vor der Krise auf 2,1% während und 1,6% nach der Krise reduziert hat.

681 Vgl. Anhang 11.
682 Vgl. Anhang 17.

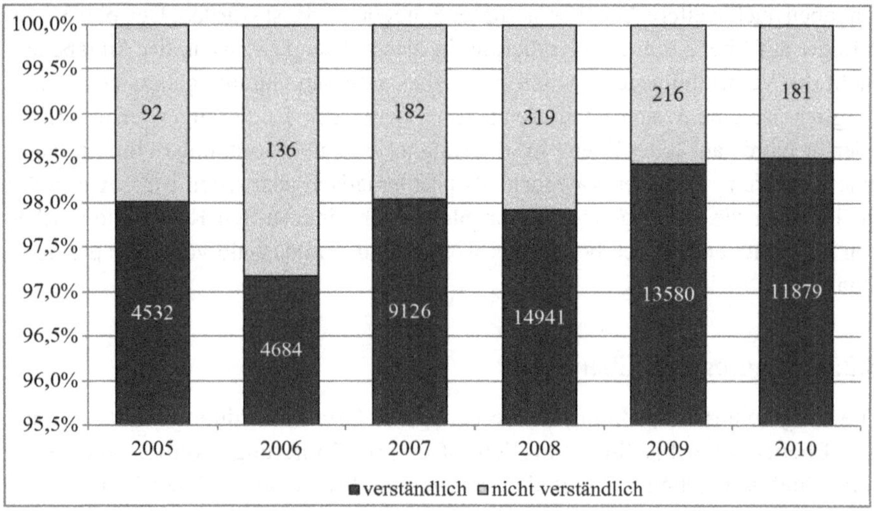

Abb. 74: Anteil der verständlichen und nicht verständlichen Angaben

Ein leicht differenziertes Bild zeigt sich, wenn man nach der Art der Verbriefungstransaktion, der Rolle des bilanzierenden Unternehmens, der Art der Verflechtung und dem Inhalt unterscheidet (Abbildung 75). Zu den einzelnen Ebenen liegen in einem unterschiedlich starken Ausmaß nicht verständliche Angaben vor: Die meisten nicht verständlichen Angaben finden sich bei der Art, gefolgt von der Rolle und der Verflechtung. Zum Inhalt der Kodierungen wurde in keinem Jahr des Untersuchungszeitraums nicht verständlich informiert.[683] Zumindest für die Art der Verbriefungstransaktion kann man erkennen, dass sich das Berichtsverhalten seit der Finanzmarktkrise im Vergleich zu vor der Finanzmarktkrise verbessert hat. Waren im Jahr 2005 5,4% und im Jahr 2006 6,7% der Angaben nicht verständlich, nahm der Anteil nicht verständlicher Informationen in den Jahren während der Finanzmarktkrise auf 3,2% und 3,4% sowie in den Jahren nach der Krise auf je 3,1% ab. Den Kodierungen zur Rolle und zur Verflechtung sind hingegen keine eindeutigen Aussagen zur Entwicklung zu entnehmen. Es kann lediglich festgehalten werden, dass der Anteil nicht verständlicher Angaben zur Rolle bzw. zur Verflechtung in den einzelnen Jahren nie mehr als 3,5% bzw. 1,9% aller Angaben betrug.

683 Dies ist jedoch auch auf den eingeschränkten Anwendungsbereich der Kategorie keine Zuordnung auf Ebene fünf zurückzuführen. Vgl. Anhang 17.

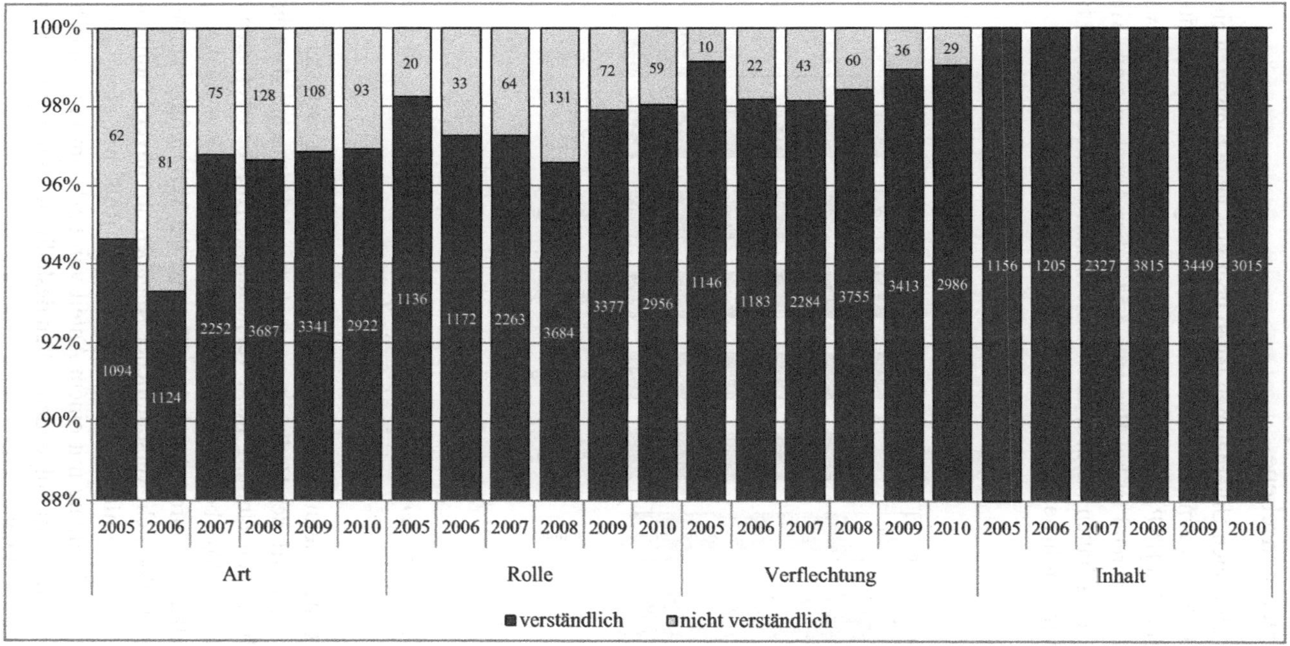

Abb. 75: Anteil der verständlichen und nicht verständlichen Angaben in Abhängigkeit der Verbriefungsart, der Rolle, der Verflechtung und des Inhalts

8.2.4.3 Unternehmensebene

Auf Ebene der einzelnen Unternehmen lagen über alle Jahre hinweg in einem unterschiedlich starken Ausmaß nicht verständliche Angaben vor (Abbildung 76). Zum Beispiel sind bei BNP Paribas lediglich 0,6% der Angaben als nicht verständlich einzustufen, während es bei Barclays 5,5% aller Angaben sind. Allerdings kann auch hier festgehalten werden, dass – mit Ausnahme von Barclays – bei allen Banken nicht verständliche Angaben nur einen geringen Anteil an allen Angaben ausmachen.

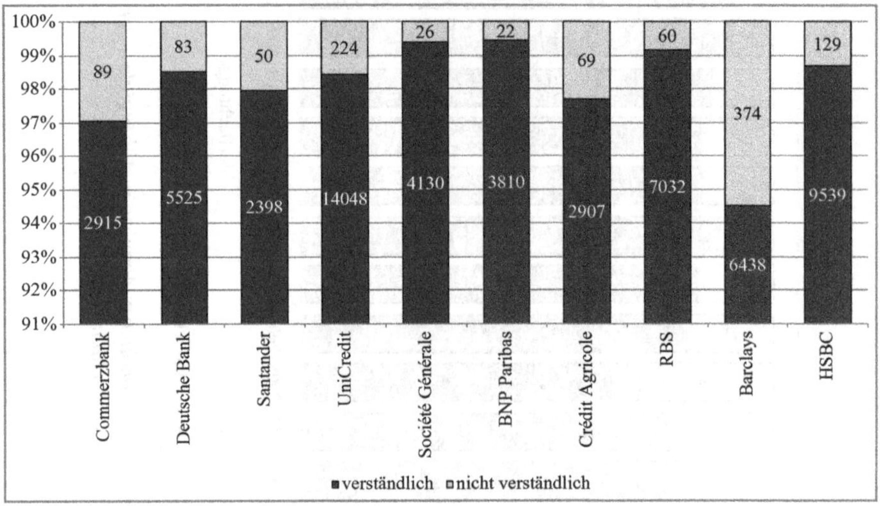

Abb. 76: Anteil der verständlichen und nicht verständlichen Angaben bei den einzelnen Banken

Auch eine Unterscheidung entsprechend der Verbriefungsart, der Rolle des Unternehmens, der Art der Verflechtung und dem Inhalt zeigt, dass in einem unterschiedlich starken Umfang nicht verständliche Angaben vorlagen (Abbildungen 77 und 78). Von besonderem Interesse sind diejenigen Banken, die am wenigsten verständlich informiert haben. Zur Art der Verbriefung wurde mit einem Anteil von 9,1% nicht verständlicher Angaben am unverständlichsten von der Commerzbank informiert. Hingegen wurde zur Rolle mit einem Anteil von 10,3% und zur Verflechtung mit einem Anteil von 6,9% am unverständlichsten von Barclays berichtet. Im Folgenden sollen deshalb die Commerzbank und Barclays genauer betrachtet werden.

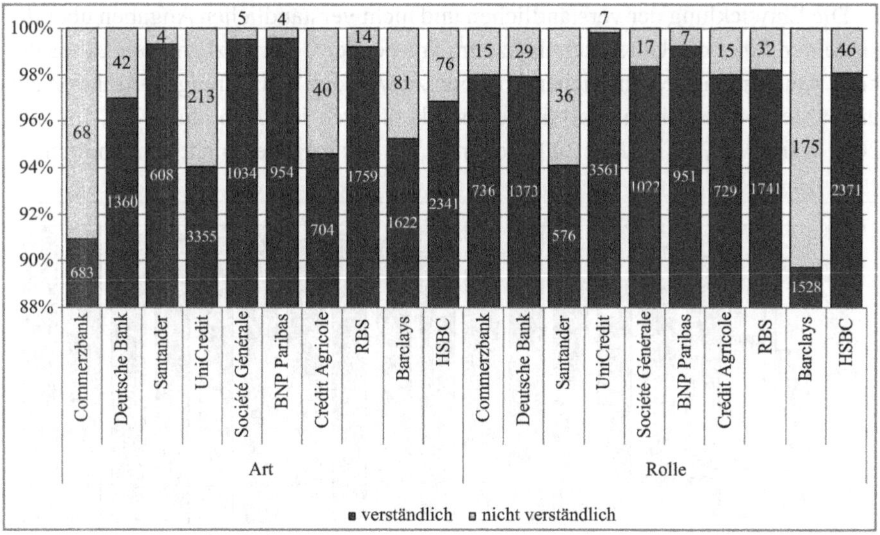

Abb. 77: Anteil der verständlichen und nicht verständlichen Angaben in Abhängigkeit der Verbriefungsart und der Rolle

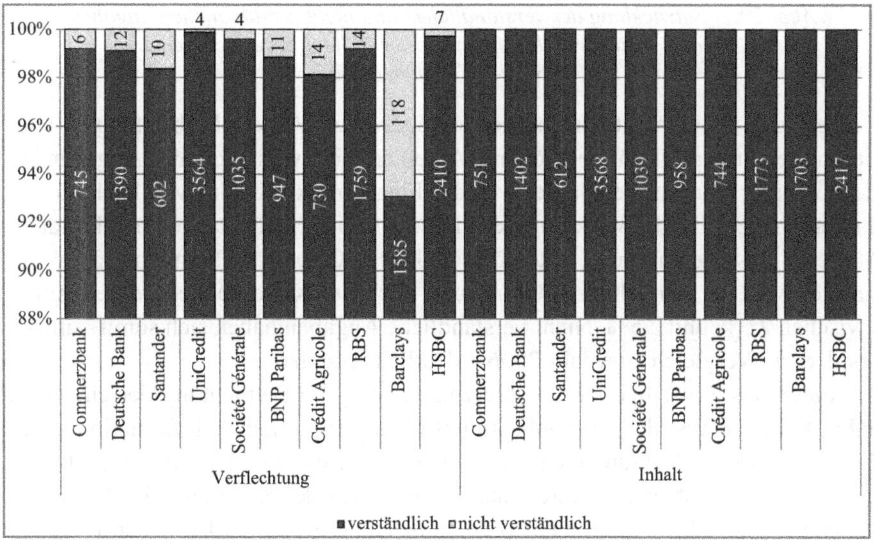

Abb. 78: Anteil der verständlichen und nicht verständlichen Angaben in Abhängigkeit der Verflechtung und des Inhalts

Die Entwicklung der verständlichen und nicht verständlichen Angaben über die einzelnen Jahre des Untersuchungszeitraums bei der Commerzbank zeigt, dass der hohe Anteil nicht verständlicher Angaben zur Art der Verbriefungstransaktion auf die Jahre vor der Finanzmarktkrise zurückzuführen ist (Abbildung 79). Im Jahr 2005 waren 16,7%, im Jahr 2006 sogar 31,1% der Angaben nicht verständlich.

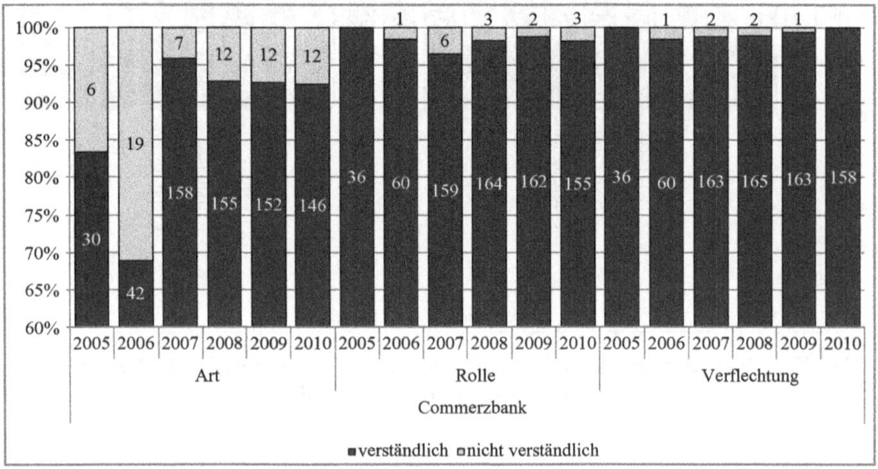

Abb. 79: Entwicklung der verständlichen und nicht verständlichen Angaben in Abhängigkeit derVerbriefungsart, der Rolle und der Verflechtung bei der Commerzbank

Der hohe Anteil nicht verständlicher Angaben zur Art der Verbriefung ist wiederum verantwortlich für den höheren Anteil an nicht verständlichen Angaben bei der Commerzbank in den Jahren vor der Finanzmarktkrise im Vergleich zu den Jahren danach. Die Entwicklung der nicht verständlichen Angaben in Abbildung 80 zeigt, dass deren Anteil mit 4,2% im Jahr 2005 und 8,6% im Jahr 2006 am größten war. In den Jahren während und nach der Krise pendelte deren Anteil zwischen 2,3% und 2,5%. Nicht verständliche Angaben haben sich somit – insbesondere im Vergleich zum Jahr 2006 – deutlich reduziert.

Anders als zuvor bei der Commerzbank, zeigt die Betrachtung der einzelnen Jahre bei Barclays, dass der hohe Anteil nicht verständlicher Informationen zur Rolle und zur Verflechtung nicht auf Angaben der Jahre vor der Finanzmarktkrise, sondern auf Angaben der Jahre während und nach der Krise zurückzuführen ist (Abbildung 81). Der Anteil nicht verständlicher Angaben zur Rolle betrug in den Jahren 2005 und 2006 lediglich 0,4% und 0,5%, in den Jahren 2007 bis 2010 hingegen 14,3%, 16,4%, 12,1% und 11,3%. Angaben zur Verflechtung waren in den Jahren vor der Krise sogar durchgehend verständlich, während im Jahr 2007 12,3%, im Jahr 2008 10,0%, im Jahr 2009 8,2% und im Jahr 2010 7,4% der Angaben nicht verständlich waren.

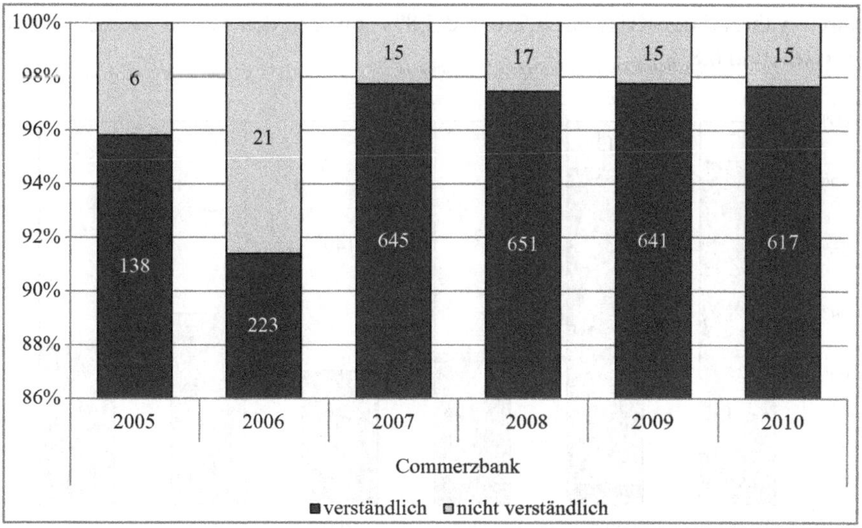

Abb. 80: Entwicklung der verständlichen und nicht verständlichen Angaben bei der Commerzbank

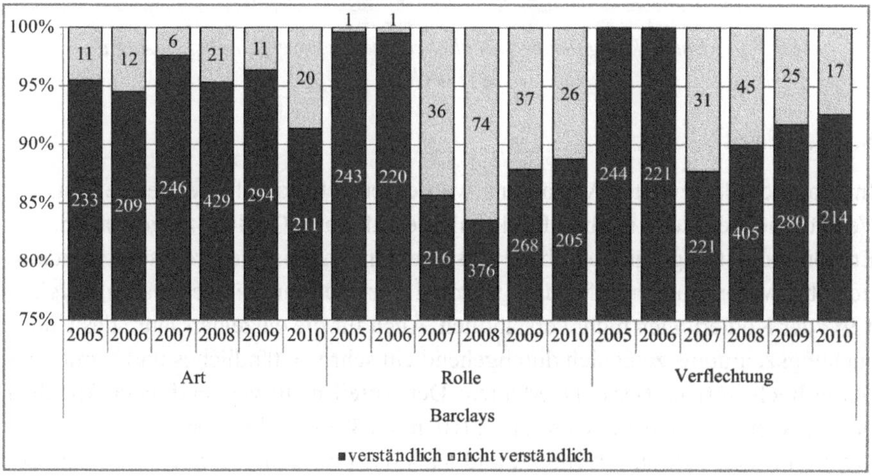

Abb. 81: Entwicklung der verständlichen und nicht verständlichen Angaben in Abhängigkeit derVerbriefungsart, der Rolle und der Verflechtung bei Barclays

Wie bei der Commerzbank spiegelt sich diese Entwicklung auch bei Barclays in der generellen Entwicklung der nicht verständlichen Angaben wider (Abbildung 82). Während in den Jahren vor der Finanzmarktkrise der Anteil nicht verständlicher Angaben lediglich 1,2% und 1,5% betrug, erhöhte sich dieser in den Jahren während der Krise auf 7,2% und 7,8% sowie in den Jahren nach der Krise auf 6,0% und 6,8%.

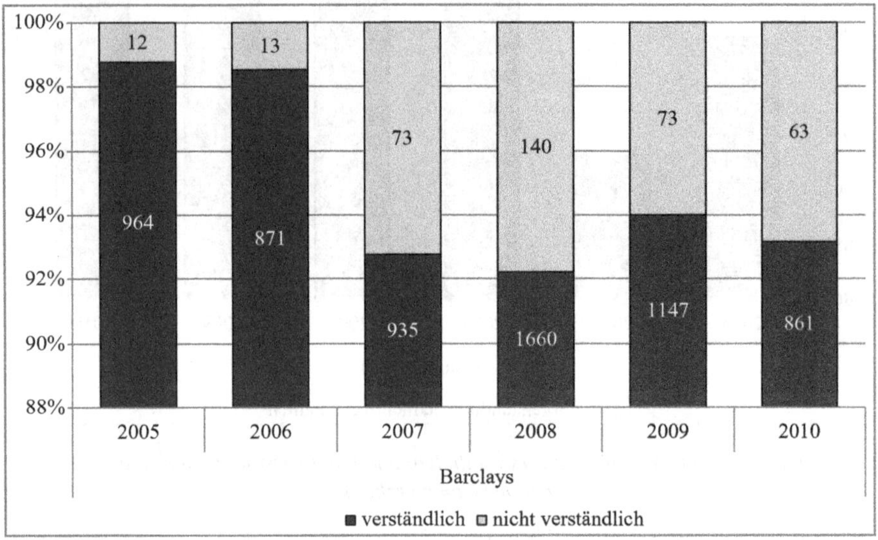

Abb. 82: Entwicklung der verständlichen und nicht verständlichen Angaben bei Barclays

8.2.4.4 Fazit

Im Rahmen des zweiten Verfahrens wurde versucht, durch die Beurteilung der Verständlichkeit der Angaben Rückschlüsse auf deren Qualität zu gewinnen. Die Ergebnisse auf aggregierter Ebene lassen erkennen, dass generell sehr verständlich über Verbriefungen informiert wurde. Über alle Jahre hinweg waren lediglich 1,9% der Kodierungen nicht verständlich. Auch für die einzelnen Jahre des Untersuchungszeitraums zeigt sich durchgehend ein sehr verständliches und somit qualitativ hochwertiges Berichtsverhalten: Der Anteil nicht verständlicher Angaben bewegt sich zwischen 1,5% im Jahr 2010 und 2,8% im Jahr 2006. Darüber hinaus konnte für den Zeitraum während und nach der Finanzmarktkrise eine Verbesserung der Angaben im Vergleich zum Zeitraum vor der Krise festgestellt werden, was der in Hypothese 1b geäußerten Vermutung entspricht. Weiterhin hat eine detaillierte Betrachtung der Angaben gezeigt, dass der Anteil nicht verständlicher Kodierungen bei Angaben zur Art der Verbriefung am größten war, gefolgt von Angaben zur Rolle und zur Verflechtung. Durchgehend verständliche Informationen wurden zum Inhalt geliefert.

Auch auf Ebene der einzelnen Unternehmen hat sich gezeigt, dass grundsätzlich von allen Banken in einem hohen Maß verständliche Angaben erfolgten. Allerdings schwankt der Anteil nicht verständlicher Angaben bei den einzelnen Unternehmen teilweise stark. Dies zeigt sich vor allem, wenn man den Anteil nicht verständlicher Informationen bei Angaben zu Verbriefungsart, Rolle und Art der Verflechtung betrachtet. Da zur Verbriefungsart am unverständlichsten von der Commerzbank und zur Rolle und Art der Verflechtung am unverständlichsten von Barclays informiert wurde, wurden die Angaben beider Banken einer tiefergehenden Analyse unterzogen. Als besonders interessant hat sich dabei erwiesen, dass die Commerzbank in den Jahren vor der Finanzmarktkrise weniger verständlich informiert hat als in den Jahren danach, während bei Barclays der Anteil nicht verständlicher Informationen in den Jahren ab der Krise größer war als in den Jahren zuvor. Folglich wäre die Schlussfolgerung, dass alle Banken in den Jahren während und nach der Finanzmarktkrise verständlicher informiert haben als in den Jahren zuvor, nicht sachgerecht. Die in Hypothese 1b geäußerte Vermutung ist – zumindest auf Ebene einzelner Banken – demnach nicht aufrechtzuerhalten. Ob sich aus den Ergebnissen zur Unternehmensebene Rückschlüsse auf ein Herdenverhalten ergeben, ist ebenfalls fraglich.

8.3. Grenzen der Untersuchung

Die Ergebnisse der Untersuchung unterliegen wie alle Ergebnisse empirischer Studien bestimmten Grenzen. Diese gilt es bei der Interpretation der Angaben zu berücksichtigen. Die Aussagekraft der Ergebnisse ist durch die zugrunde liegende Stichprobe eingeschränkt. Zwar war der Umfang von 60 Geschäftsberichten für die Inhaltsanalyse mehr als ausreichend, was auch die hohe Anzahl an Kodierungen (14.976) belegt, allerdings beziehen sich die Ergebnisse ausschließlich auf die damals zehn größten Banken der EU, deren Angaben aufgrund ihrer Systemrelevanz eine besondere Bedeutung zukam. Inwiefern sich die Angaben dieser Banken und folglich auch die Ergebnisse der Untersuchung auf andere, insbesondere kleinere Banken übertragen lassen, ist fraglich. Ferner wurden nur Angaben in Geschäftsberichten betrachtet. Weitere Informationen zu Verbriefungen, beispielsweise in separat veröffentlichten Säule-3-Basel-II-Berichten, wurden nicht berücksichtigt.

Weitere Grenzen bestehen in der verwendeten Methodik. Trotz der sehr hohen Interkoder-Reliabilität und dem sehr ausführlichen Kodierleitfaden ist eine gewisse Subjektivität der Kodierungen nicht auszuschließen. Dies liegt in der Natur einer Kodierung sowie in der Inhaltsanalyse als einer qualitativen Methodik begründet. Kritisierbar ist zudem das Vorgehen zur Bestimmung der Qualität der Angaben. Obwohl der Zusammenhang zwischen quantitativen und qualitativen Angaben und der Präzision der Angaben einerseits sowie zwischen der Präzision und der Qualität der Angaben andererseits nachvollziehbar scheint, ist fraglich, ob deshalb stets auch von einem positiven Zusammenhang zwischen quantitativen Angaben und der Qualität der Angaben auszugehen ist. Vielmehr kann in bestimmten Fällen einer qualitativen Berichterstattung eine höhere Qualität zuzuschreiben sein als einer (rein) quantitativen.[684] Dieses Argument wird jedoch zumindest teilweise dadurch entkräftet, dass als quantitative Angaben nicht nur Angaben kodiert wurden, die rein quantitativer Natur waren,[685] sondern vielmehr Angaben als quantitativ erfasst wurden, die neben quantitativen zusätzlich auch qualitative Elemente beinhaltet haben.[686]

Einen anderen Weg zur Bestimmung der Qualität der Angaben wählt das zweite Vorgehen. Der Bezug zur Qualität einer Angabe wird nicht dadurch hergestellt, dass diese qualitativer oder quantitativer Art ist, vielmehr wird von der Verständlichkeit einer Angabe auf deren Qualität geschlossen. Da die Beurteilung der Verständlichkeit mit dem Verfasser der Arbeit von einer Person durchgeführt wurde, die auf dem Gebiet der Verbriefung ein hohes Fachwissen aufweist, ist fraglich, inwiefern die Angaben für andere Bilanzadressaten gleichermaßen verständlich sind. Auch können, trotz detaillierter Anweisungen, wann eine Angabe als verständlich einzuschätzen ist,[687] Subjektivismen bei der Beurteilung der Verständlichkeit nicht vollständig ausgeschlossen werden.

Generell ist bei der Interpretation der Ergebnisse zu beachten, dass eine Inhaltsanalyse nur das misst, was in den Geschäftsberichten publiziert wurde. Das Unterlassen einer erforderlichen Information kann hingegen nicht überprüft werden. Deshalb darf vom Umfang der Angaben auch nicht auf den Umfang der von

684 Vgl. auch FSB (2011b), S. 21. Bspw. haben die Ergebnisse zu bestimmten inhaltlichen Kategorien wie der Kategorie Erläuterung gezeigt, dass diese naturgemäß qualitativer Natur sind. Dass Angaben hierzu deshalb generell von einer minderen Qualität sein sollen, scheint fraglich.

685 Dies wäre z.B. bei einer rein numerischen Darstellung der Fall.

686 Vgl. auch Anhang 11.

687 Vgl. Anhang 17.

einer Bank durchgeführten Verbriefungen geschlossen werden. Es kann lediglich beurteilt werden, ob das, was ausgewiesen wurde, verständlich bzw. von guter Qualität ist, nicht jedoch, ob das, was ausgewiesen wurde, auch gewährleistet, dass über sämtliche Sachverhalte im Zusammenhang mit Verbriefungen angemessen berichtet wurde. Folglich wäre es nicht legitim, die in den Jahren vor der Finanzmarktkrise beobachtete hohe Verständlichkeit der Angaben dahingehend zu interpretieren, dass die Berichterstattung von Banken in den Jahren vor der Krise generell eine sehr hohe Qualität aufgewiesen hat, da nicht bekannt ist, ob das Ausmaß der Angaben und auch die darin bereitgestellten Informationen hinsichtlich des tatsächlich bestehenden Verbriefungsengagements angemessen waren.

9. Thesenförmige Zusammenfassung

(1) Verbriefungen gelten als eine Ursache für die Finanzmarktkrise: Durch sie war es möglich, Risiken an die internationalen Kapitalmärkte weiterzureichen, wodurch sich eine Krise, die als Immobilienkrise in den USA begann, in eine globale Krise wandeln konnte. Besonders Banken waren auf unterschiedliche Art und Weise in Verbriefungen involviert und deshalb besonders stark von den Auswirkungen betroffen. Als Reaktion auf die Finanzmarktkrise wurde häufig die mangelnde Transparenz von Angaben zu Verbriefungen in den Geschäftsberichten von Banken kritisiert. Diese Kritik bildete den Ausgangspunkt der vorliegenden Untersuchung, indem betrachtet wurde, wie Unternehmen vor, während und nach der Finanzmarktkrise über Verbriefungen informiert haben.

(2) Der Informationsausweis zu Verbriefungen wurde in der bisherigen Literatur nicht oder nicht zufriedenstellend untersucht. Eine Diskussion der für den Zeitraum vor, während und nach der Finanzmarktkrise einschlägigen Angabepflichten findet sich nicht. Auch fehlt eine Analyse von Anreizen für einen (freiwilligen) Informationsausweis zu Verbriefungen sowie daraus resultierende Konsequenzen für das Berichtsverhalten. Bisherige empirische Studien, die Rechnungslegungsinformationen zu Verbriefungen untersucht haben, können aufgrund methodischer und inhaltlicher Mängel nicht überzeugen. Diese Forschungslücken galt es mit der vorliegenden Arbeit zu schließen.

(3) Eine Darstellung sämtlicher Verbriefungsstrukturen scheitert an der Vielzahl bestehender Gestaltungsmöglichkeiten. Allerdings können die meisten Strukturen durch eine Kombination der zentralen Elemente einer Verbriefungstransaktion beschrieben werden. Zentrale Elemente stellen die Art der Verbriefung, die Rolle des bilanzierenden Unternehmens und die Art der Verflechtung dar. Je nach Art der Verbriefungstransaktion ist eine unterschiedlich starke Beteiligung bestimmter Rollen sowie eine unterschiedlich starke Bedeutung bestimmter Verflechtungen zu erwarten.

(4) Eine Untersuchung des Informationsausweises zu Verbriefungen scheint nur dann als sinnvoll und begründet, wenn derartige Angaben für Bilanzadressaten von Relevanz sind. Aussagen hierzu erlauben zum einen Erklärungsansätze zur „Recognition vs. Disclosure“-Thematik. Zum anderen

können die Ergebnisse empirischer Studien herangezogen werden, die auf Angaben zurückgreifen, die im Zusammenhang mit der Übertragung von Vermögenswerten auf eine Verbriefungsgesellschaft vorgenommen wurden. Sowohl die Erklärungsansätze als auch die Ergebnisse empirischer Studien lassen eine Relevanz von Angaben erkennen, weshalb eine Auseinandersetzung mit dem Informationsausweis zu Verbriefungen sachgerecht ist.

(5) Für die Beurteilung des Informationsausweises zu Verbriefungen war es erforderlich, herauszufinden, welchen Angabepflichten nach IFRS Unternehmen im Zeitraum vor, während und nach der Finanzmarktkrise unterlagen. Hierfür musste in einem ersten Schritt die bilanzielle Behandlung der einzelnen Verflechtungen nachvollzogen werden. Aufgrund des Untersuchungszeitraums war es notwendig, Veränderungen der Rechnungslegungsstandards zu berücksichtigen. War die bilanzielle Behandlung der einzelnen Verflechtungen bekannt, konnten die entsprechenden Angabepflichten identifiziert werden. Dabei hat sich gezeigt, dass Angaben zu Finanzinstrumenten gemäß IAS 32 und IFRS 7 eine besondere Bedeutung zukam.

(6) Die Analyse der einzelnen Angabepflichten ließ erkennen, dass über den Zeitraum vor, während und nach der Finanzmarktkrise Vorschriften nach IFRS existierten, die grundsätzlich in der Lage waren, Angaben zu Verbriefungen zu bedingen. Ob es deshalb tatsächlich zu einem Informationsausweis zu Verbriefungen kam, ist jedoch fraglich: Zum einen konnten Angaben zu Verbriefungen generell mit Verweis auf deren Unwesentlichkeit vermieden werden. Zum anderen lag es im Ermessen des bilanzierenden Unternehmens, inwiefern es durch entsprechende Informationen einen Bezug zu Verbriefungen hergestellt hat. Aufgrund dieser Interpretationsspielräume bei den Angabepflichten war der Informationsausweis als freiwillig einzustufen.

(7) Entscheidend für einen Informationsausweis war, welchen Anreizen Unternehmen unterlagen, freiwillig Angaben zu Verbriefungen vorzunehmen. Ausgangspunkt für eine Analyse der Anreize war das unraveling-Prinzip, das regelmäßig als Grundlage für Erklärungen eines freiwilligen Ausweisverhaltens verwendet wird. Von zentraler Bedeutung war die Auseinandersetzung mit den engen Annahmen des unraveling-Prinzips vor dem Hintergrund von Verbriefungen. Rückschlüsse auf das Berichtsverhalten lieferten Überlegungen im Zusammenhang mit der Unsicherheit von Bilanzadressaten über den Besitz einer Information, im Zusammenhang mit dem Ausweis nicht verifizierbarer Information, zu Ausweiseffekten anderer Unternehmen und zur Ausweisstetigkeit.

(8) Um weitere Rückschlüsse auf den Informationsausweis zu Verbriefungen zu erhalten, wurden bisherige empirische Studien ausgewertet. Ziel der kritischen Würdigung war es, Forschungslücken aufzuzeigen, um Anknüpfungspunkte für die eigene Untersuchung zu erhalten. Hauptkritikpunkt an sämtlichen Studien war, dass ihnen keine wissenschaftliche Methodik zugrunde liegt. Ob die Untersuchungen wissenschaftlichen Gütekriterien entsprechen, ist deshalb zu bezweifeln. Weitere Kritikpunkte betreffen den Umfang der betrachteten Angaben zu Verbriefungen, das Aggregationsniveau der Ergebnisse und den Untersuchungszeitraum. Bisherige empirische Studien haben es daher nicht vermocht, den Informationsausweis von Unternehmen zu Verbriefungen im Zeitraum vor, während und nach der Finanzmarktkrise angemessen wiederzugeben.

(9) Im Rahmen der Hypothesenbildung konnten neun Hypothesen abgeleitet werden. Von zentraler Bedeutung waren dabei die im Zusammenhang mit Anreizen für einen freiwilligen Informationsausweis gewonnenen Feststellungen, wenngleich sich auch die Ergebnisse der Analyse der Angabepflichten und der empirischen Studien in zwei Hypothesen widerspiegeln. Die Prüfung der Hypothesen erfolgte auf Grundlage eines mithilfe der Methode der Inhaltsanalyse gewonnenen Datensatzes. Neben der Hypothesenprüfung ermöglichte dieser, explorativ weitere Erkenntnisse zum Informationsausweis zu Verbriefungen zu gewinnen.

(10) Die Stichprobe der Untersuchung besteht aus 60 Geschäftsberichten mit 22.752 Seiten der zehn größten Banken der EU. Der Untersuchungszeitraum umfasst die Jahre 2005 bis 2010. Dadurch war es erstmals möglich, den Informationsausweis zu Verbriefungen in den Jahren vor, während und nach der Finanzmarktkrise detailliert zu analysieren. Mit dem Kategoriensystem konnten 2.399 Seiten mit Angaben zu Verbriefungen vollständig und entsprechend der Struktur einer Verbriefungstransaktion erfasst und numerisch aufbereitet werden. Schwierigkeiten ergaben sich vor allem aufgrund des unterschiedlichen Verständnisses der einzelnen Banken von Sachverhalten im Zusammenhang mit Verbriefungen sowie aufgrund der Fülle und Unübersichtlichkeit des Datenmaterials. Insgesamt wurden im Rahmen der Inhaltsanalyse 14.967 Kodiereinheiten erfasst. Der als sehr gut einzustufende Wert der Interkoder-Reliabilität deutet auf eine sehr gute Reliabilität und Validität der Ergebnisse hin.

(11) Von Interesse waren der Umfang und die Qualität der Angaben. Auf aggregierter Ebene lässt sich erkennen, dass sich der Umfang der Angaben zu Verbriefungen in den Jahren während und nach der Finanzmarktkrise im

Vergleich zu den Jahren zuvor erhöht hat. Dieses Ergebnis ist auch dann zu beobachten, wenn eine Differenzierung der Angaben entsprechend der Struktur einer Verbriefungstransaktion erfolgt. Allein eine detaillierte Betrachtung der einzelnen Jahre des Untersuchungszeitraums hat in wenigen Fällen eine andere Entwicklung erkennen lassen. Darüber hinaus hat sich auf übergreifender Ebene gezeigt, dass vor der Finanzmarktkrise am meisten Informationen zu Verbriefungen im Anhang bereitgestellt wurden, während sich in den Jahren ab der Krise stets mehr Angaben in den sonstigen, nicht dem Anhang entsprechenden Passagen der Geschäftsberichte fanden. Betrachtet man die Berichterstattung in Abhängigkeit der Verbriefungsart, der Rolle des bilanzierenden Unternehmens oder der Art der Verflechtung, erhält man für die Jahre während und nach der Finanzmarktkrise hinsichtlich der Stelle des Informationsausweises ein anderes, uneinheitliches Bild.

(12) Ferner haben die Ergebnisse zum Umfang auf aggregierter Ebene gezeigt, dass Banken explizit darauf hingewiesen haben, dass sie nicht oder nur in einem geringen Ausmaß in Verflechtungen von Verbriefungstransaktionen involviert waren. Keine eindeutigen Aussagen waren hingegen zur Entwicklung derartiger Angaben möglich: Anders als erwartet konnte nicht bei allen Verflechtungen ein Anstieg der Angaben in den Jahren seit der Finanzmarktkrise im Vergleich zu den Jahren zuvor beobachtet werden. Zuletzt hat sich gezeigt, dass Banken weder darüber informiert haben, dass es sich beim Ausweis von Informationen zu Verbriefungen um eine einmalige Ausweisentscheidung handelt, noch, dass Verbriefungen oder diesbezüglich bestehende Verflechtungen ein einmaliges Ereignis dargestellt haben.

(13) Auf Unternehmensebene zeigen die Ergebnisse zur Entwicklung des Umfangs der Angaben, dass alle Banken in den Jahren während und nach der Finanzmarktkrise stets mehr Angaben vorgenommen haben als in den Jahren zuvor. Allerdings zeigt sich auch, dass die Banken über den Untersuchungszeitraum hinweg in einem sehr unterschiedlichen Umfang über Verbriefungen informiert haben. Darüber hinaus lassen sich nur wenige Gemeinsamkeiten im Informationsausweis der Unternehmen erkennen, wenn man entsprechend der Struktur einer Verbriefung nach dem Umfang der Angaben zur Verbriefungsart, zur Rolle, zur Verflechtung und zum Inhalt unterscheidet.

(14) Um Rückschlüsse auf die Qualität der Angaben zu erhalten, wurden zwei verschiedene Verfahren herangezogen. In einem ersten Verfahren wurde versucht, vom Umfang qualitativer und quantitativer Angaben sowie über die Entwicklung diesbezüglicher Angaben Rückschlüsse auf die Qualität zu

erhalten. Die Ergebnisse lassen erkennen, dass über den gesamten Untersuchungszeitraum mehr qualitative als quantitative Angaben zu Verbriefungen vorgenommen wurden. Eine differenzierte Betrachtung der Angaben entsprechend der Struktur einer Verbriefung verdeutlicht, dass dieses Ergebnis zwar für alle Verbriefungsarten, nicht jedoch für alle Rollen, Verflechtungen oder Inhalte aufrechtzuerhalten ist. Die Ergebnisse zur Entwicklung der Angaben erlauben keine eindeutigen Schlussfolgerungen: Während auf übergreifender Ebene das Verhältnis qualitativer zu quantitativer Angaben über den Untersuchungszeitraum nahezu konstant geblieben ist, schwankt es bei einer differenzierten Betrachtung entsprechend der einzelnen Verbriefungsarten, Rollen, Verflechtungen und Inhalten in den einzelnen Jahren mal zu Gunsten qualitativer, mal zu Gunsten quantitativer Angaben. Auf Unternehmensebene hat der Großteil der Banken mehr qualitative als quantitative Angaben zur Verfügung gestellt. Schlussendlich deuten die Ergebnisse aufgrund der Dominanz qualitativer Angaben eher auf eine geringe Qualität der Berichterstattung hin.

(15) Darüber hinaus wurde im Rahmen des ersten Verfahrens betrachtet, mit welcher Präzision über negative und positive Sachverhalte berichtet wurde. Die Ergebnisse zeigen nahezu eindeutig, dass der Anteil quantitativer Angaben zu negativen Sachverhalten nicht geringer, sondern größer war als der Anteil quantitativer Angaben zu positiven Sachverhalten. Dieses Ergebnis lässt sich in einer übergreifenden und in einer, von wenigen Ausnahmen abgesehen, detaillierten Analyse der Angaben entsprechend der Struktur einer Verbriefung beobachten. Auch auf Ebene der einzelnen Banken zeigt sich dieses Ergebnis. Zuletzt lässt auch die Entwicklung der Angaben erkennen, dass in den einzelnen Jahren des Untersuchungszeitraums der Anteil quantitativer Angaben zu negativen Sachverhalten stets größer war als der Anteil quantitativer Angaben zu positiven Sachverhalten. Der im Vergleich zu positiven Sachverhalten präzisere Informationsausweis zu negativen Sachverhalten kann als Zeichen einer guten Qualität interpretiert werden.

(16) Da die Ergebnisse des ersten Verfahrens zu unterschiedlichen Aussagen hinsichtlich der Qualität der Angaben führen, wurde ein zweites Verfahren herangezogen. Dabei wurde versucht, durch die Beurteilung der Verständlichkeit der Angaben Rückschlüsse auf deren Qualität zu gewinnen. Die Ergebnisse auf aggregierter Ebene lassen erkennen, dass über alle Jahre hinweg sehr verständlich über Verbriefungen informiert wurde. Auch für die einzelnen Jahre des Untersuchungszeitraums zeigt sich durchgehend ein verständliches und somit qualitativ hochwertiges Berichtsverhalten. Darüber

hinaus konnte für den Zeitraum während und nach der Finanzmarktkrise eine Verbesserung der Angaben im Vergleich zum Zeitraum vor der Krise festgestellt werden. Unterschiede hinsichtlich des Anteils nicht verständlicher Angaben zeigen sich hingegen bei Angaben entsprechend der Struktur einer Verbriefung. Am wenigsten verständlich wurde zur Art der Verbriefung, am verständlichsten hingegen zum Inhalt informiert. Auch auf Unternehmensebene hat sich gezeigt, dass grundsätzlich von allen Banken in einem hohen Maß verständliche Angaben vorgenommen wurden. Allerdings schwankt der Anteil nicht verständlicher Angaben bei den einzelnen Unternehmen teilweise stark. Die Entwicklung der Angaben erlaubt keine eindeutigen Schlussfolgerungen, da manche Banken vor, andere während und nach der Finanzmarktkrise verständlicher informiert haben. Letztendlich ist es deshalb fraglich, ob sich aus den Ergebnissen zur Unternehmensebene Aussagen zur Vergleichbarkeit des Informationsausweises der einzelnen Banken ableiten lassen.

(17) Die Ergebnisse der Inhaltsanalyse zeigen erstmals, wie die zum damaligen Zeitpunkt größten Banken der EU im Zeitraum vor, während und nach der Finanzmarktkrise über Verbriefungen informiert haben. Indem qualitative Angaben quantitativ erfasst wurden, konnten die Angaben aus unterschiedlichsten Perspektiven analysiert und miteinander verglichen werden und erlauben dadurch detaillierte Einblicke in das Berichtsverhalten zu Verbriefungen. Die in den Hypothesen ausgedrückten Vermutungen spiegelten sich teilweise in den Ergebnissen wider, teilweise mussten sie jedoch auch verworfen werden. Inwiefern die Ergebnisse beitragen können, die im Rahmen der Finanzmarktkrise geäußerte Kritik am Informationsausweis zu Verbriefungen zu bestärken oder zu relativieren, ist fraglich. Der Grund hierfür liegt insbesondere darin, dass das tatsächliche Ausmaß, in dem Banken Verbriefungen und daraus resultierenden Risiken ausgesetzt waren, nicht bekannt ist. Zumindest die Ergebnisse des zweiten Verfahrens zur Bestimmung der Qualität deuten jedoch darauf hin, dass die Verständlichkeit der von Banken zur Verfügung gestellten Informationen – anders als häufig kritisiert[688] – überwiegend gegeben war.

688 „Where information was disclosed, it was often not done in an easily accessible or usable way.“ FSF (2008a), S. 8.

Anhang

Anhang 1: Struktur von Securities-Backed-Conduits

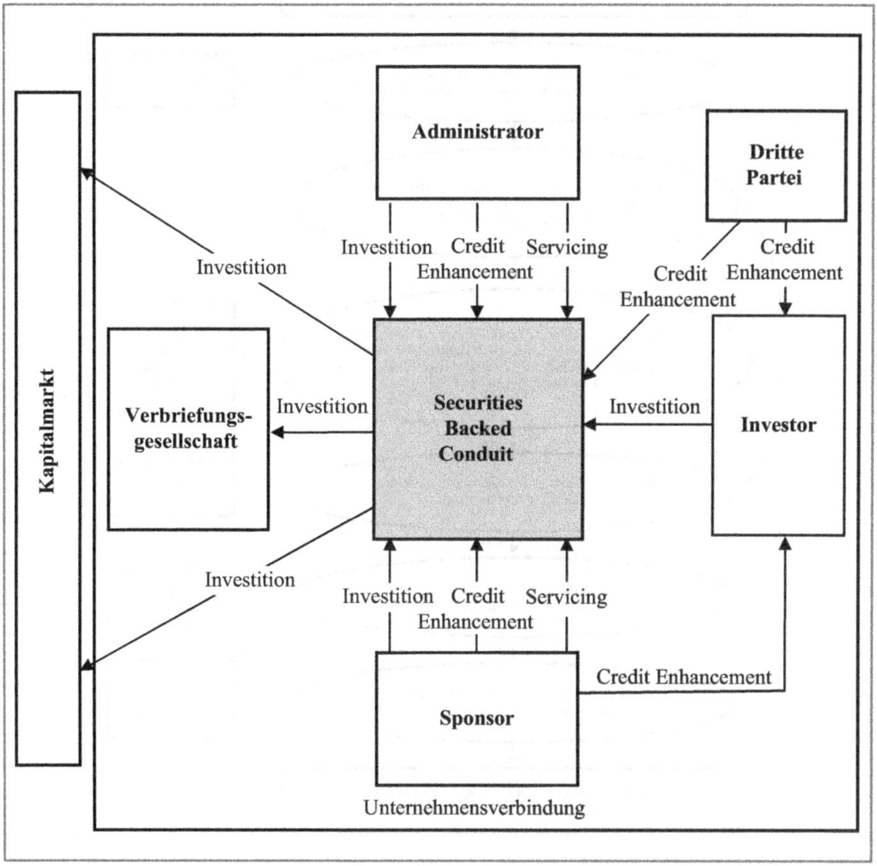

Abb. 83: Struktur einer Securities-Backed-Conduit-Transaktion[689]

689 Mittelbar können auch Investoren als Credit-Enhancement-Geber auftreten, wenn sie in nachrangige Tranchen der Refinanzierungstitel, bspw. Capital Notes, investieren.

Anhang 2: Angabepflichten bei einer Übertragung von Vermögenswerten

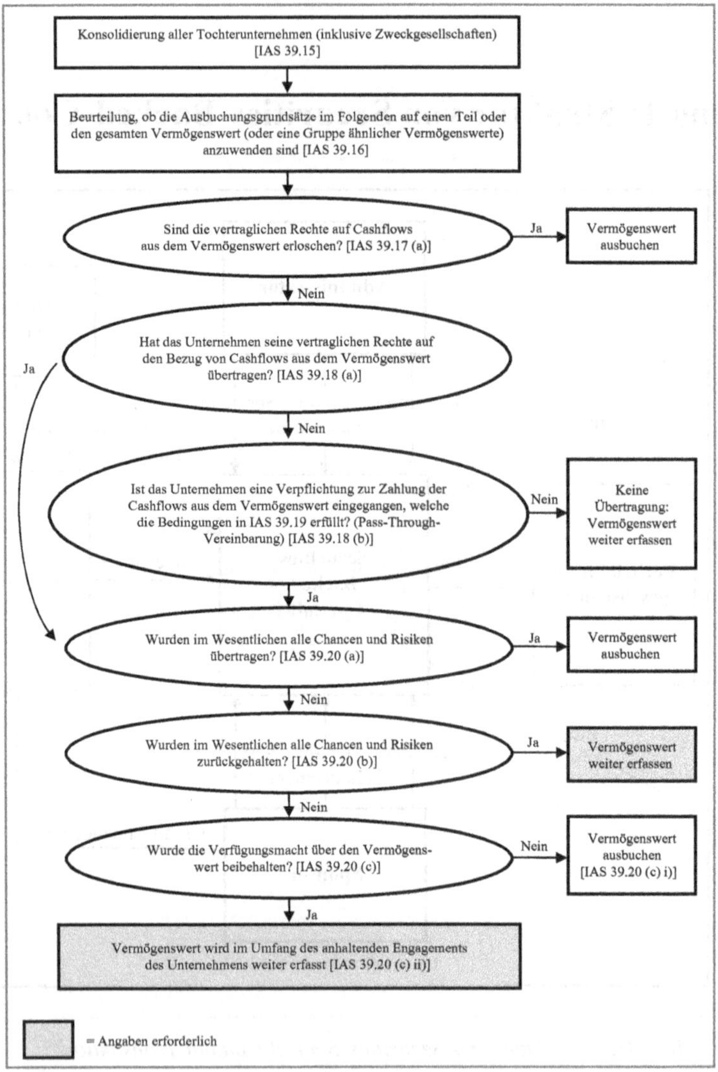

Abb. 84: Angabepflichten bei einer Übertragung von Vermögenswerten[690]

690 In Anlehnung an IAS 39.A36.

Anhang 3: Angabepflichten in Abhängigkeit der bilanziellen Behandlung der Verflechtungen

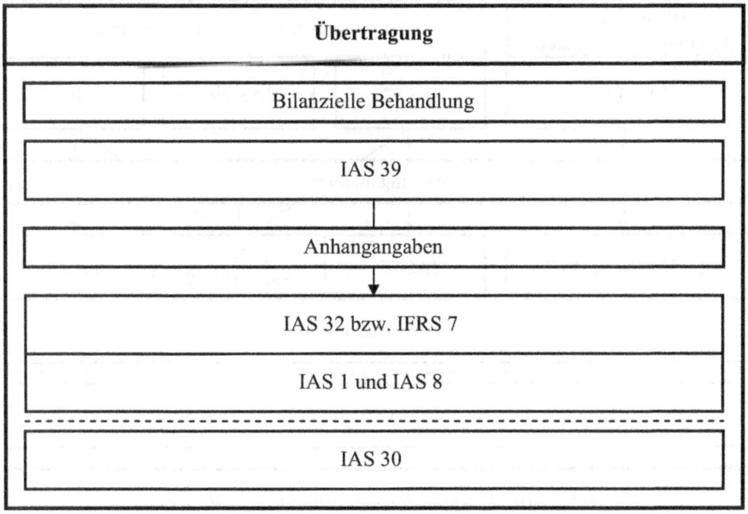

Abb. 85: Angabepflichten bei einer Übertragung

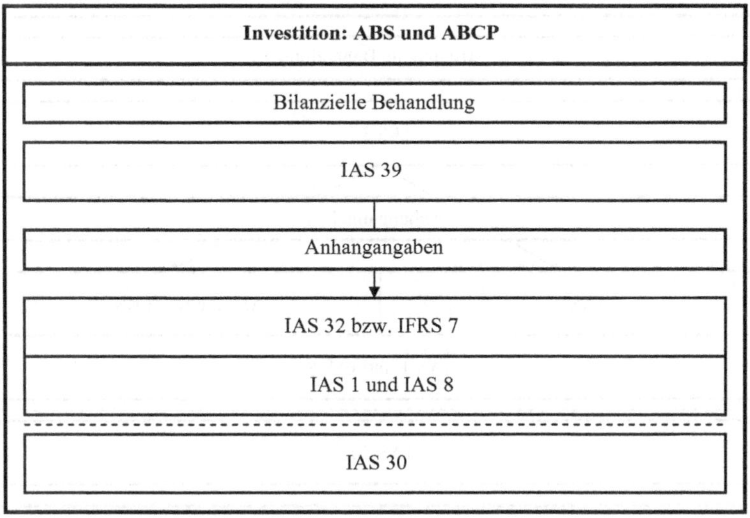

Abb. 86: Angabepflichten bei einer Investition in ABS und ABCP

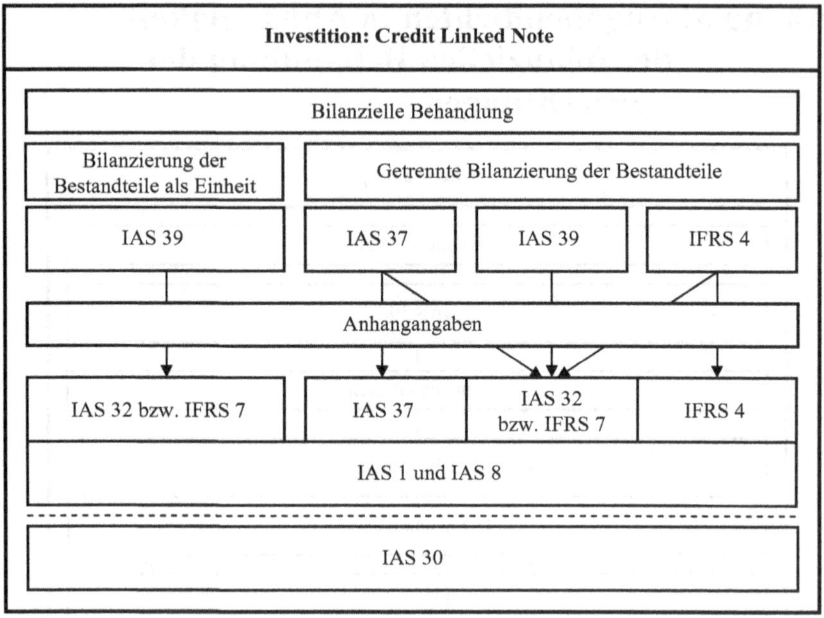

Abb. 87: Angabepflichten bei einer Investition in CLN

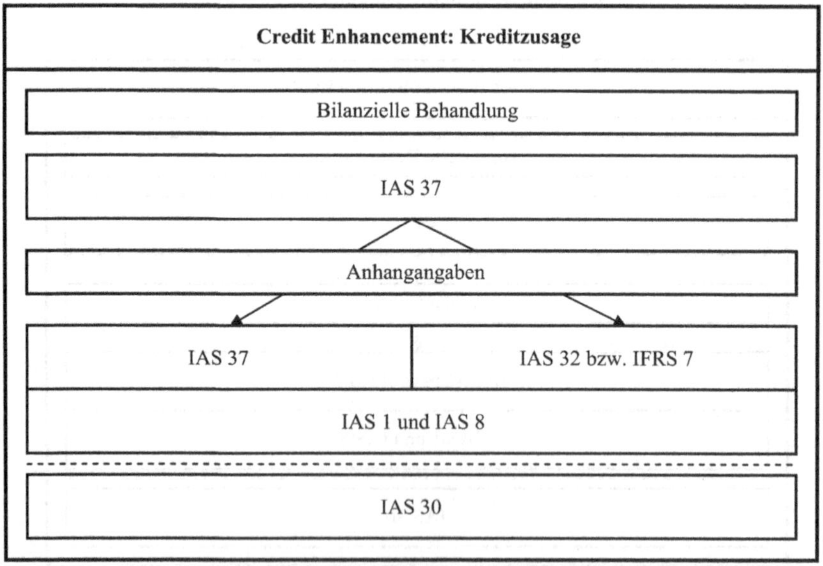

Abb. 88: Angabepflichten bei Credit Enhancements am Beispiel einer Kreditzusage

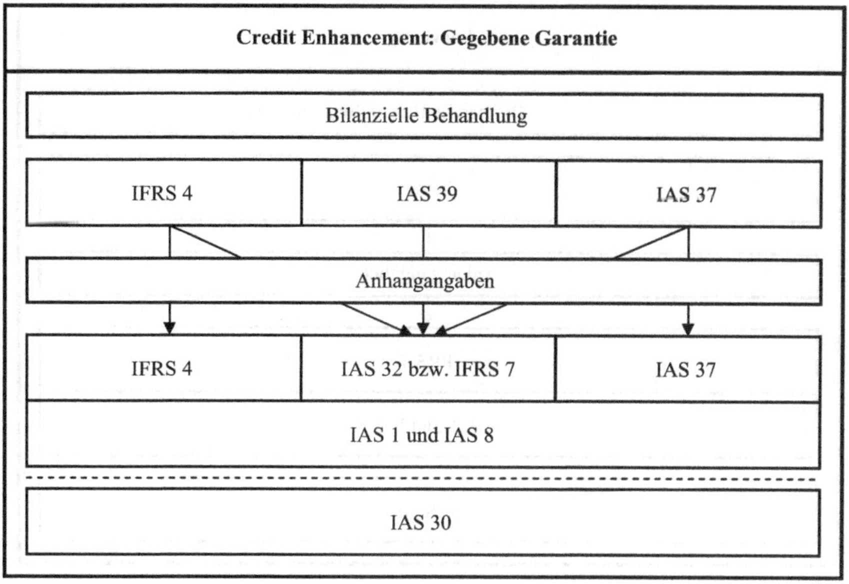

Abb. 89: Angabepflichten bei Credit Enhancements am Beispiel einer gegebenen Garantie

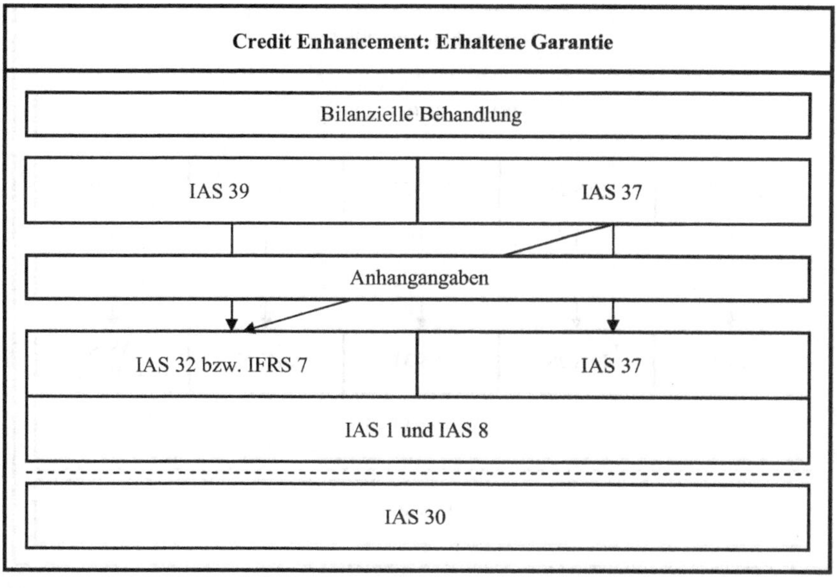

Abb. 90: Angabepflichten bei Credit Enhancements am Beispiel einer erhaltenen Garantie

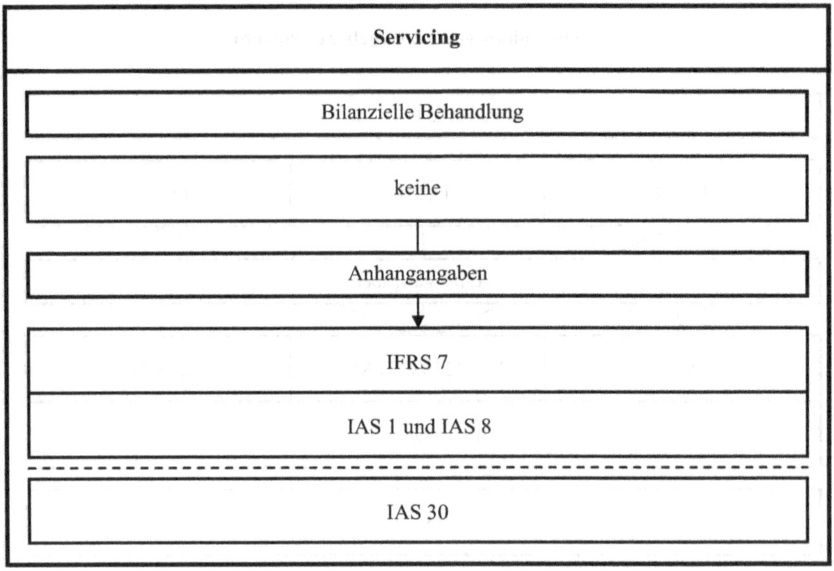

Abb. 91: Angabepflichten beim Servicing

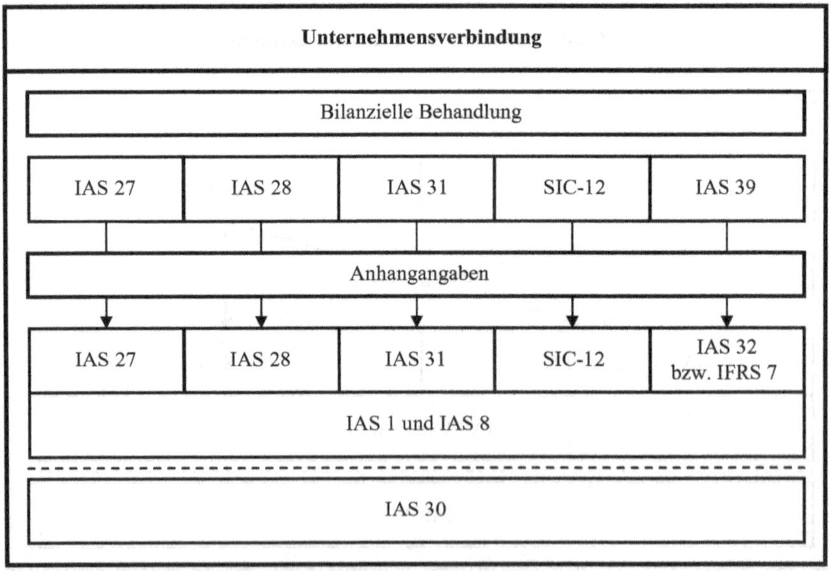

Abb. 92: Angabepflichten bei einer Unternehmensverbindung

Anhang 4: Angabenkatalog von Struffert

Relevanz von Angaben zum Umfang und zur Ausgestaltung der durchgeführten Transaktionen:	
Angabe A1	Mit ABS-Transaktionen verfolgte Ziele
Angabe A2	Durchführung als klassische oder synthetische Transaktionen
Angabe A3	Anzahl neuer und bereits laufender Transaktionen
Angabe A4	Anzahl der konsolidierten und nicht konsolidierten SPE
Angabe A5	Einsatz von Single-Seller- oder Multi-Seller-SPE
Relevanz von Angaben zu den im Berichtszeitraum neu durchgeführten Transaktionen:	
Angabe B1	Art und Volumen der verbrieften Aktiva
Angabe B2	Auswahlverfahren der zu verbriefenden Aktiva
Angabe B3	Laufzeit der verbrieften Forderungen und der ABS-Transaktion inkl. Angaben zu den Bedingungen bei revolvierenden Strukturen
Angabe B4	Beschreibung der Transaktionsstruktur und der Beteiligten
Angabe B5	Zahlungsflüsse zwischen Originator und SPE (zwischenzeitliche Anlagen, Verwendung der Mittel bei revolvierenden Strukturen etc.)
Angabe B6	Art und Volumen der gesamten eingesetzten Credit Enhancements
Angabe B7	Art und Volumen der vom Originator gestellten Credit Enhancements
Angabe B8	Vom Originator zu tragende Ausfallrisiken (Erwartungswert) aus den verbrieften Aktiva inkl. der Bewertung zugrunde liegende Annahmen
Relevanz von zusammenfassenden Angaben zu den im Berichtszeitraum neu durchgeführten und bereits laufenden Transaktionen:	
Angabe C1	Ausstehende verbriefte Forderungen (getrennt nach on Balance- und off Balance-Strukturen)
Angabe C2	Notleidende/überfällige verbriefte Forderungen (getrennt nach on Balance- und off Balance-Strukturen)
Angabe C3	Vom Originator zu tragende Ausfallrisiken (Erwartungswert) aus den verbrieften Aktiva inkl. der Bewertung zugrunde liegende Annahmen
Relevanz von Angaben für bilanzanalytische Zwecke:	
Angabe D1	Verwendung der erhaltenen Mittel beim Originator (Tilgung von Verbindlichkeiten oder Generierung neuer Aktiva)
Angabe D2	Kriterien, die für oder gegen die Ausbuchung der übertragenen Vermögenswerte gesprochen haben
Angabe D3	Kriterien, die für oder gegen die Konsolidierung der SPE gesprochen haben
Angabe D4	Angaben, wie sich die Transaktion in der Bilanz und GuV niedergeschlagen hat (betroffene Positionen etc.)

Angabe D5	Einfluss der Transaktion auf die Kapital- und Vermögensstruktur (inkl. Kennzahlen)
Angabe D6	Gewinne und Verluste aus der Verbriefung
Angabe D7	Einfluss der Transaktion auf die Liquidität (inkl. Kennzahlen)

Abb. 93: Angabenkatalog von Struffert[691]

691 Struffert (2006), S. 199-200, allerdings nicht in Form einer Tabelle.

Anhang 5: Brancheneinteilung der Unternehmen im HDAX

Branche	Unternehmen	Index
Automobile	BMW	DAX
	Daimler	DAX
	Volkswagen	DAX
	Continental	MDAX
	ElringKlinger	MDAX
	LEONI	MDAX
Banks	Commerzbank	DAX
	Deutsche Bank	DAX
	Aareal Bank	MDAX
	Deutsche Postbank	MDAX
Basic Resources	Salzgitter	DAX
	Aurubis	MDAX
Chemicals	BASF	DAX
	Bayer	DAX
	K+S	DAX
	Linde	DAX
	FUCHS PETROLUB	MDAX
	LANXESS	MDAX
	SGL Carbon	MDAX
	Symrise	MDAX
	Wacker Chemie	MDAX
Construction	Bauer	MDAX
	Bilfinger	MDAX
	HeidelbergCement	MDAX
	Hochtief	MDAX
Consumer	adidas	DAX
	Beiersdorf	DAX
	Henkel	DAX
	Hugo Boss	MDAX
	PUMA	MDAX

Branche	Unternehmen	Index
Financial Services	Deutsche Börse	DAX
	Deutsche EuroShop	MDAX
	Gagfah	MDAX
	IVG Immobilien	MDAX
	MLP	MDAX
Industrial	MAN	DAX
	Siemens	DAX
	ThyssenKrupp	DAX
	BayWa	MDAX
	Demag Cranes	MDAX
	EADS	MDAX
	GEA Group	MDAX
	GILDEMEISTER	MDAX
	Heidelberger Druckmaschinen	MDAX
	Klöckner & Co	MDAX
	Krones	MDAX
	MTU Aero Engines	MDAX
	Pfleiderer	MDAX
	RATIONAL	MDAX
	Rheinmetall	MDAX
	Tognum	MDAX
	Vossloh	MDAX
	Wincor Nixdorf	MDAX
	centrotherm photovoltaics	TecDAX
	Conergy	TecDAX
	Jenoptik	TecDAX
	Manz	TecDAX
	Nordex	TecDAX
	Pfeiffer Vacuum Technology	TecDAX
	Phoenix Solar	TecDAX
	Q-Cells	TecDAX
	Rofin-Sinar Technologies	TecDAX
	Roth & Rau	TecDAX
	SMA Solar Technology	TecDAX
	SolarWorld	TecDAX

Branche	**Unternehmen**	**Index**
Insurance	Allianz	DAX
	Munich Re	DAX
	Hannover Rückversicherung	MDAX
Media	ProSiebenSat.1 Media	MDAX
	Sky Deutschland	MDAX
Pharma & Healthcare	Fresenius Medical Care	DAX
	Fresenius	DAX
	Merck	DAX
	Gerresheimer	MDAX
	RHÖN-KLINIKUM	MDAX
	STADA Arzneimittel	MDAX
	BB Biotech	TecDAX
	Carl Zeiss Meditec	TecDAX
	Drägerwerk	TecDAX
	Evotec	TecDAX
	Medigene	TecDAX
	MorphoSys	TecDAX
	QIAGEN	TecDAX
Retail	METRO	DAX
	Celesio	MDAX
	DOUGLAS HOLDING	MDAX
	Fielmann	MDAX
	Praktiker	MDAX
Software	SAP	DAX
	Bechtle	TecDAX
	Software	TecDAX
	United Internet	TecDAX
	Wirecard	TecDAX
Technology	Infineon Technologies	DAX
	AIXTRON	TecDAX
	Dialog Semiconductor	TecDAX
	Kontron	TecDAX
	SMARTRAC	TecDAX
Utilities	E.ON	DAX
	RWE	DAX

Branche	**Unternehmen**	**Index**
Telecommunication	Deutsche Telekom	DAX
	Drillisch	TecDAX
	freenet	TecDAX
	QSC	TecDAX
Transportation & Logistics	Deutsche Lufthansa	DAX
	Deutsche Post	DAX
	Fraport	MDAX
	Hamburger Hafen und Logistik	MDAX
	TUI	MDAX
Food & Beverages	Südzucker	MDAX

Abb. 94: Brancheneinteilung der Unternehmen im HDAX

Anhang 6: Absolute Häufigkeiten der Stichwörter

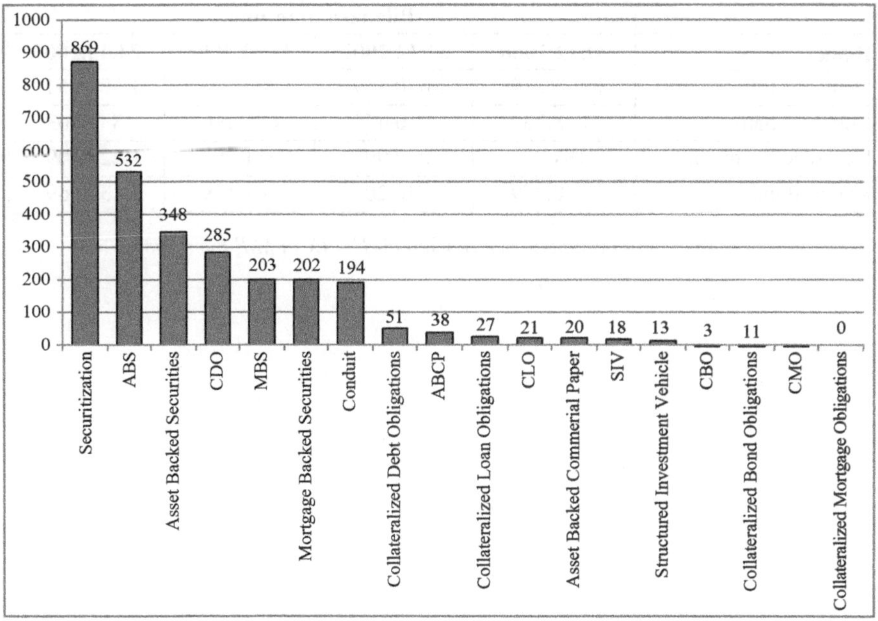

Abb. 95: Absolute Häufigkeiten der Stichwörter

Anhang 7: Bilanzsumme der Banken im HDAX

	Bilanzsumme zum			
Bank	**31.12.2006**	**31.12.2007**	**31.12.2008**	**31.12.2009**
Deutsche Bank	1.126.230	2.020.349	2.202.423	1.500.664
Commerzbank	608.339	616.474	625.196	844.103
Deutsche Postbank	184.887	202.991	231.282	226.609
Aareal Bank	38.279	40.202	41.159	39.569

Abb. 96: Bilanzsumme der Banken im HDAX in Millionen Euro

Anhang 8: Bilanzsumme der zehn größten Banken der EU

Bank	**Bilanzsumme zum 31.12.2007**
RBS	2.506.283
Deutsche Bank	2.020.349
BNP Paribas	1.694.454
Barclays	1.671.047
HSBC	1.610.239
Crédit Agricole	1.414.223
Société Générale	1.071.762
UniCredit	1.021.758
Santander	912.915
Commerzbank	616.474

Abb. 97: Bilanzsumme der zehn größten Banken der EU in Millionen Euro

Anhang 9: Stichwörter der Inhaltsanalyse

Stichwortkategorie	**Stichwörter**	**pdf-Eingabe**
Zweckgesellschaft	(qualifying) special purpose entit(y/ies)	purpose
	(q)spe(s)/(Q)SPE(s)	spe
	(qualifying) special purpose vehicle(s)	purpose
	(q)spv(s)/(Q)SPV(s)	spv
	(qualifying) variable interest entit(y/ies)	variable
	(q)vie(s)/(q)VIE(s)	vie
ABCP-Verbriefung	(qualifying) structured investment vehicle(s)/ compan(y/ies)	structured
	(q)siv(s)/(q)SIV(s)	siv
	(re)structured/-finance/-transaction/-credit usw.	structured
	vehicle(s)	vehicle
	conduit(s)	conduit
	asset backed commerial paper(s)	backed
	abcp(s)/ABCP(s)	abcp
Verbriefung	securiti(z/s)ation(s)	securit
	sale(s) of receivable(s)/asset(s) usw.	sale
	transfer(s) of receivable(s)/(financial) asset(s)/loans	transfer
	synthetic (securiti(s/z)ation(s)/transaction(s)/ CDO(s))	synthetic
	derecogni(s/z)ed/derecognition	derecog
	sub(-)prime	sub( )prime
Verbriefungstitel	asset backed securit(y/ies/i(s/z)ation(s))/ instrument(s)/exposure	backed
	abs(s)/ABS(s)	abs
	collaterali(s/z)ed	collaterali
	collaterali(s/z)ed debt obligation(s)	collaterali
	cdo(s)/CDO(s)	cdo
	(residential/commercial) mortgage backed securit(y/ies)	backed
	(r/c)mbs(s)/(R/C)MBS(s)	mbs
	collaterali(s/z)ed loan obligation(s)	collaterali
	clo(s)/CLO(s)	clo

Stichwortkategorie	Stichwörter	pdf-Eingabe
	collaterali(s/z)ed bond obligation(s)	collaterali
	cbo(s)/CBO(s)	cbo
	collaterali(s/z)ed mortgage obligation(s)	collaterali
	cmo(s)/CMO(s)	cmo
	collaterali(s/z)ed fund obligation(s)	collaterali
	collaterali(s/z)ed structured obligation(s)	collaterali
	credit linked note(s)	link
	cln(s)/CLN(s)	cln
Rolle	originat(or(s))	originat
	initiat(or(s))	initiat
	sponsor(ed/ing/ship)	sponsor
	trust(ee)	trust
	fiduciary service(s)	fiduci
	servic(e)ing/paying agent/agent service(s)	agent
	administrative service(s)/agent	service
Strukturierung	autopilot(s)	autopilot
	true(-)sale	true
	pass( )through	pass
	pay( )through	pay
	multi(-)seller	multi
	single(-)seller	single
	waterfall	waterfall
	tranch(e(s))/ing	tranch
	revolving	revolv
	(re)packag(e/ed/ing)	packag
Credit Enhancement	equity piece(s)	piece
	first loss (piece/protection/usw.)	first( )(-)loss
	liquidity((-)backed(-))facilit(y/ies)	facil
	collateral pool(ing)	collateral
	over(-)collaterali(s/z)ation	collateral
	spread account(s)	spread
	credit enhancement(s)	enhanc
	monoliner	monol
	back-up line(s)	back( )(-)up

Stichwortkategorie	Stichwörter	pdf-Eingabe
Konsolidierung	(un/de/)consolidat/e(d)/ion/ing	consolidat
	FIN 46(R)	fin( )(-)46
	SIC-12	sic( )(-)12
Off-Balance-Sheet	off(-)balance((-)sheet)	off( )(-)bala
	OBS	obs

Abb. 98: Stichwörter der Inhaltsanalyse

Anhang 10: Kodierleitfaden: Allgemeine Kodierregeln

Allgemeine Kodierregeln
Generelle Anmerkung
Im Rahmen der allgemeinen und spezifischen Kodierregeln werden als Ankerbeispiele regelmäßig Beispiele aus Geschäftsberichten angeführt. Dabei zeigten sich Besonderheiten hinsichtlich der Seitenangaben der Geschäftsberichte von Deutsche Bank, UniCredit und Santander. Bei der Deutsche Bank und UniCredit (2007) beginnt die Nummerierung mitten im Geschäftsbericht aufs Neue und bei Santander gliedert sich der Geschäftsbericht ab dem Jahr 2008 in zwei Berichte („Annual report“ und „Auditor‘s report and annual consolidated accounts“). Diesem Umstand wird dadurch Rechnung getragen, indem die „erste“ Nummerierung eines Geschäftsberichts der Deutsche Bank und UniCredit (2007) mit „1/Seitenangabe“, die „zweite“ Nummerierung mit „2/Seitenangabe“ gekennzeichnet wird. Bei Santander wird vor der Seitenangabe ein „A“ bzw. ein „C“ vorangestellt, wenn sich die Seitenangabe auf den „Annual report“ bzw. den „Auditor‘s report and annual consolidated accounts“ bezieht.
Welche Aussagen sind von einer Kodierung ausgenommen?
Es werden nur Aussagen kodiert, die einen Inhalt transportieren. Aussagen in Verzeichnissen wie Inhalts-, Abbildungs-, Tabellen- und Stichwortverzeichnissen sind deshalb nicht zu erfassen. Auch Ausführungen in Kopf- und Fußzeilen von Geschäftsberichten werden aus diesem Grund nicht kodiert.
Verweise auf andere Passagen im Geschäftsbericht sind nicht zu kodieren. Gleichermaßen ist die Vorwegnahme von Inhalten folgender Kapitel oder Abschnitte durch kurze Zusammenfassungen oder Gliederungen nicht zu kodieren. Auch Aussagen in Überschriften (z.B. von Kapiteln, Abschnitten oder Tabellen) sind aus diesem Grund nicht zu kodieren. Voraussetzung ist jedoch, dass diese keine neuen i.S.v. zusätzlichen Informationen enthalten, die in den folgenden Abschnitten nicht erwähnt werden. Steht z.B. ein Kapitel unter der Überschrift „Ausführungen zu nicht-konsolidierten Verbriefungstransaktionen“ und wird dieser Umstand in den folgenden Ausführungen nicht erneut erwähnt, wäre die Überschrift zu kodieren.
In wievielen Kategorien ist eine Aussage zu kodieren?
Grundsätzlich kann eine Aussage in mehreren Kategorien zu kodieren sein. Entscheidend ist, dass sämtliche der in der Kodiereinheit enthaltenen Informationen erfasst werden. Heißt es beispielsweise, dass „Abschreibungen auf das available for sale AAA rated US subprime mortgage backed ABS-Portfolio“ angefallen sind, so ist eine Kodierungen in den Kategorien Bilanzierung (available for sale), Charakteristika (AAA US subprime), Zusammensetzung (mortgage) und Ergebnisauswirkung (Abschreibungen) vorzunehmen. Nicht erforderlich für eine Kodierung ist somit, dass einzig die zentrale Aussage zu erfassen ist. Dadurch gelingt es, Interpretationsspielräume, was die Haupt- und was die Nebenaussage darstellt, zu vermeiden.

Beispiel 1: „Sub-prime residential mortgage-related assets included US$3,746 million (2008: US$5,894 million) relating to US originated assets and US$1,141 million (2008: US$1,100 million) relating to UK non-conforming residential mortgage related assets. Of the non-high grade assets held of US$1,712 million, US$1,604 million (2008: US$1,426 million) related to US originated assets, reflecting the higher quality of the UK originated assets.“ HSBC (2009), S. 162. Diese Aussage ist in den Kategorien Volumen, Zusammensetzung und Charakteristika zu kodieren. Beispiel 2: „In conclusion, Santander's risk management policy has meant there has been no negative impact on the Group's results related to this type of risks.“ Santander (2007), S. 119. Die Aussage ist in den Kategorien Risikomanagement und Ergebnisauswirkung zu erfassen. Beispiel 3: „HSBC uses SPEs to securitise customer loans and advances it has originated mainly in order to diversify its sources of funding, and for capital efficiency. In such cases, the loans and advances are transferred by HSBC to the SPEs for cash, and the SPEs issue debt securities to investors.“ HSBC (2007), S. 190. Der zweite Satz ist folgendermaßen zu kodieren: Zum einen aus Sicht des Originators in der Kategorie Übertragung, zum anderen aus Sicht der Zweckgesellschaft in der Kategorie Refinanzierung. In beiden Fällen handelt es sich hingegen um eine traditionelle Verbriefungstransaktion (Ebene 2), um eine Erläuterung (Ebene 5), um ein mehrmaliges Engagement (Ebene 6) sowie um eine neutrale (Ebene 7) und eine qualitative (Ebene 8) Aussage. Folglich ist dieser Satz als 1/O/Üb/XX/N/Ql und als 1/KZ/Re/XX/N/Ql zu erfassen und in beiden Fällen rot (für die Kodierung als Erläuterung) zu markieren.
Wie oft ist eine Aussage zu kodieren?
Ein und dieselbe Kodierung darf pro Kodiereinheit nur einmal vergeben werden. Dies bedeutet, dass weitere Kodierungen der Kodiereinheit, die auf allen Kategorieebenen dieselben Kodierungen aufweisen würden, nicht erfolgen dürfen. Beim bereits zuvor genannten Beispiel „Abschreibungen auf das available for sale AAA rated US subprime mortgage backed ABS-Portfolio“ ist der Ausdruck „AAA rated US subprime“ deshalb nur einmal in der Kategorie Charakteristika, und nicht dreimal (für „AAA rated“, „US“ und „subprime“) in dieser Kategorie zu kodieren.
Wird an unterschiedlichen Stellen des Geschäftsberichts eine identische i.S.v. wortwörtlich gleiche Aussage vorgenommen, ist diese jedes Mal erneut zu kodieren. Gleiches gilt für Aussagen, die einen selben Sachverhalt, wenn auch nicht wortwörtlich, an verschiedenen Stellen des Geschäftsberichts beschreiben. Auch hier ist die Aussage jedes Mal erneut zu kodieren.
Werden Aussagen, die zu einer Kodierung in den Kategorien Charakteristika oder Zusammensetzung führen würden, durchgehend als fester Bestandteil eines Ausdrucks verwendet, dann ist eine Kodierung in diesen Kategorien nur einmalig, nämlich beim erstmaligen Auftreten, vorzunehmen. Als Beispiel ist der Ausdruck „ABS CDO Super Senior Exposures“ bzw. „ABS CDO Super Senior Positions“ bei Barclays (2006), (erstmals auf) S. 38, zu nennen.

Wie sind Abbildungen und Tabellen zu kodieren?
Grundsätzlich ist jede eigenständige Abbildung oder Tabelle mitsamt den darin enthaltenen Informationen extra zu kodieren. Eine Abbildung oder Tabelle ist als eigenständig anzusehen, wenn sie aufgrund einer eigenen Abbildungs- oder Tabellenbeschriftung eigenständig zu interpretieren ist. Bei Tabellen bedeutet dies, dass eine unmittelbare Beschriftung der einzelnen Tabellenzeilen und -spalten vorliegen muss. Bezieht sich die Beschriftung der Tabellenzeilen und -spalten hingegen auf mehrere aneinandergereihte Tabellen, sind diese folglich nicht als mehrere eigenständige Tabellen zu betrachten, sondern nur als eine einzige eigenständige Tabelle. Folglich wäre auch nur eine Kodierung erforderlich. Lediglich Fußnoten müssen sich nicht ausschließlich auf eine Abbildung oder Tabelle beziehen, da diese auch für mehrere Abbildungen oder Tabellen gleichzeitig gelten können. Ein Beispiel für zwei eigenständige, jeweils extra zu kodierende Tabellen, findet sich bei Barclays (2008), S. 103. Ein Beispiel für Tabellen, die als zusammenhängend zu betrachten und deshalb nur einmal zu kodieren sind, findet sich bei HSBC (2008), S. 403.
Eine Abbildung oder Tabelle stellt stets eine Kodiereinheit dar. Folglich darf ein und dieselbe Kodierung pro Abbildung nur einmal vergeben werden. Stellt eine Abbildung beispielsweise Ratings, Laufzeiten und Herkunft von ABS dar, so ist die Kodierung in der Kategorie Charakteristika nur einmal (und nicht dreimal) vorzunehmen (vorausgesetzt, die Kodierungen auf den anderen Kategorieebenen sind identisch). Ausgenommen von dieser Regelung sind Tabellen, die sich üblicherweise am Ende des Geschäftsberichts befinden und (über zahlreiche Seiten hinweg) den Anteilsbesitz auflisten. Finden sich dabei Aussagen zu Verbriefungsgesellschaften, sind diese für jede Verbriefungsgesellschaft einzeln zu erfassen und entsprechend zu kodieren. In solchen Fällen könnte somit ein und dieselbe Kodierung mehrmals innerhalb einer Tabelle vergeben werden.
Findet man in einer Grafik sowohl das Unterlassen einer Information, beispielsweise ausgedrückt durch das Unterlassungszeichen „-“, als auch die Angabe einer Information, so ist stets die getätigte Information zu berücksichtigen.
Teilweise wird der Inhalt von Abbildungen oder Tabellen zusätzlich beschrieben. In solchen Fällen ist sowohl die Abbildung oder Tabelle, als auch die Beschreibung dieser, zu kodieren. Dadurch wird den zusätzlichen Informationen, die durch eine solche Beschreibung generiert werden, Rechnung getragen (v.a. im Vergleich zu Fällen, in denen Abbildungen oder Tabellen unerklärt bleiben).
Abbildungen oder Tabellen einleitende Aussagen sind jedoch nur dann (extra) zu kodieren, wenn diese zusätzliche, über die in der Abbildung oder Tabelle hinausgehende Informationen enthalten oder einzelne Informationen dieser erneut darstellen. Folgendes Beispiel zeigt eine einleitende Aussage, die keine zusätzlichen Aussagen enthält, die nicht bereits durch die Tabelle selbst ersichtlich sind: „The following table discloses the assets held by Group's conduits together with the measurement criteria used.“ UniCredit (2007), S. 1/43.
Der Inhalt von Fußnoten zu Abbildungen oder Tabellen ist nur dann extra zu kodieren, wenn dieser nicht bereits durch Kodierungen der Abbildungen oder Tabellen erfasst wurde.

Weitere Anmerkungen
Der Kodierer hat im Rahmen der Kodierung eine statische Perspektive einzunehmen. Eigenständige Interpretationen von Aussagen, die die Entwicklungen über die Zeit hinweg darstellen, sind zu unterlassen. Beispielsweise sind Aussagen zu Vorjahreswerten zwar grundsätzlich zu berücksichtigen, eine eigenständige Interpretation dieser Werte hat jedoch zu unterbleiben (bspw. wären durch den Vergleich von Vorjahreswerten mit aktuellen Werten Aussagen über die Entwicklung bestimmter Sachverhalte, einschließlich einer Wertung dieser, möglich). Eine Interpretation von Vorjahreswerten ist nur dann zu berücksichtigen, wenn diese bereits im Rahmen der Ausführungen – und somit nicht durch den Kodierer selbst – erfolgt ist.
Vereinzelt werden Verbriefungsgesellschaften namentlich aufgeführt (z.B. „Kaiserplatz“, Commerzbank (2010), S. 180). Derartige Aussagen sind nur dann zu kodieren, wenn aufgrund weiterer Informationen unmittelbar ersichtlich wird, dass es sich bei der namentlich aufgeführten (Zweck-)Gesellschaft um eine Verbriefungsgesellschaft handelt, z.B. „RCL Securisation GmbH“, Commerzbank (2010), S. 364.
Aussagen im Glossary sind grundsätzlich keiner spezifischen Kategorie der Kategorieebenen 2 bis 4 zuzuordnen, folglich als 4/KZ/KZ zu kodieren. Dadurch wird dem Charakter des Glossaries, allgemein gültige Erklärungen oder Definitionen zu liefern, am besten entsprochen. Die dort definierten oder erklärten Sachverhalte erhalten vielmehr erst im Fließtext, in Abhängigkeit vom jeweiligen Kontext, ihre Bedeutungen. Beispielsweise können ABS als 1/I/In zu kodieren sein, wenn aus dem Kontext ersichtlich wird, dass das bilanzierende Unternehmen direkt in derartige Verbriefungstitel investiert hat. Gleichermaßen wäre eine Kodierung als 2/KZ/Un denkbar, wenn aus dem Kontext hervorgeht, dass ABS von einem Conduit gehalten werden. Würde man sich bereits im Glossary auf eine der beiden Kodierungen festlegen, würde dies der Breite potenzieller Kodierungen widersprechen. Einzig Sachverhalte, die sich ausschließlich einer bestimmten Art von Verbriefungstransaktion zuordnen lassen, sind von dieser Regelung ausgenommen. Dies ist z.B. der Fall, wenn im Glossary „Conduits“ oder „synthetische Verbriefungen“ erklärt werden. Da es sich dabei stets um ABCP-Verbriefungen bzw. synthetische Verbriefungen handelt, wäre eine Kodierung als 2/KZ/KZ bzw. 3/KZ/KZ – und nicht 4/KZ/KZ – sachgerecht.
Die Erklärung von Abkürzungen stellt einen Informationsgewinn dar und ist deshalb zu kodieren. Im Gegensatz zu Ausführungen im Glossary sind diese jedoch nicht grundsätzlich als 4/KZ/KZ zu kodieren, da sie in einen konkreten Kontext eingebettet sind.

Anhang 11: Kodierleitfaden: Spezifische Kodierregeln

Spezifische Kodierregeln		
Generelle Anmerkungen		
Das Aufstellen von allgemein gültigen spezifischen Kodierregeln hat sich als besonders schwieriger und langwieriger Prozess erwiesen. Zurückzuführen war dies darauf, dass die betrachteten Banken teilweise ein unterschiedliches Verständnis von im Zusammenhang mit Verbriefungstransaktionen relevanten Sachverhalten haben. Dennoch ist es mit den im Folgenden genannten spezifischen Kodierregeln gelungen, sämtliche Aussagen zu kategorisieren. Aufgrund unternehmensspezifischer Besonderheiten kann es im Einzelfall jedoch sein, dass eine Kategorisierung entsprechend den im Folgenden genannten Kategorien dem Sinn der Aussage entgegensteht. In solchen äußerst seltenen Ausnahmefällen darf von den Kodiervorschriften abgewichen werden, wenn die damit verbundene anderweitige Kodierung dazu führt, den Sinn der Aussage zutreffender wiederzugeben. Beispiel: „Securities issued by SPVs for the above transactions were fully underwritten by the Group (self-securitizations).“ UniCredit (2009), S. 288. Zwar wären Aussagen zum „underwriting“ grundsätzlich in der Kategorie Servicing zu erfassen, da hier allerdings eindeutig erkennbar ist, dass mit „underwritten“ eine Investition in die Wertpapiere gemeint ist (aufgrund des Hinweises, dass es sich dabei um „self-securitizations“ handelt), ist die Aussage nicht in der Kategorie Servicing, sondern in der Kategorie Investition zu erfassen.		
Das Kategoriensystem erstreckt sich über acht Ebenen. Ebene 1 dient dazu, eine Aussage entsprechend ihrer Stelle im Geschäftsbericht zu klassifizieren. Die Kategorien der Ebenen 2 bis 4 beziehen sich auf die Struktur der Verbriefungstransaktion und beschreiben die Art der Verbriefungstransaktion, die Rolle des bilanzierenden Unternehmens und die Art der Verflechtung. Auf Ebene 5 erfolgt eine genauere Beschreibung des Inhalts der Aussage. Eine Kategorisierung entsprechend der Häufigkeit eines Verbriefungsengagements ist Bestandteil von Ebene 6. In Ebene 7 erfolgt eine Wertung der Aussage und in Ebene 8 wird die Aussage entsprechend ihrer Art als qualitativ oder quantitativ kategorisiert.		
Die nach den Kategorienbezeichnungen in Klammer stehenden Zahlen, Buchstabenkombinationen oder Farbbezeichnungen stehen für die Codes, die im Rahmen der Kodierung verwendet wurden. Jede im Geschäftsbericht identifizierte Kodiereinheit wurde mit einer Abfolge dieser Codes versehen (z.B. 1/O/Üb/XX/N/Qn in dunkelgrüner Farbe).		
Kategorieebene 1: Stelle der Information im Geschäftsbericht		
Kategorie	**Definition und Kodierregeln**	**Ankerbeispiele**
Anhang	In dieser Kategorie werden Aussagen kodiert, wenn diese im Anhang des Geschäftsberichts vorgenommen wurden.	Nicht erforderlich.

Sonstige Passagen	In dieser Kategorie werden Aussagen kodiert, wenn diese in weiteren, nicht dem Anhang entsprechende Passagen des Geschäftsberichts (z.B. im Vorwort, Corporate Governance Bericht, Lagebericht) vorgenommen wurden.	Nicht erforderlich.
Kategorieebene 2: Art der Verbriefungstransaktion		
Ebenenspezifische Kodierregeln	Die Art einer Verbriefungstransaktion muss nicht explizit in der Kodiereinheit genannt werden. Vielmehr kann sich diese aus dem Kontext ergeben.	
	Häufig wird lediglich allgemein von „Securitization" gesprochen. Obwohl damit grundsätzlich alle Verbriefungsarten gemeint sein können, ist häufig dennoch auf die spezifische Art der Transaktion zu schließen: Viele Unternehmen bezeichnen als „Securitization" lediglich traditionelle und synthetische Verbriefungen, nicht jedoch ABCP-Verbriefungen. Eine traditionelle Verbriefung liegt in solchen Fällen grundsätzlich immer dann vor, wenn von einer Finanzierungswirkung der Transaktion oder von einer physischen Übertragung der Vermögenswerte auf die Verbriefungsgesellschaft gesprochen wird. Synthetische Verbriefungen haben grundsätzlich keine Finanzierungswirkung, auch führen sie zu keinem bilanziellen Abgang der verbrieften Vermögenswerte. Ziel einer synthetischen Verbriefungstransaktion ist grundsätzlich allein der Risikotransfer.	
Kategorie	**Definition und Kodierregeln**	**Ankerbeispiele**
Traditionelle Verbriefung (1)	Hier sind alle Aussagen zu kodieren, die sich auf traditionelle Verbriefungen beziehen.	„Cash exposures not derecognised increased to €4,172 million as at 31 December 2010 from €2,299 million as at 31 December 2009 due to purchases of bonds under the international offer to purchase made by UniCredit S.p.A. in the first months of 2010 and a new traditional securitization transaction of euro-loans carried out in H2." UniCredit (2010), S. 343. „Commerzbank arranges and places ABS/MBS transactions for clients in Germany and other European countries." Commerzbank (2005), S. 81.
	Aussagen zu Wertpapieren, die typischer Weise nur im Rahmen von traditionellen Verbriefungstransaktionen emittiert werden (z.B. ABS i.e.S., MBS, CLO, CDO),	„And even for banks like Commerzbank, which only hold a small portfolio of mortgage-backed securities, the meltdown in the US has left its mark." Commerzbank (2007), S. 7.

	sind in dieser Kategorie zu kodieren. Im Vergleich zu ABCP, die im Rahmen von ABCP-Verbriefungen emittiert werden, weisen diese eine lange Laufzeit auf. Wertpapiere, die im Rahmen von synthetischen Verbriefungen emittiert werden, sind CLN.	„The New York office was most affected by the subprime crisis, leading to the division's impairments on its portfolio of collateralized debt obligations." Commerzbank (2007), S. 71.
	Ausnahme hierzu 1: Teilweise werden derartige Wertpapiere von Conduits erworben. In solchen Fällen ist die Aussage nicht hier, sondern in der Kategorie ABCP-Verbriefung zu kodieren.	„Over 49% of the structured credit products (i.e. RMBS, CMBS, CDO and CLO/CBO) held by the conduits were rated AA or better and over 39% were rated triple-A." UniCredit (2010), S. 347.
	Ausnahme hierzu 2: CDO können auch im Rahmen von synthetischen Verbriefungen eine Rolle spielen. Ist der Aussage ein solcher Bezug zu entnehmen, ist diese nicht hier, sondern in der Kategorie synthetische Verbriefung zu kodieren.	„In 2008, total credit derivatives under management decreased by EUR 6.7 billion, reaching a total of EUR 43.8 billion at end-December: EUR 28.2 billion in the form of Credit Default Swaps (CDS) and EUR 15.6 billion in the form of synthetic Collateralized Debt Obligations (CDOs)." Société Générale (2008), S. 231.
ABCP-Verbriefung (2)	In dieser Kategorie sind alle Aussagen zu erfassen, die sich auf ABCP-Verbriefungen beziehen. Dies umfasst Aussagen zu Single-Seller- und Multi-Seller-Conduits sowie Aussagen zu Securities-Backed-Conduits, wie SIV. Charakteristisch für derartige Transaktionen ist, • dass die Laufzeit der emittierten Refinanzierungstitel größtenteils kurzfristig, vereinzelt auch mittelfristig, nie jedoch langfristig ist, • dass diese über Conduits abgewickelt werden, • dass diese in den meisten Fällen gegründet werden, um Verbriefungen im Auftrag von Kunden abzuwickeln, und	„Letters of credit issued by Calyon in connection with ABCP financings amounted to €0.9 billion (including €0.8 billion given directly to the conduits)." Crédit Agricole (2008), S. 147. „As at December 31, 2005, there were 6 non-consolidated vehicles (Barton, Antalis, Asset One, Homes, ACE Australia, ACE Canada) structured by the Group on behalf of customers or investors. Total assets held by these vehicles and financed through the issuance of commercial papers amounted to EUR 17,567 million on this date." Société Générale (2005), S. 186.

	• dass Conduits häufig in bereits verbriefte Wertpapiere (z.B. ABS, MBS, CDO) investieren.	„SIV and SIV-lite positions comprise liquidity facilities and derivatives. At 31st December 2009 SIVs and SIV-Lites positions reduced by £433m to £530m (31st December 2008: £963m) with a reduced number of counterparties.“ Barclays (2009), S. 116.
	Obwohl ABCP-Programme üblicherweise zur Verbriefung von Vermögenswerten Dritter dienen, können diese auch zur Verbriefung eigener Vermögenswerte und somit zur eigenen kurzfristigen Refinanzierung vewendet werden.	„The Group values the funding flexibility and liquidity provided by the ABCP market to fund client and Group-originated assets.“ RBS (2008), S. 106.
Synthetische Verbriefung (3)	Aussagen zu synthetischen Verbriefungen sind in dieser Kategorie zu kodieren. Typischerweise überträgt bei einer synthetischen Verbriefungstransaktion das bilanzierende Unternehmen mithilfe eines CDS Risiken eines Referenzportfolios auf eine Zweckgesellschaft, die die Risiken durch Ausgabe von CLN, die üblicherweise strukturiert sind, an den Kapitalmarkt weiterreicht.	„In addition, HSBC uses SPEs to mitigate the capital absorbed by some of the customer loans and advances it has originated. Credit derivatives are used to transfer the credit risk associated with these customer loans and advances to an SPE, using securitisations commonly known as synthetic securitisations by which the SPE writes credit default swap protection to HSBC.“ HSBC (2010), S. 363. „Synthetic securitisation programmes via special purpose entities cover EUR 13 billion of consolidated assets […].“ BNP Paribas (2005), S. 256.
	Ist einer Aussage nichts Gegenteiliges zu entnehmen, wird bei synthetischen Verbriefungstransaktionen von einer Zwischenschaltung einer Zweckgesellschaft ausgegangen. Folglich werden Aussagen zur Finanzierungswirkung einer Verbriefung grundsätzlich nicht synthetischen Verbriefungen zugeordnet. Eine Ausnahme besteht, wenn im Zusammenhang mit synthetischen Verbriefungstransaktionen explizit von einer Finanzierungswirkung gesprochen wird, was wiederum bedeutet, dass keine Verbriefungsgesellschaft zwischengeschaltet wurde.	Bei folgender Aussage kann es sich folglich um keine synthetische Verbriefungstransaktion handeln: „The main operating subsidiary that does not accept deposits is HSBC Finance, which funds itself principally through taking term funding in the professional markets and through the securitisation of assets.“ HSBC (2006), S. 213.

	Aussagen zu ABS, insb. zu CDO und CLO, werden grundsätzlich nicht als synthetisch betrachtet. Voraussetzung hierfür wäre, dass der Aussage ein solcher Bezug zu entnehmen ist, bspw. weil von synthetischen CDO die Rede ist oder CDS die Underlyings eines CDO sind. Deshalb führen bspw. auch Aussagen zu CDO-squared, bei denen das Underlying selbst aus CDO besteht, zu keiner Kodierung in dieser Kategorie.	„In 2008, total credit derivatives under management decreased by EUR 6.7 billion, reaching a total of EUR 43.8 billion at end-December: EUR 28.2 billion in the form of Credit Default Swaps (CDS) and EUR 15.6 billion in the form of synthetic Collateralized Debt Obligations (CDOs).“ Société Générale (2008), S. 231.
	Auch Aussagen zu CLN oder anderen Kreditderivaten sind nur dann in dieser Kategorie zu kodieren, wenn ein Bezug zu synthetischen Verbriefungen eindeutig hervorgeht.	Beispiel für eine Aussage, aus der ein solcher Bezug eindeutig hervorgeht: „The use of credit derivatives (such as credit default swaps, total return swaps and credit-linked notes) can reduce the risk weighting of a loan portfolio. The hedging effect of a credit derivative may relate both to individual loans or securities and to entire portfolios of loans or securities. As a rule, security is furnished by means of a synthetic securitization by credit default swap (CDS) and/or by credit-linked notes (CLNs).“ Commerzbank (2010), S. 311.
	Generell erlauben Aussagen zu Derivaten im Zusammenhang mit Verbriefungstransaktionen nicht automatisch einen Rückschluss auf synthetische Verbriefungen. Vielmehr können Derivate auch im Rahmen von traditionellen Verbriefungstransaktionen, bspw. als Credit Enhancement, Verwendung finden.	„Continuing involvement accounting is typically applied when the Group retains the rights to future cash flows of an asset, continues to be exposed to a degree of default risk in the transferred assets or holds a residual interest in, or enters into derivative contracts with securitization or special purpose vehicles.“ Deutsche Bank (2007), S. 2/166.
	Aussagen zu Credit Derivative Product Companies (CDPC) führen zu keiner Kodierung in dieser Kategorie.	„Credit Derivative Product Companies (CDPCs) positions at 31st December 2009 reduced by £127m to £23m.“ Barclays (2009), S. 116.
Keine Zuordnung (4)	Ist einer Aussage nicht zu entnehmen, ob sie sich auf traditionelle, ABCP- oder synthetische Verbriefungstransaktionen bezieht, ist sie in dieser Kategorie zu erfassen.	Siehe unten.

	Dies kann zum einen der Fall sein, wenn generell von Verbriefungen gesprochen wird und eine Differenzierung nach der Art einer Verbriefungstransaktion nicht beabsichtigt ist.	„We will continue to drive international expansion in this newly established segment. Our goal is an operating return of 16%, which we intend to achieve by 2008 at the latest. The securitization and syndication business will play an important role in increasing profitability." Commerzbank (2006), S. 67.
	Dies trifft bspw. regelmäßig auf Aussagen im Glossary zu, bei denen eine genauere Differenzierung nach der Art einer Transaktion weder der Fall, noch erwünscht ist.	Nicht erforderlich.
	Zum anderen kann dies der Fall sein, wenn aufgrund einer ungenauen Formulierung nicht ersichtlich ist, welche Art der Verbriefungstransaktion angesprochen ist.	Kontextabhängig.
	Wird bspw. bei einer Aussage eingangs mehr als eine Verbriefungsart thematisiert, im Folgenden aber nicht mehr zwischen den einzelnen Arten differenziert und scheitert deshalb eine exakte Zuordnung der Aussage, ist diese hier zu kodieren.	Im folgenden Beispiel ist dem ersten Satz nicht zu entnehmen, ob es sich um traditionelle oder synthetische Verbriefungstransaktionen handelt. Im zweiten Satz ist hingegen erkennbar, dass es sich um eine ABCP-Verbriefung handelt. Beim dritten Satz kann wiederum nicht differenziert werden, ob sich die Aussage auf die traditionellen bzw. synthetischen Verbriefungen bezieht, oder aber auf die ABCP-Transaktion. Folglich ist der erste Satz in dieser Kategorie, der zweite in der Kategorie ABCP-Verbriefung und der dritte wiederum in dieser Kategorie (und nicht zusätzlich als ABCP-Verbriefung) zu erfassen: „During the year, the Group has engaged in securitisation transactions involving Barclays residential mortgage loans, business loans and credit card balances. In addition, the Group acts as a conduit for commercial paper, whereby it acquires static pools of residential mortgage loans from other lending institutions for securitisation transactions. In these transactions, the assets, or interests in the assets, or

		beneficial interests in the cash flows arising from the assets, are transferred to a special purpose entity, or to a trust which then transfers its beneficial interests to a special purpose entity, which then issues floating rate debt securities to third-party investors." Barclays (2006), S. 202.
Kategorieebene 3: Rolle des bilanzierenden Unternehmens		
Ebenenspezifische Kodierregeln	Die Rolle des bilanzierenden Unternehmens muss nicht explizit in der Kodiereinheit genannt werden. Vielmehr kann sich diese aus dem Kontext ergeben.	
	In manchen Fällen übt das bilanzierende Unternehmen gleichzeitig mehrere Rollen aus. Bspw. ist es Originator und Administrator ein und derselben Verbriefungstransaktion. In solchen Fällen erfolgt die Kodierung stets aus Sicht der Rolle, die im Rahmen der Aussage im Vordergrund steht oder auf die sich die Verflechtung primär bezieht. Ist eine solche primäre Rolle nicht zu erkennen, ist die Aussage aus Sicht aller thematisierten Rollen zu kodieren. Beispiel: „The Group sponsors and arranges own-asset securitisations, whereby the sale of assets or interests in a pool of assets into an SPE is financed by the issuance of securities to investors." RBS (2008), S. 139. Die Aussage ist sowohl aus Sicht des bilanzierenden Unternehmens in seiner Rolle als Sponsor, Administrator und Originator, als auch aus Sicht der Verbriefungsgesellschaft zu kodieren.	
Kategorie	**Definition und Kodierregeln**	**Ankerbeispiele**
Originator (O)	Alle Aussagen, die im Kontext vorgenommen wurden, dass das bilanzierende Unternehmen Originator einer Verbriefungstransaktion ist, sind in dieser Kategorie zu kodieren. Als Originator überträgt das bilanzierende Unternehmen Vermögenswerte, die sich in seiner Bilanz befinden, auf eine Verbriefungsgesellschaft. Neben einer vollständigen Übertragung des Eigentums an die Zweckgesellschaft (True-Sale-Verbriefungen: traditionelle und ABCP-Verbriefungen) können auch lediglich die Risiken der Vermögenswerte übertragen werden (synthetische Verbriefung).	„The Bank also uses securitizations as an originator in accordance with the Basel II definition for freeing up regulatory capital and for selectively selling and covering credit risk." Commerzbank (2005), S. 81. „As part of the day-to-day management of liquidity, the Group's least liquid assets may be swiftly transformed into liquid assets by securitising loans (mortgages and consumer loans) granted to retail banking customers, as well as loans granted to corporate customers." BNP Paribas (2008), S. 149.

Sponsor (S)	Alle Aussagen, bei denen das bilanzierende Unternehmen der Sponsor einer Verbriefungstransaktion ist, sind in dieser Kategorie zu kodieren. Das wesentliche Kennzeichen eines Sponsors ist, dass er eine Verbriefungstransaktion veranlasst. Üblicherweise gründet er die Verbriefungsgesellschaft und betreibt diese. Er hat Anspruch auf die dort entstehenden Ertäge (z.B. für Beratungsleistungen).	„At the end of December 2008, Société Générale was the sponsor of five unconsolidated commercial securitization conduits.“ Société Générale (2008), S. 177. „The asset backed commercial paper (ABCP) conduit business of Corporates & Markets, which is reported in full on Commerzbank's balance sheet and is not managed by the PRU, amounted to €5.9bn at the end of 2009 (December 2008: €6.5bn*).“ Commerzbank (2009), S. 168.
	Auch wenn die Rolle des Sponsors v.a. im Zusammenhang mit ABCP-Verbriefungen genannt wird, kann das bilanzierende Unternehmen ebenso bei traditionellen und synthetischen Verbriefungstransaktionen als Sponsor auftreten.	„Medium/long-term refinancing: the Group acts as sponsor for customers, setting funds that receive securitised customer assets and issuing medium and long-term bonds which are then placed by the Bank.“ BNP (2008), S. 149.
	Obwohl das bilanzierende Unternehmen in seiner Rolle als Sponsor üblicherweise die Verbriefung von Vermögenswerten Dritter abwickelt, schließt dies nicht aus, dass im Rahmen von selbst gesponserten ABCP-Verbriefungen auch eigene Vermögenswerte verbrieft werden. Aussagen hierzu sind jedoch nicht in dieser Kategorie, sondern in der Kategorie Originator zu erfassen.	„The Group values the funding flexibility and liquidity provided by the ABCP market to fund client and Group-originated assets.“ RBS (2008), S. 106.
	Typisch für ABCP-Verbriefungen ist, dass der Sponsor gleichzeitig der Administrator ist. Alle Aussagen zum Administrator sind in solchen Fällen deshalb in dieser Kategorie, und nicht in der Kategorie Administrator zu kodieren.	„Commercial paper programs represent a way for third parties to securitize their financial assets. In commercial paper programs, we do not securitize any of our own financial assets, but act as administrative agent.“ Deutsche Bank (2005), S. 2/30. „Barclays creates, administers and provides liquidity and credit enhancements to several commercial paper conduit programmes […].“ Barclays (2005), S. 275.

	Eine Ausnahme besteht, wenn es sich um von Dritten gesponserte ABCP-Verbriefungen handelt, bei denen das bilanzierende Unternehmen Administrator ist. In solchen Fällen ist die Aussage in der Kategorie Administrator zu erfassen.	„In addition to sponsoring our commercial paper programs, we also assist third parties with the formation and ongoing risk management of their commercial paper programs.“ Deutsche Bank (2008), S. 2/40.
Administrator (A)	Alle Aussagen, die im Kontext vorgenommen wurden, dass das bilanzierende Unternehmen Administrator einer Verbriefungstransaktion ist, sind in dieser Kategorie zu kodieren. Administrator ist dabei im weiten Sinn zu verstehen, da darunter u.a. auch die Rollen eines Arrangers, Underwriters, Servicers oder Treuhänders fallen. In seiner Rolle als Administrator i.w.S. wird das bilanzierende Unternehmen beratend und strukturierend tätig. Der Arranger übernimmt bspw. die Organisation der Verbriefungsstruktur und kümmert sich um die Kommunikation zwischen den an der Verbriefungstransaktion beteiligten Parteien.	„Being associated with the Group also proved its worth in executing this transaction, since Commerzbank Corporate & Markets acted as lead manager for the placement of the securitization, this realizing income synergies.“ Commerzbank (2006), S. 51. „We maintained our market share of trustee appointments in the U.S. asset-backed securities and debt markets and won a number of new depositary receipt mandates, principally in emerging markets.“ Deutsche Bank (2006), S. 1/32.
	Ist das bilanzierende Unternehmen Originator oder Investor und gleichzeitig auch Administrator einer Verbriefungstransaktion, werden Aussagen, die in der Kategorie Servicing zu erfassen sind, stets aus Sicht des Administrators kodiert.	„The Sofinco group also carries out securitisation transactions. At 31 December 2007, the Sofinco Group managed 12 consolidated consumer credit securitisation and dealer receivable financing vehicles in Europe.“ Crédit Agricole (2007), S. 206.
Investor (I)	Aussagen, aus denen hervorgeht, dass das bilanzierende Unternehmen die Rolle des Investors einnimmt, sind in dieser Kategorie zu kodieren.	„The Group is also an investor in structured credit instruments issued by vehicles which are not consolidated, as these instruments do not bear most of the risk and do not receive most of the return on the operations carried out by SPVs.“ UniCredit (2009), S. 349. „CIB Loan and Portfolio Management (LPM) continued its securitisation activities as an investor in 2008. No new transactions have been set up since the first quarter of 2007, and the portfolio has shrunk by over 50% in two years.“ BNP Paribas (2008), S. 149.

	Geht aus einer Aussage nicht hervor, dass eine Investition aus einer anderen Rolle als der eines Investors vorgenommen wurde, so wird unterstellt, dass diese in der Rolle des Investors vorgenommen wurde. Folglich ist die Aussage in dieser Kategorie zu erfassen.	Beispiele, die der Rolle des Investors zuzuordnen sind: „The US RMBS portfolio had a market value of €0.4bn at the end of 2009.“ Commerzbank (2009), S. 165. „Fair value of protection purchased from other large financial institutions (multiline insurers and international banks): EUR 248 million which corresponds mainly to corporate bonds and hedges on CDOs of structured RMBS until the end of 2005.” Société Générale (2008), S. 173. „The total amount of third-party conduit Commercial Paper acquired amounted to EUR 0.2 billion at December 31, 2008.“ Société Générale (2008), S. 178. Beispiel, aus dem hervorgeht, dass die Investition in der Rolle des Sponsors und nicht in der des Investors erfolgt ist: „10% of the ABCPs issued by sponsored conduits (equivalent to EUR 1.3 billion) were held in the trading book at 31 December 2008, compared with 30% at 30 September 2008.“ BNP Paribas (2008), S. 77.
Keine Zuordnung (KZ)	Ist einer Aussage aufgrund einer ungenauen Formulierung nicht zu entnehmen, welche der genannten Rollen – Originator, Sponsor, Administrator, Investor – das bilanzierende Unternehmen einnimmt, ist sie in dieser Kategorie zu erfassen.	„The private equity investments held by the securitization vehicles are subject to € 39 million funding commitments under their limited partnership agreements. These commitments are automatically funded by the securitization vehicle via the liquid investments.“ Deutsche Bank (2005), S. 2/104.
	Ebenfalls in diese Kategorie fallen Aussagen, die eine Rolle des bilanzierenden Unternehmens beschreiben, die nicht der des Originators, Sponsors, Administrators oder Investors entspricht. Dies ist bspw. der Fall, wenn das Unternehmen (lediglich) Garantiegeber ist.	„Moreover, at December 31, 2008, Société Générale Group had granted EUR 0.7 billion in available liquidity, divided between six third-party conduits sponsored by other banking institutions.“ Société Générale (2008), S. 178.

	Aussagen, die aus Sicht der Verbriefungsgesellschaft erfolgen, sind in dieser Kategorie zu erfassen. Typische Beispiele hierfür sind, wenn über die Refinanzierung der Verbriefungsgesellschaft berichtet wird oder darüber, wie sich deren Aktiva (Underlyings) zusammensetzen.	„In 2007 asset-backed securities amounting to EUR 28,520 million were issued, of which EUR 15,924 million were issued by Abbey, EUR 2,666 million by Fondo de Titulización de Activos Santander Empresas 3, EUR 2,585 million by Santander Consumer Bank AG, EUR 1,733 million by Hipototta No. 5 plc. and EUR 1,659 million by Fondo de Titulización de Activos SantanderConsumer Spain Auto 07 – 1." Santander (2007), S. 237. „The amount of assets held by these vehicles amounted to EUR 16 billion at December 31, 2008 (compared to EUR 19 billion at December 31, 2007)." Société Générale (2008), S. 177.
	Auch sind in dieser Kategorie Aussagen zu erfassen, die aus Sicht von (externen) Dritten erfolgen. Dies ist bspw. der Fall, wenn über ein Credit Enhancement berichtet wird, dass von einem Dritten gewährt wurde oder darüber, dass Dritte in Verbriefungstitel investiert haben.	„Other financial institutions also provide liquidity funding to these conduits and thus we are not the sole liquidity provider." Deutsche Bank (2007), S. 2/30.
	Zuletzt kann eine Aussage hier zu kodieren sein, wenn diese gar keine Informationen zur Rolle des Unternehmens enthält. Dies ist bspw. dann der Fall, wenn die Aussage keine weiteren Informationen beinhaltet als diejenigen, die bereits durch die vorgelagerte Kategorieebene erfasst sind. Ebenso trifft dies auf Aussagen zu, die im Glossary eines Geschäftsberichts erfolgen und Beschreibungen oder Definitionen darstellen.	„We will continue to drive international expansion in this newly established segment. Our goal is an operating return of 16%, which we intend to achieve by 2008 at the latest. The securitization and syndication business will play an important role in increasing profitability." Commerzbank (2006), S. 67. „Commercial Mortgage Backed Securities (CMBSs): Asset Backed Securities (q.v.) with commercial mortgages as underlyings." UniCredit (2008), S. 622.

Kategoriebene 4: Art der Verflechtung		
Ebenenspezifische Kodierregeln	Die Art der Verflechtung muss nicht explizit in der Kodiereinheit genannt werden. Vielmehr kann sich diese aus dem Kontext ergeben.	
	Neben den im Rahmen von Kapitel 2 aufgeführten Verflechtungen ist grundsätzlich die Berichterstattung über weitere Verflechtungen denkbar. Diese rühren v.a. daher, dass auch aus Sicht der Verbriefungsgesellschaft über bestimmte Tätigkeiten oder Sachverhalte berichtet werden kann, bspw. die Refinanzierung der zugrunde liegenden Vermögenswerte oder eine Beschreibung der übertragenen Vermögenswerte selbst. Deshalb werden als weitere Verflechtungen die Kategorien Refinanzierung, Underlying sowie keine Zuordnung ergänzt.	
	In manchen Fällen kann derselbe Sachverhalt nicht nur aus Sicht einer einzigen Verflechtung beschrieben werden, sondern kann – in Verbindung mit einer entsprechenden Kodierung auf Ebene 3 – auch aus Sicht einer anderen Verflechtung wiedergegeben werden. Bspw. kann eine Aussage zu Vermögenswerten einer Verbriefungsgesellschaft durch eine Kategorisierung der Verflechtung als Übertragung (X/O/Üb) oder Underlying (X/KZ/Un) beschrieben werden (das „X“ ist hierbei und im Folgenden als Variable, die für sämtliche Verbriefungsarten (1, 2, 3, 4) steht, zu interpretieren). In welcher Kategorie die Verflechtung letztendlich zu kodieren ist, ist vom Kontext abhängig oder davon, welche Verflechtung primär betont wird. Ein weiteres Beispiel stellen Aussagen zur Refinanzierung einer Verbriefungsgesellschaft dar. Diese können einerseits in der Kategorie Refinanzierung zu erfassen sein, wenn dabei die Sicht der Verbriefungsgesellschaft im Vordergrund steht (X/KZ/Re). Andererseits kann eine Kodierung in der Kategorie Investition erforderlich sein, wenn dabei die Sicht des Investors eingenommen wird (X/KZ/In). Letztgenanntes ist bspw. bei einer Aussage der Fall, dass externe Investoren die von einer Verbriefungsgesellschaft emittierten Schuldtitel erwerben.	
Kategorie	**Definition und Kodierregeln**	**Ankerbeispiele**
Übertragung (Üb)	In dieser Kategorie werden alle Aussagen kodiert, die im Zusammenhang mit traditionellen und ABCP-Verbriefungstransaktionen die Übertragung von Vermögenswerten (z.B. Forderungen) thematisieren. Statt einer Übertragung wird häufig auch von einem Transfer, einem Verkauf oder einfach nur von Verbriefung gesprochen.	„For asset/liability management purposes, the subsidiary Centro Leasing has sold finance lease receivables to non-consolidated securitisation vehicles.“ BNP Paribas (2005), S. 255.

	Wird nur von einer Verbriefung gesprochen, ist es ausreichend, ausschließlich den Vorgang der Übertragung des Vermögenswerts an die Verbriefungsgesellschaft zu erfassen. Der „gesamte“ Verbriefungsprozess ist nur dann zu kodieren, wenn sowohl die Übertragung von Vermögenswerten an die Verbriefungsgesellschaft, als auch deren Refinanzierung, z.B. über die Emission von ABS, thematisiert wird.	Beispiel, wo lediglich eine Kodierung für den Vorgang der Übertragung erforderlich ist (X/O/Üb): „HSBC predominantly uses special purpose entities ('SPEs') or variable interest entities ('VIEs') to securitise loans and advances it has originated where this source of funding is cost effective.“ HSBC (2006), S. 163. Beispiel, wo sowohl eine Kodierung für den Vorgang der Übertragung als auch für die Refinanzierung vorzunehmen ist (X/O/Üb + X/KZ/Re): „In such cases, the loans and advances are transferred by HSBC to the SPEs for cash, and the SPEs issue debt securities to investors.“ HSBC (2007), S. 190.
	Eine (vollständige) Ausbuchung der übertragenen Vermögenswerte kann an einem anhaltenden Engagement (Continuing Involvement) scheitern. Zurückzuführen ist dies darauf, dass das bilanzierende Unternehmen im Rahmen der Verbriefung bestimmte Rechte zurückbehalten hat (residual oder retained interests). Beispiele für derartige Rechte sind insb. bestimmte Credit Enhancements, Servicing Rights oder einbehaltene nachrangige Tranchen der Verbriefungstitel.	Siehe unten.
	Aussagen hierzu sind folgendermaßen zu kodieren (in Abhängigkeit von der spezifischen Formulierung kann auch eine Kombination der Kodierungen denkbar sein): • Wird auf die nur teilweise oder gar nicht erfolgte bilanzielle Ausbuchung der Vermögenswerte abgestellt, einschließlich zu bildender Verbindlichkeiten, ist die Aussage in der Kategorie Übertragung zu erfassen (X/O/Üb). • Wird generell auf die zurückbehaltenen Rechte abgestellt oder im Speziellen auf Credit Enhancements, ist die Aussage als Credit Enhancement zu kodieren (X/O/CE).	Beispiel für eine Kodierung als X/O/Üb: „The transferred assets may qualify for derecognition in full or in part, under the policy on derecognition of financial assets.“ Deutsche Bank (2007), S. 2/122. Beispiel für eine Kodierung als X/O/CE: „Interests in the securitized financial assets may be retained in the form of senior or subordinated tranches, interest only strips or other residual interests (collectively referred to as 'retained interests').“ Deutsche Bank (2008), S. 2/135.

	• Wird hingegen darüber berichtet, dass zurückbehaltene Rechte v.a. einbehaltene nachrangige Verbriefungstranchen darstellen, ist die Aussage in der Kategorie Investition zu erfassen (X/O/In).	Beispiel für eine Kodierung als X/O/In: „In certain US securitisations of residential mortgages, substantially all the risks and rewards have been neither transferred nor retained, but the Group has retained control, as defined by IFRS, of the assets and continues to recognise the assets to the extent of its continuing involvement which takes the form of retaining certain subordinated bonds issued by the securitisation vehicles." RBS (2006), S. 150.
	Bei synthetischen Verbriefungstransaktionen sind in dieser Kategorie Aussagen zu kodieren, die die Übertragung von Risiken an eine Zweckgesellschaft darstellen. Dies beinhaltet v.a. Aussagen zu Kreditderivaten, insb. CDS, die das bilanzierende Unternehmen (Sicherungsnehmer) von der Verbriefungsgesellschaft (Sicherungsgeber) erwirbt.	„In addition, HSBC uses SPEs to mitigate the capital absorbed by some of the customer loans and advances it has originated. Credit derivatives are used to transfer the credit risk associated with these customer loans and advances to an SPE, using securitisations commonly known as synthetic securitisations by which the SPE writes credit default swap protection to HSBC." HSBC (2010), S. 363.
	Da im Rahmen von synthetischen Verbriefungstransaktionen lediglich eine Übertragung von Risiken stattfindet, können Aussagen zur Übertragung von Vermögenswerten folglich nicht synthetischen Verbriefungstransaktionen zugeordnet werden: Derartige Aussagen sind grundsätzlich traditionellen Verbriefungstransaktionen zuzuordnen, es sei denn, es finden sich Informationen, die eine Kodierung als ABCP-Verbriefung nahelegen.	Nicht erforderlich.
	Auch sind in dieser Kategorie Aussagen zu erfassen, dass Conduits für die Übertragung eigener Vermögenswerte oder Vermögenswerte Dritter gegründet wurden. Voraussetzung ist jedoch, dass der Vorgang der Übertragung die zentrale Aussage darstellt. Wird stattdessen primär auf die Vermögenswerte der Conduits (Underlyings) abgestellt, ist die Aussage nicht hier, sondern in der Kategorie Underlying zu erfassen.	Beispiel für eine Aussage, die in dieser Kategorie zu erfassen ist: „The ABS structures are based on customers' receivable portfolios as well as in-house loan receivables securitized as part of active credit risk management." Commerzbank (2010), S. 180.

	Ebenfalls in diese Kategorie (und nicht in die Kategorie Underlying) fallen Aussagen zu den übertragenen Vermögenswerten oder Risiken, wenn auf der vorangegangenen Ebene eine Kodierung in der Kategorie Originator erfolgt ist.	„When BNP Paribas acquired the Fortis Group entities, the riskiest portion of their structured asset portfolio was sold to a dedicated SPV. The SPV's securitised exposures amount to EUR 12.1 billion." BNP Paribas (2009), S. 154.
	Eine Übertragung im Sinne dieser Kategorie erfordert, dass die Übertragung stets im Rahmen einer Verbriefung erfolgt. Überträgt bspw. das bilanzierende Unternehmen Vermögenswerte an ein anderes Unternehmen oder transferiert ein Conduit seine Vermögenswerte an ein anderes Conduit, ist die Aussage nicht in dieser Kategorie zu erfassen.	Beispiel für eine Aussage, die nicht in dieser Kategorie, sondern in der Kategorie Investition zu erfassen wäre: „As a result of this agreement the legal title of all Cullinan and Asscher's assets were transferred to the new conduits. By 31 December 2008, all the original assets in Cullinan and Asscher were transferred to the new conduits." HSBC (2008), S. 174.
Investition (In)	In dieser Kategorie sind alle Aussagen zu erfassen, aus denen hervorgeht, dass in Verbriefungstitel investiert wurde. Üblicherweise geschieht dies dadurch, dass Unternehmen die Refinanzierungstitel von Verbriefungsgesellschaften erwerben: Bei traditionellen Verbriefungen wird in ABS i.w.S. investiert, bei synthetischen Verbriefungen in CLN und bei ABCP-Verbriefungen in ABCP.	„In line with our goal to provide prompt and transparent information, Commerzbank published the extent of its ABS investments in the US subprime market – a volume of €1.2bn – and the underlying rating structure on which these investments were based in its 2007 midyear report." Commerzbank (2007), S. 98. „The total amount of third-party conduit Commercial Paper acquired amounted to EUR 0.2 billion at December 31, 2008." Société Générale (2008), S. 178. „Within IRS, Bancwest is the only entity that invests in securitisation positions." BNP Paribas (2008), S. 150.
	Denkbar ist auch, dass Unternehmen (einschließlich Conduits) direkt die Underlyings von Verbriefungsgesellschaften erwerben. Auch solche Aussagen sind in dieser Kategorie zu erfassen.	„Buy-back of securitized assets […]. The originators bought back the residual underlying mortgage loans at fair value." UniCredit (2008), S. 373.

		„We purchased conduit-issued commercial paper totaling € 3.5 billion and certain underlying assets totaling € 3.3 billion, and originated loans totaling € 0.8 billion.“ Deutsche Bank (2007), S. 2/30.
	Eine Investition im Sinne dieser Kategorie liegt auch vor, wenn vom Originator, Sponsor oder Administrator von der Verbriefungsgesellschaft emittierte Verbriefungstitel einbehalten bzw. erworben werden (dies ist häufig beim First Loss Piece der Fall). Ein solcher Einbehalt ist bei allen Verbriefungsarten möglich. Der Erwerb oder Einbehalt des First Loss Piece ist folglich in dieser Kategorie und nicht in der Kategorie Credit Enhancement zu erfassen.	„10% of the ABCPs issued by sponsored conduits (equivalent to EUR 1.3 billion) were held in the trading book at 31 December 2008, compared with 30% at 30 September 2008.“ BNP Paribas (2008), S. 77. „The other transaction is a synthetic securitisation transaction amounting to a total of €1,953 million at 31 December 2005. Crédit Lyonnais has retained a first-loss risk of €4.3 million.“ Crédit Agricole (2005), S. 151.
	Teilweise finden sich Aussagen zu sog. self-securitizations. Dabei handelt es sich um Verbriefungen, bei denen sämtliche von der Verbriefungsgesellschaft emittierten Verbriefungstitel vom Originator einbehalten werden. Derartige Aussagen sind ebenfalls in dieser Kategorie zu kodieren.	„The tables below do not include information on the so-called “self-securitizations”, i.e. securitization transactions in which the Group has acquired all the liabilities issued by the SPVs.“ UniCredit (2009), S. 320.
	Beim Einbehalt von Verbriefungstiteln ist zu beachten, dass wenn von „retained interest“ gesprochen wird, nicht zwingend eine Investition in Verbriefungstitel zugrunde liegen muss. Gleichermaßen muss, wenn von einer First Loss Protection die Rede ist, nicht zwingend der Einbehalt oder Erwerb des First Loss Piece gemeint sein. Vielmehr kann ein solcher Schutz auch durch spezielle Credit Enhancements erreicht werden.	„First loss protection is provided through transaction-specific credit enhancements, for example, over-collateralisation and excess spread. These credit enhancements are provided by the originator of the assets and not by HSBC.“ HSBC (2009), S. 186.
	Aussagen zum Handel mit Verbriefungstiteln sind ebenfalls in dieser Kategorie zu kodieren.	„HSBC is or has been involved in the following activities in these areas: […] trading in ABSs, including MBSs, in secondary markets […].“ HSBC (2009), S. 156.

	Ausführungen zur Refinanzierung einer Verbriefungsgesellschaft aus Sicht des Investors werden in dieser Kategorie und nicht in der Kategorie Refinanzierung erfasst.	„Thereafter, losses are absorbed by investors in the lowest ranking notes in the priority of payments. Investors in the most senior ranking debt securities are typically shielded from loss, since any subsequent losses may trigger repayment of their initial principal.“ RBS (2008), S. 139.
	Unternehmen können direkt sowie auch indirekt über Conduits in ABS investieren. Ist einer Aussage nicht zu entnehmen, dass die Investition indirekt über Conduits erfolgt ist (z.B. 2/KZ/In), ist grundsätzlich davon auszugehen, dass die Verbriefungstitel direkt erworben wurden (z.B. 1/I/In).	„Given this situation the market's need for information on the exposures held by banks increased with structured credit products being traded directly or through SPVs.“ UniCredit (2009), S. 342.
Credit Enhancement (CE)	Hier sind alle Aussagen zu Credit Enhancements zu erfassen. Beispiele für Credit Enhancements sind Garantien, Kreditzusagen, Excess Spreads, Übersicherungen oder Reservefonds. Für eine Kodierung in dieser Kategorie ist es unerheblich, ob das Credit Enhancement vom bilanzierenden Unternehmen oder von Dritten gewährt oder erhalten wurde und ob dieses in Anspruch genommen wurde oder nicht.	„The Société Générale Group provides an additional guarantee as a credit enhancement through the issuance of letters of credit in the amount of EUR 710 million (EUR 600 million as at December 31, 2007). Furthermore, the Group has granted these vehicles short-term loan facilities in the amount of EUR 18,682 million at this date (EUR 27,738 million as at December 31, 2007).“ Société Générale (2008), S. 272. „Other ABS positions with a total risk exposure of €6.3bn were held mainly by Eurohypo in Public Finance (€5.2bn) and by Commerzbank Europe (Ireland) (€1.1bn). These were principally government guaranteed securities €5.3bn), of which about €4.0bn was attributable to student loans guaranteed by the US government.“ Commerzbank (2010), S. 180.

	Vom bilanzierenden Unternehmen erworbene ABS wurden regelmäßig durch von Monolinern gewährte Garantien, üblicherweise durch Kreditderivate, abgesichert. Wie bereits bei den zugrunde liegenden ABS, fungiert das bilanzierende Unternehmen auch beim Erwerb derartiger Versicherungen als Investor, weshalb Aussagen hierzu üblicherweise als 1/I/CE zu kodieren sind.	„After assessing each monoline insurer's capacity to fulfill its obligations, an allowance was calculated for Calyon's exposure at 31 December 2007. This exposure corresponds to the positive fair value of the protection purchased on CDO units valued in accordance with the same principles as unhedged CDOs (see previous paragraph)." Crédit Agricole (2007), S. 196. „As at December 31, 2009, ABS positions with a nominal value of €11.7bn (market value €8.7bn) were hedged by means of credit default swaps (of which around €6.0bn through monoline insurers)." Commerzbank (2009), S. 167.
	Eine Kodierung in dieser Kategorie erfolgt auch dann, wenn im Zusammenhang mit Monolinern über die Verbriefungstitel berichtet wird, für die eine Garantie von Monolinern erworben wurde. Wird bspw. im Zusammenhang mit von Monolinern erworbenen Garantien über die Zusammensetzung der Verbriefungstitel berichtet, die von einer solchen Garantie profitieren, ist die Aussage nicht unter 1/I/In, sondern unter 1/I/CE zu kodieren.	„11% of the tranches held by Société Générale and hedged by monolines are rated AAA. 69% are rated AA and 20% are rated A." Société Générale (2010), S. 194.
	Da sich im Zuge der Finanzmarktkrise Geschäfte mit Monolinern selbst als risikobehaftet erwiesen, haben Unternehmen derartige Risiken teilweise erneut durch anderer Sicherungsmaßnahmen abgesichert. Aussagen zu derartigen Sicherungsgeschäften sind nicht zu kodieren, da ein unmittelbarer Bezug zur Verbriefungstransaktion fehlt.	„A proportion of this mark-to-market monoline exposure has been mitigated with CDS protection arranged with other market counterparties and other economic hedge activity." Deutsche Bank (2008), S. 2/23.
	Aussagen zu Excess Spreads sind dem Originator einer Verbriefungstransaktion zuzuordnen.	„Other Credit Enhancements: Synthetic Excess Spread" UniCredit (2008), S. 404.

Unternehmensverbindung (UV)	In dieser Kategorie sind alle Aussagen zu kodieren, die eine Verbindung mit der Verbriefungsgesellschaft thematisieren. In Abhängigkeit von der Intensität der Verbindung kann die Verbriefungsgesellschaft ein Tochterunternehmen, ein assoziiertes Unternehmen, ein Joint Venture oder eine einfache Eigenkapitalbeteiligung, die als Finanzinstrument zu behandeln ist, darstellen. Üblicherweise werden in dieser Kategorie Aussagen zur Konsolidierung von Verbriefungsgesellschaften erfasst.	„The Sofinco group also carries out securitisation transactions. At 31 December 2007, the Sofinco Group managed 12 consolidated consumer credit securitisation and dealer receivable financing vehicles in Europe." Crédit Agricole (2007), S. 206. „When we retain a subordinated interest in the assets that have been securitized, an assessment of the relevant factors is performed and, if SPEs are controlled by us, they are consolidated." Deutsche Bank (2009), S. 2/36. „As of December 31, 2008, € 0.5 billion of the additional equity was contributed to one SPE." Deutsche Bank (2008), S. 2/42.
Refinanzierung (Re)	Hier sind Ausführungen zur Refinanzierung von Verbriefungsgesellschaften zu erfassen bzw. Ausführungen, wie eine Verbriefungsgesellschaft ihre Vermögenswerte (Aktivseite) (re-)finanziert. Dies umfasst Aussagen zu den von Verbriefungsgesellschaften emittierten Verbriefungstiteln (Passivseite): ABS i.w.S. bei traditionellen Verbriefungstransaktionen, ABCP bei ABCP-Transaktionen und CLN bei synthetischen Verbriefungen. Entsprechend erfolgt die Kodierung auf Ebene 3 stets aus Sicht der Verbriefungsgesellschaft (X/KZ/Re).	„BNP Paribas also acts as arranger for customers, setting up funds that receive securitised customer assets and issuing medium and long-term bonds which are then placed by the Group." BNP (2007), S. 168. „The securitisation techniques used in this business are multi-seller conduits (ABCP) which issue short-term paper, or special purpose entities (SPEs) which issue long-term notes." Crédit Agricole (2008), S. 179. „Our liquidity exposure to these conduits is to the entire commercial paper issued of € 16.2 billion and € 25.2 billion as of December 31, 2009 and December 31, 2008, of which we held € 8.2 billion and € 5.1 billion, respectively." Deutsche Bank (2009), S. 2/36.

	Eine Ausnahme stellen Aussagen zur Refinanzierung von synthetischen Verbriefungstransaktionen dar, bei denen keine Verbriefungsgesellschaft zwischengeschaltet wurde. Aussagen hierzu sind auf Ebene 3 folglich nicht aus Sicht einer Verbriefungsgesellschaft, sondern üblicherweise aus Sicht des Originators zu erfassen (X/O/Re).	Nicht erforderlich.
	Weiterhin können in dieser Kategorie Ausführungen zu erfassen sein, deren Aussage darin besteht, dass Verbriefungstransaktionen (auch aus Sicht eines Unternehmens) eine Möglichkeit der (Re-)Finanzierung darstellen bzw. Verbriefungsgesellschaften als (Re-)Finanzierungsquelle verwendet werden. Je nach Formulierung kann jedoch auch eine Kodierung in der Kategorie Übertragung erforderlich sein (bspw. wenn es heißt, dass durch die Übertragung von Vermögenswerten auf eine Verbriefungsgesellschaft Liquidität freigesetzt wird).	Beispiele für Aussagen, die in dieser Kategorie zu erfassen wären: „The Group sponsors own-asset securitisations as a way of diversifying funding sources, managing specific risk concentrations, and achieving capital efficiency.“ RBS (2008), S. 139. „HSBC would meet unexpected net cash outflows by selling securities and accessing additional funding sources such as interbank or asset-backed markets.“ HSBC (2005), S. 151.
Servicing (Se)	In dieser Kategorie werden Aussagen erfasst, aus denen hervorgeht, dass das Unternehmen Servicetätigkeiten anbietet. Derartige Leistungen sind bspw. die Strukturierung von Verbriefungstiteln oder das Verwalten von Verbriefungsprogrammen. Auch Aussagen zum Underwriting sind in dieser Kategorie zu erfassen.	„BNP Paribas also acts as arranger for customers, setting up funds that receive securitised customer assets and issuing medium and long-term bonds which are then placed by the Group.“ BNP Paribas (2006), S. 150. „As an administrative agent for the commercial paper programs, we facilitate the purchase of non-Deutsche Bank Group loans, securities and other receivables by the commercial paper conduit (conduit), which then issues high-grade, short-term commercial paper that is collateralized by the underlying assets to the market to fund the purchase.“ Deutsche Bank (2007), S. 2/28.

	Sofern nicht anders spezifiziert, werden Aussagen zu Servicetätigkeiten grundsätzlich der Rolle des Administrators zugewiesen.	„The Group assists companies with the formation of asset securitisations“ Barclays (2006), S. 63. „Fee and commission income: breakdown [...] e) securitization servicing 79,754“ UniCredit (2006), S. 299.
	Ist allein aus der Bezeichnung des Administrators auf die Servicetätigkeit zu schließen (bspw. wenn von einem Issuer die Rede ist) und stellt diese Tätigkeit die zentrale Aussage dar (und nicht, dass der Administrator neben der Servicetätigkeit z.B. noch eine Garantie gewährt), dann ist die Aussage in dieser Kategorie zu kodieren und nicht in der Kategorie keine Zuordnung.	„Being associated with the Group also proved its worth in executing this transaction, since Commerzbank Corporate & Markets acted as lead manager for the placement of the securitization, this realizing income synergies.“ Commerzbank (2006), S. 51. „Issuer: Capital Mortgage Srl; Servicer: UniCredit S.p.A.; Arranger: UniCredit S.p.A.“ UniCredit (2010), S. 299.
Underlying (Un)	Aussagen, die sich auf die von den Verbriefungsgesellschaften gehaltenen Vermögenswerte beziehen, sind in dieser Kategorie zu kodieren. Bei traditionellen Verbriefungsgesellschaften handelt es sich dabei üblicherweise um Hypotheken oder andere, nicht bereits verbriefte Kredite. Typisch für Vermögenswerte von Verbriefungsgesellschaften, die im Rahmen von synthetischen Verbriefungstransaktionen gegründet wurden, sind Derivate (i.d.R. CDS) und festverzinsliche Wertpapiere. Vermögenswerte von Conduits setzen sich i.d.R. aus Verbriefungstiteln (ABS i.w.S.) zusammen, können jedoch auch aus noch nicht verbrieften Krediten bestehen. Da derartige Aussagen stets aus Sicht der Verbriefungsgesellschaft erfolgen, ist die Kodierung auf Ebene 3 stets in der Katgorie keine Zuordnung vorzunehmen (X/KZ/Un).	„The amount of assets held by these vehicles amounted to EUR 16 billion at December 31, 2008 (compared to EUR 19 billion at December 31, 2007).“ Société Générale (2008), S. 177. „Over 49% of the structured credit products (i.e. RMBS, CMBS, CDO and CLO/CBO) held by the conduits were rated AA or better and over 39% were rated triple-A.“ UniCredit (2010), S. 347. „Structured investment vehicles (‘SIVs’) are SPEs which are established to invest in diversified portfolios of interest-earning assets, generally comprising asset-backed debt securities and other debt securities issued by financial institutions or corporates.“ HSBC (2007), S. 183.

Keine Zuordnung (KZ)	Enthält die Aussage keine Informationen zu Verflechtungen, ist sie in dieser Kategorie zu erfassen. Dies ist bspw. bei Aussagen der Fall, die keine weiteren Informationen als diejenigen enthalten, die bereits durch die vorgelagerten Kategorieebenen erfasst sind. Ebenso trifft dies auf Aussagen zu, die im Glossary eines Geschäftsberichts erfolgen und Beschreibungen oder Definitionen darstellen.	„The BNP Paribas Group carries out securitisation programmes involving the creation of special-purpose entities on behalf of its customers." BNP Paribs (2006), S. 150 „Commercial Mortgage Backed Securities (CMBSs): Asset Backed Securities (q.v.) with commercial mortgages as underlyings." UniCredit (2008), S. 622..
	Ist einer Aussage aufgrund einer ungenauen Formulierung nicht zu entnehmen, welche der genannten Verflechtungen angesprochen ist, ist sie ebenfalls in dieser Kategorie zu erfassen.	Kontextabhängig.
	Auch fallen in diese Kategorie Aussagen, die Verflechtungen beschreiben, die nicht den zuvor genannten entsprechen.	„Already in 2007 the Group provided ample information on these products, on the operations of the sponsored conduits and on derivatives with customers, together with the principles followed to measure and manage risk." UniCredit (2009), S. 342.
Kategorieebene 5: Inhalt der Information		
Ebenenspezifische Kodierregeln	Eine Kodiereinheit kann mehrere Inhalte transportieren, weshalb sich eine Kodierung nicht auf eine der im Folgenden genannten Kategorien beschränken muss. Heißt es bspw., dass „Abschreibungen auf das available for sale US subprime mortgage backed ABS-Portfolio" angefallen sind, wäre die Aussage in den Kategorien Ergebnisauswirkung (Abschreibungen), Bilanzierung (available for sale), Charakteristika (US subprime) und Zusammensetzung (mortgage) zu kodieren.	
Kategorie	**Definition und Kodierregeln**	**Ankerbeispiele**
Volumen (dunkelgrün)	Hierunter fallen Aussagen, die das Volumen (i.S.v. Ausmaß) eines im Zusammenhang mit Verbriefungstransaktionen getätigten Engagements („Exposure") bzw. einer Verflechtung thematisieren.	„HSBC's principal multi-seller conduits are Regency Assets Limited ('Regency'), Bryant Park Funding Limited LLC ('Bryant Park'), Abington Square Funding LLC ('Abington Square', inactive since March 2008) and Performance Trust." HSBC (2009), S. 182.

	Das Volumen kann in vielfältiger Form dargestellt werden: • Es kann betragsmäßig angegeben werden (z.B. Exposure in ABS ist XY €). • Es kann explizit angesprochen werden (z.B. das Volumen in ABS hat abgenommen). • Es kann beschrieben werden (z.B. dass die Mehrheit der Credit Enhancements gestellt wurde oder dass bei Verbriefungstiteln nur ein Teil in ABS investiert wurde). • Es kann sich aufgrund einer quantitativen oder qualitativen Aufzählung ergeben (quantitativ, z.B.: wir haben 14 ABS-Transaktionen durchgeführt; qualitativ, z.B.: folgende ABS-Transaktionen wurden durchgeführt: ABS Fund1 und MBS Fund1).	„The US RMBS portfolio had a risk value of €0.7bn at the end of the year (December 31, 2009: €0.9bn).“ Commerzbank (2010), S. 177. „The net book values of the relevant assets (net of associated liabilities) amounted to €3,588 million at 31 December 2007 compared with €3,620 million at 31 December 2006.“ Crédit Agricole (2007), S. 206. „HSBC also typically provides part of the liquidity facilities to the entities, together with secondary credit enhancement.“ HSBC (2005), S. 183. „We reduced the lines of credit available to the clients in 2008, which resulted in a decline in commercial paper issued by the conduits and the amount of assets held.“ Deutsche Bank (2008), S. 2/39. „The slight rise in the US dollar acted against this, causing a modest volume increase.“ Commerzbank (2008), S. 160.
	Nicht jede Aussage zum Volumen führt automatisch zu einer Kodierung in dieser Kategorie. Volumen ist nicht so zu verstehen, dass dies immer dann angesprochen ist, wenn quantitative Beträge aufgeführt werden. Eine quantitative Darstellung der Auswirkungen einer Sensitivitätsanalyse auf Verbriefungstitel hat bspw. nichts mit Volumen zu tun. Vielmehr erfolgen Aussagen zum Volumen häufig im Zusammenhang mit weiteren Aussagen, die in anderen Kategorien zu erfassen sind. Deshalb ist es notwendig festzustellen, welcher Stellenwert der Aussage zum Volumen im Rahmen der Kodiereinheit zukommt.	Beispiel, wo allein das Volumen die zentrale Aussage ist (Kodierung in Volumen und nicht in Bilanzierung): „These instruments have a fair value of €584,515 thousand and a notional amount of €3,575,560 thousand.“ Unicredit (2008), S. 459. Beispiel für gleichgewichtete Aussagen (Kodierung in Volumen und Bilanzierung): „HSBC's holdings of available-for-sale ABSs fell by US$8.2 billion to US$48.1 billion in 2009.“ HSBC (2009), S. 152. Beispiel für gleichgewichtete Aussagen (Kodierung in Volumen, Zusammensetzung und Charakteristika): „Sub-prime residential mortgage-related assets included US$3,746 million

	Eine (ggf. zusätzliche) Kodierung in dieser Kategorie ist erforderlich, wenn • die Aussage zum Volumen die zentrale Aussage darstellt, oder • die Aussage zum Volumen im Verhältnis zu weiteren Informationen gleichgewichtet ist. Keine Kodierung ist vorzunehmen, wenn sich die Aussage primär auf andere Informationen bezieht, die in anderen Kategorien zu erfassen sind, und die Aussage zum Umfang/Exposure deshalb von untergeordneter Bedeutung ist.	(2008: US$5,894 million) relating to US originated assets and US$1,141 million (2008: US$1,100 million) relating to UK non-conforming residential mortgage related assets.“ HSBC (2009), S. 162. Beispiel, wo lediglich eine Kodierung in der Kategorie Bilanzierung erfolgt: „£2.3 billion of these assets were reclassified from the held-for-trading category to the loans and receivables (£0.8 billion) and available-forsale (£1.5 billion) categories during the year.“ RBS (2008), S. 134.
	Ebenfalls sind in dieser Kategorie Aussagen zu erfassen, die darauf hinweisen, dass das Unternehmen in keinem oder nur in einem geringen Ausmaß in Verbriefungstransaktionen involviert war. Einer solchen Kodierung steht nicht entgegen, dass der Umfang des Engagements durch eine eigene Kategorie auf Ebene 6 erfasst wird.	„Grupo Santander's exposure to instruments and complex structured vehicles is very limited: […] Limited exposure to hedge funds, asset-backed securities, monoliners, conduits, etc […].“ Santander (2007), S. 146.
Erläuterung (rot)	In dieser Kategorie sind Aussagen zu kodieren, die Sachverhalte im Zusammenhang mit Verbriefungen definieren oder erklären. Dies kann bspw. Aussagen zum Aufbau oder zum Geschäftsmodell einer Verbriefungsgesellschaft beinhalten.	„The cash flows received by the conduits from the third-party assets are used to service the funding and provide a commercial rate of return for HSBC for structuring, for various other administrative services, and for the liquidity and credit support it gives to the conduits.“ HSBC (2009), S. 182. „Customer conduits require the formation and management of a bankruptcy-remote company (i.e., one that would be immune from any financial difficulties of the originator) which directly or indirectly buys receivables created by companies outside the Group.“ UniCredit (2008), S. 453.

		„UniCredit SpA acts as „Servicer" for all transactions concerned. As per the agreements entered into with issuing companies (special purpose vehicles - SPV), servicing consists of performing, on behalf of these companies, administrative, collection and securitized loan collection activities as well as the management of any recovery procedures for impaired loans." UniCredit (2010), S. 293.
	Aussagen, die im Rahmen eines Glossaries vorgenommen wurden, sind in dieser Kategorie zu kodieren.	„Securitization: Transfer of a portfolio of assets to a Special Purpose Vehicle (q.v.) and the issue of securities with various levels of seniority to meet any default by the underlying assets." UniCredit (2008), S. 624.
	Auch die Erklärung von Abkürzungen ist in dieser Kategorie zu erfassen.	„CDO = Colateralized Debt Obligation; CLO = Collateralized Loan Obligation." BNP Paribas (2003), S. 300.
	Werden im Rahmen von in dieser Kategorie zu kodierenden Begriffserklärungen Merkmale dargestellt, die im Sinne eines allgemeinen Verständnisses typisch für den zu erklärenden Sachverhalt sind, sind diese nicht durch Kodierungen in weiteren Kategorien zu erfassen. Wird bspw. im Rahmen der Erklärung von RMBS oder CMBS gesagt, dass es sich dabei um mit Hypotheken besicherte Wertpapiere handelt, hat keine zusätzliche Kodierung in der Kategorie Zusammensetzung zu erfolgen.	Beispiel für eine Aussage, die keine zusätzliche Kodierung in der Kategorie Zusammensetzung erfordert: „CMBSs: Commercial mortgage backed securities are notes issued by SPVs whose redemption depends on the performance of commercial mortgages securitized by a non-Group originator." UniCredit (2008), S. 461. Beispiel für eine Aussage, die eine zusätzliche Kodierung in der Kategorie Zusammensetzung erfordern würde, da es sich dabei um kein typisches i.S.e. allgemein gültigen Merkmals von „mezzanine ABS tranches" handelt: „Even original AAA and AA ratings were affected, especially if they involved mezzanine ABS tranches (CDOs with underlying assets consisting of RMBS tranches with A and BBB ratings)." Commerzbank (2007), S. 99.

Zusammen-setzung (schwarz)	In dieser Kategorie sind Aussagen zu kodieren, die die Zusammensetzung von Sachverhalten wiedergeben, bspw. indem die Zusammensetzung von Verbriefungstiteln, von Underlyings oder von Credit Enhancements genannt wird.	„Less liquid assets may be swiftly converted into cash as part of the daytoday management of liquidity, by securitising pools of home loans and consumer loans granted to retail banking customers, as well as pools of corporate loans.“ BNP Paribas (2007), S. 149. „Under both structures, commercial paper, notes, or equity interests are issued to investors to fund the purchase of receivables, and cash received from the receivables is used to service the finance provided by the investors.“ HSBC (2005), S. 398. „The majority of securitisations are supported through liquidity facilities, other credit enhancements and derivative hedges extended by financial institutions, some of which offer protection against initial defaults in the pool of assets.“ RBS (2008), S. 139. „CDOs of ABS with Partial Subprime“ UniCredit (2007), S. 1/42.
	Ebenfalls in dieser Kategorie sind Aussagen zu erfassen, wenn eine besondere Bedeutung auf die Art einer Garantie oder auf die Art der Refinanzierung gelegt wird.	„KfW Guarantee“ UniCredit (2006), S. 378. „In these transactions, the assets, or interests in the assets, or beneficial interests in the cash flows arising from the assets, are transferred to a special purpose entity, or to a trust which then transfers its beneficial interests to a special purpose entity, which then issues floating rate debt securities to third-party investors.“ Barclays (2008), S. 233.
	Aussagen zu von Monolinern erworbenen Credit Enhancements erfordern aufgrund dieses Umstandes grundsätzlich keine Kodierung in dieser Kategorie oder in der Kategorie Charakteristika. Eine Ausnahme könnte sein, wenn der Art der Versicherungsgeber oder der Zusammensetzung der Versicherungsgeber eine zentrale Bedeutung zukommt.	Beispiel für eine solche Ausnahme: „The protection purchased is from banks as opposed to monoline insurers and the credit valuation adjustment on banks is less than on monoline insurers.“ RBS (2008), S. 134.

	Wenn die Bezeichnung des Underlyings sich ausschließlich auf den Begriff „loans“ oder „assets“ beschränkt, reicht dies nicht für eine Kodierung in dieser Kategorie.	„The assets underlying these securitization transactions are non-performing loans, whose carrying amount was €1,005 million at December 31, 2009, as against a face value of € 4,578 million.“ UniCredit (2009), S. 202.
	Häufig finden sich vor Verbriefungstitel bzw. Underlyings die Attribute „subprime“, „prime“ oder „Alt-A“. Diese sind in der Kategorie Charakteristika und nicht in dieser Kategorie zu kodieren	„The banking book has negligible exposure to subprime and Alt-A mortgages, US CMBSs, and related CDOs.“ BNP Paribas (2008), S. 82.
	Der Begriff „Residential/Commercial Mortgage Backed Security“ wird als fester Ausdruck angesehen. Die Attribute „residential“, „commercial“ oder „mortgage“ rechtfertigen in diesen Fällen deshalb weder eine Kodierung in dieser Kategorie, noch in der Kategorie Charakteristika.	Nicht erforderlich.
Charakteristika (braun)	In dieser Kategorie sind Aussagen zu erfassen, die Charakteristika von Sachverhalten beschreiben. Damit sind v.a. Attribute oder Adjektive gemeint, die die Ausführungen zu Verbriefungen konkretisieren. Hierunter fallen bspw. Aussagen zur Qualität, zur Seniorität, zur Laufzeit und Fälligkeit, zum Rating oder zur geografischen Herkunft der Verbriefungstitel oder der Underlyings.	„The portfolio of CLOs and corporate CDOs is highly diversified. It comprises bonds and corporate loans. 83% of the US assets are rated AA or higher. 64% of the assets in other countries are rated AA or higher.“ BNP Paribas (2009), S. 91. „The asset pools acquired by the conduits are structured so that the credit enhancement the conduits receive, which equates to senior investment grade ratings, and the benefit of liquidity facilities typically provided by HSBC mean that the CP issued by the multi-seller conduits is itself highly rated.“ HSBC (2009), S. 182. „Over 82% of the exposure is toward countries belonging to European Union. Exposure to Greece, Ireland, Portugal and Spain accounts for 21.52%, most of which concerns exposures to Spanish underlying assets (13%).“ UniCredit (2010), S. 350.

		„Furthermore, the Group has granted these vehicles short-term loan facilities in the amount of EUR 18,682 million at this date (EUR 27,738 million as at December 31, 2007).“ Société Générale (2008), S. 272.
	Auch Aussagen zur Eigenart des Verbriefungsprozesses, bspw. ob es sich dabei um True-Sale- oder Pass-Through-Transaktionen handelt, fallen in diese Kategorie. Gleiches gilt für Aussagen, die Conduits als Single-Seller-, Multi-Seller- oder Securities-Backed- bzw. Arbitrage-Conduits näher spezifizieren.	„Issuing activity was concentrated on true-sale securitizations last year.“ Commerzbank (2005), S. 81. „The Group no longer sponsors any securitisation arbitrage conduits.“ RBS (2008), S. 140.
	Häufig finden sich vor Verbriefungstitel und Underlyings die Attribute „subprime“, „prime“ oder „Alt-A“. Diese sind in dieser Kategorie zu erfassen, da sie Rückschlüsse auf die Qualität erlauben.	„The banking book has negligible exposure to subprime and Alt-A mortgages, US CMBSs, and related CDOs.“ BNP Paribas (2008), S. 82.
Bilanzierung (rosa)	In diese Kategorie fallen alle Aussagen zu Bilanzierungs- und Bewertungsmethoden. Dies beinhaltet z.B. Ausführungen zur Bestimmung des Fair Values von ABS, zur (Um-)Kategorisierung von ABS im Rahmen ihrer Bewertung, zur Bestimmung von Wertminderungen oder zur Ausbuchung von Vermögenswerten. Auch Aussagen zu dabei vorgenommenen Ermessensentscheidungen und Annahmen sind hier zu erfassen.	„The sensitivity to a 10% change in loss scenarios for the loans underlying the CDOs measured at fair value at 31 December 2008 is (€147) million.“ Crédit Agricole (2008), S. 144. „The CDO and RMBS portfolios affected are allocated to the IAS 39 category ”Available for Sale” in the financial investments. They are therefore measured at fair value.“ Commerzbank (2007), S. 153. „The estimated future cash flows of these securities are assessed to determine whether any of their cash flows are unlikely to be recovered as a result of events occurring on or before the balance sheet date.“ HSBC (2009), S. 178.

	Die Abgrenzung, ob eine Aussage in die Kategorie Bilanzierung oder Ergebnisauswirkung fällt, gestaltet sich teilweise als problematisch. Der Grund hierfür ist, dass Sachverhalte angesprochen sein können, die beide Kategorien tangieren (z.B. Aussagen zu Abschreibungen oder Gewinnen). Entscheidend für eine Kodierung in dieser Kategorie ist, dass methodische Fragestellungen im Mittelpunkt stehen. Im Zusammenhang mit Wertminderungen wäre dies bspw. der Fall, wenn dargestellt wird, wie die Höhe der Wertminderung bestimmt wurde oder welche Abschreibungsmethode verwendet wurde. Eine Kodierung in der Kategorie Ergebnisauswirkung wäre hingegen erforderlich, wenn sich die Aussage darauf bezieht, dass Abschreibungen (in einer bestimmten Höhe) angefallen sind.	Beispiele für eine Kodierung ausschließlich in dieser Kategorie: „In respect of CDOs, in order to determine whether impairment has occurred, the expected future cash flows of the CDOs are compared with the total of the underlying collateral on the nondefaulted assets and the recovery value of the defaulted assets. In the event of a shortfall, the CDO is considered to be impaired." HSBC (2009), S. 178. „Gains or losses on securitization depend in part on the carrying amount of the transferred financial assets, allocated between the financial assets derecognized and the retained interests based on their relative fair values at the date of the transfer." Deutsche Bank (2009), S. 2/167. Beispiel für eine Kodierung in der Kategorie Bilanzierung und Ergebnisauswirkung: „The negative balance of € 121 million as of December 31, 2009 included net losses of € 831 million from debt securities in Group-sponsored asset-backed commercial paper („ABCP") conduits which were reclassified out of financial assets available for sale to the loans category as of July 1, 2008, following the amendments to IAS 39. These unrealized losses, which occurred prior to the reclassification date, are amortized through profit or loss until maturity of the assets based on the effective interest rate method." Deutsche Bank (2009), S. 2/33.

	Auch Aussagen zu bilanziellen Fragestellungen im Zusammenhang mit einer Konsolidierung von Verbriefungsgesellschaften sind hier zu kodieren. Dies beinhaltet bspw. die Darstellung der Umstände, die zu einer Konsolidierung von Verbriefungsgesellschaften führen (z.B. das Tragen der Mehrheit der Chancen oder Risiken), die Art der Konsolidierungsmethode oder dass eine Konsolidierung in Übereinstimmung mit Konsolidierungsstandards (z.B. SIC-12) erfolgt ist.	„Due to the activity performed, the Group bears most of the risk and receives most of the return on conduit business and also has control of the conduits. Consequently, as required by IAS 27 and SIC 12, we have consolidated the above-listed SPVs.“ UniCredit (2008), S. 454. „The SPEs are not consolidated by HSBC when the investors bear substantially all the risks and rewards of ownership through the notes.“ HSBC (2009), S. 190. „All assets have been fully consolidated in the balance sheet of Commerzbank Group for many years and are subject to ongoing risk monitoring.“ Commerzbank (2008), S. 160.
	Allein die Darstellung von Buch- oder Nominalwerten oder dass Verbriefungstitel zum Fair Value oder zu historischen Kosten bewertet wurden, führt nicht zwingend zu einer Kodierung in dieser Kategorie. Entscheidend für eine Kodierung wäre, dass der Bewertung, bspw. zu historischen Kosten, im Rahmen der Aussage eine zentrale Rolle zukommt.	Beispiel für eine Kodierung in der Kategorie Volumen, nicht jedoch in dieser Kategorie: „The net book values of the relevant assets (net of associated liabilities) amounted to €3,588 million at 31 December 2007 compared with €3,620 million at 31 December 2006.“ Crédit Agricole (2007), S. 206.
	Aussagen, dass Sachverhalte außerbilanziell zu erfassen sind („off-balance-sheet-Behandlung“), sind ebenfalls in dieser Kategorie zu kodieren.	„Total assets of HSBC’s securitisations which are off-balance sheet: […]“ HSBC (2009), S. 189.
	Ferner fallen in diese Kategorie Aussagen zu Rechnungslegungsstandards und Rechnungslegungssystemen.	„In limited situations we consolidate some SPEs for both financial reporting and German regulatory purposes.“ Deutsche Bank (2009), S. 2/34. „On an IFRSs accounting basis, the carrying value of the liability for the capital notes at 31 December 2009 amounted to US$0.7 billion (2008: US$0.9 billion).“ HSBC (2009), S. 155.

Ergebnis-auswirkung (gelb)	In dieser Kategorie sind Aussagen zu erfassen, die Informationen zu Auswirkungen auf das Gesamtergebnis beinhalten. Das Gesamtergebnis umfasst neben erfolgswirksamen auch erfolgsneutrale Komponenten. Beispiele sind Aussagen zu Gewinnen, Verlusten, Erträgen, Aufwendungen, Zu- und Abschreibungen, Wertminderungen oder Änderungen der Bewertungsreserve.	„The impact on 2008 NBI from measuring CDOs at fair value was (€533) million. This includes the net profit or loss on the CDOs measured at fair value […].“ Crédit Agricole (2008), S. 144. „Impairment charges of US$1.4 billion were identified on ABSs with a nominal value of US$2.6 billion and were taken to the income statement in 2009. However, due to the underlying credit quality and seniority of the tranches held by HSBC, the expected cash flow impairment on these securities was a more modest US$378 million.“ HSBC (2009), S. 74. „Calyon has no impaired securitisation assets or exposures with payment arrears.“ Crédit Agricole (2008), S. 180. „The major reassessment in the Portfolio Restructuring Unit had already been put into action in previous years as part of the reduction strategy. With improved market conditions for structured credit products, loan loss provisions fell by more than €250m once again in 2010.“ Commerzbank (2010), S. 185.
	Keine Voraussetzung ist, dass die Auswirkung auf das Gesamtergebnis unmittelbar genannt wird. So fällt bspw. die Passivierung einer Rückstellung in diese Kategorie, da diese mit einer Aufwandsbuchung und somit einer Auswirkung auf das Ergebnis verbunden ist.	„All these exposures were known and were duly provisioned at the time of the purchase.“ Santander (2008), S. C/147.
	Ebenfalls keine Voraussetzung für eine Kodierung in dieser Kategorie ist, dass die Darstellung der Ergebnisauswirkung in quantitativer Form erfolgt. Vielmehr kann dies auch qualitativ erfolgen.	„For these services the Group receives fees and also benefits from the spread between the return on the assets purchased by the SPV and the securities issued.“ UniCredit (2008), S. 453. „In Global Banking and Markets, there was lower performance pay partly offset by exit costs on the closure of the mortgage-backed trading business.“ HSBC (2007), S. 157.

	Teilweise gestaltet sich die Abgrenzung zur Kategorie Bilanzierung als problematisch. Der Grund hierfür ist, dass Sachverhalte angesprochen sein können, die beide Kategorien tangieren (z.B. Aussagen zu Abschreibungen oder Gewinnen). Entscheidend für eine Kodierung in dieser Kategorie ist, dass nicht methodische Fragestellungen im Mittelpunkt stehen, sondern die Auswirkung auf das Gesamtergebnis. Bspw. ist in dieser Kategorie eine Aussage zu erfassen, die darstellt, dass Abschreibungen in einer bestimmten Höhe auf Verbriefungstitel vorgenommen wurden. Nicht hier, sondern in der Kategorie Bilanzierung wäre die Aussage zu erfassen, wenn es hingegen um die Vorgehensweise zur Ermittlung derartiger Abschreibungen gehen würde.	Siehe oben.
Motiv (lila)	In diese Kategorie fallen Aussagen die darstellen, welche Motive im Zusammenhang mit Verbriefungstransaktionen eine Rolle spielen. Dem Ausdruck „Motiv“ liegt dabei ein weites Verständnis zugrunde, so dass auch Aussagen zu Zwecken, Zielen oder Absichten in dieser Kategorie zu erfassen sind. Keine Voraussetzung ist, dass explizit von Motiven gesprochen wird. Vielmehr können diese auch implizit erkennbar sein.	Beispiele für explizit erkennbare Motive: „The aim is to reduce concentration of corporate credit exposures, to diversify the portfolio and to reduce loss levels.“ Crédit Agricole (2008), S. 181. „[…] holding MBSs and other ABSs in balance sheet management activities, with the intention of earning net interest income over the life of the securities […].“ HSBC (2009), S. 156. „The Group’s objectives when carrying out these transactions are usually the following: to free up economic and regulatory capital by carrying out transactions that reduce capital requirements under current rules by reducing credit risk […].“ UniCredit (2008), S. 449.

		Beispiele für implizit erkennbare Motive: „The growth in securitisation in 2007 was the result of its use as a tool for the management of regulatory capital and as a means of diversifying the Group's liquidity sources." Santander (2007), S. 226. „Prior to the implementation of Basel II, it was capital efficient to many bank investors to invest in highly-rated investment securities in this way." HSBC (2009), S. 182. „Credit enhancements to the underlying assets may be used to obtain investment grade ratings on the senior debt issued by the SPEs." HSBC (2009), S. 189.
	Wird in der Aussage nicht explizit von Motiven gesprochen, kann sich die Abgrenzung zur Kategorie Erläuterung als problematisch erweisen. Entscheidend für eine Kodierung ist letztendlich, ob der Charakter eines implizit erkennbaren Motivs oder der einer Erläuterung überwiegt.	Beispiel für eine Aussage, die nicht in dieser Kategorie, sondern in der Kategorie Erläuterung zu kodieren ist: „The use of credit derivatives (such as credit default swaps, total return swaps and credit-linked notes) can reduce the risk weighting of a loan portfolio. The hedging effect of a credit derivative may relate both to individual loans or securities and to entire portfolios of loans or securities. As a rule, security is furnished by means of a synthetic securitization by credit default swap (CDS) and/or by credit-linked notes (CLNs)." Commerzbank (2010), S. 311.
Regulatorischer Hintergrund (hellgrün)	In diese Kategorie fallen alle Aussagen, die einen regulatorischen Hintergrund aufweisen. Dies beinhaltet z.B. Ausführungen zu aufsichtsrechtlichen Vorschriften oder wie Verbriefungspositionen im Rahmen der risikogewichteten Aktiva und des regulatorischen Kapitals zu berücksichtigen sind.	„Basel II specifies two methods for calculating credit risk requirements for securitisation positions in the non-trading book, being the standardised and IRB approaches." HSBC (2009), S. 287. „Under the new Basel II prudential rules, securitisation risk-weighted assets amount to 2% of the Group's total risk-weighted assets." BNP (2008), S. 262.

	Üblicherweise wird in diesem Zusammenhang von „securitization positions" gesprochen. Damit werden allgemein Verbriefungsengagements bezeichnet, die aufgrund unterschiedlichster Verbriefungsarten, Rollen des Unternehmens und Verflechtungen resultieren können, weshalb bspw. auch gegebene Garantien „securitization positions" darstellen können. Soweit nicht näher spezifiziert, lassen sich solche Aussagen deshalb keiner Kategorie der vorangegangenen Ebenen zuordnen, sondern sind als 4/KZ/KZ zu kodieren.	„Out of the EUR 4.6 billion of securitisation positions with an external rating, a large majority (76% by EAD, versus 92% as of 31 December 2008) are rated above AA- and therefore have a risk weight of 20%." BNP Paribas (2009), S. 269.
	Aussagen zur Freisetzung oder Verwendung von Kapital im Zusammenhang mit Verbriefungstransaktionen sind nur dann in dieser Kategorie zu erfassen, wenn ein regulatorischer Hintergrund eindeutig erkennbar ist.	Beispiel, wo ein regulatorischer Hintergrund nicht erkennbar ist: „Market instruments -such as credit derivatives, CLOs etc.- are used to reduce and diversify counterparty risks, enabling the Group to optimise its use of capital." Crédit Agricole (2005), S. 157.
	Methoden zur Bestimmung von Kredit-, Markt-, Liquiditäts- und operativen Risiken im Zusammenhang mit aufsichtsrechtlichen Vorschriften (z.B. Basel II) sind in dieser Kategorie und nicht in der Kategorie Risikomanagement zu erfassen.	Nicht erforderlich.
Mikroebene (orange)	In dieser Kategorie werden sowohl Aussagen zu ökonomisch motivierten Handlungen im Zusammenhang mit Verbriefungstransaktionen als auch Aussagen zur Bedeutung von Verbriefungstransaktionen für das bilanzierende Unternehmen erfasst.	„Expenses were also reduced by savings initiatives started in late 2006 and early 2007 though these were offset by the restructuring costs associated with the Group's exit from the mortgage-backed securities business." HSBC (2007), S. 98.
	Ökonomisch motivierte Handlungen basieren auf realen Vorgängen und grenzen sich somit von sachverhaltsgestaltenden (bilanzpolitischen) Maßnahmen ab. Derartige Handlungen sind z.B. die Abwicklung, Liquidation, Restrukturierung oder der Verkauf von Verbriefungstiteln oder Verbriefungsgesellschaften. Auch der Stopp einer Vergabe von Credit Enhancements würde eine solche Handlung darstellen.	„Given the asset quality of the underlyings, the best business strategy was considered to be retention in the bank's books." UniCredit (2008), S. 372. „The current market turmoil has created a significant contraction in investor demand for the securities issued by these conduits. The Group has consequently purchased directly all their outstanding commercial paper." UniCredit (2008), S. 453.

		„We have not provided any additional financial support to these vehicles as a result of the general market difficulties […].“ Deutsche Bank (2007), S. 2/33. „Since integration in the Group, these positions have been reduced notably in order to eventually eliminate them from the balance sheet.“ Santander (2010), S. A/196. „Since the first quarter of 2007, Calyon has stopped originating new CDO transactions with US real-estate underlyings.“ Crédit Agricole (2007), S. 122.
	Aussagen zur Bedeutung von Verbriefungstransaktionen für das bilanzierende Unternehmen sind ebenfalls in dieser Kategorie zu erfassen. Dies beinhaltet auch Ausführungen zur Entwicklung von Verbriefungsaktivitäten auf Unternehmensebene. Von Bedeutung ist, dass die Aussagen aus Sicht des bilanzierenden Unternehmens erfolgen. Nur so kann eine Abgrenzung zur Kategorie externe Rahmenbedingungen gewährleistet werden.	„These activities are not a significant part of Global Banking and Markets' business, and Global Banking and Markets is not reliant on them for any material aspect of its business operations or profitability.“ HSBC (2009), S. 157. „The Group has a leading position in structuring, distributing and trading asset-backed securities (ABS).“ RBS (2007), S. 43. „This figure mainly reflects a strong focus on structured products such as CDOs (net inflows of EUR 12.7 billion, representing 46% of the total for the year), in which SGAM holds a market share of just over 10%.“ Société Générale (2005), S. 32. „Whilst there are plans to decrease the multi-seller conduit business in line with the Group's balance sheet, the Group is reviewing the potential for new own-asset conduit structures to add funding diversity.“ RBS (2008), S. 106.

Risikomanagement (grau)	In dieser Kategorie werden Ausführungen zum Risikomanagement erfasst. Aussagen hierzu lassen sich regelmäßig wie folgt unterscheiden: Zum einen, dass Verbriefungstransaktionen eine Möglichkeit des Risikomanagements darstellen, zum anderen, dass ein Risikomanagement aufgrund von Risiken im Zusammenhang mit Verbriefungstransaktionen erforderlich ist.	„Following the inclusion of such risk reduction mechanisms, HSBC has, in certain circumstances, retained all or a portion of the underlying exposure in the transaction.“ HSBC (2009), S. 190. „However, assessment and monitoring of risk underlying securitizations are performed with regard not to exposure to the SPV but rather to the sold receivables, which are monitored continuously by means of Interim reports showing status of the receivables and repayment performance.“ UniCredit (2008), S. 451. „The corporate and investment banking business may use credit derivatives and a range of risk-transfer instruments, including securitisation, in managing its banking book.“ Crédit Agricole (2007), S. 109.
	Ebenfalls in dieser Kategorie sind Aussagen zum Liquiditäts- oder Portfoliomanagement zu kodieren.	„Less liquid assets may be converted into liquid assets or collateralised as part of the day-to-day management of liquidity, by securitising pools of consumer loans granted to retail banking customers, as well as pools of corporate loans.“ BNP Paribas (2008), S. 162. „Transactions carried out by Calyon[:] As part of its portfolio management strategy, Calyon manages synthetic securitisation transactions to transfer the credit risk on some of its portfolios to the market.“ Crédit Agricole (2008), S. 252.
		„With regard to investment in other parties' securitizations, i.e. structured credit products, these instruments were ring-fenced in a separate portfolio managed with a view to maximizing future cash flow.“ UniCredit (2008), S. 372.

	Auch Ausführungen zur Bestimmung von (Kredit-)Risiken fallen in diese Kategorie, es sei denn, diese weisen einen regulatorischen Hintergrund auf. Ist dies der Fall, ist eine Kodierung in der Kategorie regulatorischer Hintergrund erfoderlich.	„The assessment of the credit risk of these assets is carried out by specific units using a look-through approach with the aim of analyzing the performance of the underlying receivables portfolios.“ UniCredit (2008), S. 455.
	Ebenfalls sind Handlungen von Organen des Unternehmens (z.B. des Aufsichtsrats) zur Überwachung von Risiken in dieser Kategorie zu kodieren.	„The Committee also monitored the Group's exposure to other areas affected by the crisis, including other asset-backed securities, commercial mortgages and monoline insurers.“ Barclays (2008), S. 166.
	Aussagen, die generell Risiken (z.B. Rechtsrisiken) thematisieren, sind hingegen nicht in dieser Kategorie zu erfassen.	Folgende Aussage wäre nicht in dieser Kategorie, sondern in der Kategorie Volumen zu kodieren: „The NBFI portfolio saw a further reduction in bulk risks in 2010. This brought the EaD [Exposure at Default] of the sub-portfolio (including ABS and LAF transactions affecting NBFI and NBFI assets in the PRU) down by €14bn to €38bn, and improved risk density to 24 basis points.“ Commerzbank (2010), S. 181.
	Aussagen zur Risikovorsorge sind ebenfalls nicht in dieser Kategorie, sondern in der Kategorie Bilanzierung oder Ergebnisauswirkung zu erfassen.	„We do not currently see any need for loan loss provisions in respect of the liquidity facilities/back-up lines classified under the IFRS category Loans and Receivables.“ Commerzbank (2010), S. 180.
Tilgung (dunkelrot)	In diese Kategorie fallen Aussagen zur Rückzahlung von Schuldinstrumenten (z.B. ABS), die von Verbriefungsgesellschaften emittiert wurden.	„Within the Group's available-for-sale portfolio, the negative reserves in respect of asset-backed securities ('ABS's) reduced significantly from US$18.7 billion to US$12.2 billion, reflecting the impact of amortisation and recent increases in ABS prices.“ HSBC (2009), S. 74. „During 2010, Investment Solutions did not realise any fresh investment in securitisation programmes. Meanwhile, repayments and disposals reduced exposure from EUR 3 billion at 31 December 2009 to EUR 2.1 billion at 31 December 2010.“ BNP Paribas (2010), S. 154.

	Aussagen zu Zahlungsrückständen sind ebenfalls in dieser Kategorie zu erfassen.	„Calyon has no impaired securitisation assets or exposures with payment arrears.“ Crédit Agricole (2008), S. 180.
	Der Kauf von Verbriefungstiteln aufgrund einer fehlenden Nachfrage ist nicht in dieser Kategorie, sondern in der Kategorie Mikroebene zu erfassen.	„The current market turmoil has created a significant contraction in investor demand for the securities issued by these conduits. The Group has consequently purchased directly all their outstanding commercial paper.“ UniCredit (2008), S. 453.
externe Rahmenbedingung (blau)	Hier werden Aussagen zu externen Rahmenbedingungen kodiert, die im Zusammenhang mit Verbriefungstransaktionen stehen oder einen Einfluss auf diese haben. Dabei handelt es sich bspw. um Auswirkungen der Finanzmarktkrise, Wechselkursschwankungen, Maßnahmen von Zentralbanken, Herabstufungen von Ratingagenturen oder Änderungen der Marktpreise für ABS. Entscheidend für eine Kodierung ist, dass das bilanzierende Unternehmen keinen Einfluss auf die Rahmenbedingungen hat.	„A further constraint on liquidity within the market for securitised assets emerged in 2009 as rating agencies changed their rating methodologies in response to changed circumstances, precipitating widespread downgrades and the fear of further downgrades across all tranches of securitised paper.“ HSBC (2009), S. 151. „However, counteracting this positive effect was the deterioration of the American residential market that led to the revision of the cumloss rates on US RMBS CDOs.“ Société Générale (2009), S. 244.
Sonstiges (neongelb)	In diese Kategorie fallen alle Aussagen, die keinen der anderen Kategorien zugeordnet werden können, aber dennoch einen spezifischen Inhalt transportieren. Hierunter fallen bspw. Aussagen, die Auszeichnungen (awards) oder ein verbessertes Berichtsverhalten im Zusammenhang mit Verbriefungstransaktionen thematisieren, sowie Ausführungen zu Rechtsstreitigkeiten oder in Anspruch genommene Beratungsleistungen. Auch Aussagen, deren zentraler Inhalt in der Darstellung der organisatorischen Einheiten besteht, bei denen die Verbriefungsaktivitäten angesiedelt sind, fallen in diese Kategorie.	„Already in 2007 the Group provided ample information on these products, on the operations of the sponsored conduits and on derivatives with customers, together with the principles followed to measure and manage risk.“ UniCredit (2009), S. 342. „The Markets Business Division combines the sales, trading and structuring of a wide range of financial market products, including bonds, equities and equity-linked products, exchange-traded and over-the-counter derivatives, foreign exchange, money market instruments, securitized instruments and commodities.“ Deutsche Bank (2010), S. 1/42.

Keine Zuordnung (neongrün)	Ist einer Aussage aufgrund einer ungenauen Formulierung nicht zu entnehmen, welchen Inhalt sie transportiert, ist sie in dieser Kategorie zu erfassen.	Kontextabhängig.
	Beinhaltet die Aussage keine weiteren Informationen als diejenigen, die bereits durch die vorgelagerten Kategorieebenen erfasst sind, ist die Aussage in dieser Kategorie zu kodieren.	„The BNP Paribas Group carries out securitisation programmes involving the creation of special-purpose entities on behalf of its customers.“ BNP Paribas (2008), S. 264.
Kategorieebene 6: Dauer des Engagements		
Ebenenspezifische Kodierregeln	Die Kategorien mehrmaliges Engagement, einmaliges Engagement und kein/geringes Engagement versuchen zu erfassen, ob Unternehmen explizit Aussagen gemacht haben, dass sie nicht bzw. nur in einem geringen Ausmaß oder nur einmalig in Verbriefungstransaktionen involviert waren. Ein solches Engagement ist daran zu messen, in welchem Ausmaß Verflechtungen vorgenommen wurden (z.B. dass keine oder nur in einem geringen Umfang Credit Enhancements gegenüber Conduits gewährt wurden).	
	Entscheidend für eine Kodierung ist, dass sich diese ausschließlich auf die Aussage bezieht, auf die sich auch die auf vorherigen Kategorieebenen getätigten Kodierungen beziehen. Beispiel 1: „Commerzbank's own securitizations: Commerzbank and Eurohypo have securitized receivables totaling about €23bn over the last few years, largely for reasons of capital management.“ Commerzbank (2007), S. 127. Die Aussage ist auf Ebene 1 bis 4 identisch zu kodieren, auf Ebene 5 hingegen sowohl in der Kategorie Volumen als auch in der Kategorie Motiv. Allerdings ist die Aussage bei einer Kategorisierung in der Kategorie Volumen als neutral und quantitativ zu kodieren, in der Kategorie Motiv ist die Aussage als positiv und qualitativ zu kodieren. In beiden Fällen ist hingegen eine Kodierung in der Kategorie mehrmaliges Engagement erforderlich. Beispiel 2: „And even for banks like Commerzbank, which only hold a small portfolio of mortgage-backed securities, the meltdown in the US has left its mark.“ Commerzbank (2007), S. 7. Die Aussage ist auf Ebene 5 in der Kategorie Volumen und in der Kategorie externe Rahmenbedingung zu erfassen. In der Kategorie kein/geringes Engagement ist jedoch nur die Aussage zu erfassen, die in der Kategorie Volumen kodiert wurde. Die in der Kategorie externe Rahmenbedingung kodierte Aussage fällt hingegen in die Kategorie mehrmaliges Engagement.	

Kategorie	Definition und Kodierregeln	Ankerbeispiele
Mehrmaliges Engagement (XX)	In diese Kategorie fallen Aussagen, aus denen hervorgeht, dass das Unternehmen über ein einmaliges Engagement hinaus in Verflechtungen involviert ist.	Kontextabhängig.
	Geht aus einer Aussage nicht hervor, dass es sich weder um ein einmaliges Engagement handelt, noch dass kein oder ein geringes Engagement besteht, ist die Aussage ebenfalls in dieser Kategorie zu erfassen. Dies ist bei den meisten Aussagen der Fall.	„The investors and the securitization vehicles generally have no recourse to the Group's other assets in cases where the issuers of the financial assets fail to perform under the original terms of those assets." Deutsche Bank (2008), S. 2/135.
Einmaliges Engagement (1X)	Geht aus einer Aussage hervor, dass es sich bei Verflechtungen von Verbriefungstransaktionen um ein einmaliges Engagement handelt, diese somit einen einmaligen Vorgang darstellen, oder ist der Aussage zu entnehmen, dass es sich bei einer Angabe zu Verbriefungen um eine einmalige Angabe handelt, ist die Aussage in dieser Kategorie zu kodieren.	Nicht vorhanden.
Kein/ Geringes Engagement (0X)	Hierunter fallen Aussagen, aus denen ersichtlich wird, dass das Unternehmen nicht oder nur in einem geringen Ausmaß in Verflechtungen mit Verbriefungstransaktionen involviert ist. Beispiele hierfür sind Aussagen, dass keine Garantie gewährt wurde oder keine Konsolidierung der Verbriefungsgesellschaft erfolgt ist.	„The volume of lending to conduits of other banks was reduced to almost zero in the reporting year with hardly any losses incurred. The low remaining exposure consists almost exclusively of liquidity lines for one outstanding transaction." Commerzbank (2009), S. 168. „No liquidity facility has been provided by HSBC." HSBC (2009), S. 195. „At 31 December 2010, Crédit Agricole CIB's net exposure to unhedged super senior CDOs was €2.6 billion (after taking into account a collective provision of €643 million)." Crédit Agricole (2010), S. 193.

		„At the end of December 2008, Société Générale was the sponsor of five unconsolidated commercial securitization conduits.“ Société Générale (2008), S. 177. „The trading book's exposure to real estate ABSs and CDOs was negligible.“ BNP Paribas (2009), S. 88.
	Voraussetzung ist, dass sich das geringe oder nicht vorhandene Engagement unmittelbar auf eine „konkret existierende“ Verflechtung bezieht. Ist ein solcher Bezug nicht gegeben, ist die Aussage nicht in dieser Kategorie, sondern in der Kategorie mehrmaliges Engagement zu erfassen. Bspw. kann im Rahmen der Bilanzierungs- und Bewertungsmethoden generell über Konsolidierungsvorschriften berichtet und dabei auch auf Umstände eingegangen werden, die zu einer Nicht-Konsolidierung einer Verbriefungsgesellschaft führen. Da sich die Aussage zur Nicht-Konsolidierung auf keine „konkret existierende“ Verflechtung bezieht, sondern genereller Natur ist, wäre die Aussage nicht in dieser Kategorie zu kodieren.	„FASB Interpretation No. 46, "Consolidation of Variable Interest Entities" ("FIN 46") was issued in January 2003. FIN 46 requires a company to consolidate entities as the primary beneficiary if the equity investment at risk is not sufficient for the entity to finance its activities without additional subordinated financial support from other parties or if the equity investors lack essential characteristics of a controlling financial interest. Securitization vehicles that are qualifying special purpose entities are excluded from the new rule and remain unconsolidated.“ Deutsche Bank (2005), S. 2/94.
	Ebenfalls in diese Kategorie fallen Aussagen, aus denen hervorgeht, dass generell kein oder nur ein geringes Engagement mit Verbriefungsgesellschaften besteht. Auch wenn dabei nicht unmittelbar auf Verflechtungen abgestellt wird, wird durch eine solche Aussage dennoch mittelbar zum Ausdruck gebracht, dass keine Verflechtungen (oder nur in einem geringen Ausmaß) bestehen.	„There has been no exposure to conduits of other banks since the second quarter of 2010.“ Commerzbank (2010), S. 179. „Santander Group continued to have very limited exposure to complex structured instruments or vehicles, as a reflection of its culture of management in which prudence in risk management constitutes one of its principal symbols of identity.“ Santander (2010), S. C/151. „The Group does not have any exposure to SIVs.“ BNP Paribas (2009), S. 85.

	Bezieht sich die Aussage zum geringen oder nicht vorhandenen Engagement weder unmittelbar, noch mittelbar auf eine Verflechtung, sondern auf anderweitige Sachverhalte (z.B. dass keine Abschreibungen von Verbriefungstiteln zu verzeichnen waren), dann führt dies zu keiner Kodierung in dieser Kategorie. Eine solche Aussage wäre vielmehr als „neutrale“ Aussage in der Kategorie mehrmaliges Engagement zu erfassen.	„An insignificant portion of these instruments has US-subprime oder Alt-A mortgages as underlyings.“ UniCredit (2010), S. 350. „These receivable portfolios do not contain any US non-prime RMBS assets.“ Commerzbank (2009), S. 168.
	Eine Aussage ist in dieser Kategorie nur dann zu kodieren, wenn das geringe oder nicht vorhandene Engagement direkt thematisiert wird oder unmittelbar ersichtlich ist. Eine Ermittlung eines solchen Engagements, bspw. indem bestimmte Größen miteinander ins Verhältnis zu setzen sind, darf nicht erforderlich sein.	Nicht erforderlich.
Kategorieebene 7: Bewertung der Information		
Ebenenspezifische Kodierregeln	Die Einschätzung, ob eine Aussage als positv, negativ oder neutral zu werten ist, hat stets aus der Sicht des bilanzierenden Unternehmens zu erfolgen. Dies gilt selbst dann, wenn die Kodierung nicht in der Rolle des bilanzierenden Unternehmens erfolgt, sondern bspw. in der Rolle eines externen Dritten. Eine Ausnahme besteht lediglich, wenn über makroökonomische Rahmenbedingungen berichtet wird. Die hierzu bereitgestellten Informationen sind entsprechend ihrer Eigenart vom Kodierer zu beurteilen (eine Abweichung zu einer Beurteilung aus Sicht des bilanzierenden Unternehmens ist dabei jedoch nicht zu erwarten). Beispiel: Einer Aussage ist zu entnehmen, dass dem ABCP-Programm des bilanzierenden Unternehmens von einem externen Dritten ein Credit Enhancement gewährt wurde, das sämtliche entstandenen Verluste abdeckt. Obwohl die Aussage aus Sicht des externen Dritten kodiert wird (Kodierung auf Ebene 3: keine Zuordnung) und für ihn (den externen Dritten) einen negativen Charakter hat, ist diese dennoch als positv zu werten, da die Sicht des bilanzierenden Unternehmens entscheidend ist (2/KZ/CE/XX/C/Ql).	
	Ob eine Aussage als positv, negativ oder neutral einzuschätzen ist, ist vom spezifischen Kontext und der spezifischen Formulierung abhängig. Deshalb müssen Aussagen, selbst wenn sie einen gleichen Sachverhalt thematisieren, nicht automatisch auch zu einer gleichen Kodierung führen. Bspw. sind Aussagen zu Abschreibungen nicht generell als negativ zu betrachten, da es auch heißen kann, dass trotz schwieriger Martkbedingungen keine Abschreibungen angefallen sind.	

	Beispiel: „The reduction of the CMBS portfolio made successful progress during the year, and the risk value as at December 31, 2010 was just €0.5bn (December 31, 2009: €1.6bn).“ Commerzbank (2010), S. 178. In dieser Aussage geht es um Risiken, welche jedoch als gering dargestellt werden („just €0.5bn“). Eine Beurteilung, ob dies als positiv (geringe Risiken) oder negativ (Risiken dennoch weiterhin vorhanden) einzuschätzen ist, ist nicht möglich. Folglich ist die Aussage in der Kategorie neutral zu erfassen.	
	Entscheidend für eine Kodierung ist, dass sich diese ausschließlich auf die Aussage bezieht, auf die sich auch die auf vorherigen Kategorieebenen getätigten Kodierungen beziehen. Beispiel: „Commerzbank's own securitizations: Commerzbank and Eurohypo have securitized receivables totaling about €23bn over the last few years, largely for reasons of capital management.“ Commerzbank (2007), S. 127. Die Aussage ist auf Ebene 1 bis 4 identisch zu kodieren, auf Ebene 5 hingegen sowohl in der Kategorie Volumen als auch in der Kategorie Motiv. Allerdings ist die Aussage bei einer Kategorisierung in der Kategorie Volumen als neutral und quantitativ zu kodieren; in der Kategorie Motiv ist die Aussage als positiv und qualitativ zu kodieren. In beiden Fällen ist hingegen eine Kodierung in der Kategorie mehrmaliges Engagement erforderlich.	
Kategorie	**Definition und Kodierregeln**	**Ankerbeispiele**
positiv (C)	Hier sind Aussagen zu kodieren, die günstige i.S.v. positive Sachverhalte darstellen. Hierzu zählt auch, wenn positiv über einen negativen Sachverhalt berichtet wird.	„Our revenues from these off-balance sheet arrangements in 2007 totaled € 4 million.“ Deutsche Bank (2007), S. 2/30. „No specific credit-related write-downs occurred on assets collateralizing our interests.“ Deutsche Bank (2007), S. 2/30.
	Eine Staatsgarantie ist als positiv zu werten. Auch andere Garantien, die von staatlichen Institutionen, z.B. der KfW, garantiert werden, sind als positiv zu werten.	„Guarantees issued by Third Parties: KfW Guarantee“ UniCredit (2006), S. 378.
negativ (R)	Hier sind Aussagen zu kodieren, die ungünstige i.S.v. negative Sachverhalte darstellen. Hierzu zählt auch, wenn negativ über einen positiven Sachverhalt berichtet wird.	„The US housing market slowdown that started in the second half of 2007 extended into 2008, making investors wary of structured financial instruments derived from securitization transactions.“ BNP Paribas (2008), S. 299. „The RMBS trading portfolio has generated in 2007 a loss of EUR -325 million recorded in Net banking income.“ Société Générale (2007), S. 145.

		„Unlike securitization vehicles, commercial paper programs do pose liquidity risk since the commercial paper issued is short-term whereas the issuer's assets are longer term. We take on this risk whenever we provide a liquidity support facility to the issuer." Deutsche Bank (2005), S. 2/30.
	Aussagen zum „Exposure" sind grundsätzlich als neutral zu werten. Als negativ ist eine solche Aussage nur zu werten, wenn dies aus dem Kontext hervorgeht, bspw. weil explizit von Risiken im Zusammenhang mit dem Exposure gesprochen wird.	Folgende Aussagen wären als negativ zu kodieren: „The exposure to counterparty risk on monoline insurers is included under Financial assets at fair value through profit or loss. Indeed, the fair value of the Group's exposure to monoline insurers that have granted credit enhancements on assets, including assets with US real estate underlyings takes into account the deterioration in the estimated counterparty risk on these players." Société Générale (2010), S. 255. „Other ABS positions with a total risk exposure of €6.3bn were held mainly by Eurohypo in Public Finance (€5.2bn) and by Commerzbank Europe (Ireland) (€1.1bn)." Commerzbank (2010), S. 180. „The maximum exposures to SPEs represent HSBC's maximum possible risk exposure that could occur as a result of the Group's arrangements and commitments to SPEs." HSBC (2008), S. 183. Keine Kodierung als negativ, sondern als neutral, wäre hingegen bei folgender Aussage geboten: „At 31 December 2009, net exposure to counterparty risk arising from monoline insurers was reduced to EUR 0.30 billion (EUR 0.89 billion at 31 December 2008)." BNP Paribas (2009), S. 89.

	Häufig wird im Zusammenhang mit der Bestimmung von Fair Values berichtet, dass – bspw. aufgrund einer Verschlechterung der Marktbedingungen – auf unbeobachtbare Parameter zurückgegriffen werden muss. Da dadurch die Unsicherheit der Bewertung steigt, sind derartige Aussagen grundsätzlich als negativ zu klassifizieren.	„During 2008, the markets for some convertible bond classes, collateral debt obligations (CDOs), ABSs, and long-term structured derivatives became inactive. In the absence of any significant trading volumes and, therefore, any market references, these instruments were valued on the basis of models using non-observable inputs at 31 December 2008." BNP Paribas (2008), S. 168.
	Dabei ist eine Kodierung als negativ jedoch nur dann vorzunehmen, wenn der Bezug zu unbeobachtbaren Parametern unmittelbar aus der Aussage hervorgeht. Wird bspw. über alternative Bewertungsmethoden berichtet, ohne dass ersichtlich wird, dass dies dem Fehlen von beobachtbaren Parametern geschuldet ist, ist die Aussage als neutral zu werten.	„Each RMBS bond has been valued using the credit spread of its reference ABX index (same vintage, same rating). The valuation method includes the base (spread between cash instruments and derivative indices) as well as the liquidity aspect." Société Générale (2009), S. 186.
	Gleichermaßen sind Aussagen als negativ zu klassifizieren, aus denen hervorgeht, dass Fair Values in die dritte Stufe der Fair Value Hierarchie fallen.	„RMBS are classified as level 3 when trading activity is not available and a model is utilised which uses significant unobservable data." RBS (2008), S. 203.
	Aussagen zu Fair Values der Stufe zwei sind hingegen grundsätzlich nicht als negativ, sondern als neutral zu werten, da in solchen Fällen weitherhin beobachtbare Parameter vorliegen.	„RMBS where the underlying assets are US agency-backed mortgages and there is regular trading are generally classified as level 2 in the fair value hierarchy. RMBS are also classified as level 2 when regular trading is not prevalent in the market, but similar executed trades or third-party data including indices, broker quotes and pricing services can be used to substantiate the fair value." RBS (2008), S. 203. Folgende Aussage wäre hingegen als negativ zu werten: „Certain portfolios in level 2 contain instruments whose fair values incorporate the judgements discussed above. These include a portfolio of ABS in Non-Core of £5.7 billion that had more than average level of valuation uncertainty with a range of £5.6 billion to £5.9 billion using alternative valuation assumptions." RBS (2010), S. 319.

	Aussagen zu Wertminderungen, die in der Kategorie Bilanzierung erfasst wurden, sind grundsätzlich nicht als negativ, sondern als neutral zu werten.	„In respect of CDOs, in order to determine whether impairment has occurred, the expected future cash flows of the CDOs are compared with the total of the underlying collateral on the non-defaulted assets and the recovery value of the defaulted assets. In the event of a shortfall, the CDO is considered to be impaired.“ HSBC (2009), S. 178.
	Aussagen, die in der Kategorie regulatorischer Hintergrund erfasst werden, sind als negativ zu klassifizieren, wenn • davon gesprochen wird, dass Verbriefungspositionen vom regulatorischen Kapital (z.B. Tier 1) in Abzug gebracht werden müssen. • explizit von Kreditrisiken oder anderweitigen Risiken gesprochen wird, denen Verbriefungstransaktionen ausgesetzt sind oder die auf derartige Transaktionen zurückzuführen sind (bspw. dass ein Risikotransfer mithilfe von Verbriefungen aus regulatorischer Sicht nicht anerkannt wurde).	„The general principle adopted by the Group in 2009 is to allocate normative capital to the core businesses corresponding globally to 6% of the Basel II average risk-weighted assets and supplemented by the additional consumption of prudential capital generated by each core business (deductions impacting Basel II Tier 1 capital: bank shareholdings exceeding 10%, “poorly” rated securitisation positions, etc.) and, if necessary, requirements specific to the insurance activities.“ Société Générale (2009), S. 37.
neutral (N)	In dieser Kategorie sind alle Aussagen zu erfassen, die weder günstige i.S.v. positive noch ungünstige i.S.v. negative Sachverhalte darstellen. Auch berichten Aussagen dieser Kategorie weder negativ über positive, noch positiv über negative Sachverhalt, sondern haben vielmehr den Charakter einer neutralen Berichterstattung.	„The Group captured EUR 47,000 million in 2006 through medium- and long-term issues in the wholesale markets and EUR 24,000 million of assets were securitised.“ Santander (2006), S. 179. „The Group is exposed to underlying assets relative to the commercial real estate market through CMBS.“ Société Générale (2008), S. 176. „The internal ratings based approach is used to calculate riskweighted securitisation exposures on own account. The external credit rating agencies used for outstanding of own account securitisations are Standard & Poors, Moody’s and Fitch Ratings.“ Crédit Agricole (2008), S. 181.

	Ebenfalls in diese Kategorie fallen Aussagen, die sich sowohl negativ als auch positiv interpretieren lassen, da keine eindeutige Tendenz in die ein oder andere Richtung erkennbar ist (z.B. geringes Ausmaß an Verlusten).	„Due to the ongoing uncertainty and volatility on the markets further limited write-downs cannot be ruled out in 2008. However, we believe that the scale of any such write-downs will be much lower than in 2007." Commerzbank (2007), S. 154. „Net income from trading improved markedly compared with the previous year: in 2009 the loss was slashed by 92.3 % to €358m. This was mainly due to significantly lower impairment losses on the ABS portfolio." Commerzbank (2009), S. 75.
	Enthält eine Aussage hingegen sowohl eindeutig positive als auch eindeutig negative Aspekte und ist somit eine eindeutige Tendenz (hier in beide Richtungen) feststellbar, ist die Aussage als negativ und positiv zu kodieren. Eine gegenseitige „Aufhebung" von positiven und negativen Aspekten und eine damit verbundene Kodierung als neutral ist nicht gestattet.	„Whereas government-guaranteed ABSs, Consumer ABSs and SME CDOs have not required significant write-downs and have in some cases been written up, US CDOs of ABSs, CMBSs and US RMBSs were affected by further impairments." Commerzbank (2009), S. 164.
	Bei der Ermittlung, ob eine Aussage als positiv, negativ oder neutral zu bewerten ist, spielt die Höhe der Zahlen keine Rolle. Heißt es bspw., dass das subprime ABS Portfolio von 10 Mrd. € auf 5 Mrd. € zurückgegangen ist, ist dies nicht automatisch als positiv zu werten. So könnte ein weit höherer Abbau des Portfolios angestrebt gewesen sein, weshalb der Rückgang um „nur" 5 Mrd. € als negativ zu werten wäre. Würden diesbezüglich keine genaueren Informationen vorliegen, wäre die Aussage deshalb als neutral zu kodieren.	„The collateral in the conduits decreased € 9.1 billion from December 31, 2008 to December 31, 2009. This movement was predominantly due to the maturity of liquidity facilities." Deutsche Bank (2009), S. 2/36.
	Gleichermaßen dürfen keine eigenen Berechnungen vorgenommen werden, um die in einer Aussage genannten Zahlen zu interpretieren. Bspw. dürfen vom Kodierer keine Differenzen berechnet werden, um die effektive Höhe einer Garantie zu bestimmen.	Nicht erforderlich.

	Das Gewähren oder das Erhalten eines Credit Enhancements kann nicht generell als negativ oder positiv betrachtet werden. Bspw. kann die Gewährung von Garantien nicht grundsätzlich als riskant und folglich als negativ klassifiziert werden, da durch die Gewährung auch Gebühren erzielt werden. Der Erhalt eines Credit Enhancements kann hingegen nicht generell als positiv bewertet werden, da bspw. bestimmte Sicherungsgeber (z.B. Monoliner) selbst stark risikobehaftet sind oder weil die Höhe des Credit Enhancements nicht ausreichend ist. Soweit keine anderen Informationen gegeben sind, sind derartige Aussagen deshalb grundsätzlich in dieser Kategorie zu erfassen.	Nicht erforderlich.
	Ausführungen zu Charakteristika fallen grundsätzlich in diese Kategorie. Bspw. sind Aussagen zu Ratings grundsätzlich als neutral einzuschätzen. Selbst ein Rating von AAA führt grundsätzlich zu keiner Kodierung als positiv, da im Rahmen der Finanzmarktkrise selbst Verbriefungstitel mit einem AAA-Rating von Abschreibungen betroffen waren. Nur wenn aufgrund zusätzlicher Informationen eine Kodierung als positiv oder negativ geboten ist, ist von dieser Vorgehensweise abzuweichen.	Beispiel für eine als neutral zu wertende Aussage: „On December 31, 2007, the gross exposure to AAA super senior CDO tranches amounted to EUR 4.85 billion." Société Générale (2007), S. 188. Beispiele, wo aufgrund zusätzlicher Angaben hervorgeht, dass eine Kodierung als positiv angebracht ist: „The good credit quality of this portfolio is borne out by the fact that over 86% of these instruments are rated A or better and over 41% of the portfolio is triple-A rated." UniCredit (2010), S. 350. „Most of the trading book's exposure is in Europe, and consists of high-quality assets (89% are AAA-rated)." BNP Paribas (2008), S. 81.

	Auch Aussagen, dass es sich um „subprime“, „Alt-A“ oder „prime“ Verbriefungstitel handelt, sind grundsätzlich in dieser Kategorie zu erfassen. Dass bspw. eine Klassifikation als „subprime“ nicht generell als negativ zu betrachten ist, liegt daran, dass subprime-Verbriefungstitel zwar höhere Risiken aufweisen, jedoch dank einer höheren Verzinsung auch höhere Chancen bieten.	Beispiele für als neutral zu wertende Aussagen: „An insignificant portion of these instruments has US Subprime or Alt-A mortgages as underlyings.“ UniCredit (2009), S. 352. „These assets included US$2 billion (2006: US$2.7 billion) of exposure to US sub-prime mortgages, all of which are rated AAA.“ HSBC (2007), S. 185. Beispiel, wo aufgrund zusätzlicher Angaben hervorgeht, dass eine Kodierung als negativ angebracht ist: „For positions relative to bonds whose underlyings are subprime risks on US residential mortgage exposure, in the second half of 2007 it became difficult to establish reliable prices on all securities individually.“ Société Générale (2007), S. 187.
	Gleiches gilt für Aussagen, die in der Kategorie Zusammensetzung erfasst werden. Soweit im Einzelfall nicht anderweitig bestimmt, sind z.B. Aussagen, dass es sich bei einem Underlying um eine Hypothek handelt, nicht als negativ, sondern grundsätzlich als neutral zu kodieren.	Beispiel für eine Aussage, die nicht als neutral, sondern als positiv (erster Halbsatz) und als negativ (zweiter Halbsatz) zu kodieren ist: „Whereas government-guaranteed ABSs, Consumer ABSs and SME CDOs have not required significant write-downs and have in some cases been written up, US CDOs of ABSs, CMBSs and US RMBSs were affected by further impairments.“ Commerzbank (2009), S. 164.
	Auch Aussagen zur Bilanzierung fallen grundsätzlich in diese Kategorie. Üblicherweise handelt es sich dabei um die Beschreibung methodischer Fragestellungen, bspw. zur Klassifizierung von Verbriefungstiteln, denen von Natur aus ein neutraler Charakter zukommt. Die häufigsten Ausnahmen hiervon wurden in der Kategorie negativ bereits beschrieben. Weitere Ausnahmen können sich aus dem spezifischen Kontext ergeben.	Beispiele für Aussagen, die nicht als neutral, sondern als positiv zu kodieren sind: „At 31 December 2006, market data were available for valuing CDO units and associated hedges.“ Crédit Agricole (2007), S. 256.

		„Accordingly the changes to IAS 39 endorsed by the EU Commission Regulation 1004 made it possible to reflect this strategy in the accounts by reclassifying these assets from HfT financial assets to loans and receivables – customers.“ UniCredit (2008), S. 457.
Kategorieebene 8: Art der Information		
Ebenenspezifische Kodierregeln	Entscheidend für eine Kodierung ist, dass sich diese ausschließlich auf die Aussage bezieht, auf die sich auch die auf vorherigen Kategorieebenen getätigten Kodierungen beziehen. Beispiel: „Commerzbank's own securitizations: Commerzbank and Eurohypo have securitized receivables totaling about €23bn over the last few years, largely for reasons of capital management.“ Commerzbank (2007), S. 127. Die Aussage ist auf Ebene 1 bis 4 identisch zu kodieren, auf Ebene 5 hingegen sowohl in der Kategorie Volumen als auch in der Kategorie Motiv. Allerdings ist die Aussage bei einer Kategorisierung in der Kategorie Volumen als neutral und quantitativ zu kodieren; in der Kategorie Motiv ist die Aussage als positiv und qualitativ zu kodieren.	
	Wichtig für eine Kodierung als quantitativ ist zudem, dass sich die quantitative Information eindeutig der Information zuordnen lässt, die einen Bezug zu Verbriefung aufweist. Heißt es bspw., dass sich das Handelsergebnis aufgrund höherer Handelsvolumina und höherer Margen für Verbriefungstitel um 10 Mio. € erhöht hat, ist die Aussage nicht als quantitativ zu werten, da unklar ist, welchen Beitrag die höheren Margen für Verbriefungstitel dabei leisten. Lautet die Aussage jedoch, dass sich der Umsatz aufgrund des Conduits- und Verbriefungsgeschäfts um 10 Mio. € erhöht hat, ist die Aussage als quantitativ zu kodieren. Zwar ist nicht ersichtlich, welcher Teil der 10 Mio. € auf das Conduit- oder das Verbriefungsgeschäft entfällt, was jedoch irrelevant ist, da ein Bezug der quantitativen Größe zu Verbriefungen in beiden Fällen unmittelbar gegeben ist. Beispiele für Aussagen, die nicht als quantitativ, sondern als qualitativ zu kodieren sind: „As at December 31, 2009 Loans and receivables with customers include financial assets reclassified following the amendments of IAS 39 and IFRS 7 issued in October 2008 for a total carrying amount of €11,432 million at December 31, 2009 and mainly consisting of non-derivative asset-backed securities and government, public sector, corporate and financial institutions' bonds.“ UniCredit (2009), S. 201. „This included a charge of £1,517m against ABS CDO Super Senior and other credit market positions.“ Barclays (2009), S. 34.	

	Beispiel für eine Aussage, die als quantitativ zu kodieren ist: „Of the 2006 total, US$48,699 million (2005: US$23,843 million) represented asset-backed commercial paper conduits and securitisation vehicles […].“ HSBC (2006), S. 430.	
	Teilweise wird die zentrale Aussage einer Kodiereinheit durch weitere Aussagen konkretisiert. Bei den zusätzlichen Aussagen handelt es sich meistens um Ausführungen, die in den Kategorien Bilanzierung, Charakteristika oder Zusammensetzung zu erfassen sind. Ob diese zusätzlichen Informationen als quantitativ oder qualitativ zu kodieren sind, richtet sich üblicherweise danach, ob die zentrale Aussage als quantitativ oder qualitativ zu erfassen ist. Heißt es bspw., dass „Abschreibungen auf das available for sale US subprime mortgage backed ABS-Portfolio in Höhe von 4 Mio. €“ angefallen sind, stellt die zentrale Aussage dar, dass Abschreibungen in Höhe von 4 Mio. € angefallen sind. Diese Aussage ist in der Kategorie Ergebnisauswirkung als quantitativ zu erfassen. Folglich sind die (zusätzlichen) Aussagen, die in den Kategorien Bilanzierung (available for sale), Charakteristika (US subprime) und Zusammensetzung (mortgage) zu erfassen sind, ebenfalls als quantitativ zu kodieren. Beispiel 1: „A small number of the RMBSs, worth €79,873 thousand, have US sub-prime or Alt-A mortgages as underlyings.“ UniCredit (2008), S. 462. Die Aussage ist auf Ebene 5 den Kategorien Volumen, Zusammensetzung und Charakteristika zuzuordnen und in allen Fällen ist eine Kodierung als quantitativ erforderlich. Beispiel 2: „Within the Group's available-for-sale portfolio, the negative reserves in respect of asset-backed securities ('ABS's) reduced significantly from US$18.7 billion to US$12.2 billion, reflecting the impact of amortisation and recent increases in ABS prices.“ HSBC (2009), S. 74. Die Aussage ist in der Kategorie Ergebnisauswirkung und Bilanzierung als quantitativ zu kodieren, während die Kodierungen in den Kategorien externe Rahmenbedingungen und Rückzahlung als qualitativ einzuordnen sind. In diesem Fall stellt nur die Aussage zur Bilanzierung die konkretisierende Aussage dar, welche sich nach der Aussage zur Ergebnisauswirkung richtet und folglich als quantitativ zu kodieren ist. Die beiden weiteren Kodierungen stellen eigenständige Aussagen dar, die jeweils als qualitativ zu kodieren sind: Weder bei der Aussage zur Rückzahlung noch bei der Aussage zu externen Rahmenbedingungen ist die konkrete quantitative Höhe ersichtlich (bspw. ist nicht ersichtlich, in welcher Höhe die Preise gestiegen sind).	
Kategorie	**Definition und Kodierregeln**	**Ankerbeispiele**
Quantitativ (Qn)	In dieser Kategorie sind alle Aussagen zu kodieren, die quantitative Angaben beinhalten.	„In 2007, total credit derivatives under management increased by EUR 24.1 billion, reaching a total of EUR 50.5 billion at end-December: EUR 24.0 billion in the form of Credit Default Swaps (CDS) and EUR 26.5 billion in the form of synthetic Collateralized Debt Obligations (CDOs).

		The increase in size of the portfolio is due to new CDS and structured transactions covering pools of exposures.“ Société Générale (2007), S. 138
	Prozentangaben stellen quantitative Informationen dar.	„To complete the valuation of CDO tranches, all non-RMBS positions were written down as follows: 100% for junior CDO tranches and 30% for other non-CDO assets. All losses calculated using this methodology were all taken upfront. The input of this calculation was then compared to the implied write-downs from the ABX index.“ Société Générale (2007), S. 188. „94.5% of these instruments are rated A or better.“ UniCredit (2008), S. 461.
	Werden Zahlen ausgeschrieben, zählt dies dennoch als quantitative Aussage.	„By the end of the 2005 financial year, Commerzbank Aktiengesellschaft had launched six securitization programmes as the buyer of protection.“ Commerzbank (2005), S. 175. „ABS CDO Super Senior positions at 31st December 2009 comprised five high grade liquidity facilities which were fully drawn and classified within loans and receivables (31st December 2008: five facilities).“ Barclays (2009), S. 111.
	Fußnoten zu einer Abbildung oder Tabelle sind nur dann als quantitativ zu werten, wenn ihnen ein quantitativer Wert der Abbildung oder Tabelle eindeutig zuzuordnen ist und sich die Fußnote auch inhaltlich auf diesen Wert bezieht. Ebenfalls als quantitativ sind Fußnoten zu kodieren, wenn in der Fußnote selbst quantitative Daten verwendet werden.	Nicht erforderlich.
	Vereinzelt findet sich im Zusammenhang mit quantitativen Daten die Aussage „excluding securitisation“. Eine solche Aussage ist, obwohl sie sich auf quantitative Größen bezieht, nicht als quantitativ, sondern als qualitativ zu werten. Der Grund liegt darin, dass keine quantitativen Rückschlüsse auf die Verbriefung möglich sind.	„Lending, excluding securitisations made by the Group in prior years, amounted to EUR 62,576 million at the end of 2006 (+25%).“ Santander (2006), S. 114.

	Bei Tabellen kann selbst das Unterlassen einer Angabe eine Information darstellen. Wird bspw. dargestellt, welche Garantien im Rahmen einer Verbriefungstransaktion begeben wurden, kann anstelle einer Zahl auch nichts oder ein Auslassungszeichen „-“ stehen. Dadurch wird ersichtlich, dass keine Garantien gewährt wurden. In solchen Fällen ist das Unterlassen einer Angabe oder das Auslassungszeichen „-“ als 0 und somit als quantitativ zu interpretieren.	„Guarantees issued by the Bank: -“ UniCredit (2009), S. 306.
Qualitativ (Ql)	In dieser Kategorie sind alle Aussagen zu kodieren, die ausschließlich qualitative Angaben beinhalten.	„Securitization: Transfer of a portfolio of assets to a Special Purpose Vehicle (q.v.) and the issue of securities with various levels of seniority to meet any default by the underlying assets.“ UniCredit (2008), S. 624.
	Aussagen mit einem regulatorischen Hintergrund, die beschreiben, dass Verbriefungspositionen vom Kapital in Abzug zu bringen sind, stellen teilweise die Prozentsätze dar, wie sich der Abzug auf die Kapitaltranchen verteilt oder dass der Abzug derartiger Verbriefungspositionen einer Gewichtung von 1250% entspricht. Derartige Prozentsätze reichen jedoch nicht für eine quantitative Kodierung der Aussage. Entscheidend für eine Kodierung als quantitativ wäre in diesem Kontext vielmehr, dass die Höhe des in Abzug gebrachten Betrags quantitativ dargestellt wird. Unterbleibt eine solche Angabe, ist die Aussage deshalb als qualitativ zu beurteilen.	Beispiel für eine als qualitativ zu kodierende Aussage, da die Höhe des in Abzug zu bringenden Betrags nicht ersichtlich wird: „With regard to risk-based capital, further deductions are required which apply to 50% of base capital and 50% of additional capital (holdings in companies of a financial nature, securitization positions, insufficient provisions).“ Société Générale (2008), S. 192. Beispiel für eine als quantitativ zu kodierende Aussage: „At 31 December 2010, the total exposure held deductible from Basel II capital amounted to €2,573 million.“ Crédit Agricole (2010), S. 241.
	Das Wort „keine“ ist nicht als „0“ und folglich auch nicht als quantitative Angabe zu interpretieren. Heißt es bspw. in einer Aussage, dass keine Verluste eingetreten sind, ist die Aussage als qualitativ zu kodieren.	Nicht erforderlich.

Anhang 12: Inhalt der Kodierungen in Abhängigkeit der Verflechtung

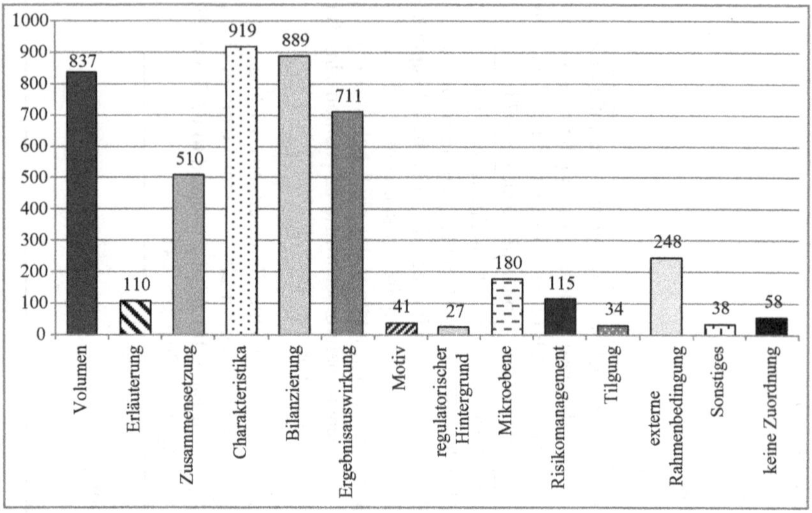

Abb. 99: Angaben zum Inhalt bei der Verflechtung Investition

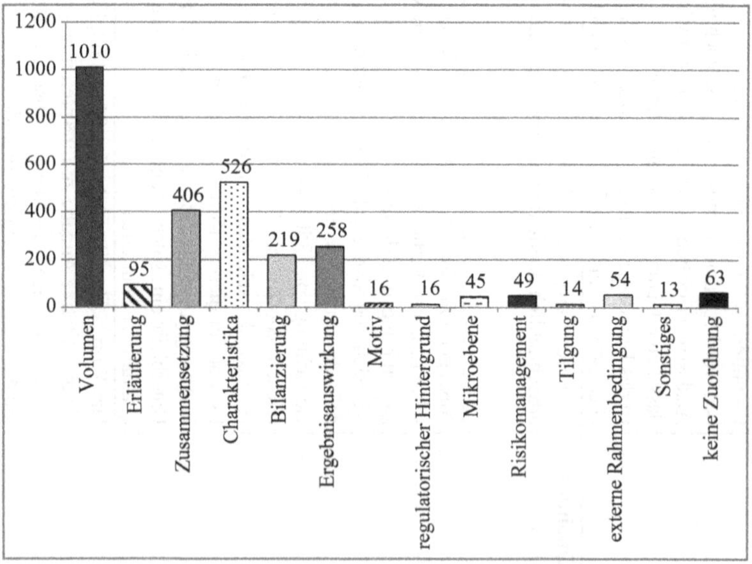

Abb. 100: Angaben zum Inhalt bei der Verflechtung Credit Enhancement

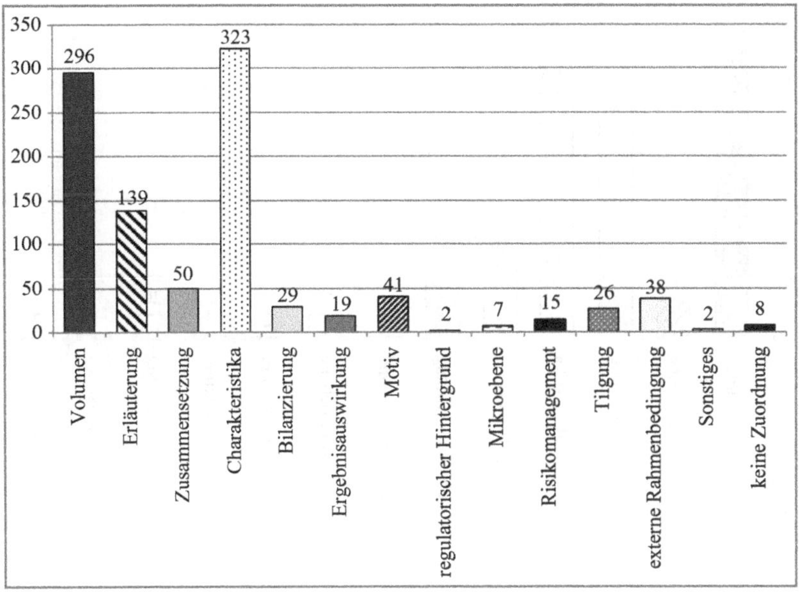

Abb. 101: Angaben zum Inhalt bei der Verflechtung Refinanzierung

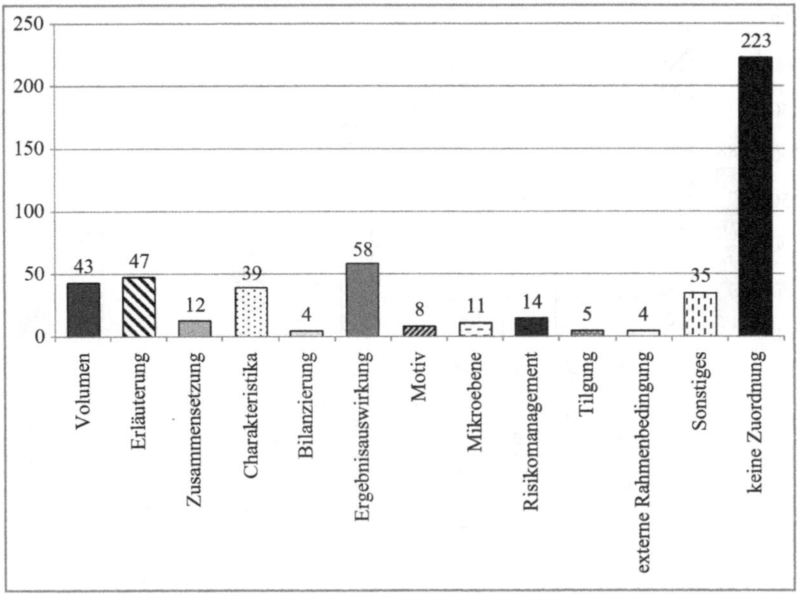

Abb. 102: Angaben zum Inhalt bei der Verflechtung Servicing

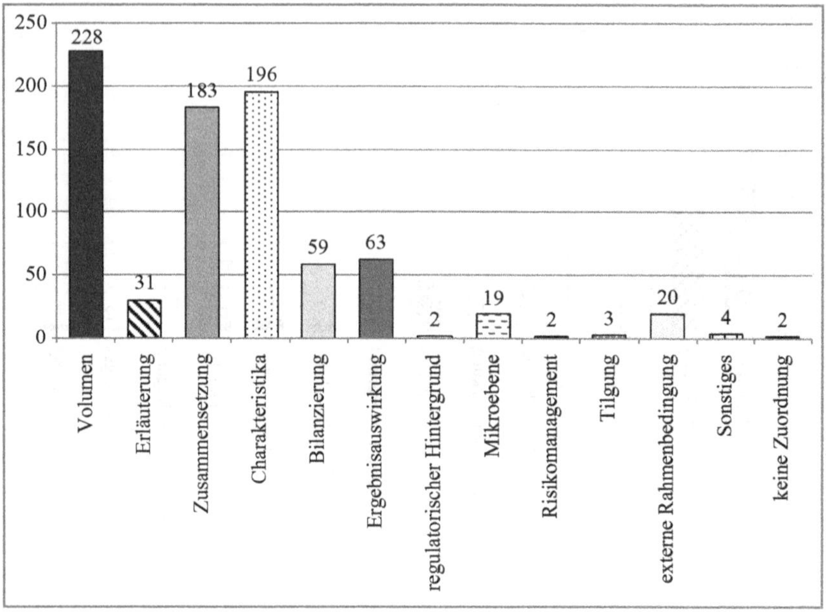

Abb. 103: Angaben zum Inhalt bei der Verflechtung Underlying

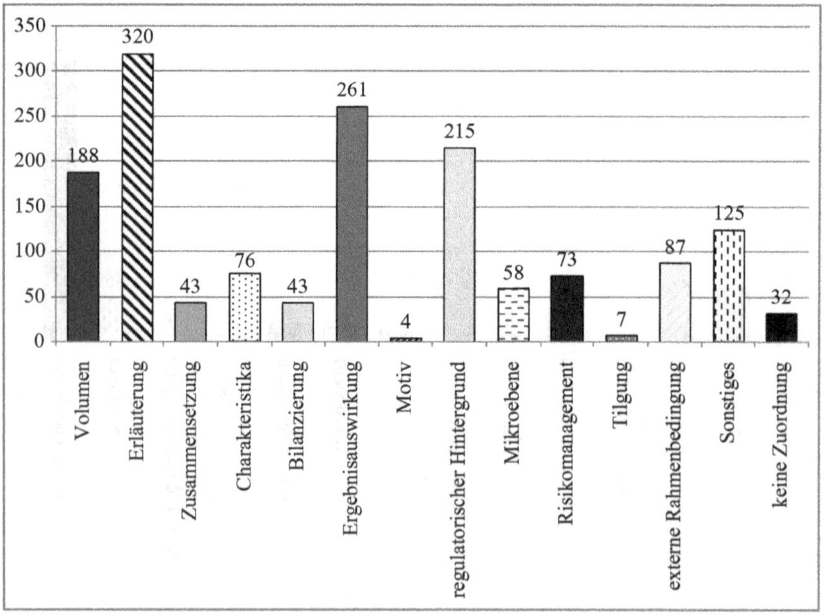

Abb. 104: Angaben zum Inhalt bei der Verflechtung keine Zuordnung

Anhang 13: Art der Angaben zu negativen und positiven Sachverhalten in Abhängigkeit ihrer Stelle

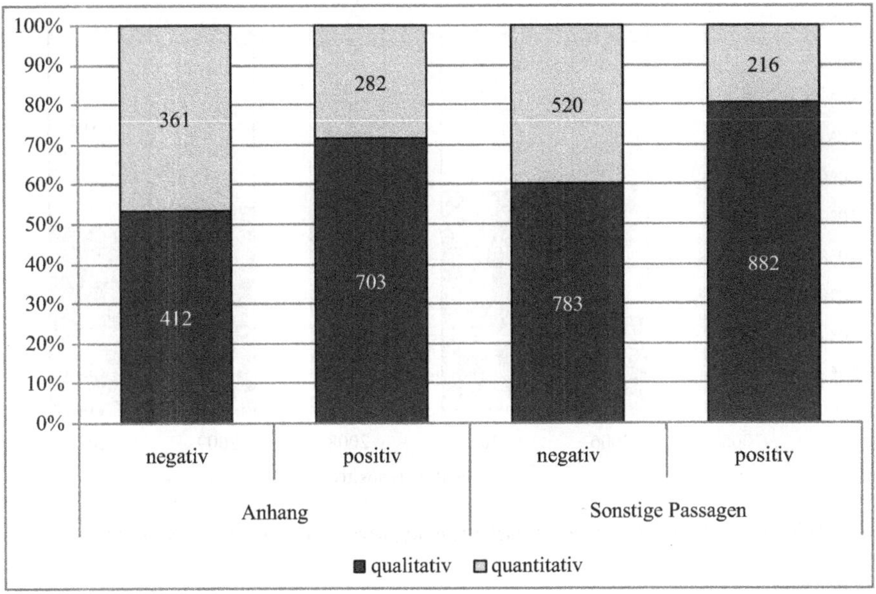

Abb. 105: Art der Angaben zu negativen und positiven Sachverhalten in Abhängigkeit ihrer Stelle

Anhang 14: Entwicklung der Angaben zu negativen und positiven Sachverhalten

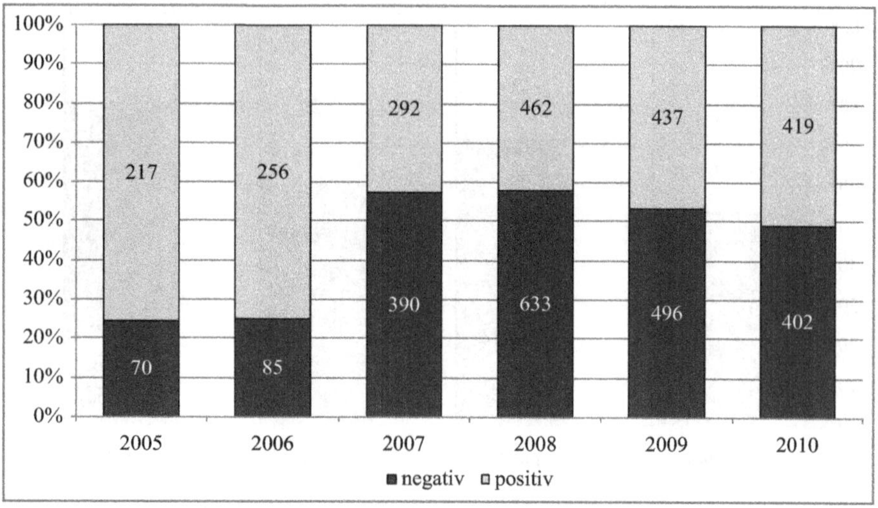

Abb. 106: Entwicklung der Angaben zu negativen und positiven Sachverhalten

Anhang 15: Entwicklung qualitativer und quantitativer Angaben

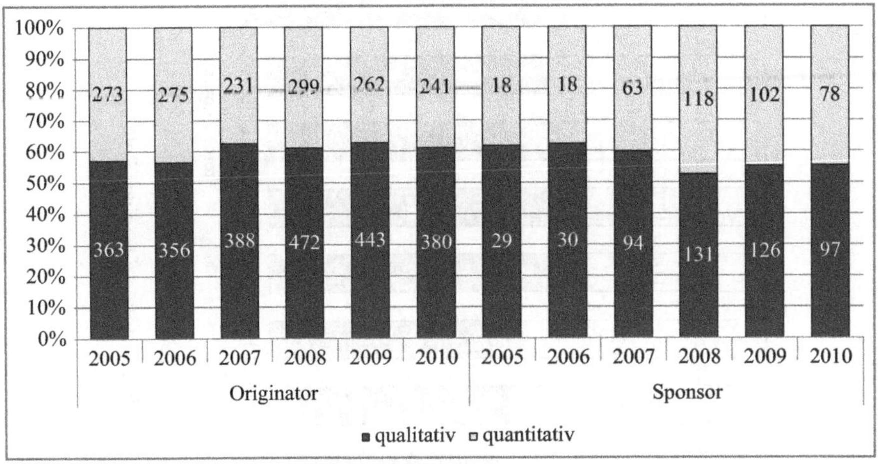

Abb. 107: Entwicklung qualitativer und quantitativer Angaben in Abhängigkeit der Rolle (1)

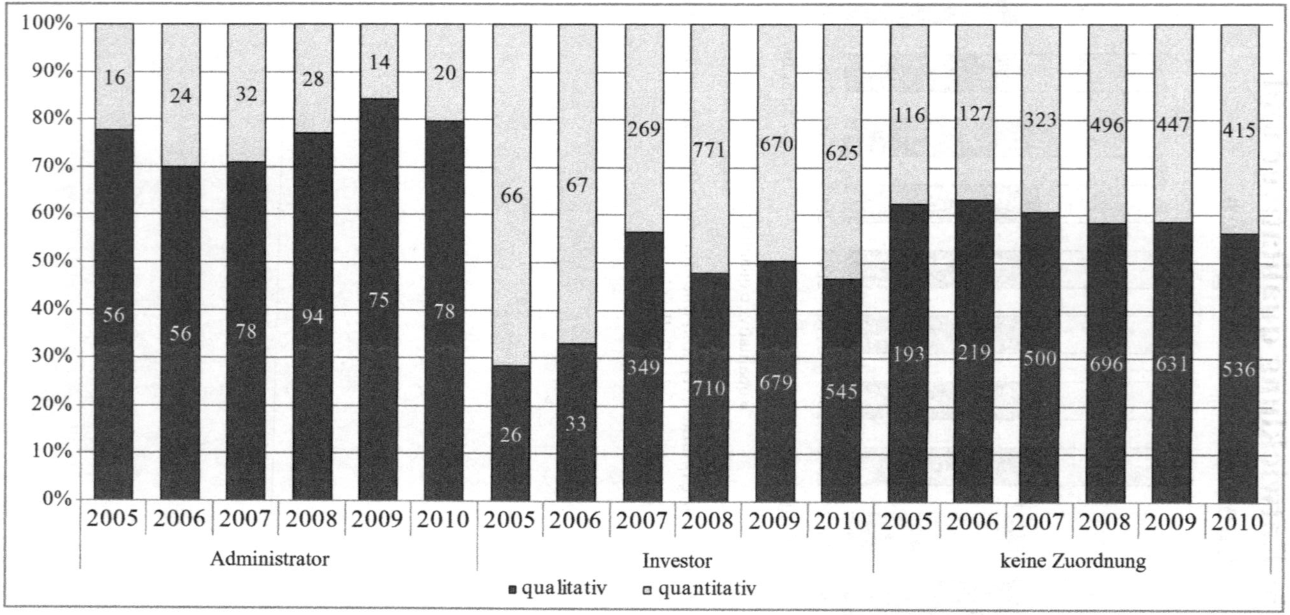

Abb. 108: Entwicklung qualitativer und quantitativer Angaben in Abhängigkeit der Rolle (2)

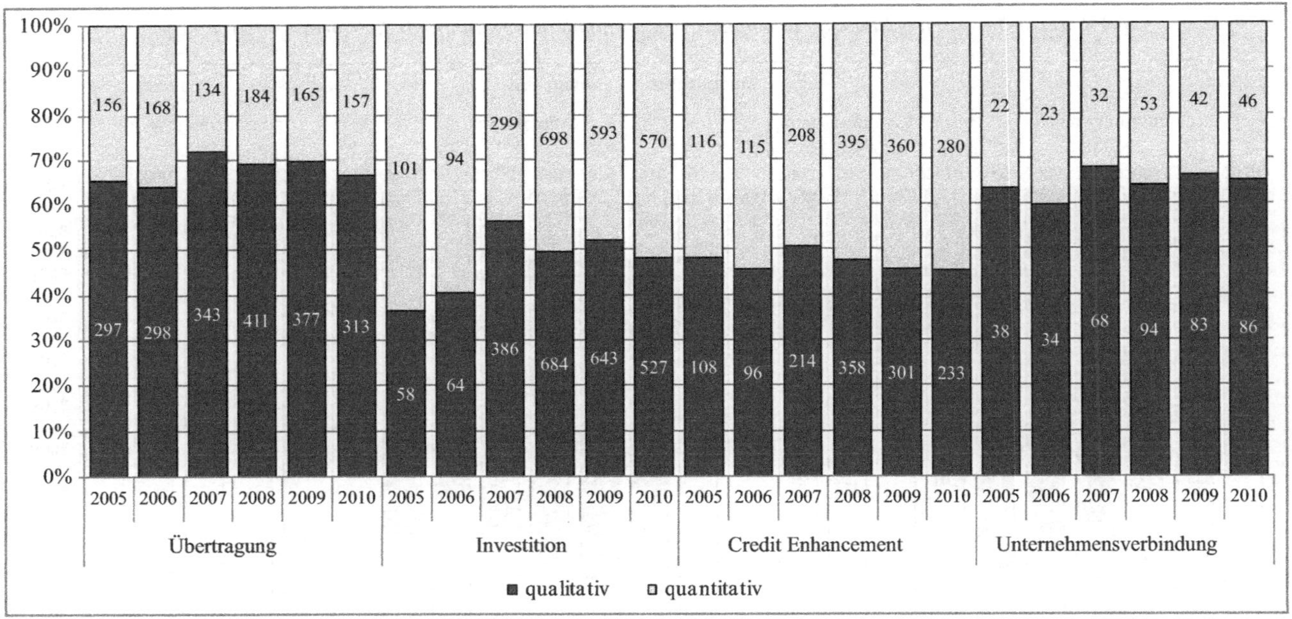

Abb. 109: Entwicklung qualitativer und quantitativer Angaben in Abhängigkeit der Verflechtung (1)

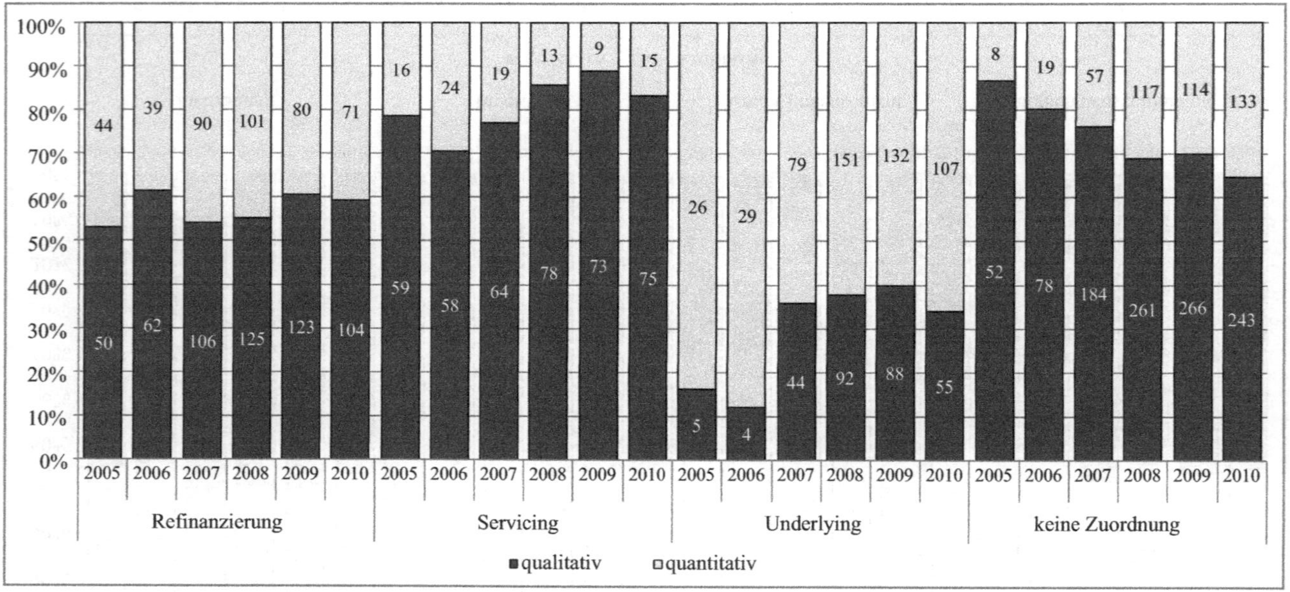

Abb. 110: Entwicklung qualitativer und quantitativer Angaben in Abhängigkeit der Verflechtung (2)

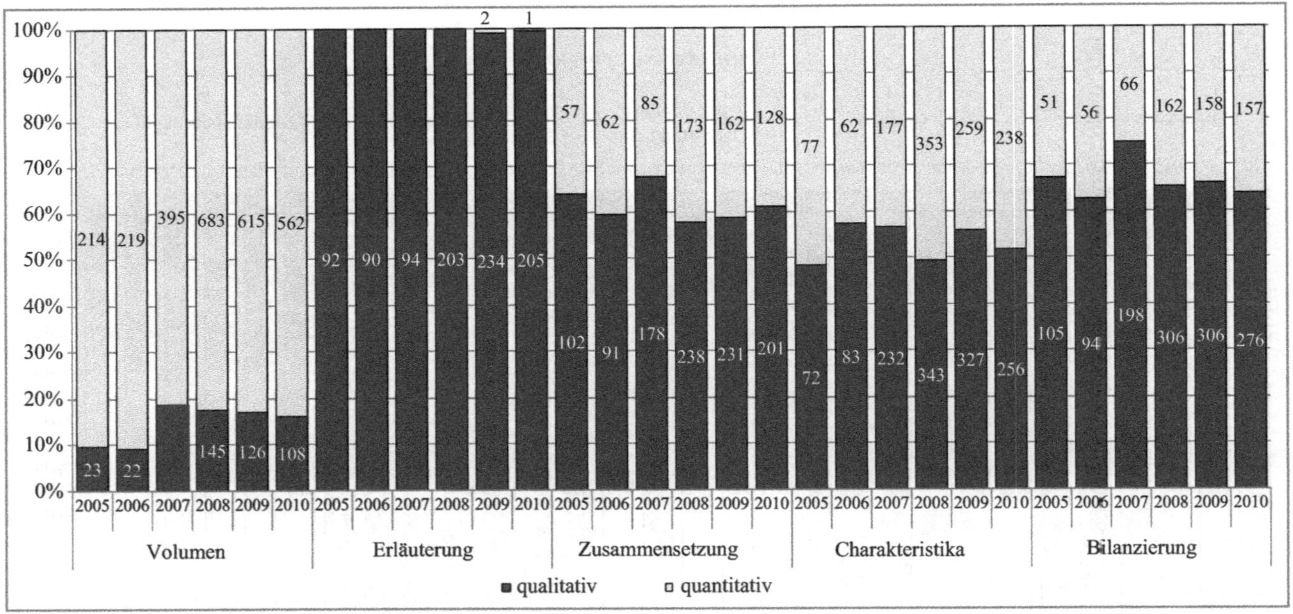

Abb. 111: Entwicklung qualitativer und quantitativer Angaben in Abhängigkeit vom Inhalt (1)

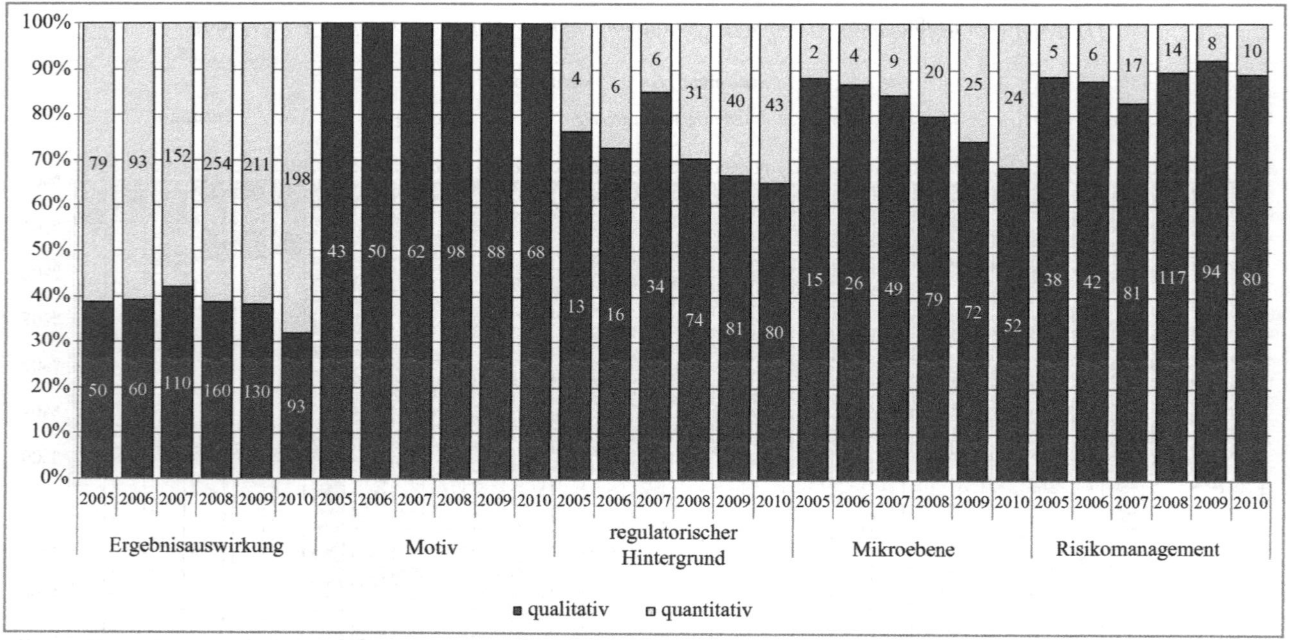

Abb. 112: Entwicklung qualitativer und quantitativer Angaben in Abhängigkeit vom Inhalt (2)

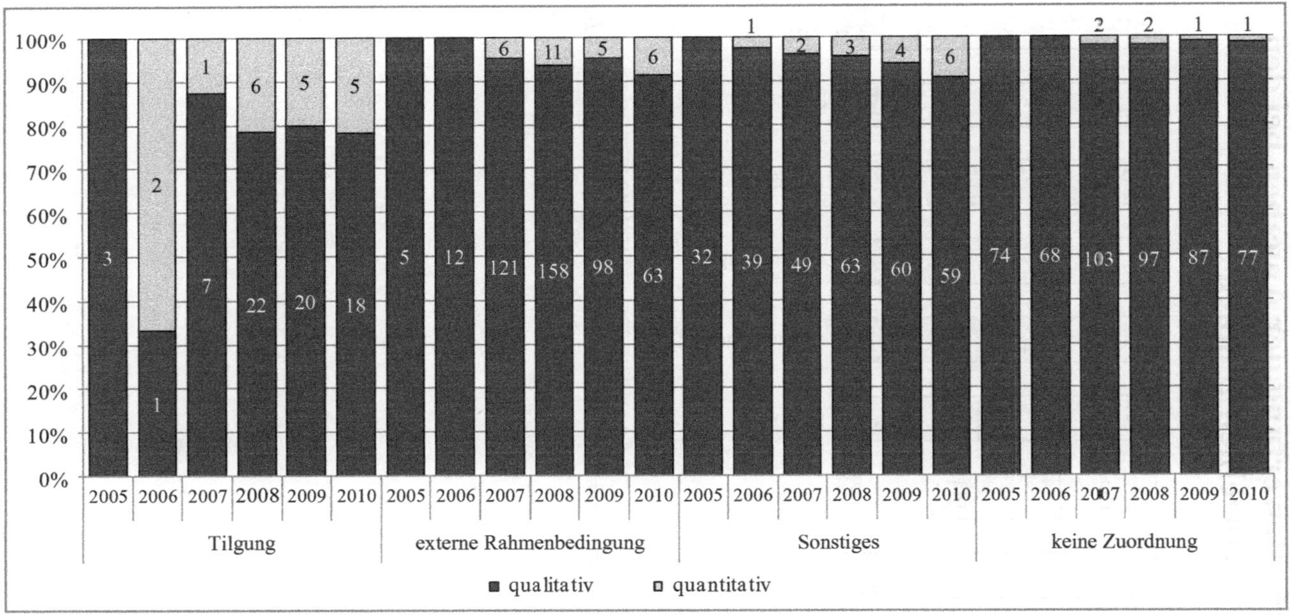

Abb. 113: Entwicklung qualitativer und quantitativer Angaben in Abhängigkeit vom Inhalt (3)

Anhang 16: Bewertung der Angaben bei den einzelnen Banken

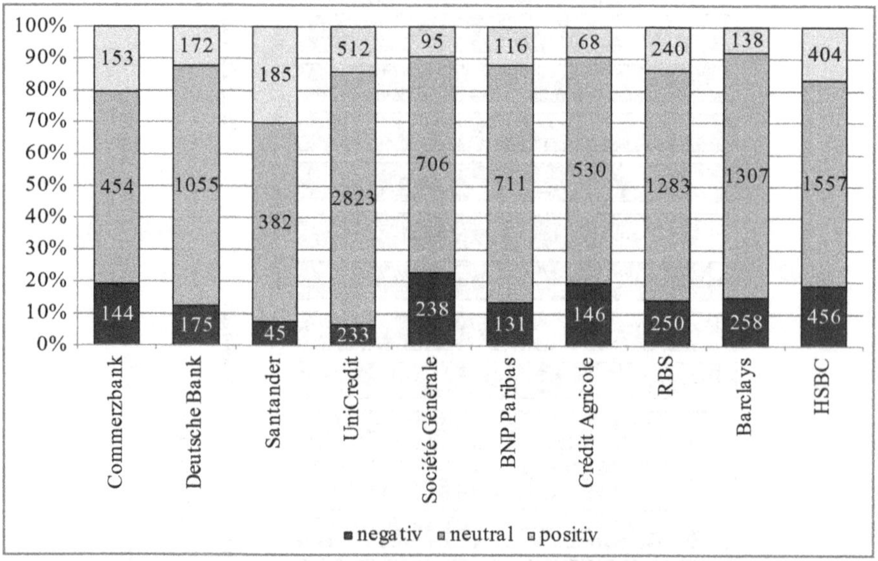

Abb. 114: Angaben entsprechend ihrer Bewertung bei den einzelnen Banken

Anhang 17: Leitfaden zur Identifikation nicht verständlicher Angaben

Differenzierung von Kodierungen der Kategorie keine Zuordnung
Allgemeine Anmerkungen
Eine Information wird als qualitativ hochwertig angesehen, wenn sie verständlich ist. Eine Information soll als verständlich angesehen werden, wenn dieser die Art der Verbriefungstransaktion, die Rolle des bilanzierenden Unternehmens, die Art der Verflechtung und ein Inhalt zuzuordnen sind. Aussagen, die auf jeder Ebene einer konkreten Kategorie zugeordnet werden können, sind folglich als verständlich anzusehen. Im Umkehrschluss bedeutet dies, dass Aussagen, bei denen eine solche Zuordnung nicht möglich ist und die deshalb in der Kategorie keine Zuordnung klassifiziert wurden, grundsätzlich als nicht verständlich zu betrachten sind.
Allerdings würde es zu kurz greifen, deshalb sämtliche Aussagen, die in der Kategorie keine Zordnung erfasst wurden, als nicht verständlich zu bezeichnen. Vielmehr ist eine weitergehende Differenzierung derartiger Aussagen erforderlich. Lediglich Aussagen, die im Rahmen dieser Differenzierung als problematisch eingestuft werden, können als nicht verständlich und deshalb als von keiner guten Qualität bezeichnet werden.
Im Rahmen der Analyse soll ein konservativer Ansatz verfolgt werden, d.h. im Zweifel soll eine Aussage als problematisch und nicht als unproblematisch eingestuft werden.
Für Ankerbeispiele für die folgenden Sachverhalte kann auf die im Rahmen der spezifischen Kodierregeln genannten Ankerbeispiele zurückgegriffen werden.
Kategorieebene 2: Art der Verbriefungstransaktion
Ist einer Aussage nicht zu entnehmen, ob sie sich auf traditionelle, ABCP- oder synthetische Verbriefungstransaktionen bezieht, ist sie in der Kategorie keine Zuordnung zu erfassen.
Dies ist **unproblematisch**, wenn…
… sich die Aussage dabei nicht auf eine konkrete Verbriefungstransaktion bezieht bzw. nicht konkret über bestimmte Verbriefungstransaktionen und dabei ablaufende Vorgänge berichtet, sondern vielmehr generell Verbriefungen thematisiert. Typischer Weise finden sich solch generelle Aussagen zu Verbriefungen im Glossary, bei Einleitungen zu Absätzen und Kapiteln mit Verbriefungsbezug oder im Rahmen von Ausführungen zur Finanzmarktkrise.
… vor einem aufsichtsrechtlichen Hintergrund von „securitization positions" gesprochen wird.
… es sich dabei um eine Aufzählung (häufig in separaten Verzeichnissen) von Beteiligungen oder Tochterunternehmen handelt.
Dies kann **problematisch** sein, wenn…
… bei einer Aussage eingangs mehr als eine Verbriefungsart thematisiert wird, im Folgenden aber nicht mehr zwischen den einzelnen Arten differenziert wird und deshalb eine exakte Zuordnung der Aussage scheitert. Ob dies als problematisch anzusehen ist, ist im Einzelfall abzuwegen.

Dies ist **problematisch**, wenn…
… nicht allgemein über Verbriefungstransaktionen berichtet wird, sondern sich die Aussage auf eine konkrete Verbriefungstransaktion bezieht bzw. konkret über bestimmte Verbriefungstransaktionen und dabei ablaufende Vorgänge berichtet wird, die Art der Verbriefungstransaktion jedoch nicht erkennbar ist.
Kategorieebene 3: Rolle des bilanzierenden Unternehmens
Ist einer Aussage nicht zu entnehmen, welche Rolle das bilanzierende Unternehmen einnimmt, ist sie in der Kategorie keine Zuordnung zu erfassen.
Dies ist **unproblematisch**, wenn…
… dabei eine andere Rolle des bilanzierenden Unternehmens als die des Originators, Sponsors, Administrators oder Investors eindeutig hervortritt. Dies ist bspw. der Fall, wenn ersichtlich ist, dass das Unternehmen Garantiegeber im Rahmen einer ABCP-Transaktion ist.
… die Aussage aus Sicht der Verbriefungsgesellschaft erfolgt, bspw. weil über deren Refinanzierung oder über die Zusammensetzung der Aktiva (Underlyings) berichtet wird.
… die Aussage aus Sicht von externen Dritten erfolgt. Dies ist bspw. der Fall, wenn externe Dritte ein Credit Enhancement gewährt oder in Verbriefungstitel investiert haben.
… es sich dabei um eine Aufzählung (häufig in separaten Verzeichnissen) von Beteiligungen oder Tochterunternehmen handelt.
Dies kann **problematisch** sein, wenn…
… eine Aussage gar keine Informationen zur Rolle des Unternehmen enthält: • Das Fehlen einer solchen Information ist unproblematisch, wenn diese für das Verständnis der Aussage nicht erforderlich ist. Dies ist bspw. dann der Fall, wenn die Aussage keine weiteren Informationen beinhaltet als diejenigen, die bereits durch andere Kategorieebenen erfasst sind und dadurch die Aussage verständlich wiedergegeben wird. Ebenso trifft dies bspw. auf Aussagen zu, die im Glossary eines Geschäftsberichts erfolgen und Beschreibungen oder Definitionen darstellen. • Das Fehlen einer solchen Information ist hingegen problematisch, wenn diese für das Verständnis der Aussage von Bedeutung wäre. Dies ist v.a. dann der Fall, wenn sich die Aussage auf eine konkrete Verbriefungstransaktion bezieht bzw. konkret über bestimmte Verbriefungstransaktionen und dabei ablaufende Vorgänge berichtet wird.
Dies ist **problematisch**, wenn…
… einer Aussage aufgrund einer ungenauen Formulierung nicht zu entnehmen ist, welche Rolle thematisiert wird.
Kategoriebene 4: Art der Verflechtung
Ist einer Aussage nicht zu entnehmen, welche Verflechtung thematisiert wird, ist sie in der Kategorie keine Zuordnung zu erfassen.
Dies ist **unproblematisch**, wenn…
… dabei neben den bereits in anderen Kategorien erfassten Verflechtungen weitere Verflechtungen beschrieben werden.

Dies kann **problematisch** sein, wenn…

… eine Aussage gar keine Informationen zur Verflechtung enthält:

- Das Fehlen einer solchen Information ist unproblematisch, wenn diese für das Verständnis der Aussage nicht erforderlich ist. Dies ist bspw. dann der Fall, wenn die Aussage keine weiteren Informationen beinhaltet als diejenigen, die bereits durch andere Kategorieebenen erfasst sind und dadurch die Aussage verständlich wiedergegeben wird. Ebenso trifft dies bspw. auf Aussagen zu, die im Glossary eines Geschäftsberichts erfolgen und Beschreibungen oder Definitionen darstellen.
- Das Fehlen einer solchen Information ist hingegen problematisch, wenn diese für das Verständnis der Aussage von Bedeutung wäre. Dies ist v.a. dann der Fall, wenn sich die Aussage auf eine konkrete Verbriefungstransaktion bezieht bzw. konkret über bestimmte Verbriefungstransaktionen und dabei ablaufende Vorgänge berichtet wird.

Dies ist **problematisch**, wenn…

… einer Aussage aufgrund einer ungenauen Formulierung nicht zu entnehmen ist, welche Verflechtung thematisiert wird.

Kategorieebene 5: Inhalt der Information

Ist einer Aussage nicht zu entnehmen, welcher Inhalt dabei thematisiert wird, ist sie in der Kategorie keine Zuordnung zu erfassen.

Dies ist **unproblematisch**, wenn…

… dabei neben den bereits in anderen Kategorien erfassten Inhalten weitere Inhalte beschrieben werden. Dies ist hier jedoch nicht von Relevanz, da derartige Aussagen bereits in der Kateogrie *Sonstiges* und nicht – wie bei den vorangegangenen Ebenen – in der Kategorie keine Zuordnung erfasst wurden.

Dies kann **problematisch** sein, wenn…

… eine Aussage gar keine Informationen zum Inhalt enthält. Dabei ist jedoch lediglich denkbar, dass die Aussage keine weiteren Informationen beinhaltet als diejenigen, die bereits durch andere Kategorieebenen erfasst sind und dadurch die Aussage verständlich wiedergegeben wird. Folglich ist das Fehlen solcher Informationen auf dieser Ebene unproblematisch.

Dies ist **problematisch**, wenn…

… einer Aussage aufgrund einer ungenauen Formulierung nicht zu entnehmen ist, welcher Inhalt transportiert wird.

Literaturverzeichnis

Ahmed, Anwer S./Kilic, Emre/Lobo, Gerald J. (2006): Does Recognition versus Disclosure Matter? Evidence from Value-Relevance of Banks' Recognized and Disclosed Derivative Financial Instruments, in: AR, Vol. 81, S. 567-588.

Akerlof, George A. (1970): The Market for "Lemons": Quality Uncertainty and the Market Mechanism, in: QJE, Vol. 84, S. 488-500.

Al Jifri, Khaled/Citron, David (2009): The Value-Relevance of Financial Statement Recognition versus Note Disclosure: Evidence from Goodwill Accounting, in: EAR, Vol. 18, S. 123-140.

Ammons, Janice L./Brazelton, Julia K. (2002): The Enron Saga: Key Players, Dates, and Events, in: Brazelton, Julia K./Ammons, Janice L. (Hrsg.): Enron and Beyond – Technical Analysis of Accounting, Corporate Governance, and Securities Issues, Chicago, Illinois, S. 1-58.

Arbeitskreis Finanzierung der Schmalenbach-Gesellschaft (1992): Asset Backed Securities – ein neues Finanzierungsinstrument für deutsche Unternehmen?, in: zfbf, 44. Jg., S. 495-530.

ASB (1999): Statement of Principles for Financial Reporting, London.

Association for Real Estate Securitization (2009): The Real Estate Securitization Handbook 2008-2009, Tokio, im Internet unter http://www.ares.or.jp/jrem/jres/pdf/k_jreit_int_1.pdf (Stand 09.12.2013).

Auerbach, Dirk/Klotzbach, Daniela (2005): Die Bilanzierung von Kreditderivaten nach IFRS, in: Burghof, Hans-Peter/Henke, Sabine/Rudolph, Bernd/Schönbucher, Philipp J./Sommer, Daniel (Hrsg.): Kreditderivate – Handbuch für die Bank- und Anlagepraxis, 2. Aufl., Stuttgart, S. 261-276.

Bär, Hans P. (1997): Asset Securitisation – Die Verbriefung von Finanzaktiven als innovative Finanzierungstechnik und neue Herausforderung für Banken, Bern u.a.

Ballwieser, Wolfgang (2013): IFRS-Rechnungslegung – Konzept, Regeln und Wirkungen, 3. Aufl., München.

Ballwieser, Wolfgang (2009): Fair-Value-Bilanzierung in der Finanzkrise – Reaktionen wichtiger Regulierer, in: Haeseler, Herbert/Hörmann, Franz (Hrsg.): Rechnungslegung und Unternehmensführung in turbulenten Zeiten, Festschrift Gerhard Seicht, Wien, S. 1-15.

Ballwieser, Wolfgang (2008): Fehler in der Bilanzierung und daraus entstehende Konsequenzen, in: Küting, Karlheinz/Pfitzer, Norbert/Weber, Claus-Peter (Hrsg.): Bilanz als Informations- oder Kontrollinstrument – Kapitalmarktorientierte Rechnungslegung und integrierte Unternehmenssteuerung, Stuttgart, S. 51-66.

Ballwieser, Wolfgang (2003): Enron und die Folgen für die Jahresabschlussprüfung, in: Institut Österreichischer Wirtschaftsprüfer (Hrsg.): Wirtschaftsprüfer-Jahrbuch 2003, Wien, S. 9-19.

Ballwieser, Wolfgang (1991): Bilanzierungspraxis und Publizitätsverhalten mittelgroßer Kapitalgesellschaften, in: WPKM, 30. Jg., S. 49-51.

Ballwieser, Wolfgang/Dobler, Michael (2003): Bilanzdelikte: Konsequenzen, Ursachen und Massnahmen zu ihrer Vermeidung, in: DU, 57. Jg., S. 449-469.

Ballwieser, Wolfgang/Häger, Ralf (1991): Jahresabschlüsse mittelgroßer Kapitalgesellschaften: Ausweis, Gestaltung, Berichterstattung – Ergebnisse einer Untersuchung von 150 mittelgroßen Kapitalgesellschaften, hrsg. v. der Treuarbeit AG, Düsseldorf.

Ballwieser, Wolfgang/Paarz, Roland (2011): Checkliste zu Anhangangaben, in: Ballwieser, Wolfgang/Beine, Frank/Hayn, Sven/Peemöller, Volker H./Schruff, Lothar/Weber, Claus-Peter (Hrsg.): Handbuch International Financial Reporting Standards, 7. Aufl., Weinheim, S. 1115-1182.

Barth, Mary E./Landsman, Wayne R. (2010): How Did Financial Reporting Contribute to the Financial Crisis?, in: EAR, Vol. 19, S. 399-423.

Barth, Mary E./Ormazabal, Gaizka/Taylor, Daniel J. (2012): Asset Securitizations and Credit Risk, in: AR, Vol. 87, S. 423-448.

Bate, Swasi/Bushweller, Stephany/Rutan, Everett (2003): The Fundamentals of Asset-Backed Commercial Paper, hrsg. v. Moody's Investors Service, im Internet unter http://www.imf.org/external/np/seminars/eng/2010/mcm/pdf/rutan1.pdf (Stand 09.12.2013).

Batson, Neal (2003): Enron Corporation – Third Interim Report of Neal Batson, Court-Appointed Examiner, United States Bankruptcy Court, Southern District of New York, im Internet unter http://fl1.findlaw.com/news.findlaw.com/hdocs/docs/enron/enronbk72803xr3.pdf (Stand 09.12.2013).

Beattie, Vivien/McInnes, Bill/Fearnley, Stella (2004): A Methodology for Analysing and Evaluating Narratives in Annual Reports: A Comprehensive Descriptive Profile and Metrics for Disclosure Quality Attributes, in: AF, Vol. 28, S. 205-236.

Bernard, Victor/Schipper, Katherine (1994): Recognition and Disclosure in Financial Reporting, Working Paper, University of Michigan and University of Chicago.

Bockmann, Roland (2012): Internationale Koordinierung nationaler Enforcement-Aktivitäten – Eine kritische Analyse unter besonderer Berücksichtigung der Deutschen Prüfstelle für Rechnungslegung, Wiesbaden.

Boulkab, Rachid/Marxfeld, Jan/Wagner, Claus-Peter (2008): Asset Backed Commercial Paper Conduits – Struktur, Risiken und Bilanzierung, in: IRZ, 3. Jg., S. 497-504.

Brinkmann, Ralph/Leibfried, Peter/Zimmermann, Marc (2008): Die Subprime-Kreditkrise im Spiegel der Rechnungslegung, in: IRZ, 3. Jg., S. 333-340.

Burghof, Hans-Peter/Henke, Sabine/Rudolph, Bernd (1998): Kreditderivate als Instrumente eines aktiven Kreditrisikomanagements, in: ZBB, 10. Jg., S. 277-286.

Burkhardt, Katja/Weis, Juliane (2007): Bilanzierung von Kreditderivaten nach IAS 39, in: IRZ, 2. Jg., S. 37-44.

Bresser, Melanie/Delchev, Nikolay/Goranov, Borislav/von Slupetzki, Annike (2012): Der deutsche Verbriefungsmarkt – Strukturen und Entwicklungen, in: Deloitte (Hrsg.): Asset Securitisation in Deutschland, 4. Aufl., München, S. 1-23.

Chen, Weitzu/Liu, Chi-Chun/Ryan, Stephen G. (2008): Characteristics of Securitizations that Determine Issuers' Retention of the Risk of the Securitized Assets, in: AR, Vol. 83, S. 1181-1215.

Cheng, Mei/Dhaliwal, Dan S./Neamtiu, Monica (2011): Asset Securitization, Securitization Recourse, and Information Uncertainty, in: AR, Vol. 86, S. 541-568.

Committee of European Banking Supervisors (CEBS) (2010): Assessment of Banks' Transparency in their 2009 Audited Annual Reports, 30.06.2010, im Internet unter http://www.eba.europa.eu/documents/10180/16166/Transparency_AR2009.pdf (Stand 09.12.2013).

Committee of European Banking Supervisors (CEBS) (2009a): Follow-Up Review of Banks' Transparency in their 2008 4th Quarter and Preliminary Year-End Results, März 2009, im Internet unter http://www.eba.europa.eu/documents/10180/16151/24+March+2009+(Transparency+assessment+prelim+YE+2008+results).pdf (Stand 09.12.2013).

Committee of European Banking Supervisors (CEBS) (2009b): Follow-Up Review of Banks' Transparency in their 2008 Audited Annual Reports, 24.06.2009, im Internet unter http://www.eba.europa.eu/documents/10180/16166/CEBS+2009+133+Final+published+(Transparency+assessment+2008+Annual+Reports).pdf (Stand 09.12.2013).

Committee of European Banking Supervisors (CEBS) (2008a): CEBS Report on Banks' Transparency on Activities and Products Affected by the Recent

Market Turmoil, 18.06.2008, im Internet unter http://www.eba.europa.eu/documents/10180/16166/20080618a_transparency.pdf (Stand 09.12.2013).
Committee of European Banking Supervisors (CEBS) (2008b): Follow-Up Review of Banks' Transparency in 2008 Half Year Results, 09.10.2008, im Internet unter http://www.eba.europa.eu/documents/10180/16151/CEBS+2008+162+Final+(Follow-up+report+Transparency+review+2008+second+quarter+results).pdf (Stand 09.12.2013).
Crawford, Vincent P./Sobel, Joel (1982): Strategic Information Transmission, in: Econ., Vol. 50, S. 1431-1451.
Croson, David/Richter, Andreas (2003): Sovereign Cat Bonds and Infrastructure Project Financing, in: RA, Vol. 23, S. 611-626.
Dechow, Patricia M./Myers, Linda A./Shakespeare, Catherine (2010): Fair Value Accounting and Gains from Asset Securitizations: A Convenient Earnings Management Tool with Compensation Side-Benefits, in: JAE, Vol. 49, S. 2-25.
Dechow, Patricia M./Shakespeare, Catherine (2009): Do Managers Time Securitization Transactions to Obtain Accounting Benefits, in: AR, Vol. 84, S. 99-132.
Deutsche Börse Group (2013): Sectors and Subsectors, im Internet unter http://deutsche-boerse.com/dbg/dispatch/en/binary/gdb_content_pool/imported_files/public_files/10_downloads/33_going_being_public/10_products/334_sectorindices/Infoblatt_indexsectors.pdf (Stand 09.12.2013).
Deutsche Bundesbank (2004): Instrumente zum Kreditrisikotransfer: Einsatz bei deutschen Banken und Aspekte der Finanzstabilität, in: Monatsbericht April 2004, 56. Jg., S. 27-45, im Internet unter http://www.bundesbank.de/Redaktion/DE/Downloads/Veroeffentlichungen/Monatsberichte/2004/2004_04_monatsbericht.pdf?__blob=publicationFile (Stand 09.12.2013).
Dobler, Michael (2010): Zum Verständnis von Prognose- und Risikoberichterstattung zwischen Finanzkrise und Bilanzrechtsmodernisierung, in: ZfCM, Sonderheft 3, 54. Jg., S. 98-104.
Dobler, Michael (2008): Incentives for Risk Reporting – A Discretionary Disclosure and Cheap Talk Approach, in: IJA, 43. Jg., S. 184-206.
Dobler, Michael (2004): Risikoberichterstattung – Eine ökonomische Analyse, Frankfurt am Main u.a.
Dobler, Michael/Kuhner, Christoph (2009): Die internationale Rechnungslegung im Belastungstest der subprime-Krise, in: WPg, 62. Jg., S. 24-33.
Dyckman, Thomas R./Morse, Dale (1986): Efficient Capital Markets and Accounting: A Critical Analysis, 2. Aufl., Englewood Cliffs, New Jersey.
Dye, Ronald A. (2001): An Evaluation of "Essays on Disclosure" and the Disclosure Literature in Accounting, in: JAE, Vol. 32, S. 181-235.

Dye, Ronald A. (1998): Investor Sophistication and Voluntary Disclosure, in: RAS, Vol. 3, S. 261-287.

Dye, Ronald A. (1985): Disclosure of Nonproprietary Information, in: JAR, Vol. 23, S. 123-145.

Dye, Ronald A./Sridhar, Sri S. (1995): Industry-Wide Disclosure Dynamics, in: JAR, Vol. 33, S. 157-174.

Eick, Karl-Gerhard/Ehrcke, Heiko (2009): Variable interest entities und special purpose entities – Ein Leitfaden zu den Konsolidierungsvoraussetzungen von Zweckgesellschaften nach IFRS und U.S. GAAP, in: Weber, Claus-Peter/ Lorson, Peter/Pfitzer, Norbert/Kessler, Harald/Wirth, Johannes (Hrsg.): Berichterstattung für den Kapitalmarkt, Festschrift Karlheinz Küting, Stuttgart, S. 211-245.

Einhorn, Eti (2007): Voluntary Disclosure under Uncertainty about the Reporting Objective, in: JAE, Vol. 43, S. 245-274.

Emse, Cordula (2005): Verbriefungstransaktionen deutscher Kreditinstitute – Eine Analyse alternativer Strukturvarianten und deren regulatorischer Erfassung nach Grundsatz I und Basel II, Wiesbaden.

Endert, Volker/Jucknat, Jan/Sepetauz, Karsten (2010): Prüfung der Anhangangaben (notes) vor dem Hintergrund der Finanzkrise, in: IRZ, 5. Jg., S. 463-468.

Engel, Kathleen C./McCoy, Patricia A. (2011): The Subprime Virus – Reckless Credit, Regulatory Failure, and Next Steps, Oxford u.a.

European Securitisation Forum (ESF)/International Capital Market Association (ICMA) (2008): ESF and ICMA Review of the European ABCP Market, Structures, Reporting Practices and Investor Considerations, im Internet unter http://www.icmagroup.org/assets/documents/ABCP%20Survey.pdf (Stand 09.12.2013).

Fama, Eugene F. (1970): Efficient Capital Markets: A Review of Theory and Empirical Work, in: JoF, Vol. 25, S. 383-417.

Farrell, Joseph/Rabin, Matthew (1996): Cheap Talk, in: JEP, Vol. 10, S. 103-118.

Fields, Thomas D./Lys, Thomas Z./Vincent, Linda (2001): Empirical Research on Accounting Choice, in: JAE, Vol. 31, S. 255-307.

Financial Stability Board (FSB) (2012a): Overview, Mandate and History of the Financial Stability Board, im Internet unter http://www.financialstabilityboard.org/about/overview.html (Stand 09.12.2013).

Financial Stability Board (FSB) (2011a): Policy Measures to Address Systemically Important Financial Institutions, 04.11.2011, im Internet unter http://www.financialstabilityboard.org/publications/r_111104bb.pdf (Stand 09.12.2013).

Financial Stability Board (FSB) (2011b): Thematic Review on Risk Disclosure Practices – Peer Review Report, 18.03.2011, im Internet unter http://www.financialstabilityboard.org/publications/r_110318.pdf (Stand 09.12.2013).
Financial Stability Board (FSB) (2010a): Thematic Review on Risk Disclosures by Market Participants – Review Template, 28.06.2010, im Internet unter http://www.financialstabilityboard.org/press/pr_100721.pdf (Stand 09.12.2013).
Financial Stability Board (FSB) (2010b): FSB Invites Feedback on Risk Disclosure Practices, 21.07.2010, im Internet unter http://www.financialstabilityboard.org/press/pr_100721.pdf (Stand 09.12.2013).
Financial Stability Forum (FSF) (2009): Report of the Financial Stability Forum on Enhancing Market and Institutional Resilience – Update on Implementation, 02.04.2009, im Internet unter http://www.financialstabilityboard.org/publications/r_0904d.pdf (Stand 09.12.2013).
Financial Stability Forum (FSF) (2008a): Report of the Financial Stability Forum on Enhancing Market and Institutional Resilience, 07.04.2008, im Internet unter http://www.financialstabilityboard.org/publications/r_0804.pdf (Stand 09.12.2013).
Financial Stability Forum (FSF) (2008b): Report of the Financial Stability Forum on Enhancing Market and Institutional Resilience – Follow-Up on Implementation 10.10.2008, im Internet unter http://www.financialstabilityboard.org/press/pr_081009f.pdf (Stand 09.12.2013).
FitchRatings (2012): Global Rating Criteria for Asset-Backed Commercial Paper, 08.11.2012, im Internet unter http://www.fitchratings.co.jp/ja/images/RC_20121108_Global%20Rtg%20Criteria%20for%20Asset%20Backed%20Commercial%20Paper_EN.pdf (Stand 09.12.2013).
FitchRatings (2008a): Getting Started in ABCP in Europe in the Present Climate – An Updated Investor Guide, 29.04.2008, New York, New York.
FitchRatings (2008b): The Difference Between Traditional ABCP Conduits and SIVs, 08.04.2008, New York, New York.
Forche, Matthias (2001): Abbildung von Kreditderivaten im Jahresabschluß unter besonderer Berücksichtigung von Sicherungszusammenhängen, Frankfurt am Main u.a.
Früh, Werner (2011): Inhaltsanalyse – Theorie und Praxis, 7. Aufl., Konstanz, München.
Gassen, Joachim (2000): Datenbankgestützte Rechnungslegungspublizität – Ein Beitrag zur Evolution der Rechnungslegung, Frankfurt am Main u.a.
Gelhausen, Hans F./Deubert, Michael/Klöcker, André (2010): Zweckgesellschaften nach BilMoG: Mehrheit der Risiken und Chancen als Zurechnungskriterium, in: DB, 63. Jg, S. 2005-2011.

Gigler, Frank (1994): Self-Enforcing Voluntary Disclosures, in: JAR, Vol. 32, S. 224-240.
Gorton, Gary B./Souleles, Nicholas S. (2006): Special Purpose Vehicles and Securitization, in: Carey, Mark/Stulz, René M. (Hrsg.): The Risks of Financial Institutions, Chicago, London, S. 549-602.
Grossman, Sanford J. (1981): The Informational Role of Warranties and Private Disclosure about Product Quality, in: JLE, Vol. 24, S. 461-483.
Grünberger, David (2011): IFRS 2011 – Ein systematischer Praxis-Leitfaden, 9. Aufl., Herne.
Grünberger, David (2006): Bilanzierung von Finanzgarantien nach der Neufassung von IAS 39, in: KoR, 6. Jg., S. 81-92.
Gryshchenko, Vladimir (2010): Die Krise als Wegweiser?! – Zweckgesellschaften nach ED 10, in: PiR, 3. Jg., S. 42-46.
Healy, Paul M./Palepu, Krishna G. (2001): Information Asymmetry, Corporate Disclosure, and the Capital Markets: A Review of the Empirical Disclosure Literature, in: JAE, Vol. 31, S. 405-440.
Healy, Paul M./Wahlen, James M. (1999): A Review of the Earnings Management Literature and Its Implications for Standard Setting, in: AH, Vol. 13, S. 365-383.
Heininger, Klaus (2010): Finanzmarktkrise – Welche Reformen sind notwendig?, in: WPg, 63. Jg., S. 58-60.
Hellwig, Martin F. (2010): Finanzkrise und Reformbedarf – Gutachten für den 68. Deutschen Juristentag, Max Planck Institute for Research on Collective Goods, Bonn, im Internet unter http://www.coll.mpg.de/pdf_dat/2010_19online.pdf (Stand 09.12.2013).
Hermann, Uwe S./Potthast, Cornel (2011): Über Zweckgesellschaften sowie zum Verhältnis von IAS/IFRS und deren Interpretation, in: DStR, 49. Jg., S. 685-689.
Hoffmann, Jürgen (2011a): Einige Zweifelsfragen zur Konsolidierungspflicht von Zweckgesellschaften nach § 290 Abs. 2 Nr. 4 HGB, in: DB, 64. Jg., S. 1401-1404.
Hoffmann, Wolf-Dieter (2011b): § 21 Rückstellungen, Verbindlichkeiten, in: Lüdenbach, Norbert/Hoffmann, Wolf-Dieter (Hrsg.): Haufe IFRS-Kommentar, 9. Aufl., Freiburg u.a., S. 969-1064.
Hoffmann, Wolf-Dieter/Lüdenbach, Norbert (2007): Die bilanzielle Abbildung der Hypothekenkrise und die Zukunft des Bilanzrechts, in: DB, 60. Jg., S. 2213-2219.
Holsti, Ole R. (1969): Content Analysis for the Social Sciences and Humanities, Reading, Massachusetts u.a.
IDW (2009): Besondere Prüfungsfragen im Kontext der aktuellen Wirtschafts- und Finanzmarktkrise, in: FN-IDW, Nr. 1-2, o. Jg., S. 3-21.

IDW (2007a): Stellungnahme zur Rechungslegung: Einzelfragen zur Bilanzierung von Finanzinstrumenten nach IFRS (IDW RS HFA 9), in: FN-IDW, Nr. 6, o. Jg., S. 326-400.

IDW (2007b): Positionspapier des IDW zu Bilanzierungs- und Bewertungsfragen im Zusammenhang mit der Subprime-Krise, 10.12.2007, im Internet unter http://www.idw.de/idw/download/Subprime-Positionspapier.pdf?id=424920 (Stand 09.12.2013).

Imhoff, Eugene A./Lipe, Robert/Wright, David W. (1995): Is Footnote Disclosure an Adequate Alternative to Financial Statement Recognition?, in: JFSA, Fall, S. 70-81.

Jorgensen, Bjorn N./Kirschenheiter, Michael T. (2000): Voluntary versus Mandatory Risk Disclosures with Asymmetric Information and Costly Investment in Information Technology, Working Paper, Harvard University und Columbia University.

Jung, Woon-Oh/Kwon, Young K. (1988): Disclosure When the Market Is Unsure of Information Endowment of Managers, in: JAR, Vol. 26, S. 146-153.

Kanngiesser, Susanne (2005): § 39 Bilanzierung von Versicherungsverträgen, in: Lüdenbach, Norbert/Hoffmann, Wolf-Dieter (Hrsg.): Haufe IFRS-Kommentar, 3. Aufl., Freiburg u.a., S. 1943-1962.

Karaoglu, Emre N. (2005): Regulatory Capital and Earnings Management in Banks: The Case of Loan Sales and Securitizations, Working Paper, University of Southern California.

Kassarjian, Harold H. (1977): Content Analysis in Consumer Research, in: JCR, Vol. 4, S. 8-18.

Kehm, Patrick/Lüdenbach, Norbert (2005): § 28 Finanzinstrumente, in: Lüdenbach, Norbert/Hoffmann, Wolf-Dieter (Hrsg.): Haufe IFRS-Kommentar, 3. Aufl., Freiburg u.a., S. 1271-1417.

Kirsch, Hans-Jürgen/Ewelt, Corinna (2009): ED 10 „Neuabgrenzung des Konsolidierungskreises“: ein kleiner Schritt in die richtige Richtung, in: BB, 64. Jg., S. 1574-1578.

Klimaszewski-Blettner, Barbara/Richter, Andreas (2008): Public-Private-Partnerships: Private und staatliche Strategien zum Management von Katastrophenrisiken, in: SJ, 128. Jg., S. 561-592.

Köhler, Annette G./Strauch, Britta (2008): Behandlung von Special Purpose Entities im Konzernabschluss – aktuelle Entwicklungen, in: WPg, 61. Jg., S. 189-195.

Köster, Oliver (2008): IAS 8 – Bilanzierungs- und Bewertungsmethoden, Änderungen von Schätzungen und Fehler, in: Thiele, Stefan/von Keitz, Isabel/

Brücks, Michael (Hrsg.): Internationales Bilanzrecht – Rechnungslegung nach IFRS, Bonn.

Krumnow, Jürgen (1997): IAS 30 – Angabepflichten im Jahresabschluß von Banken und ähnlichen Finanzinstituten (Disclosures in the Financial Statements of Banks and Similar Financial Institutions), in: Baetge, Jörg/Dörner, Dietrich/ Kleekämper, Heinz/Wollmert, Peter (Hrsg.): Rechnungslegung nach International Accounting Standards (IAS), Stuttgart, S. 1185-1235.

Kübler, Friedrich (2009): Die Krise der amerikanischen Hypothekenverbriefungen – Ursachen und Herausforderungen, in: Grundmann, Stefan/Kirchner, Christian/Raiser, Thomas/Schwintowski, Hans-Peter/Weber, Martin/Windbichler, Christine (Hrsg.): Unternehmensrecht zu Beginn des 21. Jahrhunderts, Festschrift Eberhard Schwark, München, S. 499-510.

Küting, Karlheinz/Gattung, Andreas (2007): Zweckgesellschaften als Tochterunternehmen nach SIC-12 – Bestimmung und Konsolidierung, in: KoR, 7. Jg., S. 397-408.

Küting, Karlheinz/Mojadadr, Mana (2013): Zweckgesellschaften in der Berichterstattungspraxis – Eine Auswertung der Geschäftsberichte der DAX-, MDAX-, SDAX- und TecDAX-Unternehmen, in: KoR, 13. Jg., S. 142-155.

Küting, Karlheinz/Seel, Christoph (2010): Neukonzeption des Mutter-Tochter-Verhältnisses nach HGB – Auswirkungen des BilMoG auf die handelsrechtliche Bilanzierung, in: BB, 65. Jg., S. 1459-1464.

Kuhn, Steffen/Scharpf, Paul (2006): Rechnungslegung von Financial Instruments nach IFRS – IAS 32, IAS 39 und IFRS 7, 3. Aufl., Stuttgart.

Kuhn, Steffen/Scharpf, Paul (2005): Rechnungslegung von Financial Instruments nach IAS 39, 2. Aufl., Stuttgart.

Kuhner, Christoph (1998): Verfügungsrechte an Unternehmensinformationen – Die Verrechtlichung des Informationsflusses zwischen Unternehmen und Kapitalmarkt im Blickfeld ökonomischer Analysen, unveröffentlichte Habilitationsschrift, LMU München.

Kurz, Gerhard (2009): Das IASB und die Regulierung der Rechnungslegung in der EU – Eine Analyse von Legitimation und Lobbying, Frankfurt am Main u.a.

Kustner, Clemens (2004): Special Purpose Entities – Wirtschaftliche Merkmale und Bilanzierung in der internationalen Rechnungslegung, in: KoR, 4. Jg., S. 308-318.

Landsman, Wayne R./Peasnell, Kenneth V./Shakespeare, Catherine (2008): Are Asset Securitizations Sales or Loans?, in: AR, Vol. 83, S. 1251-1272.

Lev, Baruch/Penman, Stephen H. (1990): Voluntary Forecast Disclosure, Nondisclosure, and Stock Prices, in: JAR, Vol. 28, S. 49-76.

Libby, Robert/Nelson, Mark W./Hunton, James E. (2006): Recognition v. Disclosure, Auditor Tolerance for Misstatement, and the Reliability of Stock-Compensation and Lease Information, in: JAR, Vol. 44, S. 533-560.

Löw, Edgar (2010): Geschäftszyklen und deren Einfluss auf die Risikoberichterstattung von Banken, in: Rudolph, Bernd/Strutz, Eric/Szabo, Tea (Hrsg.): Herausforderungen der Finanzmarktkrise für das Bankcontrolling, zfbf Sonderheft 61/10, S. 38-67.

Löw, Edgar (2005): Bilanz, Gewinn- und Verlustrechnung sowie Notes, in: Löw, Edgar (Hrsg.): Rechnungslegung für Banken nach IFRS – Praxisorientierte Einzeldarstellungen, 2. Aufl., Wiesbaden, S. 49-164.

Lüdenbach, Norbert (2011a): § 28 Finanzinstrumente, in: Lüdenbach, Norbert/Hoffmann, Wolf-Dieter (Hrsg.): Haufe IFRS-Kommentar, 9. Aufl., Freiburg u.a., S. 1517-1735.

Lüdenbach, Norbert (2011b): § 32 Tochterunternehmen im Konzern- und Einzelabschluss, in: Lüdenbach, Norbert/Hoffmann, Wolf-Dieter (Hrsg.): Haufe IFRS-Kommentar, 9. Aufl., Freiburg u.a., S. 1969-2050.

Lüdenbach, Norbert (2011c): § 5 Anhang (Notes and Disclosures), in: Lüdenbach, Norbert/Hoffmann, Wolf-Dieter (Hrsg.): Haufe IFRS-Kommentar, 9. Aufl., Freiburg u.a., S. 219-252.

Lüdenbach, Norbert (2011d): § 24 Stetigkeitsgebot, Änderung Bilanzierungsmethoden und Schätzungen, Bilanzberichtigung, in: Lüdenbach, Norbert/Hoffmann, Wolf-Dieter (Hrsg.): Haufe IFRS-Kommentar, 9. Aufl., Freiburg u.a., S. 1251-1279.

Lüdenbach, Norbert/Hoffmann, Wolf-Dieter (2011): § 1 Rahmenkonzept (Framework), in: Lüdenbach, Norbert/Hoffmann, Wolf-Dieter (Hrsg.): Haufe IFRS-Kommentar, 9. Aufl., Freiburg u.a., S. 29-78.

Mayring, Philipp (2010): Qualitative Inhaltsanalyse – Grundlagen und Techniken, 11. Aufl., Weinheim, Basel.

Milgrom, Paul R. (1981): Good News and Bad News: Representation Theorems and Applications, in: BJE, Vol. 12, S. 380-391.

Milne, Markus J./Adler, Ralph W. (1999): Exploring the Reliability of Social and Environmental Disclosures Content Analysis, in: AAAJ, Vol. 12, S. 237-256.

Moxter, Adolf (1962): Der Einfluß von Publizitätsvorschriften auf das unternehmerische Verhalten, Köln, Opladen.

Mujkanovic, Robin (2009): Zweckgesellschaften nach BilMoG, in: StuB, 11. Jg., S. 374-379.

Mujkanovic, Robin (2008): Die Konsolidierung von Zweckgesellschaften nach IFRS und HGB vor dem Hintergrund der Subprime-Krise und des BilMoG, in: StuB, 10. Jg., S. 136-141.

Nell, Martin/Richter, Andreas (2004): Improving Risk Allocation through Indexed Cat Bonds, in: GPRI, Vol. 29, S. 183-201.

Newman, Paul/Sansing, Richard (1993): Disclosure Policies with Multiple Users, in: JAR, Vol. 31, S. 92-112.

Niu, Flora F./Richardson, Gordon D. (2006): Are Securitizations in Substance Sales or Secured Borrowings? Capital-Market Evidence, in: CAR, Vol. 23, S. 1105-1133.

Paarz, Michael (2007): Investororientierte Bankrechnungslegung nach IFRS – Eine Analyse des IFRS 7 unter Berücksichtigung des Konzepts der Marktdisziplin nach Basel II, Düsseldorf.

Paul, Stephan (2001): Asset Backed Securities, in: Gerke, Wolfgang/Steiner, Manfred (Hrsg.): Handwörterbuch des Bank- und Finanzwesens, 3. Aufl., Stuttgart, S. 126-133.

Pellens, Bernhard/Fülbier, Rolf Uwe/Gassen, Joachim/Sellhorn, Thorsten (2011): Internationale Rechnungslegung – IFRS 1 bis 9, IAS 1 bis 41, IFRIC-Interpretationen, Standardentwürfe, 8. Aufl., Stuttgart.

Pellens, Bernhard/Jannett, Stefan/Schmidt, André (2009): Bilanzierungsstandards im Kontext der Finanzmarktkrise, in: PWP, 10. Jg., S. 413-435.

Penman, Stephen H. (1980): An Empirical Investigation of the Voluntary Disclosure of Corporate Earnings Forecasts, in: JAR, Vol. 18, S. 132-160.

Penno, Mark C. (1997): Information Quality and Voluntary Disclosure, in: AR, Vol. 72, S. 275-284.

Potter, James W./Levine-Donnerstein, Deborah (1999): Rethinking Validity and Reliability in Content Analysis, in: JACR, Vol. 27, S. 258-284.

Richter, Andreas (2004): Moderne Finanzinstrumente im Rahmen des Katastrophen-Risk-Managements – Basisrisiko versus Ausfallrisiko, in: zfbf, 56. Jg., S. 99-121.

Ronen, Joshua/Yaari, Varda (2008): Earnings Management – Emerging Insights in Theory, Practice, and Research, New York.

Ross, Stephen A. (1979): Disclosure Regulation in Financial Markets: Implications of Modern Finance Theory and Signaling Theory, in: Edwards, Franklin R. (Hrsg.): Issues in Financial Regulation, New York u.a., S. 177-200.

Rudolph, Bernd (2011): Hintergründe und Verlauf der internationalen Finanzkrise 2008, in: 1931 Finanzkrisen 2008, hrsg. v. der Eugen-Gutmann-Gesellschaft, München, S. 143-241.

Rudolph, Bernd (2010a): Die internationale Finanzkrise: Ursachen, Treiber, Veränderungsbedarf und Reformansätze, in: ZGR, 39. Jg., S. 1-47.

Rudolph, Bernd (2010b): Die internationale Finanzkrise als Anstoß für Weiterentwicklungen im Risikocontrolling der Banken und für Reformen in der Bankregulierung, in: Rudolph, Bernd/Strutz, Eric/Szabo, Tea (Hrsg.): Herausforderungen der Finanzmarktkrise für das Bankcontrolling, zfbf Sonderheft 61/10, S. 122-149.

Rudolph, Bernd (2008): Lehren aus den Ursachen und dem Verlauf der internationalen Finanzkrise, in: zfbf, 60. Jg., S. 713-741.

Rudolph, Bernd (2007): Kreditrisikotransfer – Abbau alter gegen den Aufbau neuer Risiken?, in: KuK, 40. Jg., S. 1-16.

Rudolph, Bernd/Hofmann, Bernd/Schaber, Albert/Schäfer, Klaus (2012): Kreditrisikotransfer – Moderne Instrumente und Methoden, 2. Aufl., Berlin, Heidelberg.

Ryan, Stephen G. (2002): Financial Instruments and Institutions – Accounting and Disclosure Rules, Hoboken, New Jersey.

Schaber, Albert (2009): Collateralized Debt Obligations – First Loss Piece Retention, Combination Notes, and Tranching, Frankfurt am Main u.a.

Scharpf, Paul/Weigel, Wolfgang/Löw, Edgar (2006): Die Bilanzierung von Finanzgarantien und Kreditzusagen nach IFRS, in: WPg, 59. Jg., S. 1492-1504.

Schipper, Katherine (2007): Required Disclosures in Financial Reports, in: AR, Vol. 82, S. 301-326.

Schön, Stephan/Cortez, Benjamin (2009): Finanzmarktkrise als Vertrauenskrise – Special Purpose Entities und Ratingagenturen als Ursache für Informationsasymmetrien an den globalen Finanzmärkten, in: IRZ, 4. Jg., S. 11-17.

Schruff, Wienand (2009a): Die Behandlung von Zweckgesellschaften nach dem Bilanzrechtsmodernisierungsgesetz, in: DK, 7. Jg., S. 511-520.

Schruff, Wienand (2009b): Die Fair Value-Bewertung und die Konsolidierung von Zweckgesellschaften – Deutsche Bilanzierung im Kontext internationaler Entwicklungen, in: Baetge, Jörg/Kirsch, Hans-Jürgen (Hrsg.): Vom BiRiLiG zum BilMoG – Eine Standortbestimmung der Bilanzierung und Prüfung in Deutschland, Düsseldorf, S. 17-43.

Schwarcz, Steven L. (2004): Rethinking the Disclosure Paradigm in a World of Complexity, in: UILR, o. Jg., S. 1-37.

Schwarcz, Steven L. (1997): Die Alchemie der Asset Securitization, in: DB, 50. Jg., S. 1289-1297.

Senior Supervisors Group (SSG) (2008): Leading-Practice Disclosures for Selected Exposures (11.04.2008), im Internet unter http://www.fsa.gov.uk/pubs/other/ssg_exposures.pdf (Stand 09.12.2013).

Sickmann, Eric (2005): Konsolidierung von Variable Interest Entities, Düsseldorf.

Sifi, Salima (2010): Determinanten der Publizitätspolitik – Ökonomische und empirische Analyse am Beispiel immaterieller Werte, Frankfurt am Main u.a.

Skinner, Douglas J. (1994): Why Firms Voluntarily Disclose Bad News, in: JAR, Vol. 32, S. 38-60.

Stocken, Phillip C. (2000): Credibility of Voluntary Disclosure, in: RJE, Vol. 31, S. 359-374.

Streckenbach, Jana I. (2006): Bilanzierung von Zweckgesellschaften im Konzern – Abgrenzung der wirtschaftlichen Einheit nach US-GAAP und IFRS, Dissertation, Ruhr-Universität Bochum, im Internet unter http://www-brs.ub.ruhr-uni bochum.de/netahtml/HSS/Diss/StreckenbachJanaIsabelle/diss.pdf (Stand 09.12.2013.

Struffert, Ralf (2006): Asset Backed Securities-Transaktionen und Kreditderivate nach IFRS und HGB, Wiesbaden.

Thelen-Pischke, Hiltrud (2010): Die aufsichtsrechtliche Konsolidierung von Zweckgesellschaften unter Berücksichtigung der Auswirkungen des BilMoG, in: IRZ, 5. Jg., S. 187-195.

Verrecchia, Robert E. (2001): Essays on disclosure, in: JAE, Vol. 32, S. 97-180.

Verrecchia, Robert E. (1990): Information Quality and Discretionary Disclosure, in: JAE, Vol. 12, S. 365-380.

Verrecchia, Robert E. (1983): Discretionary Disclosure, in: JAE, Vol. 5, S. 179-194.

von Oertzen/Cornelia (2009): § 3. Finanzinstrumente, in: Bohl, Werner/Riese, Joachim/Schlüter, Jörg (Hrsg.): Beck'sches IFRS-Handbuch, 3. Aufl., München, S. 93-179.

Wagenhofer, Alfred (2000): Disclosure of Proprietary Information in the Course of an Acquisition, in: ABR, Vol. 31, S. 57-69.

Wagenhofer, Alfred (1990): Informationspolitik im Jahresabschluss – Freiwillige Informationen und strategische Bilanzanalyse, Heidelberg.

Wagenhofer, Alfred/Ewert, Ralf (2007): Externe Unternehmensrechnung, 2. Aufl., Berlin u.a.

Wappenschmidt, Christian (2009): Ratinganalyse durch internationale Ratingagenturen – Empirische Untersuchung für Deutschland, Österreich und die Schweiz, Frankfurt am Main u.a.

Watrin, Christoph/Struffert, Ralf (2007): Verbesserung der Berichterstattung über den Transfer von Kreditrisiken – Vorschlag eines Kreditrisikospiegels, in: FB, 9. Jg., S. 29-41.

Watts, Ross L./Zimmerman, Jerold L. (1986): Positive Accounting Theory, Englewood Cliffs, New Jersey.

Zoeger, Oliver/Möller, Andreas (2009): Konsolidierungspflicht für Zweckgesellschaften nach dem Bilanzrechtsmodernisierungsgesetz (BilMoG) – Nunmehr doch der große Wurf?, in: KoR, 9. Jg., S. 309-315.

Geschäftsberichteverzeichnis

Barclays Geschäftsbericht (2009), im Internet unter http://group.barclays.com/Satellite?blobcol=urldata&blobheader=application%2Fpdf&blobheadername1=Content-Disposition&blobheadername2=MDT-Type&blobheadervalue1=inline%3B+filename%3D2009-Barclays-PLC-Annual-Report-PDF.pdf&blobheadervalue2=abinary%3B+charset%3DUTF8&blobkey=id&blobtable=MungoBlobs&blobwhere=1330686742445&ssbinary=true (Stand 09.12.2013).

Barclays Geschäftsbericht (2008), im Internet unter http://group.barclays.com/Satellite?blobcol=urldata&blobheader=application%2Fpdf&blobheadername1=Content-Disposition&blobheadername2=MDT-Type&blobheadervalue1=inline%3B+filename%3D2008-Barclays-PLC-Annual-Report-PDF.pdf&blobheadervalue2=abinary%3B+charset%3DUTF8&blobkey=id&blobtable=MungoBlobs&blobwhere=1330686742475&ssbinary=true (Stand 09.12.2013).

Barclays Geschäftsbericht (2006), im Internet unter http://group.barclays.com/Satellite?blobcol=urldata&blobheader=application%2Fpdf&blobheadername1=Content-Disposition&blobheadername2=MDT-Type&blobheadervalue1=inline%3B+filename%3D2006-Barclays-PLC-Annual-Report-PDF.pdf&blobheadervalue2=abinary%3B+charset%3DUTF8&blobkey=id&blobtable=MungoBlobs&blobwhere=1330686742296&ssbinary=true (Stand 09.12.2013).

Barclays Geschäftsbericht (2005), im Internet unter http://www.investor.barclays.co.uk/results/2005/annualreport/annualreview2005/doclib/annual_report_full_document_2005.pdf (Stand 09.12.2013).

BNP Paribas Geschäftsbericht (2010), im Internet unter http://media-cms.bnpparibas.com/file/95/8/bnp_paribas_rd_2010.13958.pdf (Stand 09.12.2013).

BNP Paribas Geschäftsbericht (2009), im Internet unter http://media-cms.bnpparibas.com/file/82/4/doc-reference-2009-en.8824.pdf (Stand 09.12.2013).

BNP Paribas Geschäftsbericht (2008), im Internet unter http://media-cms.bnpparibas.com/file/02/6/doc-reference-2008-en.7026.pdf (Stand 09.12.2013).

BNP Paribas Geschäftsbericht (2007), im Internet unter http://media-cms.bnpparibas.com/file/71/9/5719.pdf (Stand 09.12.2013).

BNP Paribas Geschäftsbericht (2006), im Internet unter http://media-cms.bnpparibas.com/file/71/1/5711.pdf (Stand 09.12.2013).

BNP Paribas Geschäftsbericht (2005), im Internet unter http://media-cms.bnpparibas.com/file/36/3/4363.pdf (Stand 09.12.2013).

Commerzbank Geschäftsbericht (2010), im Internet unter https://www.commerzbank.de/media/aktionaere/service/archive/konzern/2011_2/AR_2010.pdf (Stand 09.12.2013).
Commerzbank Geschäftsbericht (2009), im Internet unter https://www.commerzbank.de/media/aktionaere/service/archive/konzern/2010_2/CBK_2009_Annual-Report_2.pdf (Stand 09.12.2013).
Commerzbank Geschäftsbericht (2008), im Internet unter https://www.commerzbank.de/media/en/aktionaere/service/archive/konzern/2009_2/coba_gb2008_2.pdf (Stand 09.12.2013).
Commerzbank Geschäftsbericht (2007), im Internet unter https://www.commerzbank.de/media/aktionaere/service/archive/konzern/2008_3/GB_2007_englisch_5.pdf (Stand 09.12.2013).
Commerzbank Geschäftsbericht (2006), im Internet unter https://www.commerzbank.de/media/aktionaere/service/archive/konzern/2007_3/gb2006/commerz_gb_e_2006.pdf (Stand 09.12.2013).
Commerzbank Geschäftsbericht (2005), im Internet unter https://www.commerzbank.de/media/aktionaere/service/archive/konzern/2005_3/gb2005/download/commerz_gb_e_2005.pdf (Stand 09.12.2013).
Crédit Agricole Geschäftsbericht (2010), im Internet unter http://www.creditagricole.com/en/content/download/8981/102343/version/5/file/Doc+de+Ref+Credit+Agricole+SA+ENG.pdf (Stand 09.12.2013).
Crédit Agricole Geschäftsbericht (2008), im Internet unter http://www.creditagricole.com/en/content/download/10286/170184/version/2/file/2008_Registration_Document.pdf (Stand 09.12.2013).
Crédit Agricole Geschäftsbericht (2007), im Internet unter http://www.creditagricole.com/en/content/download/10250/169883/version/3/file/CAG014_DRF07_VA_COMPLET_BD_300508.pdf (Stand 09.12.2013).
Crédit Agricole Geschäftsbericht (2005), im Internet unter http://www.creditagricole.com/en/content/download/10211/169256/version/4/file/CAG_noninteractive_withcover.pdf (Stand 09.12.2013).
Deutsche Bank Geschäftsbericht (2010), im Internet unter https://www.deutsche-bank.de/ir/en/download/Deutsche_Bank_Annual_Report_2010_entire.pdf (Stand 09.12.2013).
Deutsche Bank Geschäftsbericht (2009), im Internet unter https://www.deutsche-bank.de/ir/en/download/Annual_Report_2009_entire.pdf (Stand 09.12.2013).
Deutsche Bank Geschäftsbericht (2008), im Internet unter https://www.deutsche-bank.de/ir/en/download/DB_Annual_Review_2008_entire.pdf (Stand 09.12.2013).

Deutsche Bank Geschäftsbericht (2007), im Internet unter https://www.deutsche-bank.de/ir/en/download/Annual_Report_2007_entire.pdf (Stand 09.12.2013).

Deutsche Bank Geschäftsbericht (2006), im Internet unter https://www.deutsche-bank.de/ir/en/download/entire_Annual_Report_2006.pdf (Stand 09.12.2013).

Deutsche Bank Geschäftsbericht (2005), im Internet unter https://www.deutsche-bank.de/ir/en/download/Annual_Report_2005.pdf (Stand 09.12.2013).

HSBC Geschäftsbericht (2010), im Internet unter http://www.hsbc.com/investor-relations/~/media/HSBC-com/InvestorRelationsAssets/FinancialResults/2010/hsbc2010ara0.pdf (Stand 09.12.2013).

HSBC Geschäftsbericht (2009), im Internet unter http://www.hsbc.com/investor-relations/~/media/HSBC-com/InvestorRelationsAssets/FinancialResults/2009/hsbc2009ara0.pdf (Stand 09.12.2013).

HSBC Geschäftsbericht (2008), im Internet unter http://www.hsbc.com/investor-relations/~/media/HSBC-com/InvestorRelationsAssets/FinancialResults/2008/hsbc2008ara0.pdf (Stand 09.12.2013).

HSBC Geschäftsbericht (2007), im Internet unter http://www.hsbc.com/investor-relations/~/media/HSBC-com/InvestorRelationsAssets/FinancialResults/2007/hsbc2007ara0.pdf (Stand 09.12.2013).

HSBC Geschäftsbericht (2006), im Internet unter http://www.hsbc.com/investor-relations/~/media/HSBC-com/InvestorRelationsAssets/FinancialResults/2006/hsbc2006ara0.pdf (Stand 09.12.2013).

HSBC Geschäftsbericht (2005), im Internet unter http://www.hsbc.com/investor-relations/~/media/HSBC-com/InvestorRelationsAssets/FinancialResults/2005/hsbc2005ara0.pdf (Stand 09.12.2013).

Royal Bank of Scotland (RBS) Geschäftsbericht (2010), im Internet unter http://www.investors.rbs.com/download/report/RBS_Group_Annual_Report_and_Accounts_10.pdf (Stand 09.12.2013).

Royal Bank of Scotland (RBS) Geschäftsbericht (2008), im Internet unter http://www.investors.rbs.com/download/report/RBS_GRA_2008_09_03_09.pdf (Stand 09.12.2013).

Royal Bank of Scotland (RBS) Geschäftsbericht (2007), im Internet unter http://www.investors.rbs.com/download/report/RBS_GRA_2007_21_4_08.pdf (Stand 09.12.2013).

Royal Bank of Scotland (RBS) Geschäftsbericht (2006), im Internet unter http://www.investors.rbs.com/download/report/Annual_Report_and_Accounts_2006.pdf (Stand 09.12.2013).

Santander Geschäftsbericht (2010), Annual Report, im Internet unter http://www.santander.com/csgs/StaticBS?ssbinary=true&blobkey=id&blobcol=urldata&SSURIsscontext=Satellite+Server&blobheadervalue1=application%2Fpdf&blobwhere=1278680670554&SSURIsession=false&blobheadervalue2=inline%3B+filename%3DAnnual+report_ENG.pdf&SSURIapptype=BlobServer&blobtable=MungoBlobs&SSURIcontainer=Default&blobheadername1=content-type&blobheadername2=Content-Disposition#satellitefragment (Stand 09.12.2013).

Santander Geschäftsbericht (2010), Consolidated Accounts, im Internet unter http://www.santander.com/csgs/StaticBS?ssbinary=true&blobkey=id&blobcol=urldata&SSURIsscontext=Satellite+Server&blobheadervalue1=application%2Fpdf&blobwhere=1278680670706&SSURIsession=false&blobheadervalue2=inline%3B+filename%3DCUENTAS_INFORME+COMPLETO_2010_ENG_ok4.pdf&SSURIapptype=BlobServer&blobtable=MungoBlobs&SSURIcontainer=Default&blobheadername1=content-type&blobheadername2=Content-Disposition#satellitefragment (Stand 09.12.2013).

Santander Geschäftsbericht (2008), Consolidated Accounts, im Internet unter http://www.santander.com/csgs/StaticBS?ssbinary=true&blobkey=id&blobcol=urldata&SSURIsscontext=Satellite+Server&blobheadervalue1=application%2Fpdf&blobwhere=1278680480831&SSURIsession=false&blobheadervalue2=inline%3B+filename%3DCuentas08_Ingles_San_web_DEF.pdf&SSURIapptype=BlobServer&blobtable=MungoBlobs&SSURIcontainer=Default&blobheadername1=content-type&blobheadername2=Content-Disposition#satellitefragment (Stand 09.12.2013).

Santander Geschäftsbericht (2007), im Internet unter http://www.santander.com/csgs/StaticBS?ssbinary=true&blobkey=id&blobcol=urldata&SSURIsscontext=Satellite+Server&blobheadervalue1=application%2Fpdf&blobwhere=1278680470712&SSURIsession=false&blobheadervalue2=inline%3B+filename%3Dannual+report+07.pdf&SSRIapptype=BlobServer&blobtable=MungoBlobs&SSURIcontainer=Default&blobheadername1=content-type&blobheadername2=Content-Disposition#satellitefragment (Stand 09.12.2013).

Santander Geschäftsbericht (2006), im Internet unter http://www.santander.com/csgs/StaticBS?ssbinary=true&blobkey=id&blobcol=urldata&SSURIsscontext=Satellite+Server&blobheadervalue1=application%2Fpdf&blobwhere=1278680407384&SSURIsession=false&blobheadervalue2=inline%3B+filename%3DInfo+anual_2006.pdf&SSURIapptype=BlobServer&blobtable=MungoBlobs&SSURIcontainer=Default&blobheadername1=content-type&blobheadername2=Content-Disposition#satellitefragment (Stand 09.12.2013).

Société Générale Geschäftsbericht (2010), im Internet unter http://media.corporate-ir.net/media_files/IROL/69/69575/Registration_Document_2011.pdf (Stand 09.12.2013).

Société Générale Geschäftsbericht (2009), im Internet unter http://phx.corporate-ir.net/External.File?item=UGFyZW50SUQ9MzU2MDN8Q2hpbGRJRD0tMXxUeXBlPTM=&t=1 (Stand 09.12.2013).

Société Générale Geschäftsbericht (2008), im Internet unter http://phx.corporate-ir.net/External.File?item=UGFyZW50SUQ9MTQ5MXxDaGlsZElEPS0xfFR5cGU9Mw==&t=1 (Stand 09.12.2013).

Société Générale Geschäftsbericht (2007), im Internet unter http://media.corporate-ir.net/media_files/irol/69/69575/reports/Societe-Generale_Docref_12-07_gb.pdf (Stand 09.12.2013).

Société Générale Geschäftsbericht (2005), im Internet unter http://media.corporate-ir.net/media_files/irol/69/69575/reports/2005/2005RegistrationdDoc.pdf (Stand 09.12.2013).

UniCredit Geschäftsbericht (2010), im Internet unter https://www.unicreditgroup.eu/content/dam/unicreditgroup/documents/inc/financial-calendar/UniCredit_Group_2010_Consolidated_Reports_and_Accounts.pdf (Stand 09.12.2013).

UniCredit Geschäftsbericht (2009), im Internet unter https://www.unicreditgroup.eu/content/dam/unicreditgroup/documents/inc/financial-calendar/UniCredit_Group_2009_Consolidated_Reports_and_Accounts.pdf (Stand 09.12.2013).

UniCredit Geschäftsbericht (2008), im Internet unter https://www.unicreditgroup.eu/content/dam/unicreditgroup/documents/inc/financial-calendar/En2008_Reports_and_Accounts.pdf (Stand 09.12.2013).

UniCredit Geschäftsbericht (2007), im Internet unter https://www.unicreditgroup.eu/content/dam/unicreditgroup/documents/inc/financial-calendar/BILANCIO_2007_UK.pdf (Stand 09.12.2013).

UniCredit Geschäftsbericht (2006), im Internet unter https://www.unicreditgroup.eu/content/dam/unicreditgroup/documents/inc/financial-calendar/consolidated_annual_report_06.pdf (Stand 09.12.2013).

BETRIEBSWIRTSCHAFTLICHE STUDIEN
RECHNUNGS- UND FINANZWESEN, ORGANISATION UND INSTITUTION

Die Herausgeber wollen in dieser Schriftenreihe Forschungsarbeiten aus dem Rechnungswesen, dem Finanzwesen, der Organisation und der institutionellen Betriebswirtschaftslehre zusammenfassen. Über den Kreis der eigenen Schüler hinaus soll originellen betriebswirtschaftlichen Arbeiten auf diesem Gebiet eine größere Verbreitung ermöglicht werden. Jüngere Wissenschaftler werden gebeten, ihre Arbeiten, insbesondere auch Dissertationen, an die Herausgeber einzusenden.

Band 1 Joachim Hartle: Möglichkeiten der Entobjektivierung der Bilanz - Eine ökonomische Analyse. 1984.

Band 2 Peter Wachendorff: Alternative Vertragsgestaltung bei öffentlichen Aufträgen - Eine ökonomische Analyse. 1984.

Band 3 Doris Zimmermann: Schmalenbachs Aktivierungsgrundsätze. 1985.

Band 4 Elke Michaelis: Organisation unternehmerischer Aufgaben - Transaktionskosten als Beurteilungskriterium. 1985.

Band 5 Arno Schuppert: Die Überwachung betrieblicher Routinetätigkeiten. Ein Erklärungs-Entscheidungsmodell. 1985.

Band 6 Bonaventura Lehertshuber: Unternehmensvertragsrecht und Konzernhandelsbilanz. 1986.

Band 7 Joachim Schindler: Kapitalkonsolidierung nach dem Bilanzrichtlinien-Gesetz. 1986.

Band 8 Gerhard R. Schell: Die Ertragsermittlung für Bankbewertungen. 1988.

Band 9 Ulrich Hein: Analyse der Neubewertungsverfahren im belgischen und französischen Bilanzrecht. 1988.

Band 10 Rainer Leuthier: Das Interdependenzproblem bei der Unternehmensbewertung. 1988.

Band 11 Dieter Pfaff: Gewinnverwendungsregelungen als Instrument zur Lösung von Agency-Problemen. Ein Beitrag zur Diskussion um die Reformierung der Ausschüttungskompetenz in Aktiengesellschaften. 1989.

Band 12 Christian Debus: Haftungsregelungen im Konzernrecht. Eine ökonomische Analyse. 1990.

Band 13 Ralph Otte: Konzernabschlüsse im öffentlichen Bereich. Notwendigkeit und Zwecke konsolidierter Jahresabschlüsse von Gebietskörperschaften dargestellt am Beispiel der Bundesverwaltung der Bundesrepublik Deutschland. 1990.

Band 14 Rüdiger Zaczyk: Interdisziplinarität im Bilanzrecht. Rechtsfindung im Spannungsfeld zwischen Betriebswirtschaftslehre und dogmatischer Rechtswissenschaft. 1991.

Band 15 Oliver Fliess: Konzernabschluß in Großbritannien – Grundlagen, Stufenkonzeption und Kapitalkonsolidierung. 1991.

Band 16 Joachim Faß: Konzernierung und konsolidierte Rechnungslegung. Eine Analyse der Eignung des Konzernabschlusses als Informationsinstrument und als Grundlage der Ausschüttungsbemessung konzernverbundener Unternehmen. 1992.

Band 17 Michael Feldhoff: Die Regulierung der Rechnungslegung. Eine systematische Darstellung der Grundlagen mit einer Anwendung auf die Frage der Publizität. 1992.

Band 18 Uwe Jüttner: GoB-System, Einzelbewertungsgrundsatz und Imparitätsprinzip. 1993.

Band 19 Ralf Häger: Das Publizitätsverhalten mittelgroßer Kapitalgesellschaften. 1993.

Band 20 Jutta Menninger: Financial Futures und deren bilanzielle Behandlung. 1993.

Band 21 Stefan Lange: Die Kompatibilität von Abschlußprüfung und Beratung. Eine ökonomische Analyse. 1994.

Band 22 Hans Klaus: Gesellschafterfremdfinanzierung und Eigenkapitalersatzrecht bei der Aktiengesellschaft und der GmbH. 1994.

Band 23 Vera Marcelle Krisement: Ansätze zur Messung des Harmonisierungs- und Standardisierungsgrades der externen Rechnungslegung. 1994.

Band 24 Helmut Schmid: Leveraged Management Buy-Out. Begriff, Gestaltungen, optimale Kapitalstruktur und ökonomische Bewertung. 1994.

Band 25 Carsten Carstensen: Vermögensverwaltung, Vormögenserhaltung und Rechnungslegung gemeinnütziger Stiftungen. 1994. 2., unveränderte Auflage 1996.

Band 26 Dirk Hachmeister: Der Discounted Cash Flow als Maß der Unternehmenswertsteigerung. 1995. 2., durchgesehene Auflage 1998. 3., korrigierte Auflage 1999. 4., durchgesehene Auflage 2000.

Band 27 Christine E. Lauer: Interdependenzen zwischen Gewinnermittlungsverfahren, Risiken sowie Aktivitätsniveau und Berichtsverhalten des Managers. Eine ökonomische Analyse. 1995.

Band 28 Ulrich Becker: Das Überleben multinationaler Unternehmungen. Generierung und Transfer von Wissen im internationalen Wettbewerb. 1996.

Band 29 Torsten Ganske: Mitbestimmung, Property-Rights-Ansatz und Transaktionskostentheorie. Eine ökonomische Analyse. 1996.

Band 30 Angelika Thies: Rückstellungen als Problem der wirtschaftlichen Betrachtungsweise. 1996.

Band 31 Hans Peter Willert: Das französische Konzernbilanzrecht. Vergleichende Analyse zum deutschen Recht im Hinblick auf die Konzernbilanzzwecke und deren Grundkonzeption. 1996.

Band 32 Christian Leuz: Rechnungslegung und Kreditfinanzierung. Zum Zusammenhang von Ausschüttungsbegrenzung, bilanzieller Gewinnermittlung und vorsichtiger Rechnungslegung. 1996.

Band 33 Gerald Schenk: Konzernbildung, Interessenkonflikte und ökonomische Effizienz. Ansätze zur Theorie des Konzerns und ihre Relevanz für rechtspolitische Schlußfolgerungen. 1997.

Band 34 Johannes G. Schmidt: Unternehmensbewertung mit Hilfe strategischer Erfolgsfaktoren. 1997.

Band 35 Cornelia Ballwießer: Die handelsrechtliche Konzernrechnungslegung als Informationsinstrument. Eine Zweckmäßigkeitsanalyse. 1997.

Band 36 Bert Böttcher: Eigenkapitalausstattung und Rechnungslegung. US-amerikanische und deutsche Unternehmen im Vergleich. 1997.

Band 37 Andreas-Markus Kuhlewind: Grundlagen einer Bilanzrechtstheorie in den USA. 1997.

Band 38 Maximilian Jung: Zum Konzept der Wesentlichkeit bei Jahresabschlußerstellung und -prüfung. Eine theoretische Untersuchung. 1997.

Band 39 Mathias Babel: Ansatz und Bewertung von Nutzungsrechten. 1997.

Band 40 Georg Hax: Informationsintermediation durch Finanzanalysten. Eine ökonomische Analyse. 1998.

Band 41 Georg Schultze: Der spin-off als Konzernspaltungsform. 1998.

Band 42 Christian Aders: Unternehmensbewertung bei Preisinstabilität und Inflation. 1998.

Band 43 Thomas Schröer: Das Realisationsprinzip in Deutschland und Großbritannien. Eine systematische Untersuchung und ihre Anwendung auf langfristige Auftragsfertigung und Währungsumrechnung. 1998.

Band 44 Anne d'Arcy: Gibt es eine anglo-amerikanische oder eine kontinentaleuropäische Rechnungslegung? Klassen nationaler Rechnungslegungssysteme zwischen Politik und statistischer Überprüfbarkeit. 1999.

Band 45 Christian Back: Richtlinienkonforme Interpretation des Handelsbilanzrechts. Abstrakte Vorgehensweise und konkrete Anwendung am Beispiel des EuGH-Urteils vom 27. Juni 1996. 1999.

Band 46 Cornelia Flury: Gewinnerläuterungsprinzipien. 1999.

Band 47 Hanne Böckem: Die Durchsetzung von Rechnungslegungsstandards. Eine kapitalmarktorientierte Untersuchung. 2000.

Band 48 Jens Kengelbach: Unternehmensbewertung bei internationalen Transaktionen. 2000.

Band 49 Ursula Schäffeler: Latente Steuern nach US-GAAP für deutsche Unternehmen. 2000.

Band 50 Rainer Doll: Wahrnehmung und Signalisierung von Prüfungsqualität. 2000.

Band 51 Brigitte Strasser: Informationsasymmetrien bei Unternehmensakquisitionen. 2000.

Band 52 Lars Franken: Gläubigerschutz durch Rechnungslegung nach US-GAAP. Eine ökonomische Analyse. 2001.

Band 53 Oliver Bärtl: Wertorientierte Unternehmenssteuerung. Zum Zusammenhang von Kapitalmarkt, externer und interner Rechnungslegung. 2001.

Band 54 Gabi Ebbers: A Comparative Analysis of Regulatory Strategies in Accounting and their Impact on Corporate Compliance. 2001.

Band 55 Mark Währisch: The Evolution of International Accounting Systems. Accounting System Adoptions by Firms from a Network Perspective. 2001.

Band 56 Jakob Schröder: F&E-Bilanzierung als Einflußfaktor der F&E-Freudigkeit. 2001.

Band 57 Martin Hebertinger: Wertsteigerungsmaße – Eine kritische Analyse. 2002.

Band 58 Rainer Zensen: Die Bewertung von deutschen Universalbanken unter Berücksichtigung rechtsformspezifischer Besonderheiten. 2002.

Band 59 Oliver Beyhs: Impairment of Assets nach International Accounting Standards. Anwendungshinweise und Zweckmäßigkeitsanalyse. 2002.

Band 60 Britta Leippe: Die Bilanzierung von Leasinggeschäften nach deutschem Handelsrecht und US-GAAP. Darstellung und Zweckmäßigkeitsanalyse. 2002.

Band 61 Christian Heitmann: Beurteilung der Bestandsfestigkeit von Unternehmen mit Neuro-Fuzzy. 2002.

Band 62 Bernd Hacker: Segmentberichterstattung – Eine ökonomische Analyse. 2002.

Band 63 Jörg Hoffmann: Das DRSC und die Regulierung der Rechnungslegung. Eine ökonomische Analyse. 2003.

Band 64 Cornelia Stanke: Entscheidungskonsequenzen der Rechnungslegung bei Unternehmenszusammenschlüssen. 2003.

Band 65 Peter Gampenrieder: Squeeze-out. Rechtsvergleich, empirischer Befund und ökonomische Analyse. 2004.

Band 66 Tim Laas: Steuerung internationaler Konzerne. Eine integrierte Betrachtung von Wert und Risiko. 2004.

Band 67 Michael Dobler: Risikoberichterstattung. Eine ökonomische Analyse. 2004.

Band 68 Martina Bentele: Immaterielle Vermögenswerte in der Unternehmensberichterstattung. 2004.

Band 69 Maik Esser: Goodwillbilanzierung nach SFAS 141/142. Eine ökonomische Analyse. 2005.

Band 70 Jörg-Markus Hitz: Rechnungslegung zum fair value. Konzeption und Entscheidungsnützlichkeit. 2005.

Band 71 Christian Schaffer: Führt wertorientierte Unternehmensführung zur messbaren Wertsteigerung? 2005.

Band 72 Marcus Borchert: Die Sicherung von Wechselkursrisiken in der Rechnungslegung nach deutschem Handelsrecht und International Financial Reporting Standards (IFRS). Darstellung und Zweckmäßigkeitsanalyse. 2006.

Band 73 Marcus Bieker: Ökonomische Analyse des Fair Value Accounting. 2006.

Band 74 Jörg Wiese: Komponenten des Zinsfußes in Unternehmensbewertungskalkülen. Theoretische Grundlagen und Konsistenz. 2006.

Band 75 Silvia Hettich: Zweckadäquate Gewinnermittlungsregeln. 2006.

Band 76 Stephan Rosarius: Bewertung von Leveraged Buyouts. 2007.

Band 77 Bernhard Moitzi: Fair Value Accounting und Anreizwirkungen. 2007.

Band 78 Jörg Reichert: Das Residual-Income-Model. Eine kritische Analyse. 2007.

Band 79 Nadja M. Päßler: Interessenkonflikte in der Informationsintermediation. Eine ökonomische Analyse. 2007.

Band 80 Raimo Reese: Schätzung von Eigenkapitalkosten für die Unternehmensbewertung. 2007.

Band 81 Jens Hackenberger: Professionelle Fußballspieler in der internationalen Rechnungslegung. Eine ökonomische Analyse. 2008.

Band 82 Christian Wappenschmidt: Ratinganalyse durch internationale Ratingagenturen. Empirische Untersuchung für Deutschland, Österreich und die Schweiz. 2009.

Band 83 Andreas Scholze: Discounted Cashflow und Jahresabschlußanalyse. Zur Berücksichtigung externer Rechnungslegungsinformationen in der Unternehmensbewertung. 2009.

Band 84 Sanela Čeljo-Hörhager: Selbsterfüllbarkeit von Ratings. Self-Fulfilling Prophecies als Problem der Risikokommunikation durch Informationsintermediäre. 2009.

Band 85 Hannes Dücker: Institutionelle Änderungen und die Ergebnisqualität von Finanzberichten deutscher Unternehmen. 2009.

Band 86 Gerhard Kurz: Das IASB und die Regulierung der Rechnungslegung in der EU. Eine Analyse von Legitimation und Lobbying. 2009.

Band 87 Christian Höllerschmid: Signalwirkungen und Bilanzpolitik mithilfe selbst erstellten technologiebezogenen immateriellen Vermögens. Reifeprüfung für bilanzrechtliche Sorgenkinder. 2010.

Band 88 Salima Sifi: Determinanten der Publizitätspolitik. Ökonomische und empirische Analyse am Beispiel immaterieller Werte. 2010.

Band 89 Michael Seifert: Die Erfassung von Unsicherheit bei den IFRS. 2011.

Band 90 Roland Paarz: Einfluss der Rechnungslegung auf Finanzanalysten. Eine empirische Analyse von Prognosegenauigkeit und Bewertungsverfahren von Finanzanalysten in Deutschland. 2011

Band 91 Christoph Pelger: Integration von externer und interner Unternehmensrechnung. Eine ökonomische Analyse. 2012.

Band 92 Andreas Hofherr: Die Bewertung wandelanleihenfinanzierter Unternehmen. 2012.

Band 93 Annette Witzleben: Anreiz- und Entscheidungsnützlichkeit der bedingten Vorsicht. 2013.

Band 94 Sebastian Erb: Rechnungslegungsinformationen zu Verbriefungen im Umfeld der Finanzmarktkrise. 2014.

www.peterlang.com